호텔 · 외식산업 연회실무

김의겸 지음

백산출판사

서 문

Preface

연회는 호텔의 모든 부서가 전사적으로 협력하여 수행하는 종합예술이다.

호텔산업에서 연회의 비중은 나날이 증대되고 있으나 매우 새롭고 다양한 연회가 끊임없이 발생하기 때문에 연회담당자들이 단기간에 업무를 익히고 숙련된 서비스를 제공하기가 쉽지 않다.

본서는 필자가 1984년 1월 롯데호텔 연회장에 입사하여 2002년 8월 부산롯데호텔 식음료담당 과장으로 근무할 때까지 배우고 경험한 연회실무와 그동안 모아온 각종 자료 및 필자의 연구들을 총정리해 연회담당자들이 빠른 기간 안에 정확하고 수준 높은 연회서비스를 제공할 수 있도록 실무 중심으로 기술하였다.

지면의 제약으로 깊이 다루지 못한 분야들이 있어 아쉬움이 있으나 본서가 연회담당자와 호텔리어는 물론 미래의 호텔리어들에게 연회서비스 업무의 실무적인 지침서가 되기를 기대한다.

끝으로 정성껏 책을 출판해 주신 백산출판사 진욱상 사장님을 비롯한 임직원 여러분께 감사드린다.

저자 씀

목 차

Contents

제1장 연회의 개념

제2장 연회의 분류

제3장 연회상품의 종류

제4장 연회부의 조직

Contents

제7장 연회장 집기 및 장비(F.F & E.S)

제8장 연회서비스

Chapter 01 연회의 개념

제1절 연회의 개념

연회(宴會)란 사전적 의미로 '축하, 위로, 환영, 석별 따위를 위하여 여러 사람이 모여 베푸는 잔치'를 말한다.

연회를 의미하는 'Banquet'은 영어로는 '뱅큇', 불어로는 '방케'로 발음하며 연회, 축연, 향연이라는 뜻의 이탈리아 말인 Banchetto에서 유래되었는데, Banchetto는 작은 의자, 자리, 벤치, 좌석을 의미하는 Banco에서 나온 말이다. 웹스터사전에서는 "일반적으로 축배나 연설을 동반한 많은 사람들을 위한 공식적인 만찬"으로 정의하고 있다. 위키백과사전은 'Banquet은 주요리와 디저트가 포함된 옥외에서의 대규모 공식식사 또는 축하연으로 보통 자선행사나 기념식, 축하연을 목적으로 개최되며 일반적으로 주최자의 연설이 따른다."고 설명하고 있다.

연회의 개념은 학자와 호텔업계에 의해서도 다양하게 정의되고 있는데 Sylvia Meyer 등은 "연회란 동일한 시간과 장소에 여러 사람들이 모여 같은 음식과 음료를 마시며 진행하는 계획된 행사이다."[1]라고 정의하고 있으며, 롯데호텔 식음료 서비스 매뉴얼은 "연회란 호텔 또는 식음료를 판매하기 위한 제반시설이 완비된 구별된 장소에서 2인 이상의 단체고객에게 식음료와 기타 부수적인 사항을 첨가하여 행사 본연의 목적을 달성할 수 있도록 하여 주고 그에 따른 응분의 대가를 수수하는 행위를 말한다."고 정의하고 있다.

현재 연회라는 개념은 매우 다양한 의미로 확대되고 있다. 전통적인 개념은 '잔치'라는 의미가 강한데 비해 오늘날의 연회는 '행사'라는 의미가 강하다. 따라서 연회라는 용어도 'Banquet'뿐만 아니라 'Function', 'Event'라는 용어가 혼용되고

1) S. Meyer, E. Schmid, C. Spühler, Professional table service, p. 131.

있다. 'Function'은 사전적인 의미로 '기능'을 의미하나 '의식', '제전', '연회'라는 용어로도 사용된다. 일반적으로 잔치적 성격이 강한 행사는 Banquet이라는 용어를 사용하고 기업설명회, 신제품 발표회, 학술세미나 등과 같이 잔치의 성격보다 행사의 의미가 강한 경우에는 Function이라는 용어를 활용하나 실무적으로는 두 용어를 거의 동일하게 사용하고 있다. 특히 'Event'라는 용어는 과거에는 작은 규모의 행사나 어떤 행사에 부수적으로 실시되는 특별행사라는 의미로 사용되었으나, 최근에는 국제적인 행사, 국가적 행사, 지역적 행사를 비롯해 컨벤션이나 전시회를 포괄하는 대형행사의 개념으로 사용되고 있어서 '연회'는 대형 이벤트에 부수적으로 따르는 축하행사나 식사모임을 의미하는 경우도 있다. 즉 과거에는 연회의 하위개념으로 이벤트라는 용어를 사용하였으나 현재는 대형이벤트의 하위개념으로 연회라는 용어를 사용하기도 한다.

연회의 개념을 실무적인 입장에서 보면, 일정한 시간과 장소에서 단체고객을 위해 식음료, 또는 제반시설 및 장비, 서비스 등을 제공하여 고객의 행사목적을 달성하도록 도와주고 그에 대한 대가를 받는 행위라고 할 수 있다. 따라서 연회는 고객이 원하는 시간에 일반인과는 구별된 고객만을 위한 별도의 구획된 장소를 필요로 하며 고객에게 제공하는 각종 식음료, 장소, 장비, 기물, 서비스 등이 연회의 상품이 되는 것이다. 연회는 또한 단체고객만을 대상으로 하기 때문에 몇 명부터 단체고객으로 인정할 것인지에 대한 기준을 장소별, 시간별, 성격별 등으로 구분하여 미리 정해 두어야 한다.

제2절 연회의 특성

전통적으로 호텔의 주요 수입부서는 객실부, 식음료부, 연회부, 부대사업부이다. 각 호텔들은 호텔의 특성 및 경쟁상황에 따라 특정 부서를 차별화, 특성화하는 영업정책을 펼치고 있다. 이 중 객실부는 객실수가 한정되어 있어 수입의 탄력성이 적으며, 식음료부는 인건비 상승과 외식업체의 발전에 따른 경쟁의 심화로 그 수익성이 점차 떨어지고 있는 상황이다. 이에 비해 호텔의 연회부는 전국의 지방자치단체마다 대형 컨벤션센터를 설립하여 운영하고 있음에도 불구하고 매년 매출액이 증가하고 있으며, 호텔 총수입에서 차지하는 비중도 계속 증가하고 있는 추세이다.

이러한 연회의 특성은 호텔 내부적인 특성과 외부적인 특성으로 분류할 수 있다.

1. 내부적 특성

1) 예약성

연회는 주최자의 예약에 의해 주최자가 원하는 시간과 장소에서만 이루어진다. 연회는 호텔의 여러 부서가 협조해야만 하기 때문에 최소한의 준비시간이 요구된다. 행사의 규모가 작을수록 준비에 요구되는 기간이 짧으며 국제적인 행사는 몇 년 전부터 행사시간과 장소가 예약 및 확정되기도 한다. 그러나 아무리 작은 규모의 행사라도 최소한 3일 이전에는 예약이 완료되어야 연회를 진행할 수 있다. 연회는 주최자의 요구에 의해 열리므로 고객수와 메뉴 및 각종 요금도 예약시 결정된다. 메뉴가격과 여러 가지 요금은 연회장에 구비된 가격표에 따라 선택되고 조정이 가능하지만 고객수는 주최자도 예측하기가 대단히 어려운 경우가 많다. 예약인원보다 많은 고객이 참석할 경우 준비된 음식과 좌석이 부족하게 되며, 예약인원보다 적은 고객이 참석할 경우 주문한 음식을 버리게 되어 식사대금 결제시 마찰의 원인이 되기 때문에 예약시 고객수의 확정은 매우 중요하다.

2) 경제성

연회는 대량생산 대량판매에 의한 식음료 원가절감 효과가 크다. 연회는 많은 고객에게 동일한 메뉴를 제공하는 대량생산·대량판매로 식음재료의 대량 구매에 따른 원가절감 효과가 크다. 일반적으로 특급호텔 식음료부문 전체의 식음재료 원가율이 25~30%임에 비해 연회부문의 식음재료 원가율은 20~25%로 5% 정도 식음료부문보다 낮기 때문에 호텔의 영업수지 개선에 크게 기여하고 있다. 특히 특급호텔의 한식당, 중식당, 일식당, 양식당, 뷔페 등 레스토랑의 식음재료 원가율이 30~35%에 이르는 것에 비교하면 연회장의 식음재료 원가율은 영업수지상 대단히 중요한 의미를 갖는다.

3) 높은 노동생산성

연회는 예약된 고객수에 꼭 필요한 서비스 인원만 투입할 수 있기 때문에 일반 레스토랑에 비해 노동력의 효율성이 높다. 또 대규모 고객에게 동일한 서비스를 제공함으로써 서비스의 규격화가 가능하고 적은 인원으로도 많은 고객을 서비스할 수 있어 노동생산성을 높일 수 있다. 여름철과 같은 비수기에는 직원들을 타 업장에 순환근무를 시키거나 연월차 휴가 등 각종 휴가를 소진하는 기회가 되므로 불필요한 인건비를 절감할 수도 있다.

4) 타 영업부서에의 기여성

연회는 호텔의 타 영업장 매출증진에도 크게 기여한다. 연회는 연회 주최자와 참가자들이 숙박, 식음료 영업장 이용, 사우나 등 부대시설을 이용하게 됨에 따라 타 부문의 매출을 발생시키는 주요한 요인이 된다. 특히 결혼식과 같이 참석자의 인원수를 예상하기 어려운 행사의 경우 예약인원을 초과한 참가자들은 호텔의 각 식당에 분산되어 식사를 하게 되므로 식당부문의 매출증진에도 크게 기여한다. 또 여름철, 추석 및 설, 크리스마스 이브, 연말 등 호텔의 비수기에 객실이나 레스토랑과 연계된 다양한 특별행사 상품을 판매함으로써 타 영업부문의 비수기 타개에 기여한다.

5) 매출 변동성

연회는 매출액의 월별 변동성이 크다. 호텔의 연회는 주로 봄과 가을 및 연말연시에 집중되는 경향이 있다. 이러한 변동성은 연회장 인력수급에 큰 어려움으로 대두되고 있다. 1,000명이 넘는 대형 연회는 호텔의 전 직원을 동원해도 인력이 모자라기 때문에 평소 관광전공 대학과의 산학협동을 통해 대학생들을 지원받고 대학생들은 현장실습의 기회로 활용하는 등 인력수급의 다양한 방법을 모색해야 한다. 특히 여름철은 연회의 비수기로 매출액이 격감하는 시기이다. 따라서 각 호텔에서는 연회 비수기를 타개하기 위한 다양한 특별행사를 모색하는 것이 중요하다.

6) 매출 탄력성

호텔의 객실은 고정되어 있는 객실수와 공표된 객실요금으로 인해 일정수준 이상의 매출을 올리는 데 한계가 있다. 또 레스토랑도 테이블이나 좌석을 약간 늘리거나 회전율을 증가시켜 매출액을 증대시킬 수는 있지만 한정된 조리사와 서비스 인력으로 인해 매출을 증가시키는 데 한계가 있다. 이에 비해 연회장은 사전예약에 의해 얼마든지 장소와 서비스인력의 공급이 가능하므로 매출액을 얼마든지 늘릴 수 있는 장점이 있다. 특히 대규모 연회는 대량판매에 의한 매출증대에 크게 기여하며, VIP 행사는 높은 객단가를 통해 영업수지를 개선하는 데 기여한다. 또 예약을 통해 행사를 하기 때문에 연회장 회전율을 높여 매출을 증대시킬 수도 있다. 이렇듯 연회는 매출탄력성이 높기 때문에 연회상품의 기획 및 판촉이 매우 중요시되고 있다.

7) 장소의 가변성

연회는 호텔 외부에서도 이루어진다. 일반적인 레스토랑은 영업허가를 받은 일정한 장소에서만 가능하지만 연회는 행사가 가능한 장소라면 호텔 외부의 어떤 곳에서도 가능하다. 호텔 외부에서의 연회를 출장연회(Outside catering)라고 하는데, 출장연회는 그 성격상 더욱더 차별화된 특별행사로 객단가도 상대적으로 높은 편이다. 또 출장연회는 고객과의 근접 서비스를 통해 특별한 유대감과 신뢰성을 증대시키므로 또 다른 연회를 수주하거나 단골고객을 확보하는 중요한 수단이 되기도 한다. 따라서 호텔에서는 호텔 내 연회장에서 사용하는 장비와 기물 이외에도 출장연회에 대비한 각종 장비와 기물 등을 확보해 두어야 한다.

8) 협조성

연회는 호텔의 전 부서가 협동하여 진행하는 영업활동이다. 연회부에서는 고유업무인 예약, 행사준비, 식음료서비스, 꽃을 비롯한 각종 장식 및 안내물 설치, 얼음조각 설치 등 행사전반에 대해 책임을 진다. 또 객실부서는 교통안내와 주차를 비롯하여 벨 데스크 서비스 및 전화교환 서비스 등 각종 업무를 진행해야 하며 식음료부에서는 서비스인력의 지원, 시설부에서는 각종 전기 및 공조, 전화 및 인터넷, 음향 및 조명시설 등 다양한 시설물의 설치를 도와야 한다. 또 조리부에서는 각 주방별로 예약된 요리를 만들어 연회에 공급해야 하며, 구매부서에서는 연회준비를 위한 식음료 및 각종 물품의 구매 및 검수를 해야 한다. 관리부서에서는 행사에 필요한 다양한 전문인력을 확보해야 하며 총지배인이나 대표이사는 VIP의 영접과 환송 등 의전을 진행해야 한다. 이렇듯 연회는 총지배인에서부터 모든 부서에 이르기까지 어느 한 부서라도 소홀히 하면 성공할 수 없는 전사적인 협동으로 이루어지는 행사이다.

9) 장식성

연회는 주최자가 의도하는 행사목적에 맞는 분위기를 연출하는 것이 매우 중요하다. 이러한 분위기 연출은 테이블 배치형태, 식탁의 장식, 기물의 선정과 같은 기본적인 사항은 물론이고 행사의 주제를 더욱 돋보이게 하는 각종 장치와 장식물의 설치가 필수적인 사항이 되고 있다. 일반 레스토랑은 개업 때부터 그 식당의 콘셉트에 어울리는 인테리어를 갖추어 영업을 시작하지만 연회장은 매 행사마다 행사의 주제에 따라 다르게 장식을 해야 하는 어려움이 있다. 이러한 문제를 해결하기 위해 대부분의 호텔들은 별도의 장식부서를 두어 행사에 필요한 인쇄물, 장치, 장식 등을 담당하고 있다. 특히 호텔에서의 결혼식 비중이 증가하면서 결혼식과 관련된 다양한 장비, 장식, 연출 등의 차별화는 결혼식 수주의 결정적 요인으로 작용하고 있다. 특수한 분위기 연출이 필요한 연회의 경우 호텔에서 사용횟수가 적은 고가의 특수장비와 장식물들을 모두 보유하고 운용하는 것이 비경제적이므로 외부 전문업체에 용역을 주는 경우가 많다. 연회의 장식성이 중요한 또 다른 이유는 연회 매출증진에 크게 기여하는 점이다. 특급호텔의 결혼식에서는 꽃 장식으로만 수백만 원의 매출을 올릴 수 있으며 국제적인 행사의 경우 우리나라의 전통과 민속을 주제로 한 모형, 조형물들을 행사장에 설치함으로써 상당한 매출을 올리고 있다. 이러한 장식물의 설치는 영상, 공연 및 연주, 조명 등과 어우러져 행사의 분위기를 최고로 고조시킴으로써 연회성공의 필수적 요소로 부각되고 있다.

2. 외부적 특성

호텔연회는 내부적으로도 다양한 효과를 창출하지만 외부적으로도 매우 다양한 영향을 미친다. 특히 그 지역의 경제적 효과에 직접적인 영향을 주는 것은 물론, 지역사회의 발전과 관광 및 문화발전에도 큰 영향을 미친다. 연회는 주최자에 의해 기획되기 때문에 행사에 따라서는 긍정적인 효과 이외에도 부정적 효과도 가져올 수 있음을 주의해야 한다. 연회장 주변의 교통혼잡 및 소음, 수준 낮은 공연에 의한 전통문화 오염, 주최자의 부도덕적 행사에 따른 호텔의 신용하락, 특정단체의 연회에 대한 지역주민의 반감, 대형연회시 인력부족에 의한 서비스품질 저하 등은 대표적으로 거론되는 부정적 효과이다.

1) 경제적 효과

연회는 연회와 직접적인 관계가 있는 그 지역 협력업체의 영업실적과도 직결된다. 연회는 연회에 필요한 각종 식음재료 납품회사, 각종 장식물이나 소모품 납품회사 및 폐백, 의상, 미용, 음악 및 연예인 공급, 사진 및 비디오촬영, 장식, 꽃, 떡 등 각종 협력업체의 매출을 증진시켜 지역경제에 기여한다. 또 타국이나 타 지역에서 온 참가자들이 교통, 숙식, 관광, 기념품 구입 등에 지출하는 비용은 그 지역사회의 수입으로 이어져 지역경제에 큰 기여를 하고 있다. 특히 각종 연회시 발생되는 세금 수입은 지방자치단체의 중요한 수입원이 된다. 이러한 경제적 효과는 연회의 규모가 크면 클수록 고용증대 효과까지 더해져 더욱 커지는 특징이 있다. 이런 이유로 각 지방자치단체마다 대형 전시, 컨벤션센터를 설립하여 운영함으로써 지역경제 발전을 도모하고 있다.

2) 사회적 효과

호텔에서의 다양한 연회는 국민 또는 지역사회 주민들의 의식변화에 상당한 영향을 미친다. 특히 국제적인 대형 연회의 개최는 세계 각국의 언론에 보도됨으로써 그 호텔은 물론이고 그 국가나 지역에 대한 홍보의 기회가 된다. 2002년 아시안게임과 월드컵을 성공적으로 개최한 부산시의 경우 전 세계적으로 막대한 홍보효과를 보았으며, 이 행사에 부수되는 각종 연회를 맡아 성공적으로 끝낸 부산시의 특급호텔들도 그 시설과 서비스 수준을 인정받아 부산시가 전시컨벤션도시로서의 위상을 확립하는 계기가 되었고, 2005년 APEC 정상회담을 비롯한 많은 국제적인 행사를 수주하는 데 크게 기여한 바 있다. 이러한 대형 행사의 성공은 주최도시 시민으로서의 자긍심을 높이고 시민의식을 크게 향상시키는 계기가 되고 있다. 대형행사일수록 사회적으로 미치는 영향이 증가하는데, 행사 참가자들의 편의를 위한 공항과 항만 및 철도시설의 확장, 기존 도로망의 정비 및 도로 신설, 교통 및 통신수단 개선, 도시 미관의 정비, 숙박 및 음식업종의 서비스 개선 등 사회 기반시설이 확충되어 지역사회 발전을 촉진하는 계기가 되고 있다.

3) 관광 및 문화적 효과

연회는 기본적으로 단체행사이기 때문에 연회규모가 크고 많을수록 교통, 숙박, 음식, 문화체험 등 관광관련 산업이 발전하게 된다. 특히 숙박을 동반한 대형 연회는 거의 대부분 관광프로그램을 동반하기 때문에 지역의 관광산업에 미치는 효과가 매우 크다. 연회장에서 이루어지는 각종 전시회, 강습회, 음악회, 미술전시회, 화훼전시회, 테이블매너교실, 요리교실, 체육교실 등 다양한 관광과 문화관련 행사는 그 지역은 물론 규모에 따라서는 국가적으로도 이 분야의 발전을 촉진시키는 촉매제의 역할을 한다. 이러한 행사는 지역주민들이 보다 더 많이 관광과 문화에 대한 접근과 이해를 돕는 기회가 되어 지역주민들의 문화적 생활수준을 높여주는 역할을 한다.

Chapter 02

연회의 분류

연회는 여러 가지 기준에 의해 다양하게 분류될 수 있다. 같은 연회라도 분류기준에 따라 여러 가지 명칭으로 분류될 수 있는 것이다. 연회를 분류하는 기준으로는 상품별 분류, 장소별 분류, 목적별 분류, 규모별 분류, 요리별 분류, 서비스 방법별 분류, 기간별 분류, 식사시간별 분류 등이 많이 사용된다.

제1절 판매상품별 분류

연회상품은 크게 식음료상품과 장소를 판매하는 연회장 임대상품으로 분류할 수 있다. 식음료상품과 임대상품의 판매만을 목적으로 한 연회도 있지만 두 가지 상품을 결합하여 판매하는 연회상품도 많다.

1. 식음료상품 판매를 위한 연회

연회장에서는 수없이 다양한 행사가 개최되기 때문에 연회장의 식음료 메뉴 가격은 사전에 종류별로 결정해 두고 고객에게 통일되게 적용해야 한다. 주요한 식음료 상품은 아래와 같이 구분되며 이것은 다시 메뉴의 품질에 따라 다양한 가격의 상품으로 나누어진다.

- Breakfast Menu
- Luncheon & Dinner Menu
- Cocktail Reception Menu

- Buffet(Sitting & Standing) Menu
- Tea Party Menu

2. 임대상품 판매를 위한 연회

연회에는 각종 단체가 이용할 수 있는 다양한 규모의 연회장이 구비되어야 한다. 일부 연회는 식사가 필요 없는 경우도 있는데, 이 경우 연회장 사용료만 지불하고 연회장을 이용할 수 있다. 각 연회장에 대한 임대료도 시간별, 요일별, 장소별로 미리 정해 두어야 한다. 연회장을 임대하여 진행되는 주요한 행사로는 다음과 같은 것이 있다.

- Meeting
- Seminar, Symposium, Convention
- Exhibition
- Concert
- Fashion Show

제2절 장소별 분류

연회는 어디에서 개최되는가에 따라 호텔 내 연회(In House Party)와 출장연회(Outside Catering Party)로 구분된다. 대부분의 연회는 호텔에 있는 연회장에서 이루어지지만 건물 기공식 및 준공식, 선박 진수식, 각종 전시장 개관기념식과 같이 호텔 외부에서 진행하는 연회도 대단히 많다. 일반적으로 출장연회는 호텔 외부의 행사장에서 호텔 안에서와 같은 형태의 서비스를 제공하는 연회이지만 단순히 호텔 외부의 행사장에서 도시락을 주문하는 경우도 출장연회에 포함시킨다.

- In House Party(Garden Party 포함)
- Outside Catering

제3절 거래선별 분류

연회는 매우 다양한 주최자에 의해 개최된다. 연회는 한번 개최하고 끝나기도 하지만 정기적으로 개최하는 연회도 많다. 또 여러 단체에서 비슷한 내용의 연회를 계속 개최하기도 한다. 이러한 연회 주최자들을 일정한 특성에 따라 분류한 것을 연회의 거래선(Source, Account)이라고 하는데 거래선별로 전담사원을 배치하면 효과적인 판촉활동을 할 수 있다. 실무적으로도 연회의 거래선별 분류는 판촉담당 사원의 업무분장뿐만 아니라 연회 종료 후 행사실적의 분석과 판매계획을 세우는 데 중요한 자료로 활용되고 있다. 연회거래선을 몇 종류로 구분할 것인가는 그 호텔의 규모와 밀접한 관계가 있으며, 규모 이외에도 어떤 연회를 중점적으로 수주할 것인가 하는 전략적 고려도 중요한 요소가 된다.

1. 소형 호텔의 거래선별 연회 분류

1) 가족모임(Family Party) : 결혼식, 약혼식, 생일파티, 돌잔치, 회갑연, 고희연, 금혼식 등
2) 회사행사(Business Functions) : 개업식, 창립기념식, 조인식, 신제품 발표회, 고객초청행사 등
3) 단체 및 협회행사(Group and Community) : 각종 단체, 협회, 공공기관의 행사

2. 대형 호텔의 거래선별 연회 분류

1) 가족모임(Family Party) : 결혼식, 약혼식, 생일파티, 돌잔치, 회갑연, 고희연, 금혼식 등
2) 회사행사(Business Functions) : 개업식, 창립기념식, 조인식, 신제품 발표회, 고객초청행사 등
3) 학교행사(School Functions) : 입학기념행사, 사은회, 동창회, 동문회 등
4) 정부행사(Government Functions) : 정상회담 만찬(State Dinner), 국빈행사, 국가경축연 등

5) 협회(Community Function) : 월례회, 정기총회, 연차대회, 이사회, 세미나, 국제대회 등
6) 단체(Group Function) : 신년하례식, 송년회, 정기모임, 간담회, 이벤트, 기자회견 등

제4절 규모별 분류

연회는 그 규모에 따라 대형연회, 중형연회, 소형연회로 구분된다. 규모를 나누는 기준은 고객수가 기본이 되며 행사매출액도 고려된다. 특급호텔 풀코스 디너의 경우 일반적으로 대형연회는 300명 이상, 중형연회는 100명에서 300명, 소형연회는 100명 이하로 구분하는데, 각 호텔의 사정에 따라 그 기준인원에 차이가 있다. 또 같은 연회장이라도 행사의 성격에 따라 수용인원수가 다르기 때문에 단순히 인원수로만 연회규모를 나누는 것도 무리가 있다. 따라서 실무적으로는 각 호텔마다 대연회장, 중연회장, 소연회장을 구분하여 두고 중연회장에서 개최된 모든 연회는 중형연회로, 소연회장에서 개최된 모든 연회는 소형연회로 분류하고 있다.

- 대형연회 : 풀코스 식사 300명 이상(스탠딩 400명 이상)
- 중형연회 : 풀코스 식사 100~300명(스탠딩 150~400명)
- 소형연회 : 풀코스 식사 100명 이하(스탠딩 150명 이하)

제5절 요리별 분류

연회는 제공되는 요리에 따라 아래와 같이 다양하게 분류된다.

- 양식파티 : 프랑스식, 이탈리아식, 스페인식, 독일식 등
- 중식파티 : 북경식, 상해식, 광동식, 사천식 등
- 한식파티 : 궁중요리정식, 한정식, 불고기정식, 갈비정식 등

- 일식파티 : 회석요리, 조정식, 초밥정식 등
- 뷔페파티 : 종합뷔페, 샐러드뷔페, 조식뷔페 등
- 칵테일 리셉션(Cocktail reception) : 각종 칵테일과 와인, 음료, 카나페 등
- 티파티(Tea party) : 다과회, 각종 차와 과일 등

제6절 서비스 방법별 분류

식음료를 서비스하는 방법은 크게 테이블서비스, 셀프서비스, 카운터서비스이다. 테이블서비스는 다시 프랑스식 서비스, 미국식 서비스, 러시아식 서비스, 영국식 서비스의 4가지 방법으로 분류된다. 연회서비스는 이 중 테이블서비스와 셀프서비스가 이용되며, 특히 아메리칸 서비스는 격식 있는 정찬연회에, 셀프서비스인 뷔페식 연회는 친목도모를 위해 사용되는 대표적 연회서비스 방법이다.

1. 테이블서비스 연회

테이블서비스는 일정한 장소에 식탁과 의자를 갖추어 놓고 고객의 주문에 의해 웨이터가 음식을 제공하는 것으로 일반적으로 '식당'이라고 하면 이 테이블서비스 식당을 말한다. 연회에서도 격식 있는 오찬(Luncheon)과 만찬(Dinner)시에는 거의 테이블서비스가 기본이 된다. 일반적으로 정찬이라는 표현을 사용하는데 아름다운 분위기, 최고급 식자재를 사용한 고급요리 및 이에 어울리는 와인, 숙련된 웨이터의 격식 있는 서비스로 인해 연회에서 가장 많이 이용되는 방법이다.

1) 프랑스식 서비스 연회(French Service Banquet)

프랑스식 서비스(French Service)는 시간의 여유가 많은 유럽의 귀족들이 훌륭한 음식을 즐기던 고급 서비스로 우아하고 화려하면서도 정중한 서비스이다. 또 고객의 주문사항을 비교적 많이 반영하여 서비스할 수 있어 고급 양식당에서 많이 제공하고 있는 서비스이다.

프랑스식 서비스는 보통 두세 명의 숙련된 웨이터가 한 조를 이루어 서비스하

며, 불어로는 Chef de Rang System이라고 한다. 셰프 드 랭(Chef de Rang; Captain)은 주로 요리를 담당하며, Commis de Rang(Senior Waiter)은 Chef de Rang을 보조한다. Commis de Suite(Junior Waiter)는 주방과 홀(Hall)을 오가며 요리의 재료를 조달하거나 빈 기물들을 치우는 역할을 한다. 주방에서 일부분만 조리된 요리를 Commis de Suite가 은기(Silver Platter)에 담아 고객의 테이블 앞에 놓인 게리동(Gueridon; Service Cart) 위에 놓으면 숙련된 셰프 드 랭은 이 실버플래터를 고객에게 보이며(Showing) 분위기를 고조시킨다. 이후 셰프 드 랭은 요리에 따라 다양한 방법으로 서브하게 된다.

프렌치서비스의 특징은 주방에서 완성되지 않은 요리를 웨이터가 접시에 담아 완성하여 제공하는 것으로 이때 요리에 따라 다양한 방법이 사용된다. 즉 먹기 편하도록 생선의 뼈를 제거해 주거나, 덩어리 고기를 1인분씩 잘라주거나, 얇게 썰어 제공하거나, 플람베 카트(Flambee Cart)에서 불꽃을 일으키며 요리를 완성해 제공하기도 한다. 이렇게 제공하고 남은 요리는 레쇼(Rechaud)나 알코올 또는 가스램프로 식지 않게 하면서 필요한 고객에게 계속 제공한다. 프랑스식 서비스로 제공되는 대표적 요리는 Appetizer로 Smoked Salmon, Law Ham with Melon, Soup는 Gin Tomato Soup, Salad는 Caesar Salad, Fish는 Dover Sole, Steak로 Pepper Steak, Tartare Steak, Entrecote, Lack of Lamb, 그리고 Dessert로 Crepe Suzette, Cherry Jubilee 등이 있으며 커피는 Coffee Conquest가 유명하다. 현재 프랑스식 서비스는 높은 인건비 때문에 우리나라의 양식당에서 부분적으로만 이용되고 있다. 따라서 대규모 단체를 기본으로 하는 연회장에서는 거의 사용되지 않는다.

〈표 2-1〉 프랑스식 서비스(French Service)의 특징

- 일품요리를 제공하는 전문식당에 적합한 서비스이다.
- 식탁과 식탁 사이에 게리동이 움직일 수 있는 충분한 공간이 필요하다.
- 숙련된 웨이터가 조를 이루어 서비스하므로 인건비의 지출이 높다.
- 숙련된 웨이터가 고객에게 각종 식재료를 보여주고(Showing), 다양하고 화려한 방법으로 요리를 함으로써 테이블의 분위기를 크게 고조시킬 수 있다.
- 고객은 기호에 따라 주문할 수 있으며, 남은 음식은 보관되어 추가로 서비스할 수 있다.
- 다른 서비스에 비해 시간이 많이 걸리는 단점이 있다.
- 연회장 서비스방법으로는 적합하지 않다.

[그림 2-1] 프랑스식 서비스의 다양한 기법

Smoked Salmon-Slicing

Gin Tomato Soup-Flambeing

Ceasar Salad-Mixing

Pepper Steak-Flambeing

Crepe Suzette-Flambeing

Coffee Conquest-Flambeing

2) 미국식 서비스 연회(American Service Banquet)

미국식 서비스는 조리사가 주방에서 접시에 담아 놓은 음식을 웨이터가 손님에게 서비스하는 방법이다. 미국식 서비스는 손으로 접시를 들고 직접 서비스하는 플레이트 서비스(Plate Service)와 접시를 쟁반(Tray)에 담아 보조테이블까지 운반한 후 손님에게 서비스하는 트레이 서비스(Tray Service)로 구분된다. 이 서비스는 많은 고객에게 신속하고 능률적인 서비스를 할 수 있으므로 연회장에서 가장 많이 사용되는 서비스방법이다.

〈표 2-2〉 미국식 서비스(American Service)의 특징

- 주방에서 요리를 접시에 담아 놓으면 웨이터가 고객에게 제공한다.
- 신속한 서비스를 할 수 있다.
- 적은 인원으로 많은 고객에게 서브할 수 있다.
- 음식이 비교적 빨리 식는다.
- 고객의 미각을 돋우지 못한다.
- 고급 식당보다는 고객 회전이 빠른 식당에 적합하다.

3) 러시아식 서비스 연회(Russian Service Banquet)

이 방법은 Platter Service, Silver Service라고도 한다. 1810년경 러시아 황제의 대사에 의해 시작되었으며, 1850년대 중반에 러시아에서 프랑스로 전파되어 급속히 확산된 서비스 방법이다. 스테이크, 생선, 가금류 등을 통째로 요리하여 커다란 접시(Platter)나 은쟁반(Silver Tray)에 담아 아름답게 장식한 후 웨이터가 고객에게 보여주면서(Showing) 시계방향으로 테이블을 돌아가며 각 고객에게 요리를 나누어 제공하는 매우 고급스럽고 우아한 서비스이다. 이 방법은 연회의 분위기를 고조시키는 데 매우 유용하므로 현재도 연회장에서 많이 사용하고 있으며, 특히 중국요리를 제공할 때 많이 사용한다.

패스트리로 감싸 통째로 구운 Wellington Steak를 예로 들어 각 서비스의 차이점을 살펴보면 다음과 같다.

- 프랑스식 서비스 : 주방에서 완전히 익힌 스테이크를 은접시(Silver Platter)에 담아 장식한다. 웨이터는 이 접시를 고객에게 연출(Showing)한 후 게리동(Gueridon)에서 1인분씩 잘라 접시에 담고 야채로 장식해 제공한다. 숙련된 웨이터는 주방에서 중간 정도만 익힌 스테이크를 Flambee Cart나 Rechaud를 사용하여 각 고객의 기호에 맞도록 구워 서브하기도 한다.
- 러시아식 서비스 : 주방에서 완전히 익힌 스테이크를 조리사가 1인분씩 자른 다음 원래 모양으로 합쳐 은접시에 담아 장식한다. 장식된 접시를 웨이터가 고객에게 연출(Showing)한 후 각 고객 앞에 놓인 접시에 1인분씩 덜어 제공한다.
- 미국식 서비스 : 주방에서 완전히 익힌 스테이크를 요리사가 1인분씩 잘라 각 고객의 접시에 담고 야채로 완성하면 웨이터가 접시를 테이블의 고객에게 바로 제공한다.

〈표 2-3〉 러시아식 서비스(Russian Service)의 특징

- 전형적인 연회 서비스이다.
- 많은 웨이터가 장식된 요리를 들고 연회장에 동시에 입장하므로 극적인 분위기를 연출할 수 있다.
- 웨이터가 담당 테이블의 고객에게 혼자서 서비스하므로 프랑스식 서비스에 비해 인력이 절감되고 특별한 장비나 기물이 필요 없다.
- 요리는 고객의 왼쪽에서 오른손으로 제공된다.
- 프랑스식 서비스에 비해 시간이 절약된다.

- 음식이 비교적 따뜻하게 제공된다.
- 마지막 고객은 남아 있는 요리를 제공받게 되어 선택권이 없다.

4) 영국식 서비스 연회(English Service Banquet)

영국식 서비스는 British Service, Host Service, Holiday Service라고도 하며 격식에 크게 구애받지 않거나 친밀감을 강조할 때 사용되는 방법이다. 호텔 연회장에서는 가족모임이나 친목파티에서 일부 사용되기도 하나 호텔보다는 가정파티에서 많이 사용되는 서비스 방법이다.

이 방법은 주방에서 만들어진 주요리(주로 스테이크)를 큰 접시(Platter)에 담아 주인(Host)의 테이블 앞에 놓으면 주인(Host)이나 보조원(또는 웨이터)이 음식을 덜어 각 손님들에게 제공하는 방법이다. 이때 빈 접시를 주인(Host)에게 전달하고 음식이 담긴 접시를 손님들에게 제공하는 것은 보조원(웨이터)이 담당한다. 아주 친밀한 사이일 경우에는 보조원 없이 주인(Host)이 각 손님의 접시에 스테이크만 올려주면 손님들이 식탁 가운데 놓인 야채와 소스 등을 덜어 먹기도 한다. 또 주인(Host)이나 보조원이 손님의 왼쪽에서 은쟁반(Silver Platter)에 담긴 음식을 내밀면 고객이 자기 접시에 덜어 먹는 방법도 있다.

이 방법은 매우 친밀한 느낌을 주는 장점이 있으나 연회의 주인(Host)이 음식 서브를 담당하므로 손님들이 부담감을 가질 수도 있으며, 때로는 각 손님들이 테이블의 인원수를 고려하여 자기 음식을 덜어야 하므로 연회 경험이 많아야 하며, 시간이 많이 걸리기 때문에 고객수가 많은 연회장에서는 거의 사용하지 않는다. 현재는 레스토랑에서 디저트를 제공할 경우에만 제한적으로 사용되고 있다.

2. 셀프서비스 연회

셀프서비스 연회는 주문한 식음료를 테이블에 진열해 놓고 고객이 자기 기호에 맞는 식음료를 선택하는 연회방법으로 카페테리아(Cafeteria)나 뷔페(Buffet)에서 널리 사용된다. 연회장에서는 뷔페와 칵테일 리셉션에 셀프서비스를 이용하는데, 고객들이 자유로운 분위기에서 서로 친교할 수 있는 기회가 많고 개인별 취향에 맞는 식음료를 선택할 수 있는 장점이 있어 많이 이용되고 있다.

뷔페형태는 착석뷔페(Sitting Buffet)와 입식뷔페(Standing Buffet)의 두 종류

가 있다. Sitting Buffet는 진열된 음식을 덜어 좌석이 마련된 테이블에 앉아 식사하는 방법이다. Standing Buffet는 진열된 음식을 덜어 서서 음식을 먹는 뷔페로 앉아서 식사할 수 있는 테이블과 좌석이 없다. Standing Buffet는 테이블과 좌석이 없기 때문에 Sitting Buffet에 비해 더 많은 인원을 수용할 수 있다. 또 참가자들은 행사시간 동안 서로 많은 참가자들과 교제할 수 있기 때문에 참가자들의 친목이 중요시되는 대형연회에서 많이 사용하는 방법이다. Standing Buffet는 서서 음식을 먹는 관계로 한 입에 음식을 먹을 수 있도록 작게 만들어지는 것이 특징이다. 상설 뷔페식당은 영업시간 동안 음식이 모자라지 않게 계속 보충하는 오픈뷔페(Open Buffet)임에 비해 연회장의 뷔페는 예약에 의해 주문된 양만 제공되는 클로즈드뷔페(Closed Buffet)이다. 따라서 연회뷔페시 모자라는 음식은 추가로 주문해야 하나 음식을 만드는 데 시간이 걸리므로 모든 음식을 추가로 제공받을 수가 없다. 칵테일 리셉션(Cocktail Reception)은 식사 전 리셉션(Pre-Opening Reception)과 풀 리셉션으로 구분된다. Pre-Opening Reception은 풀코스메뉴와 같이 테이블서비스를 받는 연회에 미리 도착한 고객들의 지루함을 덜거나, 한 번 착석하면 다른 참석자들과 대화나 사교가 어려운 경우 식사 전에 약 30분 정도 진행된다. 이때는 바(Bar)를 준비하여 간단한 칵테일, 와인, 음료를 제공하며 약간의 카나페(Canape)와 스낵류는 Standing Buffet 형태로 준비된다. Full Reception은 행사 자체가 칵테일 리셉션인 연회로 Standing Buffet와 그 형태가 매우 유사하다. 다만 Standing Buffet는 식사용 요리가 주로 제공되는 반면, Full Reception은 칵테일을 마시며 교제하는 연회이기 때문에 여러 가지 칵테일과 이 칵테일에 어울리는 각종 안주류 위주로 음식이 제공되는 점이 다르다.

〈표 2-4〉 셀프서비스(Self Service)의 특징

- 고객이 자기의 기호에 맞는 음식을 선택할 수 있다.
- 식사를 기다리는 시간이 없으므로 빠른 식사를 할 수 있다.
- 서비스 인력을 줄일 수 있어 인건비가 절약된다.
- 일반적으로 가격이 저렴하다.
- 일부 메뉴는 조리사가, 와인이나 칵테일 등은 웨이터가 직접 서비스하기도 한다.
- 테이블서비스에 비해 분위기가 자유롭기 때문에 친목이나 사교모임에 적합하다.

3. 카운터서비스 연회

카운터서비스는 고객이 조리하는 과정을 직접 볼 수 있도록 주방 앞에 카운터를 만들어 놓고 카운터를 식사 테이블로 이용하는 서비스방법이다. 식사를 빨리 제공할 수 있고 고객도 지루하지 않으며 팁의 부담도 없어 주로 버스터미널이나 공항, 기차역 등 시간이 급한 고객들을 대상으로 간단한 음식을 제공하는 식당에서 사용되는 방법이다. 연회장에서는 순수한 의미의 카운터서비스는 없고 대형 연회나 지역별, 나라별 음식축제 또는 다양한 요리발표회의 경우 여러 곳에 음식 코너를 만들어 부분적으로 카운터서비스를 하고 있다. 특히 대형의 뷔페나 칵테일 리셉션의 경우 단순히 테이블에 음식을 진열하는 것보다 여러 가지 요리코너를 마련하여 조리사가 직접 음식을 만들어 제공하면 아주 좋은 분위기를 연출할 수 있어 많이 활용된다. 다만 카운터식당이 카운터에 앉아 식사를 하는 반면 연회장에서는 카운터를 요리의 진시대로민 사용한다.

〈표 2-5〉 카운터 서비스(Counter Service)의 특징

- 식사를 빠르게 제공할 수 있다.
- 고객이 조리과정을 볼 수 있으므로 기다리는 지루함을 덜 수 있다.
- 주로 간편한 메뉴를 제공하므로 불평이 적다.
- 조리사의 연출에 의해 분위기와 식욕을 돋울 수 있다.

제7절 기간별 분류

연회는 주최자가 요구하는 연회기간에 따라 1회 연회, 1일 연회, 2일 이상의 장기연회로 구분할 수 있다. 일회성 연회는 행사의 시작과 종료가 1회로 마무리되는 연회로 개최 건수가 가장 많다. 1일 연회는 하루 종일 연회가 개최되거나, 아침과 오전, 점심과 오후, 오후와 저녁 등 행사가 이어져서 진행되는 연회이다. 1일 연회는 전시회를 열거나 세미나 후에 식사를 하는 경우 등 식사만으로는 연회의 목적달성이 충분하지 않을 경우 사용하는 방법이다. 1일 연회를 할 경우 서비스인원이 항상 대기하고 있어야 하기 때문에 판촉직원 또는 전담 서비스직원을 배치하

여 서비스에 차질이 발생되지 않도록 하는 것이 중요하다. 1일 이상의 연회는 대형 전시회나 학회, 국제대회 등과 같이 2일 이상 수일, 또는 1주일 이상 일정기간 동안 실시하는 연회이다. 이러한 연회는 매일 내용이 같은 경우도 있지만 대부분 시작부터 마칠 때까지 다양한 프로그램이 개최되는 것이 특징이다. 따라서 주최자가 임시 본부나 사무소를 연회장이나 호텔 안에 설치하여 행사 전반에 대해 총괄적인 운영과 진행을 하는 경우가 많다. 이러한 장기연회는 연회주최자와 일행 및 참가자들에 의한 객실, 식음료 영업장, 사우나 등 부대영업장의 매출증진에 큰 도움을 주기 때문에 대형 호텔일수록 대형연회의 수주에 총력을 다하고 있다.

- 1회 연회 : 1회로 끝나는 연회. 빈도수가 가장 많은 연회임
- 1일 연회 : 1일간 개최되는 연회. 주로 식사와 행사가 결합된 연회임
- 장기연회 : 2일 이상의 연회. 호텔 내 타 부서 영업에 가장 큰 기여를 함

제8절 식사시간별 분류

연회를 실시하는 시간에 따른 분류방법으로 일반 레스토랑의 시간대별 구분과 같다. 다만 연회의 특성상 각 시간대별로 제공되는 메뉴가 일반 레스토랑과 다소 차이가 있다.

1. 조찬연회(Breakfast)

아침식사를 겸한 연회로 대규모 단체가 투숙한 경우 아침식사는 주로 연회장에서 제공된다. 미국식 조정식(American Breakfast)과 유럽식 조정식(Continental Breakfast) 및 조식뷔페(Breakfast Buffet)가 주로 제공된다. 일본 단체객일 경우에는 일본식 조정식, 한국 단체객일 경우에는 해장국정식, 갈비탕정식 등이 제공되기도 한다.

2. 커피 브레이크(Coffee Break)

오전 10시경 아침과 점심시간 사이에 먹는 식사를 브런치(Brunch)라고 한다.

연회장에서는 브런치는 거의 없고, 브런치 시간에 커피 브레이크(Coffee Break)를 갖는다. 커피 브레이크는 단독 연회는 아니고 전시회나 세미나 등 오전에 진행되는 연회의 중간에 빵, 쿠키, 우유, 커피, 차, 주스 등 간단한 식음료가 제공된다. 영국에서는 티타임(Teatime)이라는 용어를 널리 쓴다.

3. 오찬(Luncheon 또는 Lunch)

보통의 점심식사는 런치(Lunch)라고 하나 격식 있는 점심은 런천(Luncheon)이라는 용어를 사용한다. 오찬과 만찬에는 여러 나라의 다양한 메뉴가 제공된다. 다만 오찬은 만찬에 비해 식사시간이 짧고 음식의 양이 적게 제공되는 경우가 많다.

4. 오후 다과회(Afternoon Tea Party)

애프터눈 티 파티도 아침의 커피 브레이크와 동일한 성격으로 주로 오후 3시경 행사 도중 휴식시간에 갖는 다과회 또는 간식을 말한다. 제공되는 메뉴는 오전의 커피 브레이크보다 과일과 샌드위치 등이 더해져 좀 더 다양하며 식사대용의 메뉴도 제공된다.

5. 만찬(Dinner Banquet)

주최자의 입장에서 비중 있는 고객을 초청하는 행사는 대부분 저녁식사이다. 따라서 메뉴의 종류 및 품질, 종사원의 서비스 수준, 적정한 온도와 습도, 공조, 와인을 비롯한 음료, 테이블 배치, 개별 메뉴판, 테이블 장식, 조명, 음향, 연주인 등 연회의 분위기조성과 서비스품질이 매우 중요하다. 만찬은 그 호텔 연회장이 보유하고 있는 인적, 물적, 시스템적 서비스가 총동원되어 진행되는 종합예술이므로 그 호텔의 서비스 품질수준을 평가하는 척도가 된다. 훌륭한 연회는 참석고객들에게 만족과 감동을 주어 이들에 의한 구전효과나 행사수주 등 긍정적 효과를 나타낸다. 이러한 만찬 중 최고의 격식 있는 만찬은 스테이트 디너(State Dinner)이다. 스테이트 디너는 미국의 의전용어로 미국의 대통령이 백악관에서 외국의 왕과 왕비, 대통령, 수상 등 상대국가의 수반을 초청하여 미국 국무성 의전국의 의전절차에 따라 진행되는 공식 만찬행사이다. 현재 스테이트 디너는 각국의 대동령이나 수상 등 국가수반이 주최하는 공식 만찬의 의미로도 사용된다. 만찬과 별도로 밤 10시경 시작되는 밤참(야식)을 서퍼(Supper)라고 하는데 연회에서 서퍼연회(Supper Banquet)는 찾아보기 어렵다. 다만 시간이 오래 걸리는 저녁축제나 야간 이벤트 도중에 서퍼를 제공하기도 한다.

Chapter 03

연회상품의 종류

연회상품은 각종 식사, 칵테일, 와인, 주스 등의 식음료상품, 연회장이나 장비를 임대해 주고 그 대가를 받는 임대상품, 그리고 꽃, 장식, 사진 등 연회에 부수적으로 수반되는 부대상품으로 구성된다.

제1절 식음료상품(Food & Beverage Menu)

식음료상품은 연회장의 최대 수입원이다. 연회장에서도 기본적으로는 레스토랑에서 판매하는 모든 메뉴를 판매할 수 있다. 다만 일반 레스토랑에서는 고객들이 자기 취향에 맞는 메뉴를 선택할 수 있는 것에 비해 연회장에서는 주최자가 예약한 메뉴만 제공되는 것이 다르다. 연회메뉴는 단체를 대상으로 하기 때문에 조리와 서비스의 편리성을 고려하여 테이블서비스 메뉴는 거의 대부분 세트메뉴(Set menu), 또는 코스메뉴(Course menu)로 구성되어 있다. 또 연회마다 주최자의 취향에 맞는 메뉴를 새로 만들 경우 식재료의 조달, 음식품질수준의 유지, 원가관리, 메뉴가격관리 등 여러 가지 문제가 발생되므로 미리 다양한 종류의 메뉴를 만들어 두고 이 메뉴에 의한 주문을 받되 고객이 원할 경우 약간의 수정을 거치는 것이 메뉴관리에 매우 중요하다. 일반적으로 특급호텔 연회장에서는 약 50개에서 100여 개에 달하는 연회메뉴를 메뉴표(Menu List)로 만들어 고객의 선택이 용이하도록 하고 있다.

식사메뉴와 별도로 연회장용 와인가격표와 각종 주류 및 음료가격표도 미리 준비해 두고 메뉴결정시 함께 결정함으로써 서비스에 필요한 기물을 사전에 준비하도록 해야 한다. 양식당과 주장(Bar)에서 판매되는 수많은 와인과 주류를 연회장에서도 모두 판매할 수는 없기 때문에 정책적으로 품목수가 적은 연회용 와인 및 주류 리스트를 만들어 구비해 두어야 한다. 주요 식음료 상품으로는 조찬 메뉴(Breakfast Menu), 오찬과 만찬시의 정찬 메뉴(Full Course Menu), 뷔페 메뉴(Buffet Menu), 칵테일 리셉션 메뉴(Cocktail Reception Menu), 다과회 메뉴(Tea Party Menu), 특별주문 메뉴(Special Order Menu), 와인과 주류를 비롯한 음료 메뉴(Beverage List) 등이 있다.

〈표 3-1〉 특급호텔 연회장의 Menu Price List

연회메뉴가격표

Banquet Menu Price Information

2010 (Unit : ₩/1인)

종류 (Menu)		구분(Code)	가격(Price)	종류 (Menu)	구분(Code)	가격(Price)
조 찬 BREAKFAST	양 식 AMERICAN	AB-1	20,000	중국식 오찬 및 만찬 CHINESE SET MENU	C-1	40,000
		AB-2	25,000		C-2	45,000
		AB-3	28,000		C-3	50,000
	한 식 KOREAN	KB-1	20,000		C-4	55,000
		KB-2	25,000		C-5	60,000
		KB-3	30,000		C-6	70,000
	뷔 페 BUFFET	BB-1	20,000		C-7	80,000
		BB-2	25,000		C-8	90,000
오찬 및 만찬 SET MENU	양정식 WESTERN	W-1	28,000	뷔 페 BUFFET	B-1	28,000
		W-2	30,000		B-2	30,000
		W-3	35,000		B-3	35,000
		W-4	40,000		B-4	40,000
		W-5	45,000		B-5	45,000
		W-6	50,000		B-6	50,000
		W-7	60,000		B-7	60,000
		W-8	70,000		B-8	70,000
		W-9	80,000		B-9	80,000
		W-10	90,000		B-10	110,000
		W-11	110,000	칵테일 COCKTAIL	CR-1	35,000
		W-12	130,000		CR-2	40,000
		W-13	150,000		CR-3	50,000

<table>
<tr><th colspan="2">종류 (Menu)</th><th>구분(Code)</th><th>가격(Price)</th><th>종류 (Menu)</th><th>구분(Code)</th><th>가격(Price)</th></tr>
<tr><td rowspan="10">오찬 및 만찬
SET MENU</td><td>양정식</td><td>W-14</td><td>170,000</td><td rowspan="4">다과회
TEA PARTY</td><td>TR-1</td><td>8,000</td></tr>
<tr><td rowspan="9">한정식
KOREAN</td><td>K-1</td><td>35,000</td><td>TR-2</td><td>10,000</td></tr>
<tr><td>K-2</td><td>40,000</td><td>TR-3</td><td>12,000</td></tr>
<tr><td>K-3</td><td>50,000</td><td>TR-4</td><td>15,000</td></tr>
<tr><td>K-4</td><td>60,000</td><td rowspan="4">일식 도시락
JAPANESE
LUNCH BOX</td><td>JD-1</td><td>30,000</td></tr>
<tr><td>K-5</td><td>70,000</td><td>JD-2</td><td>35,000</td></tr>
<tr><td>K-6</td><td>110,000</td><td>JD-3</td><td>40,000</td></tr>
<tr><td>K-7</td><td>130,000</td><td>JD-4</td><td>45,000</td></tr>
<tr><td>K-8</td><td>150,000</td><td>양식 도시락
WESTERN
LUNCH BOX</td><td>WD-1</td><td>30,000</td></tr>
<tr><td colspan="6"></td></tr>
<tr><td rowspan="4">결혼식
WEDDING</td><td rowspan="4">양정식
WESTERN</td><td>튜울립</td><td>50,000</td><td rowspan="4">도시락
LUNCH BOX</td><td rowspan="2">백 학</td><td rowspan="2">45,000</td></tr>
<tr><td>무궁화</td><td>60,000</td></tr>
<tr><td>매화</td><td>80,000</td><td rowspan="2">꽃가마</td><td rowspan="2">50,000</td></tr>
<tr><td>양귀비</td><td>100,000</td></tr>
<tr><td colspan="7">※ 10%의 봉사료와 부가세가 추가됩니다.(10% Service Charge and V.A.T. will be added)
結婚式 메뉴는 봉사료와 부가세 포함가격입니다.</td></tr>
</table>

1. 조찬 메뉴

연회장의 조찬 메뉴는 양식, 한식, 일식 메뉴와 뷔페(Breakfast)가 있다. 조찬(朝餐)은 손님을 초대하여 함께 먹는 아침식사라는 뜻으로, 연회장에서는 조식(朝食)이라는 표현보다 조찬이라는 용어를 사용한다. 연회장의 조찬은 투숙한 단체 관광객이나 각종 단체의 조찬회를 위해 제공되므로 일반 레스토랑에서 제공되는 조식메뉴보다 메뉴의 수가 한정되어 있다.

1) 미국식 조찬(American Breakfast)

American Breakfast는 커피(Coffee)나 차(Tea), 토스트(Toast)와 빵, 과일(Fruit), 주스(Juice), 시리얼(Cereal), 계란요리로 구성된다. 연회장의 American Breakfast는 일반 레스토랑과 달리 사전에 가격대별로 마련된 여러 가지 종류 중 하나를 선택해야 하며, 계란요리는 다양하므로 요리방법을 예약시 확정해야 한다. 또 메뉴에 따라 햄(Ham), 베이컨(Bacon), 소시지(Sausage) 중 한 가지와 프라이드 포테이토(Fried Potato)가 곁들여지기도 한다. 이외에도 핫케이크(Hot Cake), 콘플레이크(Cornflake), 우유 등을 선택할 수도 있다. 특히 커피와 차는 일반적으로 식후에 제공하나 조찬시에는 제일 먼저 제공한다. 또 형식에 구애받지 않고 Special Breakfast나 Healthy Breakfast와 같이 각 호텔에서 독자적인 메뉴를 개발하여 조찬메뉴로 사용하는 경우도 많다.

〈표 3-2〉 American Breakfast Menu의 예

American Breakfast Menu
• A Choice of Hot Beverages(Coffee, Tea, Cocoa, Milk) • Toast and Pastries with Jams, Marmalade, Butter, Honey • A Choice of Fresh Fruits(Grapefruit, Apple, Pear, Grape, Bananas, Oranges) • A Choice of Chilled Fruit Juice(Orange, Tomato, Pineapple, Grapefruit) • Cereal(Hot Oatmeal and Cold Flakes) • Two Eggs Any Style with Ham, Bacon, or Sausage

2) 대륙식 조찬(Continental Breakfast)

대륙식 조찬은 계란요리와 곡류(Cereal)가 포함되지 않고 주스, 빵과 커피, 우유 정도로 간단히 하는 아침식사이다.

유럽에서 성행하는 식사로, 영국식 조찬(English Breakfast)과의 구별을 위해 European Breakfast라는 용어를 사용하지 않는다. 식사 분량이 적어 개인 투숙객이 주로 이용하며 연회장의 단체객들을 위한 조찬으로는 많이 이용되지 않는다. 일반 레스토랑에서는 기본적인 Continental Breakfast 이외에 과일주스, 계란, 소시지, 햄과 같은 요리를 추가요금을 지불하고 더 주문할 수 있으나 연회장에서는 추가주문을 받지 않는다.

〈표 3-3〉 Continental Breakfast Menu의 예

Continental Breakfast Menu
• A Choice of Hot Beverages(Coffee, Tea, Cocoa, Milk) • Toast and Pastries with Jams, or Marmalade, Butter, Honey • A Choice of Chilled Fruit Juice(Orange, Tomato, Pineapple)

3) 영국식 조찬(English Breakfast)

영국식 조찬은 미국식 조찬에 가자미(Dover Sole) 또는 넙치(Halibut), 대구(Haddock), 훈제연어와 청어(Kippers) 등 생선요리가 추가되는 조찬으로 우리나라의 연회장에서는 거의 판매되지 않는다.

4) 조찬 뷔페(Breakfast Buffet)

Breakfast Buffet의 메뉴는 미국식 조찬에서 제공하는 메뉴와 거의 비슷하다. 즉 미국식 조찬에서 제공되는 다양한 음식을 서비스 방법만 뷔페식으로 바꾼 것이다. 그러나 우리나라에서의 Breakfast Buffet는 한식, 중식, 일식 요리가 포함되어 서양에서의 Breakfast Buffet보다 제공되는 요리의 종류가 매우 많고 다양한 것이 특징이다. 조찬 뷔페는 편안한 마음으로 할 수 있어 호텔에 투숙한 단체 여행객에게 많이 제공된다. 또 동시에 식사를 하지 않고 일정시간 동안 고객들이 자유롭게 입장하여 식사를 하는 경우가 많기 때문에 나중에 도착한 고객들은 남아 있는 음식을 먹게 되어 불만이 발생할 수도 있다. 따라서 요리를 분산하여 제공하거나 부족한 요리를 보충하여 처음 뷔페를 제공하는 것과 같은 상태를 유지하는 것이 가장 중요하다. 모든 식음료는 셀프서비스로 식사를 하나 커피나 차와 같이 뜨거운 음료는 종사원들이 서비스를 한다.

5) 한식 조찬(Korean Breakfast)

한식 조찬은 주로 호텔에 투숙한 한국인 단체를 위해 제공된다. 예약시 밥, 국, 탕, 반찬, 디저트, 차를 요리별, 가격대별로 구분하여 주문을 받는다. 주된 메뉴로는 갈비탕 정식, 곰탕 정식, 해장국 정식, 갈비우거지탕 정식, 북어국 정식, 콩나물조개탕 정식, 전복죽 정식 등이 있다.

6) 일식 조찬(Japanese Breakfast)

일식 조찬은 주로 호텔에 투숙한 일본인 단체를 위해 제공된다. 일본식 아침식사이기 때문에 일식 조정식이라고도 하며 메뉴별, 가격대별로 2~3종을 준비하여 예약시 주문을 받는다. 밥과 된장국(미소시루)을 중심으로 절임요리, 삶은 요리, 김, 구이요리, 조림요리 등이 제공되며 후식으로 과일이나 차가 제공된다. 특별한 경우가 아니면 모든 음식은 하나의 쟁반에 담아 각 개인별로 제공한다.

2. 양식 정찬메뉴

양식 정찬메뉴(Table d'hôte)가 코스메뉴(Course Menu)로 정립된 것은 19세기 초 프랑스 조리사인 앙토낭 카렘(Antonin Careme; 1784~1833)에 의해서이다. 그는 고전적인 프랑스요리를 13가지의 코스메뉴로 분류하여 각 코스별 메뉴를 조합한 다양한 가격의 코스메뉴를 개발하였다. 이후 20세기 초에 프랑스 조리사인 어거스트 에스코피에(Auguste Escoffier; 1847~1935)는 그의 저서 *Le Guide Culinaire*에서 고전요리를 더욱 발전시켜 다양한 형태의 요리를 개발하였다. 현재 연회장에서 사용되는 정찬요리는 과거에 비해 코스가 많이 줄었으며 요리의 품질을 중요시하는 경향으로 변화되고 있다. 따라서 연회장의 정찬메뉴도 특별한 경우가 아니면 너무 많은 코스로 구성하지 않는 것이 좋다.

1) 정찬메뉴(Table d'hôte)의 구성

과거에는 고급 연회일수록 코스가 긴 메뉴가 제공되고 가격도 높았다. 현재도 이 같은 경향이 없는 것은 아니지만 메뉴의 양은 줄고 품질은 고급인 짧은 코스메뉴도 많이 개발되고 있다. 특히 오찬은 식사시간의 제약 때문에 짧은 코스의 고가 메뉴도 구비해야 한다. 고전적 코스메뉴의 구성이 현대적 메뉴로 구성되는 과정과 내용을 살펴보면 아래와 같다.

〈표 3-4〉 연회 정찬메뉴의 구성

<table>
<tr><th>고전
코스</th><th>프랑스명</th><th>영어명</th><th>7코스</th><th>6코스</th><th>5코스</th><th>4코스</th></tr>
<tr><td>1</td><td>Hors-d'oeuvre Froid</td><td>Cold Appetizer</td><td>◎</td><td>◎</td><td>◎</td><td rowspan="3">◎</td></tr>
<tr><td>2</td><td>Potage</td><td>Soup</td><td>◎</td><td>◎</td><td>◎</td></tr>
<tr><td>3</td><td>Hors-d'oeuvre Chaud</td><td>Hot Appetizer</td><td></td><td></td><td></td></tr>
<tr><td>4</td><td>Poisson</td><td>Fish</td><td>◎</td><td>◎</td><td rowspan="2">◎</td><td rowspan="2">◎</td></tr>
<tr><td>5</td><td>Relevé/Grosse Pièce</td><td>Main Course</td><td>◎</td><td>◎</td></tr>
<tr><td>6</td><td>Entrée</td><td>Intermediate Course</td><td></td><td></td><td></td><td></td></tr>
<tr><td>7</td><td>Sorbet</td><td>Sorbet</td><td></td><td></td><td></td><td></td></tr>
</table>

고전 코스	프랑스명	영어명	7코스	6코스	5코스	4코스
8	Rôti, salade	Roast with Salad				
9	Rôti, froid	Cold Roast				
10	Légume	Salad	◎			
11	Entremets	Sweet				
12	Savoury	Savory				
13	Dessert	Dessert	◎	◎	◎	◎
14	–	After Dinner Drink	◎	◎	◎	◎

① 전채(Appetizer)는 Hot Appetizer와 Cold Appetizer를 합하여 하나의 코스로 구성하는 것이 일반적이다.

② 수프(Soup)는 대부분의 코스메뉴에서 제공되나 4코스 메뉴에서는 Appetizer와 Soup를 합해 하나의 코스로 구성한다.

③ 생선(Fish)코스는 격식 있는 만찬시 포함된다. 이때 생선요리는 모두 뜨겁게 하여 제공한다.

④ 주요리(Main Course)는 스테이크(Steak) 위주로 구성된다. 생선코스가 있을 경우 주요리는 반드시 육류를 제공하며 생선코스가 생략된 메뉴에서는 주요리(Main Course)에 생선요리를 제공하는 것도 무방하다.

⑤ 셔벗(Sherbet)은 식사 도중 입가심을 하여 다음에 제공되는 요리의 맛을 더욱 잘 즐길 수 있도록 제공된다. 고전메뉴에서는 로스트한 가금조류(Poultry)나 사냥으로 잡은 엽조류(Game)를 먹기 전에 제공하였으나 현재는 일반적으로 생선요리 다음에 제공된다. 또 생선요리가 아니더라도 거위간 요리(Goose Liver)와 같이 향이 강한 요리를 먹은 다음 제공하기도 하며 다이어트 여성들을 위해 디저트코스에 아이스크림 대신 제공하기도 한다.

⑥ 로스트 코스는 조류(새; Poultry, Game)를 뜨겁게 하거나 차게 하여 제공하는 코스이다. 과거에는 육류를 생선(Fish), 육류(Meat), 조류 등으로 분리하여 코스를 구성하였으나 현재는 로스트한 조류를 제공할 경우 육류(Meat) 코스나 주요리(Main Course) 코스에 포함시켜 코스를 구성한다.

⑦ 야채(Salad)는 산성식품인 육류를 중화시켜 소화를 촉진하고 육류에서 섭취할 수 없는 각종 영양소와 비타민 등을 섭취하기 위해 육류코스의 다음에 제공된다. 연회장에서 야채(Salad)를 제공할 경우 스테이크 코스에 동

시에 제공하는 경우가 많다. 그러나 정통 프랑스식 서비스에서는 주요리의 다음 코스에 야채코스가 구성된다.

⑧ 디저트(Dessert) 코스는 고전메뉴 코스의 Sweet, Savory, Dessert 코스가 하나로 통합되어 구성된다. 그러나 프랑스식 코스메뉴를 구성할 경우 반드시 Cheese 코스를 디저트 코스 전에 구성해야 한다. 디저트는 연회메뉴의 꽃으로 불리며 아무리 짧은 코스라도 연회메뉴에는 반드시 포함시켜야 하는 코스이다.

⑨ 식후음료(After Dinner Drink)는 요리가 아니기 때문에 고전메뉴에서는 코스에 포함되지 않았다. 그러나 현재 연회장의 모든 정찬메뉴(Table d'hôte)에는 식후음료로 커피나 차를 제공함으로써 메뉴의 한 코스를 구성하고 있다.

2) 정찬메뉴 구성의 기본원칙

연회장에서는 수많은 코스메뉴를 판매할 수 없기 때문에 일정한 기준에 의해 메뉴의 가짓수를 조절해야 한다. 정찬메뉴(Table d'hôte)의 가짓수는 연회의 종류, 메뉴의 코스, 메뉴의 가격, 메뉴의 다양성, 요리의 매력성, 연회장의 시장환경, 조달 가능한 식재료, 원가율, 수익성, 조리사의 기능 등 다양한 요인들을 고려하여 구성해야 한다. 연회메뉴를 구성할 경우 고려해야 할 기본적인 원칙들을 살펴보면 다음과 같다.

① 한 코스에 차가운 음식과 뜨거운 음식을 동시에 구성하지 않는다.

② 한 메뉴에 같은 식재료를 두 번 이상 사용하지 않는다.

③ 한 메뉴에 조리방법이 같은 요리를 두 코스 이상 구성하지 않는다.

④ 한 메뉴에 비슷한 소스를 두 코스 이상 구성하지 않는다.

⑤ 같은 색의 요리를 두 코스 이상 구성하지 않는다.

⑥ Appetizer, Soup, Fish, Main Course는 반드시 다른 코스로 구성한다.

⑦ 가벼운 요리(Light Food)는 무거운 요리(Heavy, Rich Food)보다 앞에 구성한다.

⑧ 샐러드는 육류요리 다음에 구성한다.

⑨ 너무 화려한 요리의 데커레이션은 주요리의 이미지와 식욕을 감소시킬 수 있으므로 간단하고 조화가 되도록 주의한다.

⑩ 오찬메뉴는 가급적 코스를 짧게 하고 가격대를 다양화한다.

⑪ 연회메뉴는 가격대별로 요리의 다양성을 갖도록 구성한다.

⑫ 일반 레스토랑에서는 계절메뉴를 적극 판매하나 연회장에서의 정찬메뉴는 가능한 계절요리를 피한다. 다만 코스 중 일부 메뉴를 계절요리로 바꿀 수 있는 경우에는 연회 예약시 적극적으로 변경을 하도록 한다.

⑬ 특별행사 메뉴를 구성할 경우 재료조달, 조리기술 및 조리도구, 특별행사에 부합하는 요리장식, 서비스 인력과 기능 등을 고려한다.

BANQUET LUNCHEON AND DINNER
L-9-1

Medallion of Lagoustine and Caviar with Wine Vinaigrette
바닷가재와 철갑상어알

* * *

Bula Bula Soup
완두콩자라수프

* * *

Stuffed Filet of Sole, Shrimp Mousse and Spinach
with American Sauce
새우무스로 속채운 혀가자미와 바닷가재소스

* * *

Fresh Grapefruit Sherbet
신선한 자몽셔벗

* * *

Tournedos Rossini and Grilled Abalone with Ginger Sauce
쇠고기안심과 전복구이에 생강소스

Olivette Potatoes and Hot Vegetables
올리브모양 감자와 더운 야채

* * *

Lettuce and Celery Salad with Choice of Dressing
양상치, 샐러리샐러드와 드레싱

* * *

Millefeuille with Fresh Fruit
퍼프페스리를 곁들인 과일

* * *

Coffee or Tea
커피 또는 홍차

* * *

Pralines and Truffle
초콜릿

3. 뷔페 메뉴

연회장의 뷔페는 주로 제공되는 요리에 따라 양식뷔페(International Buffet), 한식뷔페(Korean Buffet), 중식뷔페(Chinese Buffet)의 3종류가 있다. 최근에는 해산물을 전문적으로 제공하는 해산물 뷔페(Seafood Buffet)가 등장하고 있으나 우리나라 호텔 연회장에서는 아직 Seafood Buffet Menu는 제공되지 않고 있다. 우리나라 호텔 연회장에서 가장 많이 이용되는 뷔페는 양식뷔페로 양식요리를 중심으로 인기 있는 한식요리, 일식요리, 중식요리가 함께 제공된다. 한식뷔페와 중식뷔페는 한국과 중국의 문화관련 연회에 주로 제공되나 그리 많이 이용되지는 않는다.

양식뷔페(International Buffet)는 찬요리, 샐러드, 더운 요리, 즉석요리, 한식요리, 중식요리, 일식요리, 디저트, 음료로 구성되며 각각 코너별로 진열된다. 따라서 양식뷔페는 가격에 따라 각 코너에 진열되는 요리의 숫자와 품질이 달라진다.

INTERNATIONAL BUFFET
IF-8

COLD FARE 찬요리
Raw Ham with Melon
훈제햄과 멜론
Fresh Oyster or Shrimp
신선한 굴 또는 새우요리
Filet of Beef Wellington
쇠고기안심웰링톤
Goose Liver Pate 거위간
Smoked Trout
훈제송어
Stuffed Sea Bream
도미요리

SALAD 샐러드
Cauliflower 꽃양배추
Tomato 토마토
Asparagus 아스파라거스
Palm 야자순
Cucumber 오이
Lettuce 양상추
Thousand Island and French Dressing
드레싱 2종

FROM THE HOT CHAFING DISH 더운 요리
Seafood Gratin
해물그라탱
Emince Filet of Beef
쇠고기안심요리
Lamb Chop 양갈비
Duck Breast 오리요리
Fried Rice with Shrimp
새우볶음밥
Fried Scallops 가리비볶음
Homemade Fried Shrimp
새우튀김

FROM THE CARVING TABLE 즉석요리
Roasted Sirloin of Beef
최상급 등심구이
Soft Roll 부드러운 빵
Smoked Salmon with Condiments
훈제연어

JAPANESE FOOD 일식
Four Kinds of Sushi
생선 초밥(4종) 즉석
Four Kinds of Sashimi 생선회(4종)
Rice Roll 김밥 즉석
Buckwheat Noodles 모밀국수
Tempura 튀김 즉석

KOREAN FOOD 한식
L.A Galbi L.A갈비 즉석
Pumpkin Porridge 호박죽
Dodok Side Dish 더덕구이
Beef Tartar 육회
Kimchi 물김치
Cinnamon Rice Cake 개피떡
Stuffed Red Beans Cake 경단
Rice Cake 인절미
Soft Rice Cake 증편
Seasonal Punch 계절화채
Salted Seafood 젓갈
Seasonal Namooı 나물 3종류
Cinnamon Punch 수정과

CHINESE FOOD 중식
Sautéed Beef and Vegetables 쇠고기야채볶음
Lobster and Broccoli with Oyster Sauce
바닷가재와 브로콜리굴소스
Assorted Vegetable Sautéed
여러 가지 야채볶음
Sauteed Scallops with Asparagus
관자와 아스파라거스

DESSERT 후식
Thuringer Cheese Cake 치즈케이크
Peanut Butter Cookies 땅콩버터쿠키
Chocolate Cup 초콜릿바발로아
Fruit Cake 과일케이크
Charlotte Royal 샤롯데로얄
Ice Cream 아이스크림
Fresh Fruit 신선한 과일

COFFEE OR TEA 커피 또는 홍차

4. 한식 메뉴

연회장의 한식 메뉴는 특성상 코스메뉴로 구성해야 하기 때문에 조찬 이외에 일품요리(a la Carte)는 판매하지 않는다. 따라서 연회장의 한식 메뉴는 한정식 메뉴(Course Menu, Set Menu)를 코스로 만들어 제공된다. 한정식은 궁중에서 잔치를 할 때 차리는 진연상과 양반가의 7첩 반상이나 9첩 반상 및 축하연의 상차림인 교자상에 사용되는 각종 요리를 선별하여 코스로 만든 메뉴이다. 따라서 연회장의 한정식 메뉴는 가격과 코스의 수에 따라 제공되는 반찬 및 요리의 품질이 달라진다. 한정식 코스메뉴는 가족모임이나 외국인들에게 우리나라의 전통음식을 대접하고자 할 때 주로 이용되므로 다양한 코스메뉴를 준비해야 한다. 또 각각의 메뉴는 우리나라 전통요리의 다양성과 음식문화를 충분히 반영하도록 구성되어야 한다. 전통 한식은 상 위에 여러 가지 반찬과 요리를 한 번에 올려놓고 먹는 형태이지만, 연회장에서는 기본 밑반찬과 장류(간장, 된상, 고추상, 초상 등)를 테이블 위에 미리 세팅해 두고 각 요리는 코스로 제공한다. 따라서 한식 코스메뉴의 순서는 일정한 기준은 없으나 찬요리, 죽, 더운 생선요리, 밥과 국, 더운 고기요리, 후식, 음료(음청)의 순서로 제공되는 것이 일반적이다. 2005년 11월 부산 BEXCO에서 개최된 APEC 정상회담의 한식 만찬은 다음과 같이 구성되었다.

〈표 3-5〉 한식 코스메뉴의 예

2005 부산 APEC 정상회담 만찬메뉴
• 기본 찬(Side Dish) : 김치(Kimchi), 백김치(White Kimchi), 장조림(Braised Beef in Soy Sauce), 나물(Seasonal Vegetable), 부각(Fried Vegetable) • 가리비와 수삼 샐러드(Scollop & Ginseng Salad) • 밤죽(Chestnut Porridge) • 대하찜(Steamed King Prawn) • 영양밥과 신선로(Boiled Rice with Nutritious ingredients and Sin-Sun-Ro) • 자연송이와 너비아니구이(Grilled Beef Served with Pine Mushroom) • 경단과 유과, 배(Sweet rice Balls, Korean Candy, Pear) • 유자화채(Korean Citron Punch)

KOREAN LUNCHEON AND DINNER
K-7

6 Kinds of Side Dishes	기본 찬 6종류
Stuffed Vegetables and Beef with Pancake	밀쌈
Assorted Boiled Seafood	모듬숙회
Seasonal Porridge	계절죽
Pan Fried Fish and Vegetables	전유화(새우전, 광어전, 호박전)
Stuffed Crabmeat and Broiled Abalone	대하찜과 전복구이
Casserole "Sin Sul Ro"	신선로
Sautéed Vegetable	야채볶음
Steamed Rice and Soup	진지와 국
Broiled Galbi and Hot Vegetable	갈비구이와 야채
Seasonal Fresh Fruit	신선한 과일
Fresh Ginseng Tea	인삼차
Rice Cake and Korean Pastries	떡과 한과

5. 일식 메뉴

연회장에서 제공되는 일식요리는 한식요리와 같이 코스메뉴(Course Menu, Set Menu)로 구성된다. 이렇게 연회장에서 제공되는 일식 코스메뉴를 회석요리(會席料理)라고 한다. 회석요리는 에도(江戶)시대부터 발달된 연회요리로 코스의 가짓수는 가격에 따라 다양하나 최고급 회석요리의 코스는 10가지 이상으로 구성된다. 또 초밥요리는 전통 회석요리에는 사용되지 않으나 초밥요리의 선호도가 매우 높아짐에 따라 현재는 회석요리의 코스에 초밥(스시; すし)을 넣은 메뉴도 많이 사용되고 있다. 회석요리가 제공되는 순서는 다음과 같다.

〈표 3-6〉 일식 회석요리 제공순서

회석요리 코스	다른 이름	내용	영어 표기
① 先付(さきすけ)	つきたし, おとうし	진미	Specialties
② 前菜(ぜんさい)	–	전채	Assorted Seasonal Appetizer
③ 吸物(すいもの)	–	맑은 국	Today's Soup
④ 造り(つくり)	さしみ	생선회	Assorted Raw Fish
⑤ 燒物(やきもの)	–	구이요리	Broiled Fish
⑥ 煮物(にもの)	–	삶은 요리	Boiled Delicacies
⑦ 酢物(すのもの)	–	초회	Vinegared Dish
⑧ 揚物(あけもの)	–	튀김요리	Fried Dish
⑨ 御飯(ごはん)	めし	밥	Steamed Rice
⑩ 果物(くたもの)	–	과일	Fresh Fruit
⑪ 甘味(あまみ)	–	감미	Sweet Dessert

회석요리는 요리재료의 다양성과 요리기술 및 요리시간 등으로 인해 대부분 가격이 상당히 높은 편이다. 따라서 격식이 크게 중요하지 않은 경우에는 일식 도시락(Japanese Lunch Box)이 많이 이용된다. 일식 도시락은 여러 가지 일본요리를 즐길 수 있으면서도 가격이 저렴하여 결혼식 피로연이나 단체관광객, 학회, 협회 같은 모임에서 많이 이용된다. 도시락은 가격대별로 2~3종을 준비하여 연회 주최자의 선택을 돕는다. 회석요리를 구성하는 주요 일식요리는 다음과 같다.

〈표 3-7〉 일식 회석요리 메뉴

회석요리 코스	내용	요리 종류
先付(さきすけ)	진미	해삼창젓, 산마즙, 연어알
吸物(すいもの)	맑은 국	도미국, 대합국, 조개국, 계란국, 닭고기 맑은 국
造り(つくり)	생선회	모듬회, 전복회, 흰살생선회, 도로, 생 바닷가재
燒物(やきもの)	구이요리	장어양념구이, 연어소금구이, 도미머리 산초 양념구이, 전복버터구이, 삼치구이, 메로구이
煮物(にもの)	조림요리	도미머리조림, 자리돔조림, 쇠고기조림, 야채조림
蒸物(むしもの)	찜요리	도미찜, 은대구찜, 농어찜, 광어찜, 자완무시, 전복찜
酢物(すのもの)	초회	새우초회, 문어초회, 해삼초회, 게초회
揚物(あけもの)	튀김요리	모듬튀김, 새우튀김, 두부튀김, 전복튀김, 모듬야채튀김
御飯(ごはん)	밥	밥, 밤밥, 죽순밥, 자연송이밥, 연어차밥, 굴밥, 생선알밥

회석요리 코스	내용	요리 종류
果物(くだもの)	과일	계절과일
甘味(あまみ)	감미	맛차 아이스크림

6. 중식 메뉴

중국 요리는 오랜 역사와 넓은 국토를 바탕으로 매우 다양한 요리가 전해지고 있으며 지역적인 특성에 따라 북경식 요리, 상해식 요리, 사천식 요리, 광동식 요리로 분류된다. 연회장의 중식 메뉴는 냉채류(Cold Appetizer), 수프류(Soup), 주요리류(Main Dish), 식사류(Rice & Noodles), 후식류(Dessert)의 순서로 구성되어 있다. 중식 연회메뉴도 연회장에서 인기가 많으므로 다양한 코스를 준비해야 하며, 각 지역의 인기 있는 요리들을 여러 가지 코스에 포함시켜 메뉴에 다양성을 주어야 한다. 연회장에서 중국 요리의 서비스는 커다란 접시(Platter)에 요리를 담아 웨이터가 덜어서 고객에게 서브하는 러시안 서비스(Russian Service)가 많이 이용되나 접시에 1인분씩 담아 코스별로 제공하는 아메리칸 서비스(American Service) 방식도 많이 이용된다. 주요 중식요리는 다음과 같다.

〈표 3-8〉 주요 중식요리

중식 코스		주요 메뉴
냉채류 (Cold Appetizer)		특품 냉채, 네 가지 냉채, 해파리냉채, 오향장 우육
수프류(Soup)		죽생 제비집 수프, 제비집과 게살수프, 해물제비집수프, 상어지느러미와 게살수프, 상어지느러미와 전복수프
주요리류 (Main Dish)	상어지느러미류 (Shark's Fin)	십전대보 상어지느러미찜, 특품상어지느러미찜, 상어지느러미와 해산물
	전복류(abalone)	전복과 굴소스, 전복과 자연송이, 전복과 브로콜리, 죽생과 전복
	갑각류 및 패류 (Crutacean & Shell Fish)	바닷가재와 칠리소스, 새우와 칠리소스, 새우와 굴소스, 새우와 마늘소스, 관자와 송이
	생선류(Fish)	탕수 도미, 도미와 굴소스, 생선탕수육, 매운맛 게살 생선요리
	오리고기와 닭고기류(Poultry)	북경오리, 라조기, 깐풍기, 닭고기와 캐슈너트

<table>
<tr><th colspan="2">중식 코스</th><th>주요 메뉴</th></tr>
<tr><td rowspan="6">주요리류
(Main Dish)</td><td>돼지고기류(Pork)</td><td>돼지고기 삼겹살찜, 돼지고기와 매운 고추, 돼지고기 탕수육, 십전대보곤약 삼겹살</td></tr>
<tr><td>소고기류(Beef)</td><td>소고기와 송이볶음, 소고기와 피망볶음, 소고기와 부추잡채, 소고기 탕수우육, 난자완스, 경장우육사, 사장소스 금침우육편</td></tr>
<tr><td>야채류(Vegetables)</td><td>은행과 모듬야채, 동고버섯 청채볶음</td></tr>
<tr><td>두부류(Bean Curd)</td><td>게살두부, 마파두부, 사장소스 청채두부</td></tr>
<tr><td>잡품류(Mixed Food)</td><td>모듬해물과 야채, 류산슬, 양장피, 팔보채</td></tr>
<tr><td>만두류(Dumplings)</td><td>군만두, 찐만두, 화권</td></tr>
<tr><td rowspan="2">식사류</td><td>밥류(Rice)</td><td>류산슬밥, 잡탕밥, 새우볶음밥, 게살볶음밥</td></tr>
<tr><td>면류(Noodles)</td><td>볶음면, 삼선짬뽕, 야채탕면, 팔진탕면, 삼선자장면, 기스면</td></tr>
<tr><td colspan="2">후식류(Dessert)</td><td>찹쌀떡 튀김, 생과일, 리치, 행인두부 리치</td></tr>
</table>

연회장에서의 중국식 코스메뉴는 정탁(定棹)요리라고 하며 가격을 중심으로 메뉴의 가짓수와 품목이 달라진다. 정탁요리는 다양한 전통 중국요리의 맛과 멋을 충분히 즐길 수 있도록 구성해야 한다. 다음은 중식 정탁메뉴의 사례이다.

〈표 3-9〉 중식 코스메뉴의 구성 사례

중식 Course Menu(예)
① 특별 냉채(Special Cold Dish) ② 상어지느러미찜(Shark's Fin with Mushroom) ③ 바닷가재와 고추소스(Lobster with Chili Sauce) ④ 해삼과 새우알 및 자연송이(Sea Cucumber with Pine Mushroom) ⑤ 게살 아스파라거스 및 가리비(Scallop and Asparagus with Crab Meat) ⑥ 소고기 안심 고추볶음(Beef with Hot Sauce) ⑦ 북경식 오리(Peking Duck) ⑧ 기스면(Soup Noodle with Chicken) ⑨ 과일(Fresh Fruits)

CHINESE LUNCHEON AND DINNER

C-7-2

Three Standard Side Dishes	小 菜 三 種	기본 찬 3종류
Assorted Special Cold Dishes	梅 花 花 盤	매화냉채
Swallow's Nest Soup with Crabmeat	蟹 肉 燕 窩 湯	게살을 넣은 제비집수프
Special Steamed Whole Shark's Fin	蠔 油 特 排 翅	특별 상어지느러미찜
Braised Abalone in Chef's Style	一 品 鮮 鮑	일품전복
Braised Lobster with Chinese Soybean Sauce	美 味 鮮 龍 蝦	바닷가재와 마늘짜장소스
Braised Sea Cucumber and Leeks	葱 燒 海 蔘	대파와 해삼
Roasted Duck Skin in Shanghai Style	上 海 香 皮 鴨	상하이식 오리튀김
Noodle Soup with Vegetables	蔬 菜 湯 麵	야채탕면
Fresh Fruit in Season	生 果 物	과일

7. 칵테일 리셉션 메뉴

칵테일 리셉션 메뉴(Cocktail Reception Menu)는 Full Reception에 제공되는 메뉴이다. 뷔페메뉴에 비해 메뉴의 종류가 적고 음료를 마시면서 먹을 수 있는 안주류와 간단한 식사메뉴가 제공된다. 연회장에서는 칵테일 리셉션도 많이 개최되므로 여러 종류의 메뉴를 준비해 두어야 한다.

COCKTAIL RECEPTION
CR-5

COLD FARE 찬요리
Pink Shrimp Cocktail or Fresh Oyster
새우요리 또는 신선한 굴요리
Lobster Pate 바닷가재요리
Filet of Beef Wellington 쇠고기웰링톤
Chicken Galantine 닭고기말이찜
Stuffed Eggs with Black Caviar
상어알과 계란소박이
Imported Cheese Tray
모듬치즈
Canapes 여러 가지 카나페
Dry Snacks 마른 안주
Relish Tray 야채모듬
Raw Ham with Melon 훈제햄과 멜론

FROM THE HOT CHAFING DISH 더운 요리
Fried Shrimp 새우튀김
Seafood Gratin 해물요리
Lamb Kebab 양고기꼬치요리
Frog Legs Provencal
개구리다리요리
Fried Chicken 닭고기요리
Hungarian Goulash
헝가리식 쇠고기

FROM THE CARVING TABLE 즉석요리
Roasted Rib eye of Beef with Condiments
알등심구이
Smoked Salmon with Condiments
훈제연어
Soft Roll 부드러운 빵

JAPANESE FOOD 일식
Assorted Sushi 생선초밥
Rice Roll 김밥
Fresh Tuna 참치회
Buckwheat Noodles 모밀국수
Tempura or Odeng 튀김 또는 오뎅

KOREAN FOOD 한식
L.A Galbi L.A갈비
Yellow Pea Patties 녹두전
Seasonal Punch 계절화채
Steamed Rice Cake 쇠머리떡
Cinnamon Rice Cake 개피떡
Stuffed Red Beans Cake 경단

CHINESE FOOD 중식
Sweet and Sour Beef 쇠고기탕수육
Sautéed Lobster with Chili Sauce
바닷가재와 고추소스
Peking Duck 북경오리
Dumplings 만두

DESSERT 후식
Cheese Strudel 치즈파이
Cream Mont Blanc 크림몽블랑
Chestnut Pastries 밤패스트리
Petits Fours 작은 과자
Petits Chous 생과자
Pecan Pie 호두파이
Fresh Fruit 신선한 과일

8. 특별 메뉴

연회의 특별 메뉴는 뷔페메뉴나 칵테일 리셉션 메뉴에 추가할 수 있는 메뉴로 주최자가 선택할 수 있는 메뉴이다. 특별 메뉴는 한국, 중국, 일본의 전통 가옥을 나타내는 조형물을 만들어 연회장에 배치하고 그곳에서 각 나라별 요리를 직접 만들어 제공함으로써 연회장의 분위기를 매우 돋보이게 하는 효과가 있다. 또 대

형 연회시에는 참가자들이 원하는 음식의 위치를 바로 찾을 수 있는 장점이 있다. 특별 메뉴는 나라별, 가격별로 다양한 메뉴를 구성해야 하며 주요 특별 메뉴는 다음과 같다.

〈표 3-10〉 특별 메뉴의 종류

특별요리	메뉴 종류
한식 코너	Korean Corner 1(2, 3)
일식 코너	Japanese Corner 1(2, 3)
중식 코너	Chinese Corner 1(2, 3)
바비큐	통돼지 바비큐, 통멧돼지 바비큐
과일	모듬 과일 1(2, 3)

9. 음료 메뉴

연회장의 음료 메뉴는 일반고객을 대상으로 판매하는 것이 아니고 주최자가 예약시 선정한 품목을 판매하는 것이므로 일반 바(Open Bar)와 같이 다양한 종류를 구비할 필요가 없다. 따라서 연회장의 음료는 칵테일 리셉션에서 제공되는 품목을 중심으로 보유하고 주최자가 특별한 음료를 요구할 경우 별도로 준비함으로써 재고비용을 줄이도록 해야 한다. 연회장의 음료메뉴는 주류, 청량음료, 주스류의 가격을 함께 표시한 음료메뉴(Beverage List)와 와인의 가격을 표시한 와인메뉴(Wine List)의 2가지가 있다.

1) 음료 메뉴(Beverage List)

연회시 사용하는 주류는 일반주류(Regular, Standard)와 고급주류(Premium)로 구분하여 메뉴를 작성한다. 특히 주류는 같은 회사에서 생산된 것이라도 품질에 따라 가격차가 매우 크므로 너무 비싼 고급주류는 메뉴에 올리지 않는 것이 좋다. 또 같은 종류나 등급의 주류는 너무 많은 브랜드를 보유할 필요가 없으므로 브랜드 선정시 주류의 원가, 선호도 등을 고려하여 결정한다. 연회장에서 주류의 판매가격은 병(Bottle) 단위로 표시하며 주스나 청량음료는 잔(Glass) 단위로 표시한다. 또 같은 등급의 주류는 구매원가에 다소 차이가 있더라도 동일한 가격으로 책정한다. 연회장에서 보유해야 할 주요 음료의 종류는 다음과 같다.

〈표 3-11〉 Beverages Menu

종류	구분	주요 브랜드
Brandy	X.O	Remy Martin, Hennessy, Martel, Camus, Courvoise
	Napoleon	Remy Martin, Hennessy, Martel, Camus, Courvoise
	V.S.O.P	Remy Martin, Hennessy, Martel, Camus, Courvoise
	Others	Armagnac, Calvados, Grappa
Whisky	Malt Whisky	Glenfiddich 12Y, Glenlivet 12Y, Macallan 12Y, Hibiki
	Premium Whisky	Ballantine's Finest 17Y, Chivas, Johnnie Walker Black, J&B Reserve, Cutty Sark 12Y, Dimple 12Y, Old Parr, Crown Royal, Canadian Club 20Y, Jack Daniel's Black, Wild Turkey, Yamajaki 12Y
	Regular Whisky	Ballantine's, Johnnie Walker Red, J&B Rare, Cutty Sark, White Horse, Grants, Dewar's White, Jameson, Old Bushmill, Jim Beam
	Domestic Whisky	Windsor 12Y, Imperial, Scotch Blue 17Y, Passport, Something Special
Gin		Beefeater, Tanqueray, Gordon's, Gilbey's
Vodka		Smirnoff, Finlandia, Absolute, Stolichinaya
Rum		Bacardi, Ronrico, Myers's
Tequila		Jose Cuervo, Two Finger's, Pepe Lopez
Liqueur		Amaretto, Benedictine DOM, Campari, Cointreau, Crème de Menthe, Crème de Cacao, Crème de Cassis, Drambuie, Grand Marnier, Kahlua, Sloe Gin
Vermouth	Dry, Sweet	Martini, Cinzano, Ganchia, Noily Prat, Dubonet
Beer	Domestic	Hite Prime, Hite, OB Lager, Cass
	Imported	Budweiser, Heineken, Carlsberg, Guinnes, Kirin, Asahi, Sapporo, Miller
Domestic	Liquor	문배주, 이강주, 안동소주, 각종
	Liqueur	매취순, 설중매, 백세주, 복분자주
	Rice Wine	경주법주, 설화, 청하, 수복청주
Japanese Rice Wine		조센, 코모다루, 나마조조
Chinese Liquor		고량주, 마오타이주, 죽엽청주, 오가피주, 소흥주, 매괴로주, 공부가주, 주귀주, 오량액
Soft Drink(비주류)		Coke, Cider, Tonic Water, Gingerale, Collins Mixer, Soda water, Mineral Water
Juice(주스)		오렌지주스, 파인애플주스, 토마토주스, 자몽주스, 야채주스, 레몬주스

2) 와인 메뉴(Wine List)

특급호텔의 양식당이나 와인레스토랑에는 수백 종이 넘는 와인이 판매되고 있다. 그러나 연회장에서의 와인판매는 소품목 대량판매가 기본이기 때문에 와인리스트에 많은 와인품목을 올려놓으면 재고공간이 부족하여 재고관리가 어렵게 된다. 따라서 연회장의 와인리스트는 연회장의 규모나 판매되는 음식에 따라 와인 품목수를 조절해야 한다. 연회장의 와인리스트는 의식 또는 의전상 반드시 3종류의 와인을 보유해야 한다.

〈표 3-12〉 와인 메뉴의 구성

와인 종류	가격	보유 수량
White Wine	저가, 중가, 고가	각 가격대별로 포도품종과 산지에 따라 2~3품목 보유 (연회장의 규모에 따라 총 10~30품목 이내 보유)
Red Wine	저가, 중가, 고가	
Sparkling Wine	저가, 중가, 고가	

3) 음료판매대(Cash Bar) 메뉴

디너쇼, 패션쇼, 라이브 콘서트와 같은 행사는 주최자가 주류와 음료를 제공하지 않는 경우가 많다. 이런 행사시는 연회장 안에 간단한 음료판매대(Cash Bar)를 설치할 것인가에 대해 주최자와 협의해야 한다. 주최자와 협의시 음료판매대 종목의 가격을 알려주고 주최자가 특별히 판매를 원하는 품목이 있으면 가감하여 행사장에서 음료를 판매하게 된다. 호텔에서 모든 메뉴의 가격은 봉사료와 부가가치세가 포함되어 있지 않은 가격(Net Price)이지만 연회장에서 판매하는 음료판매대의 가격은 세금이 포함된 가격(Amount Price)이다. 음료판매대의 가격은 현장에서 현금을 주고받아야 하기 때문에 거스름돈을 계산하기 편리하게 최소 1,000원 단위로 가격을 책정한다. 또 판매품목도 필수적인 것만 한정하여 서비스에 무리가 없도록 한다.

〈표 3-13〉 음료판매대 메뉴

Banquet Cash Bar Price List 2010. 1		
품목/(Item)	기준/(Unit)	가격(원)/(Price ; ₩)
프리미엄 위스키/Whisky Premium	잔/Glass	10,000
스탠더드 위스키/Whisky Standard	잔/Glass	8,000
진 토닉/Gin Tonic	잔/Glass	8,000
하우스 와인(화이트, 레드) House Wine(White, Red)	잔/Glass	8,000
	병/Bottle	40,000
맥주(500ml)/Local Beer(500ml)	병/Bottle	8,000
주스류/Juice(O/J, P/J, A/J)	잔/Glass	6,000
※ 부가세와 봉사료가 포함된 금액입니다.		

제2절 임대상품(Rental Charge)

1. 연회장 임대상품

연회장의 임대상품은 연회장 장소를 임대하는 것과 연회에 사용되는 각종 장비를 임대하는 두 종류의 상품이 있다. 연회장 임대상품은 다양한 규모의 연회장을 일정시간 동안 사용하게 하고 그 요금을 받는 것을 말한다. 연회장 임대요금은 연회장의 규모와 사용시간대, 사용기간, 식사여부에 따라 변동된다. 전시회, 신제품 발표회, 패션쇼, 콘서트와 같이 식사를 동반하지 않고 장소만을 사용하는 연회는 당연히 연회장 사용요금을 받지만 식사가 주목적인 연회의 경우는 연회장 사용료를 별도로 받지 않는 것이 일반적이다. 또 세미나 후 식사, 신제품 발표회를 겸한 식사, 결혼식 행사 후 식사와 같이 연회장 사용과 식사를 함께하는 연회의 경우 행사의 내용에 따라 연회장사용료를 받지 않거나 할인이 가능하다. 연회장의 임대료는 오전, 오후, 저녁시간대별로 요금을 다르게 책정하고 있으며 또 사용일이 길어질수록 할인이 가능하다. 호텔의 대연회장은 대부분 칸막이로 2~3개의 연회장으로 분리하여 사용할 수 있으며, 이 경우에도 가격의 조정이 가능하다. 따라서 연회장에서는 사전에 연회장 임대 가격표를 만들어 고객의 선택을 돕고 있다.

〈표 3-14〉 연회장 임대 가격표

연회장 임대 가격표

Banquet Rental Charge

2010. 1 (Unit : ₩/NET)

연회장 Banquet Room	평 수 Pyung	금 액 Rental Charge		
		09:00~22:00	09:00~16:00	16:00~22:00
C B R	515	12,000,000	8,000,000	10,000,000
C B R #1~2 #2~3	375	8,000,000	6,000,000	7,000,000
C B R #1,#2,#3	172	4,000,000	2,500,000	3,000,000
Emerald	98	2,000,000	1,000,000	1,500,000
Sapphire	70	2,000,000	1,000,000	1,500,000
Pearl	83	2,000,000	1,000,000	1,500,000
Charlotte	46	1,200,000	700,000	1,000,000
Peacock	21	600,000	300,000	500,000

※ 10%의 부가세가 추가됩니다.(10% V.A.T will be added)

2. 연회장비 임대상품

연회에 사용되는 각종 시설 및 기자재 중 마이크 등 기본적인 장비의 사용은 무료이지만 고가의 장비나 대량의 장비, 특수 장비 등은 임대료를 받는다. 임대료를 받는 장비와 기자재의 항목 및 요금표도 미리 비치하여 주최자와의 불필요한 마찰을 줄이고 행사목적에 적합한 장비와 기자재를 제시함으로써 연회의 성공을 도울 뿐만 아니라 연회수입을 증대시키도록 해야 한다. 연회장비의 임대는 호텔 연회장에서 비치하여 두고 임대하는 방법과 외부 용역회사에 의뢰하여 임대하는 방법이 있다. 국제행사시의 동시통역시설, 라이브콘서트와 패션쇼에 필요한 첨단의 조명 및 음향장비 등 특수장비들은 연회장에서 보유하는 것이 경제성이 떨어지므로 전문 장비업체와 용역계약을 체결하여 업체가 준비하도록 하고 호텔에서는 수수료만 받는 경우도 많다. 대표적인 임대장비로는 레이저 조명기(Laser Beam), 빔프로젝터(Beam Projector), 컴퓨터, 조명기기, 특수마이크 및 스피커, 결혼식이나 행사의 생중계에 쓰이는 방송용 ENG(Electronic News Gathering)카메라 등이 있다. 아래 표는 호텔에서 보유하고 임대하는 방송, 조명, 음향에 관련된 임대 가격표이다.

〈표 3-15〉 방송, 조명, 음향장비 임대료

방송, 조명, 음향장비 임대료

AUDIO & VISUAL EQUIPMENT RENTAL CHARGE

2010. 1 (UNIT : ₩)

ITEM	DESCRIPTION	Q' TY	RENTAL CHARGE	REMARKS
Simultaneous Translation System	S.T.S 유선동시통역기기 Receiver with Headphone	2 500	500,000 1,000	Lost Item Should be Compensated for by Organizer(H/P 별도) Philips Co.
Projector	Slide 35mm Slide 원거리용 Slide Monitor형 Over Head 원거리용 Over Head Standard Movie 16mm 실물투영기 자료제시장치 액정 Vision(Portable) Beam Projector(Portable) Umatic(All System) Betacam(All System) VTR(VHS, PAL 겸용) VTR(NTSC : Super) VTR(8mm, VHS 겸용) Monitor T.V 33″ Monitor T.V 29″ T.V Wide 32″	10 2 2 2 6 1 1 1 3 2 1 1 2 4 2 4 4 2	30,000 100,000 30,000 30,000 30,000 50,000 30,000 30,000 100,000 200,000 50,000 100,000 30,000 30,000 30,000 50,000 30,000 30,000	KODAK ELMO KODAK ELMO 3M ELMO ELMO WOLF VISION SHARP 후지쓰 SONY SONY 삼성 삼성 삼성 L.G L.G PHILIPS
Recoder	Open Reel 4Track Cassette	1 2	Free	TEAL PIONEER
Lighting	Laser Beam Stratos(조명기기) Spot TEC 2kg Spot ETC 1kg Cyber	16 2 2 4	2,000,000 50,000 Free Free 100,000	SPECTRA(미국) STUDIODUE(이탈리아)
Microphone	Mike(Wire) Mike(Wireless) Delegate Mike	30 6 130	Free	
Mixer (Audio System)	36 Channel 16 Channel	1 3	Free	
Screen	Large Screen(210×210) Medium Screen(180×180)	2 6	–	Portable
Karaoke	최신 기종	2	150,000	대흥전자

※ 10%의 부가세가 추가됩니다.(10% V.A.T will be added)

제3절 부대상품(Options)

부대상품은 연회시 주최자의 필요에 의해 추가되는 여러 가지 서비스에 대한 선택적 상품이다. 이러한 부대상품은 호텔내부에서 생산된 내부 부대상품과 호텔외부의 용역업체에 발주 의뢰한 외부 부대상품으로 구분된다.

1. 내부 부대상품

1) 꽃 장식(Flower)

꽃은 연회의 분위기 조성에 가장 중요한 요소이다. 거의 모든 연회에 꽃이 사용되며 연회의 규모가 크고 축하의 성격이 클수록 꽃 장식이 많아지고 화려해진다. 연회장 테이블 위에 놓이는 기본적인 꽃 장식은 무료로 제공되지만 작품성이 있는 수반, 꽃다발, 코사지(Corsage), 화환, 부케, 및 약혼식과 결혼식장의 장식에 사용되는 꽃 장식은 요금을 받는다. 특히 꽃 장식은 생화를 사용하기 때문에 싱싱함을 유지하려면 미리 만들어 놓을 수가 없고, 또 이동거리가 멀면 작품성이 크게 훼손된다. 따라서 특급호텔들은 연회부의 한 부서로 꽃방(Florist, Flower Shop)을 두고 전문가로 하여금 각 연회에 사용하는 꽃 장식을 만들고 있다. 꽃 장식은 연회의 분위기 조성뿐만 아니라 수입증대에도 큰 역할을 한다. 대형 결혼식에는 꽃 장식에만 수백만 원의 수입을 올릴 수 있으며 약혼식, 회갑연, 고희연, 칵테일리셉션 등도 꽃 장식 수입을 올리는 주요 행사이다. 따라서 연회장에서는 각종 꽃 장식에 대한 모양별, 규격별 가격표를 만들어 고객의 선택을 돕고 있다.

2) 얼음조각(Ice Carving)

얼음조각은 얼음조각 전문가가 다양한 모양의 작품을 조각하여 연회장에 설치함으로써 분위기를 크게 고조시키는 역할을 한다. 대부분의 얼음조각은 회사나 단체의 로고나 이름, 주빈의 이름 등 주최자가 원하는 내용이 들어간다. 얼음조각은 녹기 때문에 행사시작 바로 전에 설치해야 한다. 따라서 외부용역을 주기가 어렵지만 소규모 호텔에서는 용역업체에 얼음조각을 의뢰하여 사용하기도 한다. 현재 가정이나 행사용 얼음조각 전문업체도 많이 생겨나고 있지만 특급호텔들은 자체 제작하는 경우가 대부분이다. 얼음조각은 그 모양이나 규격에 따라 가격이 달라지며 사전에 준비된 가격표에 의해 예약을 받게 된다. 또 단골고객이나 연회 금액이 큰 대형연회에서는 협의에 의해 무료로 제공되기도 한다.

3) 케이크(Cake)

결혼식, 약혼식, 회갑연, 고희연, 생일, 창립기념일, 창업식 등 축하행사에는 필수적으로 케이크를 사용하게 된다. 케이크는 1단에서부터 5단까지 행사의 규모나 성격에 따라 크기와 요금이 달라진다. 또 케이크의 재료와 모양도 주최자의 요구에 따라 달라질 수 있다. 소형 케이크는 판촉의 일환으로 무료나 할인가격으로 제공되기도 한다.

4) 특별 장식(Special Decoration)

대형 연회와 국제적인 연회 및 특정한 주제를 가지고 진행되는 주제연회(Theme party)는 기본적인 꽃 장식이나 데커레이션으로는 연회목적에 부합되는 분위기 연출이 어렵다. 이 경우 별도의 특별장식이 요구되며 이러한 특별장식은 주최자의 요구에 의해서 주문 제작되기도 하며, 매출증대를 위해 연회장의 장식전문가들이 연회 주최자에게 제안함으로써 제작되기도 한다. 이러한 특별장식은 그 연회를 위해서만 사용되므로 작품성이 강하게 요구되며 가격도 높아 부가가치가 매우 큰 연회상품이 된다.

2. 외부 부대상품

연회에 수반되는 각종 부가서비스 중 전문성이나 고가의 장비를 요구하는 경우 이를 위해 연회부서에서 전문인력과 장비를 보유하는 것은 비경제적이므로 대부분 외부 전문업체와 용역계약을 체결하여 외주를 주고 호텔에서는 그 요금에 대한 일정한 수수료를 받아 업무를 진행하고 있다. 외부용역에 대한 수수료는 호텔과 용역 업무에 따라 차이가 있으나 요금의 10%가 일반적이다. 외부 부대상품은 가능한 상세히 상품을 분류하여 가격표를 만들어 그 가격표에 의해서만 주문이 이루어지도록 하는 것이 중요하다. 그렇지 않을 경우 용역회사가 행사도중 각종 명목으로 가격을 인상하거나 또 다른 옵션상품을 제시하여 고객과의 마찰은 물론 호텔연회장의 신뢰성을 떨어뜨리는 일이 발생할 수도 있다.

1) 현판과 현수막(Placard & Banner)

현판과 현수막은 연회의 명칭, 일시, 장소, 주최자 등을 적어 행사를 알리는 대형 간판과 천을 말한다. 이 중 나무판에 직접 쓰거나 종이에 적어 부착된 것은 현판(Placard)이라고 하고 천에 적어 부착하거나 게시한 것은 현수막(Banner)이라고 한다. 현판은 전통적으로 건물 정면의 대문과 지붕 사이의 공간에 부착하여 그 건물의 이름이나 내용을 나타낸 판을 의미하나 호텔에서는 호텔정문 위쪽 외벽에 대형행사나 중요한 행사를 알리는 광고 또는 홍보용 간판을 의미한다. 인쇄기술이 발달하지 못했던 1990년대 초까지도 연회장에 소속된 차트(Chart)담당 직원(필경사)이 손으로 일일이 그리거나 써서 부착하였으나 현재는 대부분 사용이 간편하고 경제적이며 다양한 디자인으로 광고효과가 뛰어난 현수막(Banner)을 사용하고 현판은 극히 부분적으로만 사용되고 있다. 현수막(Banner)은 행사내용을 천에 쓰거나 인쇄하여 호텔정문 위 외벽이나 행사장 정면에 부착한 것이다. 현수막은 컴퓨터와 인쇄기술의 발달로 각종 도안은 물론 사진까지 정밀하게 인쇄가 가능할 뿐만 아니라 그 규격을 원하는 대로 제작할 수 있고, 부착 및 탈착이 용이할 뿐만 아니라 대량제작 및 초대형 현수막의 제작도 가능하게 되어 광고에 널리 이용되고 있다. 또 인쇄기의 발달로 일부 호텔에서는 천 대신 종이로 현수막을 제작하여 실내행사에 사용하기도 한다. 이러한 현판과 현수막의 요금은 규격별, 컬러별로 가격표를 만들어 주최자와 협의하게 된다.

2) 공연(Entertainment)

음악과 무용 등의 여흥은 연회의 분위기와 흥을 고조시키는 중요한 요소이다. 연회는 주최자의 예약이 있을 때만 열리므로 이러한 공연인들을 연회장 직원으로 채용하는 것은 비경제적이다. 따라서 각 호텔의 연회부에서는 공연관련 회사와 용역계약을 체결하여 필요시 공연인들을 연회에 투입하고 있다. 연회시 주최자가 연주인이나 공연인들을 섭외하여 연회에 투입하는 경우도 많다. 이 경우 용역회사와 영업에 대한 마찰이 일어날 수 있으므로 용역계약시 이러한 문제에 대한 확실한 규정을 두어야 한다. 연회장에서의 음악은 연회 시간 동안 계속되어야 하므로 성악보다는 기악연주가 중심이 된다. 따라서 연회장에서는 피아니스트솔로

(Pianist solo), 듀오(Duo), 트리오(Trio), 콰르테트(Quartet) 등 다양한 연주형태에 대한 요금표를 만들어 두어야 한다. 또 회갑연이나 고희연과 같이 전문 사회자, 국악인, 무용단 등 다양한 공연요청에 대한 공연인 리스트를 확보하는 것도 중요하다.

〈표 3-16〉 연주인 공연료

KIT이벤트 연주인 공연료

2010. 1 (단위 : 원, V.A.T 별도)

공연	구분	내용	편성	금액
결혼식 공연	피아노 현악	Solo	Piano Solo	150,000
		3중주	Piano, Violin, Cello	450,000
		4중주	Piano, Violin, Viola, Cello	600,000
		5중주	Piano, Violin1, Violin2, Viola, Cello	750,000
	금관	3중주	Trumpet, Trumbon, Tuba	600,000
		4중주	Trumpet, Trumbon, Tuba, Horn	800,000
		5중주	Trumpet, Trumbon, Tuba, Horn, Sujapon	1,000,000
	축가	독창	독창	400,000
		2중창	남 : Tenner, 여 : Soprano	700,000
		3중창	Soprano, Tenner, Bariton	900,000
		5중창	Soprano, Alto, Tenner, Bariton, Bass	1,500,000
	사회자 (W이벤트 전속자)	결혼식 약혼식	A급	1,000,000
			B급	600,000
			C급	400,000
일반행사 공연	현악 (칵테일 만찬음악)	Piano Solo		250,000
		3중주		750,000
		4중주		1,000,000
		5중주		1,250,000
	일반악사 (노래반주 및 회갑연)	음향기기, 모니터, 스피커 장비일체 보유 Band		350,000
		2인조		600,000
		3인조		800,000
	고급악사 (Jazz Band, Swing Band 등)	3인조		900,000
		4인조		1,200,000
		5인조		1,500,000

공연	구분	내용	편성	금액
일반행사공연	W이벤트 전속Band	5인조 이상(방송국 악단)		협의
	고전	창		250,000
		고전악사		300,000
		국창(무명)		300,000
		삼현육각		300,000
	무용	현대, 고전(Cheer Girl)		250,000
	내레이터	도우미		120,000
	각종 연회 사회자	A급		1,000,000
		B급		500,000
		유명 연예인 및 방송국 아나운서		협의

※ 결혼식 연주시간은 식전 20분, 식후(식사시간) 20분간 연주
장소를 옮겨 피로연 연주시 추가 연주료 부가
※ 일반행사 공연시 사전 협의에 따른 특정곡 연주시 이에 따른 편곡비 추가
방송국 악단장 초청과 유명 사회자 예약시 반드시 협의

3) 사진 및 비디오(Photo & Video)

연회장에서의 사진촬영은 그 빈도수와 전문성 때문에 대부분 호텔 안에 입점한 사진관과 용역계약을 체결하여 진행된다. 사진이 특히 중요한 행사는 결혼식, 약혼식, 회갑연, 고희연, 돌잔치 등 가족모임이다. 사진은 원판사진, 스냅사진, 앨범 등으로 구분하여 가격표를 작성한다. 사진은 특히 작품성이 중요하므로 아름답고 고급스런 견본을 예약실에 비치해 고객이 직접 보면서 주문할 수 있도록 하는 것이 중요하다. 비디오도 사진과 같이 가족모임에서 많이 이용된다. 비디오도 사진관에서 사진과의 세트상품 형태로 촬영하는 경우가 많다. 비디오 촬영은 촬영과 편집 후 제작물을 고객에게 주는 단순한 형태에서부터 대형연회나 하객이 많아 여러 연회장에 하객을 분산하여 입장시킨 후 ENG카메라를 통해 행사를 방영하는 등 다양한 상품을 제시할 수 있다. 최근에는 결혼식 대행업체가 많이 생겨 이 업체들이 약혼식부터 결혼식까지의 모든 사진과 비디오촬영을 대행하는 경우가 많다. 따라서 호텔에 입주한 사진관과 외부 대행업체 간의 영업권 문제가 발생하지 않도록 계약사항을 구체적으로 작성할 필요가 있다.

〈표 3-17〉 사진 및 비디오 공급가격표

<table>
<tr><td colspan="3">KIT포토 사진 및 비디오 공급가

2010. 1 (단위 : 원, V.A.T 별도)</td></tr>
<tr><th>구 분</th><th>포 함 내 역</th><th>공 급 가</th></tr>
<tr><td rowspan="3">각종 일반행사
(돌잔치,
칠순행사 등)</td><td>원판 11R-1조(1컷 3장)</td><td>70,000</td></tr>
<tr><td>스냅 1Roll-20컷(3시간 기준)</td><td>100,000</td></tr>
<tr><td>비디오 촬영</td><td>400,000</td></tr>
<tr><td>대연회장
예식촬영</td><td>원판(70) & 스냅(70) & 비디오 중계(80)
(구성 : 원판압축앨범 3권, 스냅압축앨범 1권, DVD1, 비디오 TAPE 2EA)</td><td>2,200,000</td></tr>
<tr><td rowspan="2">중소 연회장
예식촬영</td><td>11R-20P(원판, 스냅 압축앨범 1권)</td><td>600,000</td></tr>
<tr><td>11R-30P(원판, 스냅 압축앨범 1권)</td><td>800,000</td></tr>
<tr><td colspan="3">※ 단, 본 패키지의 구성 및 공급가격은 고객의 요청 등에 따라 변경 가능
※ 11R(11인치×14인치, 28cm × 35cm)</td></tr>
</table>

4) 상차림

상차림은 가족모임 중 백일, 돌, 회갑연, 고희연 등 생일축하 행사와 결혼식 폐백에 필요한 우리나라의 전통예식이다. 상차림도 외부 용역업체가 행사별, 규격별, 사용재료별로 다양한 상품을 사진첩으로 제작하여 연회예약실에 비치하여 두고 고객들의 선택에 의해 행사장에 준비하게 된다. 최근에는 모형기술의 발달로 실물과 똑같은 모형물로 상차림을 하는 경우가 많다. 과일이나 떡, 한과 등을 실물로 상차림을 할 경우 가격이 상당히 비싸지게 되므로 이에 대한 상세한 안내가 필요하다.

〈표 3-18〉 폐백 상차림 가격표

<table>
<tr><td colspan="3">KIT폐백 상차림 공급가

2010. 1 (단위 : 원, V.A.T 별도)</td></tr>
<tr><th>구 분</th><th>포 함 내 역</th><th>공급가</th></tr>
<tr><td rowspan="3">장수연/첫돌
상차림</td><td>잣, 호두, 밤, 곶감 고임 50cm(과일 4종, 떡 3종류)</td><td>350,000</td></tr>
<tr><td>잣, 호두, 밤, 곶감 고임 55cm(과일 4종, 떡 3종류)</td><td>400,000</td></tr>
<tr><td>잣, 호두, 밤, 곶감 고임 55cm(과일 6종, 떡 5종류)</td><td>500,000</td></tr>
</table>

구 분	포 함 내 역	공급가
폐백상 (CBR, 극장식당)	대추고임, 육포, 술, 구절판(은행, 잣, 대추, 도라지, 양갱, 곶감말이, 육포, 밤, 다식)	400,000
폐백상 (중연회장)	대추고임, 닭 또는 한과, 술, 구절판(은행, 잣, 대추, 도라지, 양갱, 곶감말이, 육포, 밤, 다식)	250,000
돌상 풍선아트	• 돌상장식–돌상주위 기본세팅, 아기사진 세팅 • 테이블 장식–헬륨 풍선 10개 세팅(추가시 4,000원/개당) • 벽장식–꽃과 나비 장식 • 입구장식–헬륨아치, 스마일맨	250,000
※ 단, 본 패키지의 구성 및 공급가격은 고객의 요청 등에 따라 변경 가능		

5) 결혼식 드레스(Dress) 및 메이크업(Make up)

연회매출에서 결혼식 매출액은 그 비중이 매우 커지고 있다. 따라서 연회장에서는 결혼식 식음료 매출과 함께 각종 결혼식 부대수입에도 큰 관심을 가져야 한다. 신랑신부의 결혼식 예복은 개인적으로 맞추기도 하지만, 워낙 고가이므로 임대를 해서 사용하는 경우가 많다. 또 신랑신부의 메이크업(Make Up)도 외부 미용실에서 할 수도 있지만 호텔에 입점한 미용실에서 하는 것이 편리하다. 따라서 연회 예약실에서는 이와 관련된 가격표를 미리 준비하여 고객의 편의를 돕고 매출증진에도 기여해야 한다.

〈표 3-19〉 웨딩드레스/메이크업 가격표

KIT웨딩 드레스/메이크업 공급가

2010. 1 (단위 : 만원, V.A.T 별도)

금액	드레스	턱시도	헤어/메이크업	기타
800	• 최고급 이탈리아 드레스 본예식 1 · 2부 리허설 촬영시 3벌 (ATLIER AIMEE)	• 최고급 이탈리아 턱시도 본예식 1 · 2부	• 신랑신부 본예식 헤어/메이크업(신부 본예식 리허설 1회 포함) • 양가, 혼주 헤어/메이크업(리허설 1회 포함) • 신랑신부 피부관리 각 2회 서비스 • 양가 혼주 피부관리 각 1회 서비스	• 최고급 수입 액세서리세트 연출 • 헤어, 드레스 BACK 코사지 생화연출

금액	드레스	턱시도	헤어/메이크업	기타
600	• 최고급 이탈리아 드레스 본예식 1 · 2부 (ATLIER AIMEE) • 리허설 촬영시 2벌 (EME DI EME, PRET A PORTE)	• 최고급 이탈리아 턱시도 본예식 1 · 2부	• 신랑신부 본식 헤어/메이크업 (신부 본식 리허설 1회 포함) • 양가 혼주 헤어/메이크업 • 신랑신부 피부관리 각 1회 서비스	• 최고급 수입 액세서리세트 연출
450	• 최고급 이탈리아 드레스본예식 1부 (ATLIER AIMEE) 본예식 2부	• 최고급 이탈리아 턱시도 본예식 1 · 2부	• 신랑신부 본식 헤어/메이크업 • 양가 혼주 헤어/메이크업	
300	최고급 드레스 1 · 2부	최고급 턱시도 1 · 2부	신랑신부 본식 헤어/메이크업	
200	고급 드레스 1부	고급 턱시도 1부	신랑신부 본식 헤어/메이크업	
※ 드레스 등급 : ATLIER AIMEE > EME DI EME > PRET A PORTE 순임				

6) 특별음식

연회장에서 판매되는 대부분의 음식은 호텔의 각 주방에서 생산되어 연회장 고객에게 제공된다. 그러나 일부 음식은 경제성 때문에 외부업체에 용역을 주기도 한다. 대표적인 외부용역 음식으로는 떡이 있다. 떡은 백일, 돌, 회갑연, 고희연과 같은 가족모임에 필수적인 음식이며 국제적인 행사에서도 한국음식을 대표하여 대단히 많이 제공되고 있다. 떡은 여러 명이 먹을 수 있도록 전통적인 그릇에 담아 테이블 위에 올려놓는다. 또 한식코스에서는 디저트로 접시에 담아 각 고객에게 제공하기도 한다. 최근에는 창립기념일, 개업식, 준공식 등에서 서양의 케이크 대신 대형 시루떡을 케이크 커팅 순서에 사용하는 경우가 많다. 따라서 떡도 종류별, 규격별로 가격표를 만들어 두어야 하며 사진견본도 필수적으로 비치해야 한다. 통돼지바비큐나 통멧돼지바비큐도 대표적인 외부용역 음식이다. 일부 호텔은 바비큐시설을 갖추고 자체 생산한 바비큐를 사용하기도 하지만 대부분 외부에서 들여와 제공한다. 바비큐도 종류별, 크기별로 가격표를 만들어 비치해야 한다.

7) 회의 및 사무장비

국제행사나 학술대회같이 대규모 행사에는 많은 회의 및 사무용 장비가 필요하다. 이러한 장비를 연회장에서 모두 보유하는 것은 구입, 보관, 관리상 비경제적이므로 외부 용역업체와 용역계약을 체결하여 운용하는 것이 효과적이다. 주요한 회의 및 사무장비의 임대항목은 다음과 같다.

〈표 3-20〉 사무장비 임대 가격표

KIT렌털 사무장비 공급가

2010. 1 (단위 : 원, V.A.T 별도)

종 류	기 종	1day	3day	5day
노트북	코어2듀오 2.0G 1GM 80GHDD	60,000	100,000	120,000
	센트리노 1.6 이상	50,000	80,000	100,000
데스크톱	코어2듀오 2.0G 1GM 160GHDD	50,000	55,000	60,000
	P4 3.2G 512M 80GHDD	40,000	5,000	55,000
모니터	20″ LCD Monitor	40,000	50,000	60,000
	19″ LCD Monitor	40,000	50,000	60,000
	17″ LCD Monitor	30,000	30,000	30,000
A3 레이저 프린터	Toner including 초기토너 포함. 추가시 50,000원 별도			
	HP-5100TN	100,000	151,000	175,000
	HP5100LE	80,000	100,000	120,000
A4 레이저 프린터	Toner including 초기토너 포함. 추가시 40,000원 별도			
	HP 2300L	80,000	90,000	100,000
	삼성1520	60,000	65,000	80,000
	HP 1020	50,000	65,000	80,000
잉크젯 프린터	Ink including 중고잉크 포함. 추가시 별도 20,000원 별도			
	A4 hp	40,000	45,000	50,000
	A3 hp	50,000	60,000	70,000
컬러 레이저 프린터	Toner including 중고토너 포함. 추가시 색깔별 토너 1개당 100,000원			
	삼성 CLP 510	100,000	110,000	120,000
	CLP 300	100,000	110,000	120,000
복합기 팩스, 프린터, 복사	Toner including 중고토너 포함. 추가시 별도 50,000원 추가			
	samsung 4216 F	70,000	90,000	100,000
	HP 3015	50,000	60,000	70,000

종 류	기 종	1day	3day	5day
팩스	Toner including 중고토너 포함. 추가시 별도 40,000원 추가			
	롯데캐논 A4 레이저	80,000	90,000	100,000
	samsung A4 레이저	80,000	90,000	100,000
기타	무전기(일반생활무전기)	20,000	35,000	35,000
	24port switching hub	10,000	30,000	30,000
	IP 공유기	10,000	30,000	30,000
	AP(samsung)	72,000	78,000	81,000
	무선랜카드	10,000	10,000	10,000

〈표 3-21〉 회의장비 임대 가격표

KIT렌털 회의장비 공급가

2010. 1 (단위 : 원, V.A.T 별도)

종 류	기 종	1day	2day	3day
LCD 프로젝터	XGA 10000 Ansi+Lens	600,000	1,200,000	1,800,000
	XGA 5000 Ansi+Lens	300,000	500,000	700,000
	XGA 4000 Ansi	200,000	250,000	300,000
	XGA 3000 Ansi	150,000	200,000	250,000
	XGA 2800 Ansi	100,000	150,000	200,000
	Screen 200″	200,000	300,000	350,000
	Screen 150″	70,000	100,000	100,000
	Screen 100″	20,000	28,000	34,000
PDP	PDP 63″	500,000	800,000	1,000,000
	PDP 60″	500,000	700,000	800,000
	PDP 50″	300,000	450,000	550,000
	PDP 42″	100,000	200,000	300,000
	moving stand	50,000	50,000	50,000
화상회의	중소회의	900,000	1,700,000	2,400,000
	본사와 지사 2세트 기준이며 부산 외 지방 설치시 설치비 추가			
동시통역장비	FM 장비(부스 포함)			
	리시버 + 이어폰			
	적외선 아날로그 4채널			

종 류	기 종	1day	2day	3day
동시통역장비	부스	1day 150,000won		
	적외선 디지털 8채널	1day 1,500,000won		
	부스	1day 200,000won		
	적외선 리시버+이어폰	1day piece 5,000won		
카메라	ENG카메라 +기사	1day 400,000won		
	캠코더	1day 30,000won		
음향	300w급 기본회의, 이벤트	1day 200,000won		3일 300,000원
	1kw급 이상	1day 400,000won		3일 700,000원
LEC	1장(1200×600)	1일 80,000원		3일 200,000원
DVD, VCR	기본대여(7일 내)	30,000원		
복사기	디지털고속복사기-자동급지, 자동분류, 양면복사, 스템플, 기본 2만 매			
	디지털중속복사기-자동급지(자동분류, 양면복사, 스템플, 프린터, 팩스 등은 옵션) 기본 3천매(기본매수 초과시 장당 20원 추가)			

8) 리무진(Limousine)

결혼식이나 VIP 행사의 경우 고급차량의 수요가 발생한다. 일반적으로 호텔 VIP에 대한 리무진서비스는 무료인 것이 보통이나, 결혼식과 일반 연회주최자의 필요에 의한 고급차량의 임대는 유료로 서비스된다. 호텔 연회장에서 결혼식을 할 경우 일정기준 이상의 매출이 발생하면 리무진서비스를 무료로 제공하기도 한다. 이때 발생되는 리무진 임대료는 호텔에서 리무진회사에 지급하게 된다.

〈표 3-22〉 리무진서비스 가격표

KIT 리무진 공급가

2010. 1 (단위 : 원, V.A.T 별도)

구 분	공 급 가	구 성 내 용
VIP용급 리무진	300,000	링컨타운카 리무진 8m 60cm
국빈급 리무진	350,000	링컨타운카 리무진 9m 20cm
※ 대연회장 결혼식 500명 이상, 메뉴가격 @60,000/NET 이상시 무료제공		

Chapter 04

연회부의 조직

제1절 연회부의 조직구조

연회부의 조직(Banquet Department Organization)은 주어진 조건과 환경 속에서 조직목표를 달성하기에 가장 효과적인 구조가 되어야 한다. 또한 가까운 미래의 환경변화에도 대처할 수 있어야 한다. 각 호텔들은 연회부가 처한 환경에 효과적으로 대처하고 인적, 물적, 시스템적 서비스 자원을 최대한 활용하여 생산성을 높이기 위해 정책적으로 다양한 형태의 조직구조를 편성하고 있다. 조직의 기본 구조는 업무중심의 기능적 구조와 권한 중심의 라인구조로 이루어져 있다. 호텔의 연회부는 타 부서와 구별된 업무를 수행하는 기능식 조직이면서도 연회부장의 지시에 의해 각 직급별로 움직이는 라인조직이기도 하다. 따라서 연회부를 호텔의 조직구조상 어떤 위치에 두는가는 매우 중요하다.

연회부의 조직구조는 연회부를 호텔조직 구조상 어디에 소속시킬 것인가, 연회와 밀접한 관련이 있는 각종 직능별 부서를 어떻게 조직하고 어디에 소속시킬 것인가 하는 점에 대해 충분한 검토가 이루어져야 한다. 다음 조직도는 연회비중이 큰 대형 호텔의 연회부 조직도를 나타낸 것이다. 연회부의 비중이 작은 호텔에서는 연회예약실과 연회서비스의 2개 부서만 구분하는 경우가 많다.

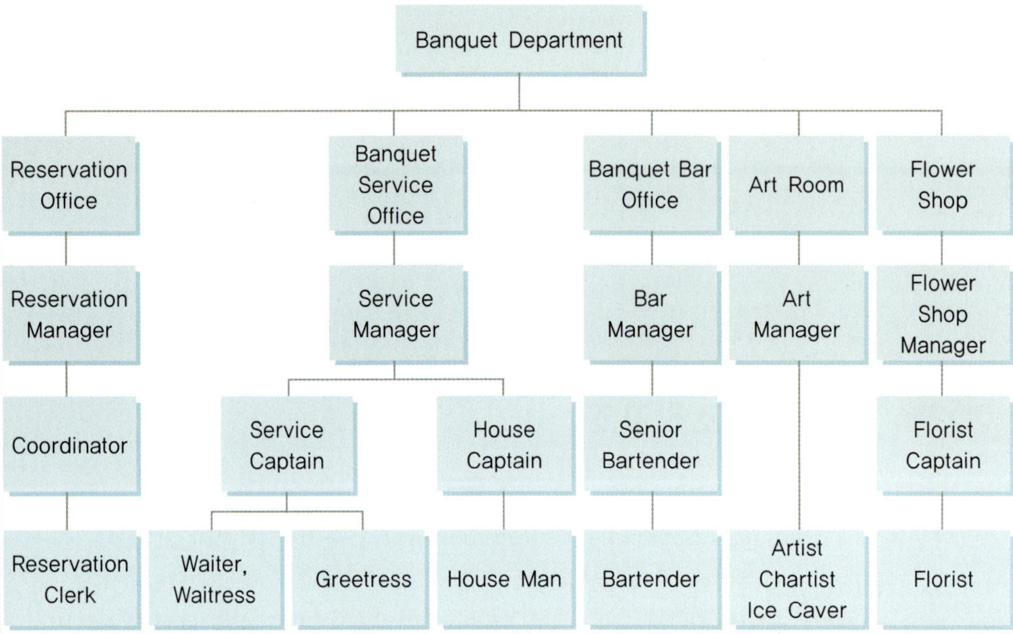

제2절 연회부의 조직 위치

연회부가 호텔조직상에서 어떠한 위치에 있는가는 연회부의 영업비중과 밀접한 관계가 있다. 연회부의 조직 위치는 영업비중이 클수록 호텔에서의 조직 위치가 높아지거나 독립성이 커지게 된다. 따라서 각 호텔에서의 연회부의 위치는 호텔의 규모와, 영업비중, 정책적 지원 등 여러 변수에 따라 달라진다.

1. 연회부서가 식음료부에 소속된 경우

다음 조직도는 연회과를 식음료부에 소속시키고 있는 국내 대형 호텔의 조직도이다. 이러한 조직에서는 식음료부장이 강한 권한을 가지고 식음료 부서 전체를 통솔하게 되므로 식음료 영업정책이 일관성 있고 신속한 의사결정이 이루어진다. 특히 대형 연회시 필요한 서비스 인원을 각 영업장에서 신속히 지원받을 수 있어 서비스인력의 운용이 안정적이고 효율성도 매우 커지게 된다. 그러나 연회과장이 식음료부장의 지휘를 받아 업무를 수행하게 되므로 독자적인 영업정책 수립과 업무진행이 어렵고 연회 도중에 발생하는 각종 문제에 대해 신속히 대처할 수 없는 단점이 있다.

〈표 4-1〉 식음료부 연회과

총지배인	식음료부	동양식당과	한식당, 중식당, 일식당 등
		서양식당과	프랑스식당, 이탈리아식당, 뷔페, 커피숍 등
		연회과	연회 예약실, 연회서비스, 장식실, 꽃방 등
		음료과	바(Bar), 나이트클럽, 라운지 등
		휘트니스과	휘트니스센터, 사우나 등
	객실부	객실예약과	객실 예약실, 전화 교환실 등
		현관과	프런트데스크, 벨, 도어데스크 등
		객실정비과	객실정비, 리넨실, 미니바 등
	판촉부	객실판촉과	국내판촉, 해외판촉 등
		연회판촉과	정부, 단체, 기업체 등

2. 연회부서가 다른 영업부서와 같은 위치에 있는 경우

다음 조직도는 연회부서가 식음료부에 예속되지 않고 같은 위치에서 영업을 하는 대형 호텔의 조직도이다. 호텔에서의 결혼식과 각종 대형 행사가 활성화되면서 연회 매출액이 식음료 영업장의 매출액을 능가할 뿐만 아니라 호텔 전체 매출액에서 차지하는 비중도 매우 커져 연회부서를 식음료부와 동등한 위치로 격상시키는 호텔들이 늘어나고 있다. 이 경우 연회부장은 독자적인 권한과 책임을 가지고 연회부의 영업정책 수립과 운영 및 연회시장 환경에 신속하고 능동적으로 대처할 수 있어 영업 경쟁력을 확보할 수 있게 된다. 또 판촉부의 연회판촉과를 연회부로 이관시켜 강한 라인조직에 의한 업무의 신속성과 효율성을 추구하는 곳도 있다. 그러나 이 조직은 대형행사 발생시 식음료부의 인력지원을 받아야 하므로 식음료부와의 업무협조가 원활해야 한다.

〈표 4-2〉 총지배인 소속 연회부

총지배인	식음료부	동양식당과	한식당, 중식당, 일식당 등
		서양식당과	프랑스식당, 이탈리아식당, 뷔페, 커피숍 등
		음료과	바(Bar), 나이트클럽, 라운지 등
		휘트니스과	휘트니스센터, 사우나 등
	연회부	연회과	연회 예약실, 결혼식 예약실, 연회 서비스, 장식실, 꽃방 등
		예식과	
	객실부	객실예약과	객실 예약실, 전화 교환실 등
		현관과	프런트데스크, 벨, 도어데스크 등
		객실정비과	객실정비, 리넨실, 미니바 등
	판촉부	객실판촉과	국내판촉, 해외판촉 등
		연회판촉과	정부, 단체, 기업체 등

제3절 직능별 연회부서의 소속

연회와 관련된 여러 부서를 어느 조직에 소속시키는가에 따라 연회장 운영의 효율성이 달라지게 된다. 이러한 부서로는 연회의 음료서비스를 담당하는 연회 바(Banquet Bar), 연회의 장식물과 얼음조각, POP, 연회메뉴의 인쇄와 홍보물을 제작하는 장식담당, 꽃 장식을 담당하는 꽃방 등이 있다.

1. 연회 바(Banquet Bar)

연회 바(Banquet Bar)는 일반적인 바와 달리 연회가 있을 때만 연회장에 임시 바를 차려 놓고 음료를 서비스하는 바이다. 따라서 일반적인 바를 오픈 바(Open Bar)라고 하는 데 비해 연회장의 바는 서비스 바(Service Bar) 또는 클로즈드 바(Closed Bar)라고도 한다. 연회장의 음료매출은 식사매출과 함께 연회장의 최대 수입원이다. 연회장에서 판매되는 음료는 그 종류는 많지 않지만 대량 판매되는 특징이 있다. 또 많은 연회장에서 동시에 행사가 진행될 경우 음료의 서비스와 관리에 많은 바텐더가 필요하게 된다. 따라서 대형 호텔에서는 연회 바를 연회서비스와 분리시켜 음료서비스와 음료관리 업무를 전담시키고 있다.

2. 장식 담당(Art Room)

연회장의 장식 담당(Art Room)은 연회의 각종 장식은 물론 호텔 전체의 장식에 사용되는 그림과 조각품의 구입 및 비치, 레스토랑이나 바(Bar)에서 이루어지는 특별행사의 장식 등 호텔 전체의 장식관련 업무를 담당한다. 특히 대형 호텔에서는 대규모 국제적인 행사나 주제파티시 행사와 어울리는 특별한 장식물을 제작하여 설치해야 하므로 그 중요성이 증가되고 있다. 따라서 장식담당 부서를 연회장에 소속시킬 것인지, 호텔의 관리부서에 소속시킬 것인지는 장식업무가 연회부에서 차지하고 있는 비중을 고려해서 종합적으로 결정해야 한다.

3. 꽃 장식 담당(Florist, Flower Shop)

꽃 장식은 연회장은 물론 호텔의 전 부서에서 매우 중요하다. 호텔은 현관, 로비, 복도 등 영업공간이 아닌 공공장소에도 각종 꽃 장식과 화분 등을 비치해야 한다. 또 레스토랑의 테이블과 입구 및 각종 행사에도 많은 꽃으로 장식해야 한다. 이러한 꽃 장식 업무는 꽃방에서 담당하는데 이 꽃방을 어느 부서에 소속시킬 것인가는 부서별 꽃 장식의 사용량을 고려해서 결정해야 한다. 연회장의 비중이 큰 호텔은 꽃방을 연회부에 소속시키는 것이 효과적이나 연회비중이 작은 호텔은 꽃방을 관리부나 객실부에 소속시켜 레스토랑, 객실, 연회장, 공용부분의 꽃 장식을 담당하는 것이 효과적이다.

Chapter 05

연회부의 부서별 업무

연회는 연회부의 각 직능별 조직에서 업무를 분장하여 시행한다. 이러한 업무 분장은 각 조직의 업무를 명확히 함으로써 업무의 효율성을 높이게 된다. 업무분장은 일상적인 업무 외에도 조직 간에 경계가 불명확한 업무까지 구체적으로 표시해서 권한과 책임을 명확히 할 필요가 있다. 연회장 직능별 부서의 주요업무는 다음과 같다.

〈표 5-1〉 연회부서별 주요업무

직능별 연회부서	주요 담당업무
연회예약실 (Banquet Reservation Office)	연회예약접수 및 고객관리 연회관련 타 부서와의 업무협조
연회서비스 사무실 (Banquet Service Office)	연회 진행 연회장, 기물, 장비의 상태 유지와 관리
연회 바 (Banquet Bar)	연회 음료서비스 연회장 음료 재고관리
장식실 (Art Room)	연회용 장치, 장식물 준비 연회용 필경, 인쇄물 제작
꽃방 (Flower Shop)	연회장, 각 식당, 호텔 객실의 꽃 장식담당 호텔 내부의 수목(Plant)과 화분관리

제1절 연회예약실(Banquet Reservation Office)

모든 연회는 예약내용이 연회예약실로 접수되며 연회예약실에서 연회지시서를 관련부서에 통보함으로써 시작된다. 연회예약실은 단순히 예약을 접수하는 곳이 아니고 연회를 총 지휘를 하는 본부와 같은 곳이다. 대부분의 호텔들은 연회부를 총괄하는 연회부장의 사무실을 연회예약실에 두어 연회예약과 행사진행을 지휘하고 있다. 따라서 연회예약실의 업무는 연회예약과 관련된 기본 업무 외에도 연회의 진행과 관련하여 관계부서에 행사협조와 지시를 하는 업무를 수반한다. 또 호텔 직원 누구나 연회 내용을 잘 이해하고 차질 없이 수행하기 위해 연회와 관련된 각종 서식류를 만들어 결재를 득한 후 사용해야 한다. 행사용 꽃이나 사진과 같이 고객이 선택해야 하는 상품은 견본 사진첩을 제작하여 비치해야 하며, 예식업무를 담당할 경우에는 결혼식에 관련된 각종 기물과 소품 및 견본전시실 관리업무도 연회예약실의 중요한 업무이다.

1. 연회예약실의 주요업무

1) 연회예약실의 직책별 업무

연회예약실은 호텔에 따라 연회예약과 연회예약사무소로도 불리며 연회예약실 총책임자의 직책도 과장, 실장, 지배인 등 회사마다 다르다. 연회예약실의 조직은 연회예약실의 총괄 책임자인 연회예약실장, 타 부서와의 업무협조를 담당하는 연회코디네이터(Coordinator), 예약 및 접수를 담당하는 예약담당자(Reservation Clerk)로 구성되어 있으며 연회예약실장을 제외한 조직원의 수는 호텔과 연회장의 크기에 따라 다르다. 또 규모가 작은 호텔에서는 코디네이터의 업무를 연회예약실장이 하는 경우도 많고 연회예약실장이 없이 연회부서 전체의 책임자인 연회부장이 연회예약실장의 업무를 하기도 한다.

(1) 연회예약실장(Banquet Reservation Office Manager)

연회예약실장의 업무는 연회예약실의 모든 업무에 대한 지휘, 감독, 통제와 같은 주업무와 고객상담, 연회장홍보 및 판매와 같이 코디네이터나 예약담당자의 업무를 보조하는 부업무가 있다.

연회예약실장은 연회장 판매의 총책임자이기 때문에 연회장에서 판매가 가능한 연회상품에 대해 완벽히 알고 있어야 한다. 대부분의 연회상품은 주최자의 요구에 의해 열리기 때문에 수많은 주최자의 다양한 요구를 충족시키기 위해서는 연회장의 시설과 장비, 기물, 서비스 가능인력, 각종 음식 등 연회상품의 생산능력과 제반 여건에 대해 상세히 알고 있어야만 한다. 또 VIP 의전과 각종 행사에 수반되는 전통예절, 국제매너 등도 완벽히 알고 실무적으로 처리할 능력을 갖추어야 한다. 연회예약실장의 주요업무는 다음과 같다.

① 연회예약실 업무의 총괄책임자
② 모든 연회예약 업무에 대한 지휘, 감독, 통제
③ 연회예약대장(Control Chart)의 관리
④ 연회예약서(Reservation Sheet)의 승인
⑤ 연회지시서(Event Order)의 승인
⑥ 연회관련 각종 서류의 행정처리
⑦ 연회상품 가격결정
⑧ 타 부서와의 업무협조 및 조정
⑨ 예약실 직원들의 교육, 인사, 복리후생관리
⑩ 연회코디네이터와 예약담당의 업무지원

(2) 연회코디네이터(Coordinator)

연회는 호텔의 여러 부서가 협동하여 진행되기 때문에 각 부서별 담당업무에 대한 조정이 필수적으로 요구된다. 각 부서의 상황을 고려하지 않고 연회예약을 수주했을 경우 연회개최가 불가능하거나 각종 비용의 추가 발생으로 인해 행사를 하더라도 손해를 보는 경우가 생기게 된다. 또 연회품질의 저하로 고객에게 큰 불만을 초래하여 향후 연회 수주에도 차질을 가져오게 된다. 따라서 연회 코디네이터는 연회의 상담과 예약에서부터 연회 종료시까지 여러 부서 간의 업무를 잘 조화시켜 성공적인 연회가 되도록 하는 조정자로서의 역할이 가장 중요하다. 연회코디네이터의 주요업무는 다음과 같다.

① 연회관련 각 부서 간의 업무협조 및 조정
② 연회 주최자의 예약상담
③ 연회장 현장 안내(Room Tour)
④ 연회판촉사원 및 예약담당자들에 대한 예약수주 지원
⑤ 연회수주시의 계약조건 확인 및 조정
⑥ 연회장 예약상황 관리 및 통제
⑦ 일일, 주간, 월간 연회 예정서 작성

⑧ 각 부서별 연회 준비 진행상황 점검

〈표 5-2〉 연회관련 각 부서의 협조업무

협조부서	담당부서	업무 협조 및 조정 내용
판촉부	판촉담당	연회기획, 연회수주, 연회홍보
식음료부	식음료부 사무실	행사인력 지원
	연회현장 사무실	서비스인력, 기물, 장비, 장식, 꽃방, 좌석배치도, 명찰
	음료과	행사용 음료 조달 및 서비스 인력지원
조리부	조리부 사무실	조리인력지원, 메뉴가격, 종류, 수량, 식자재, 출장연회서비스직원 식사준비, 구내식당 이용시간 변경
	각 주방	해당메뉴의 조리 및 연회장에 전달
	스튜어드	식기 등 각종 기물 수급, 식기세척 및 보관
객실부	객실정비	행사용 리넨 및 유니폼 수급, 행사장 청소
시설부	각 담당부서	음향, 조명, 통신, 전기, 동시통역시설
관리부	당직지배인	VIP 영접 및 환송
	총무과	차량수배, 아르바이트 인력수배, 주차관리, 교통 등 대외기관 협조
	구매과	식음자재, 행사기물 및 용품 구입
	경리과	예약금, 행사요금, 외상매출금 등 수납업무
	안전과	행사장 및 참가자에 대한 보안 및 안전 등
외부용역업체	각 협력업체	Banner, Entertainment, Photo, 상차림 등

(3) 예약 담당(Reservation Clerk)

연회예약 담당은 예약상담, 예약접수, 예약상황보고, 예약관련 장부정리, 예약관련 문서보관 등 예약과 관련된 각종 업무를 담당한다.

① 연회예약 상담(주최자, 판촉담당사원, 내부직원 등)
② 연회예약 접수
③ 연회예약 시트, Event Order작성 및 결재상신
④ 연회예약 현황 보고
⑤ 각종 예약관련 장부정리 및 보관
⑥ 각종 서식류 및 문서의 관리
⑦ 연회 전시실 기물관리
⑧ 연회예약실 Sales Kit 등 홍보물 관리

⑨ 예약금 관리
⑩ 고객관리시스템에 고객정보입력 또는 고객관리카드(Guest History Card) 작성
⑪ 타 부서와의 업무연락 및 행정처리
⑫ 주최자에게 감사편지 발송
⑬ 기타 기본 사무업무

2) 분야별 주요업무

(1) 연회예약 관련 업무

① 내방객의 연회상담 및 접수
② 전화상담 및 전화예약 접수
③ 판촉사원이 수주한 연회의 접수
④ 기획연회의 접수
⑤ Control Chart(종합 예약상황 장부)관리
⑥ 연회장(상품) 안내 및 설명
⑦ 연회 예약금의 접수 및 관리
⑧ Event Order(연회지시서) 작성 및 관련부서에 통보
⑨ Revise Order(연회 정정 지시서) 작성 및 관련부서에 통보
⑩ 연회관련 각종 서식류 작성 및 보관
⑪ 연회장 및 연회 홍보용 각종 인쇄물 제작 및 비치
⑫ 연회상품 견본 전시실 관리
⑬ 연회 매출현황 집계 및 분석
⑭ 연회 고객관리

(2) 관계부서 협조 업무

① 금일(Daily), 주간(Weekly), 월간(Monthly) 연회 지시서 작성 및 통보
② 연회 상세지시서 및 배치도(Diagram) 통보
③ 장식 관련업무 통보
④ 꽃 장식 관련업무 통보
⑤ 행사 관련 인쇄물의 디자인 및 발주의뢰

⑥ 외주업무 발주(Banner, Entertainment, Photo)
⑦ 대외기관 행사협조 의뢰(교통, 경찰 등)
⑧ 연회 지원인력 의뢰
⑨ 연회 홍보 의뢰
⑩ VIP 의전업무지원 의뢰
⑪ 출장연회용 차량지원 의뢰

(3) 연회 관련 주요 서식류

① Control Chart(연회예약현황 대장) : 연회예약현황 대장이며 1월 1일을 기점으로 매 3개월간의 연회예약 현황을 기록하는 장부로 연회예약의 현재 상황을 나타내는 대장이다.
② Quotation(연회 견적서)
③ Event Order, Daily, Weekly, Monthly Event Order(각종 연회 지시서)
④ Floor Lay-out(각 층별 연회장 도면)
⑤ Function Room Lay-out(각 연회장별 도면)
⑥ Signboard Paper(연회안내 용지)
⑦ Revise Order(연회 정정 지시서)
⑧ Deposit Report(예약금 관리 대장)
⑨ VIP Report(금일 VIP 방문 통보서)
⑩ Meal Coupon(식사권)
⑪ Outside Catering Check List(출장연회 물품 점검표)
⑫ 외주상품 관리 대장(Banner, Entertainment, Special Food, Photo & Video)
⑬ 배차 신청서
⑭ 물품반출·반입증
⑮ 구매 의뢰서(거래명세표)

(4) 연회 홍보 및 안내용 인쇄물

① Banquet Fact Sheet(연회장 안내서)
② Banquet Rental Price(연회장 임대가격 안내표)
③ Menu Price List(메뉴 가격표)

④ Menu Information(메뉴별 안내표)
⑤ Family Party Information(가족모임 안내서)
⑥ Family Party Program(약혼식, 결혼식, 돌 등의 가족모임 식순 등)
⑦ Sales Kit(연회홍보물 모음집)

2. 연회예약 업무 절차

연회예약 업무는 예약의 접수부터 관련부서에 행사내용을 통보할 때까지의 업무로 연회예약실 업무 중 가장 본질적인 업무이다. 이를 단계별로 나타내면 아래 표와 같다.

〈표 5-3〉 연회예약 업무절차

예약업무의 신행절차	주유업무내용
① 연회예약 접수	6하 원칙(5W 1H)에 의한 연회접수
② Control Chart 확인	사용 가능한 연회장 유무 확인
③ Quotation 작성	상담내용을 연회견적서로 작성하여 고객에게 제공
④ Reservation Sheet 작성	연회 확정시 연회예약서 작성
⑤ Control Chart Booking	연회예약서 내용을 연회예약대장에 기록
⑥ 예약내용 전산입력	예약 내용을 호텔정보시스템에 전산입력
⑦ Event Order 작성	연회확정시 연회지시서 작성
⑧ Event Order 결재 및 배포	연회지시서 승인 요청 및 관련부서에 통보
⑨ 호텔 외부 용역업무 발주	외부 용역업체 업무 발주
⑩ 호텔 부서별 준비상황 점검	호텔의 각 부서별 연회관련 준비상황 점검
⑪ 연회 정정지시서 작성 및 통보	연회의 일부 변경내용을 결재를 받아 해당부서에 통보
⑫ VIP Report 작성 및 배부	행사 전일까지 VIP 참가사항을 관련부서에 통보

1) 연회예약 접수

(1) 연회예약의 접수 경로

연회예약 접수는 연회예약실을 방문한 고객에 의한 직접 접수, 판촉사원들이 수주한 연회의 접수, 전화와 팩스 및 인터넷에 의한 접수, 호텔 직원들의 소개에 의한 접수가 대부분이다. 이 중 판촉사원들이 수주한 연회는 행사관련 사항을 판촉사원들이 모두 확정한 상태이므로 연회예약실에서는 예약접수와 진행에 관련된 내부적인 업무만 처리하면 된다. 그러나 고객의 방문 상담과 전화 상담시에는 고객이 여러 경쟁회사의 연회장과 행사조건을 비교하는 과정에 있으므로 연회장에 대한 장점과 서비스의 우수성에 대해 적극적인 홍보를 해야 한다. 특히 전화에 의한 상담은 음성만으로 연회에 대한 정보를 알려주어야 하기 때문에 전화예절을 숙지하여 고객이 우호감을 갖도록 하는 것이 중요하다.

(2) 전화예약 절차

연회의 주최자는 연회장소를 확정하기 전에 원하는 날짜, 시간, 장소, 행사요금, 메뉴 등 기본적인 사항에 대해 전화로 상담하게 된다. 연회 주최자는 행사가 가능하다고 판단되면 아무리 소규모의 연회라도 소중한 행사이므로 대부분 연회예약실을 방문하여 본격적인 상담을 하고 행사장도 미리 확인하게 된다. 따라서 전화예약은 방문상담의 사전적인 상담으로 주로 이용된다. 간혹 일부 단체의 월례회같이 행사내용의 변동 없이 주기적으로 실시하는 행사는 전화만으로 예약이 확정되기도 한다. 전화예약 접수방법은 다음과 같다.

① 전화벨은 3번 울리기 전에 받는다.
② 고객과 마주앉아 대화하는 자세로 항상 밝은 미소와 맑고 부드러운 소리로 상담한다.
③ 6하 원칙(5W 1H)에 의해 행사에 대한 기본사항을 확인한다.

〈표 5-4〉 예약시 중점 확인사항

- Who : 주최자, 예약자, 연락처 등
- Why : 행사목적, 행사주제(Banner 표기 내용)
- When : 예약일자
- Where : 사용할 행사장
- What : 행사내용, 메뉴의 가격
- How : 지불조건에 대한 check

④ 장소, 행사 규모에 따른 예상되는 예산을 말씀드린다.
⑤ 상품지식을 확실히 습득하여 고객에게 충분한 설명을 한다.
⑥ 고객이 알아듣지 못하는 전문용어는 가급적 피하고 쉽고 간결하게 설명한다.

⑦ 고객의 질문이나 의문사항에 대해서는 더욱 친절하고 성실하게 설명한다.
⑧ 보다 자세한 상담이 필요한 경우에는 판촉사원을 파견하거나 예약사무실로 내방하도록 권유한다. 특히 대형행사나 지속적인 관리가 필요하다고 판단되는 곳에서의 문의는 해당 거래선을 담당하는 판촉사원에게 인계하여 행사수주에 차질이 없도록 한다.
⑨ 예약내용을 고객에게 다시 확인시키고 예약담당자의 직책, 성명, 전화번호 등을 알린다.
⑩ 메뉴가격에는 세금과 봉사료가 더 추가됨을 반드시 알린다.
⑪ 예약된 연회에 변경사항이 발생할 경우 최소한 3일 전까지 연락하도록 주지시킨다.
⑫ 행사의 취소가능 기간과 무단 해약시의 위약금 등에 대해 알린다.
⑬ 예약업무 담당자는 항시 자신의 이름이나 직책이 많이 알려지도록 노력하며, 고객이 '전화만 하면 많은 도움을 받을 수 있다'는 인식을 갖도록 노력한다.
⑭ 전화는 절대 먼저 끊지 말고 고객이 끊은 것을 확인한 후 수화기를 내려놓는다.

2) Control Chart 확인

Control Chart는 날짜별, 연회장별, 시간대별로 예약 상황을 기록해 놓는 장부로 대개 1분기(3개월)간의 예약상황을 기재할 수 있도록 되어 있다. 연회예약 담당직원은 연회예약에 대한 문의가 들어올 경우 제일 먼저 Control Chart의 예약상황을 확인하여 고객이 원하는 시간에 연회장의 사용이 가능한지 알아본 후 상담을 해야 한다. 특히 성수기에 Control Chart에 가예약 상태로 있다가 취소되면 막대한 매출손실이 발생하므로 가예약된 연회는 반드시 특정한 날짜까지 개최여부를 확정해야 한다. 호텔정보시스템의 발달로 연회예약 현황을 컴퓨터로 관리하는 호텔들이 대부분이지만 아직도 많은 호텔에서는 예약현황을 일목요연하게 파악할 수 있는 편리성으로 인해 Control Chart를 함께 사용하고 있다.

3) Quotation(연회 견적서) 작성

연회상담이 끝나 연회개최가 확정되면 고객과 의논한 내용을 견적서로 작성하여 한 부는 고객에게 드리고 한 부는 예약 담당자가 보관한다. 견적서의 작성은 판촉사원이나 예약실 직원이 작성하며 행사에 소요되는 각종 요금은 모두 기재하여 고객이 총 예산을 알 수 있도록 해야 한다. 연회 주최자는 대개 여러 호텔에 견적서를 의뢰하여 서로 비교함으로써 행사비용을 절감하거나 호텔과의 행사조건을 협상하는 자료로 활용한다. 따라서 경쟁업체보다 시설과 서비스 및 가격에서 우위를 점할 수 있도록 경쟁업체에 대한 영업분석도 게을리해서는 안된다.

4) Reservation Sheet(연회 예약서) 작성

연회 예약서는 연회개최가 확정되었을 때 연회예약 담당자나 판촉사원이 주최자와 합의한 내용을 기재한 예약서이다. 주최자가 견적서를 요청한 경우는 주최자와 예약담당자가 견적서 내용을 가지고 서로 조정하여 확정된 행사내용을 연회예약서에 기재하게 된다. 주최자가 견적서를 요청하지 않은 경우는 주최자와 상담하여 확정된 내용을 바로 연회 예약서에 기재하면 된다. 연회 예약서는 연회 예약 담당자와 주최자 간에 가계약 상태에 있는 문서이므로 반드시 연회부서장의 확인을 받아야 한다. 또 연회 예약서를 작성하였다고 하더라도 사정에 따라 취소될 수도 있기 때문에 가 예약된 연회는 반드시 연회실시 여부를 최종 확정하는 날짜를 예약서에 기재해 두어야 한다. 연회예약서는 행사를 위해 확정되어야만 하는 확정적 사항과 행사일까지 일부 변동이 있을 수 있는 변동적 사항으로 구성되어 있다.

(1) 확정적 사항

확정적 사항은 연회의 기본적이고 중요한 사항으로 행사명, 행사유형, 날짜, 시간, 장소, 주최자, 행사예약자, 예약자 연락처, 메뉴, 행사 예상인원, 예약담당자 등이 있다.

(2) 변동적 사항

변동적 사항은 행사를 시작하기 전까지 주최자의 사정에 의해 변동이 있을 수 있는 사항으로 뷔페에서 일부 메뉴의 변경, 세트메뉴에서 일부 메뉴의 변경, 와인이나 음료의 수량 및 종류의 변경, 현수막과 얼음조각의 문구 변경, 사진과 비디오의 종류 및 수량 변경, 연주인 변경, 좌석이나 행사배치도의 변경, 꽃 장식의 종류와 수량의 변경 등이 있다. 연회 주최자도 연회의 변동적 사항을 사전에 정확히 알 수 없는 경우가 많기 때문에 가능한 빨리 확정하지 않으려는 경향이 있다. 그러나 연회장에서는 확정적 사항은 물론이고 변동적 사항도 최대한 빨리 확정하여 예약을 받아야만 연회의 준비가 순조롭게 된다. 특히 연회 주최자가 가장 결정하기 어려운 것은 참석인원수의 결정이다. 연회는 참석자의 이름까지 확정되는 행사도 많지만 결혼식과 같이 주최자도 참석인원을 예측하기 어려운 행사가 대단히 많다. 행사 인원수는 메뉴의 준비와 테이블 세팅 등 모든 행사준비는 물론 행사매출액과도 직결되는 가장 중요한 사항이면서도 변동성이 많은 사항이다. 따라서 연회예약시 참가인원수를 확정적 사항으로 분류하여 행사 예상인원수(Expected No)와 지불보증인원(Guaranteed No)을 정함으로써 매출손실을 최소화해야 한다. 또 변동적 사항도 행사 3일 전까지는 모두 확정되어야 하며, 중요한 변동사항에 대해서는 그 확정일을 예약서에 기재하여 행사에 차질이 없도록 한다.

5) Control Chart Booking(연회예약대장 기재)

Control Chart에 기록하는 연회는 연회예약서를 작성한 확정된 연회와 확정될 가능성이 높은 행사로 연회장을 사전에 확보해 둘 필요가 있는 연회에 한정한다. Control Chart에 기재된 예약은 그 연회장을 중복하여 판매할 수 없다는 것을 의미하므로 단순히 상담차원의 연회는 Control Chart에 기재하면 안된다. 특히 대형연회는 상담부터 행사확정까지 상당기간이 소요되며 행사장소도 타 호텔이나 컨벤션센터로 바뀌는 경우도 많기 때문에 이 기간을 무조건 가예약 상태로 둘 경우 다른 연회를 수주할 수 없어 매출손실이 발생하게 된다. 또 대규모 국제행사는 연회장의 예약부터 행사일까지 수년이 걸리는 경우도 많으므로 대형행사와 국제적인 행사를 Control Chart에 기재할 경우는 반드시 연회부장의 승인을 득해야 한다.

6) 예약내용 전산입력

연회가 확정되면 그 예약 내용을 호텔정보시스템에 입력한다. 대형 호텔들은 대부분 호텔정보시스템이 완비되어 있지만 중소규모의 호텔들은 종합적인 컴퓨터 정보처리 프로그램이 완비되지 않아 연회부의 자체 전산프로그램을 활용하는 곳도 많다. 연회 예약내용을 전산프로그램에 입력하는 내용은 연회예약서의 내용과 동일해야 하며 전산처리와 통계분석을 위해 일부 항목은 코드로 입력하게 된다. 코드로 입력되는 주요 항목은 행사 고유번호, 거래선, 행사유형, 행사 시간대, 메뉴의 종류, 연회장 임대료, 좌석배치 형태 등이 있다.

7) Event Order(연회지시서) 작성

Event Order는 확정된 연회를 시행하기 위해 각 부서별로 해야 할 업무내용을 일정한 양식에 작성한 연회지시서이다. 연회통보서, 연회요구서라고도 하며 영어로는 Function Sheet라고도 한다. 연회와 관련된 부서에서는 주최자와의 대화 없이 모든 일을 Event Order에 의해서만 처리해야 하므로 Event Order는 각 부서의 업무가 구체적이고 명확하게 작성되어야 한다. 또 행사장 배치계획이나 좌석배치도와 같이 Event Order에 상세히 표시할 수 없는 사항들은 별도로 작성하여 첨부해야 한다. 특히 대형 행사나 며칠간 계속되는 행사는 Event Order만 가지고는 행사내용을 정확히 전달할 수 없기 때문에 관련부서 회의를 통해 각 부서의 업무를 정확히 전달하고 예상되는 문제점에 대한 대책을 세워야 한다.

(1) 행사번호(Function Number)

행사번호는 연회의 고유번호로 일련번호로 입력된다. 행사번호는 Event Order를 작성할 때 순서대로 입력하며 학생의 학번이나 주민등록번호처럼 관리되어 행사의 후 각종 자료와 영업분석에 편리하게 활용된다.

(2) 행사명(Function Name)

행사명은 Booking Name, Event Name으로도 표시하며 주최자가 의뢰한 행사의 이름이다. 행사명은 그 행사의 내용이나 주제를 나타내기 때문에 행사참가자들이 행사명만 보고도 행사내용을 짐작할 수 있으므로 반드시 주최자가 정하도록 하는 것이 좋다.

〈표 5-5〉 Event Order

KIT HOTEL & RESORT	宴會行事通報 EVENT ORDER	담당	지배인	과장

행사번호 FUNCTION No	
행사명 FUNCTION NAME	행사형식 FUNCTION TYPE

행사일 DATE	행사시간 TIME	행사장 ROOM
예약자 ORGANIZER	직위 POSITION	TEL (O) (HP)
예약인원 EXPECTED	지불보증인원 GUARANTEED	예약금 DEPOSIT
주소 BILLING ADDRESS		지불관계 Payment(Cash, Charge)
		FAX

가격 PRICE (UNIT)	FOOD	RENTAL	상차림
	CANAPE	FLOWER	BANNER
	CAKE	ICE CARVING	PHOTO
	SPECIAL FOOD	TRANSPORTATION	MUSICIAN

					8. KITCHEN
1. SERVICE MANAGER	TABLE SHAPE EQUIPMENTS STANDARD DELUXE VIP INDIVIDUAL MENU YES NONE				1) CAKE 2) CANAPE
2. BAR	FULL	SOFT	CONSUMPTION	LIMITED	3) MENU
	WINE	W/WINE		@	
		R/WINE		@	
		CHAMPAGNE		@	
	CORKAGE CHARGE				
3. FLOWER SHOP					
4. SIGN BOARD					
5. ICE CARVING					4) SPECIAL ORDER
6. SOUND ROOM					
7. DUTY MANAGER					5) OTHERS

행사담당자 SALES MANAGER	예약담당자 RESERVATION CLERK	작성일 PREPARED DATE

(3) 행사형식(Function Type)

행사형식은 연회의 형식을 행사준비자들이 한 번에 알아볼 수 있도록 사전에 정해진 행사형식 중 한 가지를 기재한 것이다. 행사형식은 American Breakfast, Breakfast Buffet, Lunch, Dinner, Lunch & Meeting, Seminar & Dinner, Seminar, Rental과 같이 행사준비자들이 쉽게 알아볼 수 있도록 기재하며, 행사형식에 고유번호를 부여하여 입력하면 나중에 데이터 분석과 영업 분석에 유용하게 활용할 수 있다.

(4) 행사일(Date)

행사일은 반드시 날짜(Date)와 요일(Day)을 표시해야 한다. 특히 전화예약 접수시 20일, 30일과 같이 혼동을 초래할 수 있는 날짜는 반드시 요일까지 확인해야 하며 Event Order에도 날짜와 요일을 기재하여 착오가 생기지 않도록 주의해야 한다.

(5) 행사시간(Time)

행사시간은 본 행사시간을 기준으로 시작시간과 종료시간을 입력한다. 디너쇼나 패션쇼와 같이 행사준비에 상당한 시간을 요하는 경우에는 행사준비시간은 별도로 표시하도록 해야 한다. 특히 성수기에 점심행사가 너무 늦게 끝나면 저녁행사를 준비하는 데 큰 지장을 초래하며, 저녁행사도 밤늦게 끝날 경우 직원들의 야간수당과 교통비가 발생될 수 있으므로 예약시 주최자와 행사시간을 명확히 하여 늦은 행사종료로 인한 불미스런 일이 발생되지 않도록 해야 한다.

(6) 행사장(Banquet Room)

연회장은 Function Room, Venue라고도 하며 실제 연회가 개최되는 장소를 표시한다. 여러 개의 연회장을 동시에 사용하거나 복도, VIP 대기실을 사용할 경우에는 사용하는 모든 장소를 기재하여 타 연회와 중복되지 않도록 한다.

(7) 예약자(Organizer)

연회의 주최(Organization)는 행사를 하는 기관을 의미하며 주최자(Organizcr)는 그 행사를 실질적으로 담당하는 사람을 말한다. 주최자(Organizer)는 주관, 또는 주관자로 표시하기도 하는데 주최(자)는 주관(자)의 상위부서(사람)를 의미한다. 대개 주최자가 연회예약을 하는 것이 일반적이지만 조직이 큰 회사나 단체는 주최자가 아닌 실무 담당자가 예약을 하는 경우가 많다. 또 여러 기업체나 단체, 협회, 정관계 등이 공동으로 행사를 진행할 경우에는 행사요금을 지불하는 사람이 모호한 경우가 발생할 수 있으므로 Event Order에 기재하는 예약자(Organizer)는 반드시 행사 종료 후 실제로 행사요금을 지불할 사람을 기재해야 한다. 따라서 예약자의 이름, 직위, 전화번호, FAX, 행사요금을 청구할 주소 등에 대해 정확히 기재해야 한다.

(8) **예약인원과 지불보증인원**(Expected Person & Guaranteed Person)

연회는 주최자도 참석인원을 예측하기가 어려운 경우가 대단히 많다. 연회는 사전에 예약된 인원수에 맞추어 좌석과 식음료가 준비되기 때문에 참석인원수가 예약인원보다 많거나 적으면 행사에 큰 차질을 초래하므로 주최자는 물론 예약담당자도 참석인원을 확정하는 데 세심한 주의를 해야 한다.

예약인원보다 많은 사람이 연회에 참석하면 좌석과 음식을 제공할 수 없으므로 주최자는 참가자에게 큰 실례를 범하게 된다. 또 예약인원보다 적은 사람이 참석하면 주최자는 연회가 성황을 이루지 못해 마음이 불편할 뿐만 아니라 예약한 인원수대로 음식값을 모두 지불해야 하므로 대단히 불만족스럽게 된다. 이런 경우를 대비해서 예약인원의 일정한 비율에 해당하는 인원을 변동 가능한 인원수로 주최자와 호텔이 상호 인정할 필요가 있다.

일반적으로 총 예약인원수의 10% 이내를 변동가능 인원수로 인정하고 있는데 행사인원의 규모에 따라 그 비율을 달리 적용한다. 예를 들어, 100명 행사에 10%인 10명을 변동가능인원으로 인정하는 것은 큰 무리가 없지만 1,000명 행사에 10%인 100명을 변동가능인원으로 인정하는 것은 대단히 큰 무리가 있다. 따라서 행사인원의 규모별, 메뉴(세트메뉴, 뷔페메뉴)별로 변동가능인원을 사전에 정해 놓고 전 판촉사원이나 예약담당자가 그 기준을 적용해야 한다.

예약인원보다 참석자가 많을 경우 변동가능인원의 범위 내에서 세트메뉴는 추가인원만큼 추가요금을 받으나 뷔페는 요금을 추가하지 않는 것이 일반적이다. 또 예약인원보다 참석자가 적을 경우 변동가능인원을 고려한 지불보증인원(Guaranteed Person)을 기재하여 지불보증인원보다 적은 인원이 참가하였더라도 지불보증인원에 대한 요금은 반드시 받도록 해야 한다. 예를 들어, 100명을 예약하고 지불보증인원을 90명으로 정하였을 경우 95명이 참석한 경우는 95명에 대한 요금을 받으나 80명이 참석했을 경우에는 지불보증인원인 90명의 요금을 받는다.

(9) 예약금(Deposit)

예약금은 연회를 계약하는 의사를 금전으로 표시하는 적극적인 행위이다. 상담이 끝나 연회가 확정되면 연회계약서를 작성하거나 예약금을 받음으로써 법률적인 계약이 성립된다. 일반적인 연회는 간단히 예약금 영수증만 주고받으나 대규모 행사나 국제적인 행사 등 중요한 행사는 만약에 발생할지 모르는 일에 대한 책임을 명확히 하기 위해 연회계약서를 작성하는 것이 서로 좋다. 연회계약서의 내용에는 계약금의 액수와 지급일, 중도금의 액수와 지급일, 잔금의 액수와 지급일 및 시간, 연회취소시 예약금의 반환조건, 행사대금 연체시의 이자율, 입금계좌번호 등이 포함되어 있다. 예약금 전표는 3장으로 구성되어 있으며, 받은 예약금을 기재한 후 1부는 고객이, 1부는 예약담당자가 보관하며 1부는 호텔의 경리부로 보내 보관하게 된다. 예약금을 받은 행사가 취소되었을 경우 행사일까지 남은 일수에 따라 일정금액을 공제한 후 예약금을 돌려주며 행사일이 임박하여 취소된 경우에는 예약금을 환불해 주지 않는다. 따라서 고객과의 마찰을 피하기 위해 예약금을 받을 때 예약금의 반환기준에 대해 고객에게 잘 알려야 한다. 예약금의 입력은 예약금전표의 고유번호와 예약금액을 입력하여 행사 후 계산을 할 때 예약금을 공제하고 계산하도록 해야 한다. 신빙성이 낮은 연회예약이나 결혼식, 약혼식과 같은 가족모임, 개인적인 연회는 원칙적으로 예약금을 받도록 한다.

(10) 지불관계

연회를 수주할 경우에는 연회요금을 계산하는 방법도 반드시 확정해야 한다. 연회를 수주할 경우 지불능력이 없거나, 주최자가 모호하거나, 연회요금의 지급을 고의로 미루는 악성거래처가 아닌지 확인할 필요가 있다. 악성거래처에 의한 손해방지를 위해서는 타 호텔과 서로 정보를 교류할 필요가 있다. 일반적으로 연회는 현금계산을 원칙으로 한다. 현금이나 신용카드 지불은 'Cash'란에 표시하며 후불처리를 할 경우에는 사전에 그 사유를 결재받아 'Charge'란에 표시한다.

(11) 메뉴가격(Food Price)

'Food Price'난에는 세금과 봉사료가 포함되지 않은 1인당 메뉴단가를 표시한다. 'Canape'와 'Cake' 및 'Special Food'난에는 총금액을 표시하며, 그에 대한 상세한 내용은 Event Order의 'Kitchen'난에 별도로 기재한다.

(12) 임대료(Rental Charge)

연회장 임대상품에는 연회장과 각종 장비 등이 있다. 임대료에는 총임대금액을 기재하고 자세한 내용은 'Service Manager'난에 기재하여 행사 진행자들이 알 수 있게 한다. 연회장 임대료는 전혀 식사를 하지 않고 연회장을 이용하는 행사와, 별개의 연회장에서 식사와 회의를 하는 경우 회의장 사용에 대한 임대료로서 정해진 기준에 의해 받게 된다. 임대료는 모든 연회에 동일하게 적용되어야 하므로 반드시 각 연회장별, 시간대별, 성수기와 비수기별로 요금표를 만들어 그 요금을 적용해야 한다. 특히 패션쇼나 전시회 등은 준비관계로 행사시작 하루 전이나 행사일 내내 연회장을 판매할 수 없으므로 가능한 준비시간도 임대료를 받아야 한다. 또 식사와 회의를 별개의 연회장에서 할 경우 주최자는 회의상 임대료에 대한 할인을 요구하는 경우가 많기 때문에 이에 대한 기준도 마련하여 연회예약 담당자들 간에 업무의 통일성을 유지하도록 해야 한다.

(13) 꽃 장식(Flower Decoration)

'Flower'난에는 연회에 사용되는 꽃 장식의 총 금액을 기재한다. 꽃 장식은 거의 모든 연회에서 필수불가결한 기본 사항이다. 연회는 그 성격상 분위기 조성이 중요하며 이러한 분위기조성에 기본적으로 사용되는 것이 꽃 장식이다. 연회가 다양해지면서 꽃 장식도 매우 다양해지고 있다. 호텔에서 꽃을 구입하는 가격은 계절과 꽃의 종류에 따라 매우 변동이 크기 때문에 고객에게 부과하는 꽃 장식 요금도 매우 변동이 클 수밖에 없다. 따라서 일정한 기준이 없이 그때그때 꽃 장식 요금을 정하면 주최자와 요금에 대한 마찰이 일어날 수 있다. 꽃 장식 요금을 무료로 제공할 때는 반드시 'Complimentary' 표시를 하여 혼동이 일어나지 않도록 하고, 요금을 부과하는 것은 크기별, 형태별 요금표에 의해 정확히 적용해야 한다. 꽃 장식에 대한 세부 내용은 Event Order의 'Flower Shop'난에 명확히 기재하여 꽃방에서 차질 없이 준비하도록 해야 한다.

(14) 얼음조각(Ice Carving)

'Ice Carving'난에는 얼음조각의 총금액을 기재하고 얼음조각에 대한 상세한 내용은 '5. Ice Carving'난에 기재한다. 얼음조각은 행사장의 장식과 특별요리를 담는 그릇으로 이용된다. 행사장식용 얼음조각은 꽃과 함께 행사장의 분위기를 연출하는 데 매우 뛰어난 장식품이다. 따라서 칵테일 리셉션과 잔치나 축하의 성격을 가진 행사에서는 거의 대부분 얼음조각이 사용된다. 얼음조각은 그 모양과 크기에 따라 가격표를 만들어 적용해야 한다. 또 얼음조각 안에는 회사나 단체의 로고(Logo)나 축하 문구가 들어가기 때문에 예약시 이에 대한 자세한 내용을 주최자에게 받아 상세히 기재하고 그림파일이나 로고파일 등은 별도로 장식담당에게 전달해야 한다. 또 얼음조각에는 반드시 조명이 필요하므로 이에 대한 내용도 기재를 한다. VIP 행사에서는 분위기 연출을 위해 접시나 유리 대신 얼음으로 만든 용기에 요리를 담아 제공하는 경우도 많다. 얼음조각은 요금을 받기도 하지만 행사 매출액과 얼음조각의 크기에 따라 무료로 제공되는 경우도 많다. 무료로 제공되는 Ice Carving은 반드시 'Complimentary' 표시를 하여 혼동이 일어나지 않도록 한다.

(15) 운송비(Transportation)

출장연회(Outside Catering)를 하기 위해서는 각종 장비와 기물을 실어 나르기 위한 화물차와 음식을 실어 나르기 위한 냉장차 및 조리사와 서비스 인원을 수송하기 위한 버스가 필요하다. 대부분의 호텔은 냉장차와 버스를 기본적으로 보유하고 있지만 화물차까지 보유하고 있는 회사는 그리 많지 않다. 대형 출장연회 중에는 화물차, 냉장차, 버스가 수십 대가 필요한 경우도 있다. 이때는 용역계약을 맺은 회사에서 화물차와 냉장차를 조달하고 여행사를 통해 관광버스를 임대해야 한다. 이때 출장연회에 소요되는 차량의 임대료를 누가 부담할 것인지에 대해 예약시에 명확히 해야 한다. 보통 회사소유의 차량은 임대료를 받지 않지만 용역회사로부터 임대한 차량에 대한 임대료는 주최자가 지불하는 것이 보통이다. 'Transportation' 난에는 임대료 총금액을 적고 행사에 필요한 차량관련 내용은 'Service Manager' 난에 자세히 기재한다.

(16) 상차림

'상차림'난에는 상차림 총금액을 기재한다. 돌, 회갑연, 고희연 등에는 상차림이 필요한데 상차림 요금은 가격표를 만들어 예약시 주최자가 선정하도록 해야 한다. 상차림은 외부 용역업체에서 준비하는데 상차림용 테이블이나 헌화 및 헌주용 테이블과 기물은 연회장에서 준비해야 하므로 이에 대한 내용을 'Service Manager'

난에 기재해야 한다. 상차림은 대부분 모형음식이나 과일을 사용한다. 생과일을 사용할 경우 모형보다 가격이 많이 비싸므로 예약시 주최자와 협의해야 한다.

(17) Banner(현수막)

현수막(Banner)과 Placard(현판)도 대표적인 외부용역 상품이다. 'Banner'난에는 현판과 현수막 요금을 총액으로 기재한다. 현판과 현수막 요금도 미리 책정되어 있으나 대부분의 호텔에서는 현수막 요금을 고객서비스 차원에서 무료로 제공하는 경우가 많다. 무료로 제공할 경우 'Complimentary'를 기재하며, 현수막의 내용은 그 문구와 로고를 주최자에게 받아 제작업체에 보내야 한다. 현수막은 행사명과 주최자명, 행사주최 기관의 로고가 들어가기 때문에 글자나 로고 또는 그림 등이 틀리지 않도록 매우 주의해야 한다.

(18) Photo(사진)

'Photo'난에는 사진, 비디오 촬영에 대한 총요금을 기재한다. 일반적인 연회는 주최자가 사진기사를 동반하기 때문에 사진촬영을 의뢰하는 경우가 많지 않다. 연회에서 사진촬영을 의뢰하는 경우는 대부분 가족모임이다. 이러한 사진은 기념사진이기 때문에 선명하고 아름다우며 예술성이 있어야 하므로 호텔에 입점해 있는 전문사진관에서 용역계약에 의해 촬영을 한다. 사진요금은 사진관과 협의해 원판, 스냅, 앨범, 비디오로 구분하여 그 요금표를 만들어 두어야 한다.

(19) Musician(연주인)

'Musician'난에는 연주인들의 연주요금 총요금을 기재한다. 연주요금은 연주인(연주악기)의 수에 따라 다르며 실내악과 밴드(Band)에 따라서도 달라진다. 연주에 필요한 악기는 연주인들이 가져오지만 피아노는 호텔의 연회장에서 준비해야 한다. Grand Piano와 Up Light Piano 중 어떤 피아노를 준비할 것인지를 'Service Manager'에 기재하여 연주 준비에 이상이 없도록 한다.

(20) Service Manager(서비스지배인)

'Service Manager'난은 연회를 실제로 진행하는 현장지배인이 서비스를 하기 위해 준비해야 하는 내용들을 기재하는 곳이다. 따라서 연회 전반에 걸쳐 현장지배인이 알고 있어야 할 모든 내용들이 기재된다. 소규모 연회나 반복적으로 실시되는 연회는 'Service Manager'난에만 기재해도 무리 없으나 대형연회나 특별한 주제의 행사는 'Service Manage'난에 모두 기재할 수 없으므로 연회준비에 대한 별도의 지시사항을 보내거나 사전회의를 통해 알려야 한다.

① Table Shape(좌석배치도)

'Table Shape'는 'Table Plan' 또는 'Table Layout'으로도 표시하며 행사장의 분위기를 좌우하는 테이블과 좌석의 배치모양이다. 'T'자형, 'I'자형, 'U'자형, 'ㅁ'자형, 'ㅇ'자형 배치와 같이 기본적인 테이블 배치는 Event Order에 기재하고 대규모 연회나 칵테일 리셉션같이 여러 가지 모양의 테이블을 만들어야 할 경우에는 'Table Shape'난에 'See Diagram'이라 적고, 테이블 배치도는 별도로 작성하여 현장지배인에게 보내야 한다. 좌석배치는 연회의 목적에 가장 효과적인 좌석배치가 되어야 하기 때문에 예약상담시 가능한 현장 지배인이 함께 참석하여 결정하는 것이 실제 행사준비에 차질이 일어나지 않는다. 특히 출장연회시에는 서비스를 위한 사전답사를 해야 하며, 이때는 반드시 현장서비스지배인이 참석하여 좌석배치도를 확정해야 각종 기물과 장비를 정확히 준비할 수 있다.

② Equipment(기물)

대형 호텔은 고객용 기물을 메뉴의 가격에 따라 2가지 또는 3가지로 구분하여 사용하고 있다. 호텔의 연회는 남녀노소, 각계각층을 불문하고 참가하므로 모든 연회에 고급 기물을 사용할 경우 필요 이상의 손망실이 발생하여 영업수지를 악화시키게 된다. 따라서 몇 가지 등급의 기물을 준비해 두고 메뉴가격을 기준으로 구분하여 사용함으로써 손망실 비용의 감소는 물론 고급연회의 주최자에 대한 우대 및 또 다른 연회수주를 위한 간접적인 홍보효과도 있다. 대형 호텔의 기물구분 사례를 보면 아래와 같다.

구분	Standard	Deluxe	VIP
사용 기준(메뉴가격)	40,000원/인 이하	40,000~80,000원	80,000원/인 이상
접시류(Chinaware)	국산 도자기	수입 본차이나	수입 금도금 본차이나
포크 나이프(Flatware)	스테인리스 기물	수입 은도금 기물	수입 금도금 기물
유리잔(Glassware)	국산 유리잔	수입 크리스탈	수입 금도금 크리스탈
테이블보(Table Cloth)	일반 면제품	수입 특제 면제품	수입 금사 수공품

③ Individual Menu(개인별 메뉴)

연회장에서 제공되는 식음료는 주최자가 정한 것이기 때문에 일반 참가자들은 메뉴의 내용을 알 수 없다. 뷔페식 식사는 참가자들이 눈으로 보면서 음식을 선택하기 때문에 별도로 메뉴의 내용을 알릴 필요가 없으나, 정찬과 같은 세트메뉴(Set Menu)는 그 내용을 참가자들에게 알려주어야 한다. 일반연회는 테이블당 2~3개의 메뉴를 테이블 가운데 올려놓는데, VIP 행사는 각 개인별로 제공하지 않으면 안된다. 연회 참가자가 수백 명 이상일 경우 메뉴제작에 상당한 비용이 들기 때문에 개인별 메뉴를 제공하는 기준을 만들어 적용함으로써 메뉴제작에 드는 비용을 절감하도록 해야 한다.

[그림 5-1] Individual Menu

(21) Bar(연회 바)

연회장에서 판매되는 주류와 음료는 시중 가격보다 매우 높을 뿐만 아니라 소비량이 탄력적이기 때문에 예약시 제공량을 주최자와 협의해 결정해 두지 않으면 계산시 매우 난처한 일이 생기게 된다.

Full Bar라 함은 연회장에서 기본적인 증류주로 만든 간단한 칵테일과 주스류 및 청량음료 등을 모두 제공하는 것을 말한다. Full Bar의 내용은 각 호텔별로 다소 차이가 있지만 일반적으로 Scotch Whisky, Bourbon Whisky, Gin, Vodka, Rum, Tequila 같은 증류주와 물, 소다수, 콜라, 사이다, 각종 주스류를 섞어 만든 하이볼류와 Campari, Sweet Vermouth, Dry Vermouth를 이용한 마티니, 맨하탄 등 간단한 칵테일 및 맥주, 와인 등이 제공된다.

Full Bar와 Consumption에 표기가 된 것은 Full Bar로 차려진 음료를 참가자들에게 무제한 제공하는 것이며, Full Bar와 Limited에 표기된 것은 Full Bar로 차려진 음료를 제한된 금액이나 양만큼만 제공하는 것이다. 이 경우 제한된 양이나 금액을 미리 기재해 두어야 한다.

Soft에 표시가 된 것은 청량음료와 주스류만 제공하는 것이며 Soft와 Consumption, Soft와 limited는 위와 마찬가지로 적용한다.

와인은 종류별로 와인이름과 단가를 기재하고 총 주문량은 아래의 여백에 기재하여 연회 바에서 준비하도록 한다.

Corkage Charge는 주최자가 외부에서 음료를 구입하여 연회장에 반입하는 경우 글라스와 얼음, 서비스 인력, 행사 후 세척에 필요한 인력 및 수도비 등 그 음료를 마시도록 하기 위해 발생하는 제반 비용의 충당을 위해 반입한 술병의 개수나 반입한 음료의 판매가격에 대한 일정한 비율의 금액을 계산받는 것을 말한다. Corkage Charge를 받을 경우 반입 음료의 종류와 수량을 명확히 표시하여 서비스 준비와 요금의 계산에 차질이 일어나지 않도록 해야 한다.

(22) Flower Shop(꽃방)

'Flower Shop'은 꽃방에서 준비해야 할 작품의 종류와 크기 숫자에 대해 기재하는 곳이다. 대규모 연회일 경우는 확정된 Table Plan에 따라 그에 맞는 장식을 해야 하므로 별도의 Flower Plan을 작성하여 꽃방으로 보내야 한다. 특히 결혼식, 칵테일 리셉션과 같이 꽃 장식이 매우 중요한 연회는 꽃 장식의 종류, 수량, 위치는 물론 사용하는 꽃의 종류까지 도면으로 작성하여 상세히 알려주어야 한다. 주제파티시에는 주제에 맞는 정원(Mini Garden)을 설치할 것을 권하여 행사장 분위기 조성과 매출 증진에 기여하도록 한다.

(23) Sign Board(행사안내문)

Sign Board는 호텔에 들어온 참가자들이 연회장을 찾기 쉽도록 호텔로비나 연회장 입구 등에 세워 두는 안내판이다. 대개 호텔 로비에는 고정식 안내판이 있어 행사명과 장소를 간략히 적어 붙이고 복도나 엘리베이터 홀 등에는 이동식 표지판(Easel)에 큰 종이로 연회명과 장소를 표기하여 참가자들이 연회장을 쉽게 찾도록 하고 있다. 컴퓨터가 일반화되기 전인 1990년대 중반까지도 이러한 Sign Board는 필경사들이 Chart Room이라 불리는 작업실에서 일일이 손으로 써서 만들었는데, 현재는 대부분 장식담당 부서(Art Room)에서 컴퓨터로 작업하여 부착하는 것이 일반적이다. 최근에는 호텔의 주요 장소에 Easel 대신 전광판(PDP, LCD, LED)을 설치하여 화상으로 연회장을 안내하고 있다.

'Sign Board'난에는 Individual Menu의 내용 및 수량, 참가자들의 이름표(목걸이형), 좌석 이름표(Place Card), 좌석배치도(Seating Arrangement)에 대한 내용도 기재하고 그 내용이 복잡한 경우는 별도로 통보한다.

(24) Ice Carving(얼음조각)

얼음조각은 그 형태 및 크기에 대해 기재를 한다. 얼음조각 안에는 대부분 회사나 단체의 로고, 신랑신부의 이름 같은 문구가 들어간다. 따라서 연회예약실에서 Banner와 마찬가지로 로고나 문구가 틀리지 않도록 주최자로부터 팩스나 이메일로 그 내용을 받아 착오가 생기지 않도록 해야 한다. 또 컬러 로고는 색상이 약간만 바뀌어도 큰 문제가 될 수 있으므로 가능한 파일로 전달받아 사용해야 한다.

(25) Sound Room(방송실)

호텔의 시설관련 부서에서 연회에 가장 많은 업무지원을 해야 하는 부서가 방송실이다. 일부 호텔은 'Sound Room' 대신 'Engineering Dept'라고 표시하여 시설부에서 지원해야 할 사항을 표시하기도 한다. 기본적으로 설치되는 마이크는 유선 마이크, 무선 마이크(Wireless Mike), 핀마이크(Pin Mike) 등이 어디에 어떻게 설치되어야 하는지를 표시해야 한다. 또 강연이나 연설시 녹음이 필요한지도 표시해야 하며 테이블 배치가 연회마다 바뀌므로 특수음향, 특수조명, 무대조명, 뷔페음식 진열 테이블 등 각종 조명사항을 기재하여 조명이 제기능을 다할 수 있도록 해야 한다. 연회에서는 다양하고 많은 종류의 장비가 사용되므로 장비 사용시 주최자의 잘못으로 인한 훼손과 파손 및 임대물의 분실에 대한 손해배상에 대해 계약서에 명시하는 것이 좋다.

(26) Duty Manager(당직지배인)

'Duty Manager'난에는 행사에 참석하는 VIP(Very Important Person)에 대한 사항을 기재한다. 각 호텔은 자체적으로 VIP 기준을 만들어 적용하고 있다. 호텔에 투숙하거나 레스토랑을 이용하거나 연회에 참석하기 위해 호텔에 오는 VIP에 대한 사항은 부서장을 거쳐 총지배인에게 보고되어야 하며 총지배인 위에 사장이 있는 경우에는 사장까지 보고되어야 한다. 대형 호텔에서는 수많은 VIP가 매일 호텔을 이용하므로 VIP를 VVVIP(국가원수급), VVIP(장차관급), VIP, VIT(Very Important Treatment)의 4가지 등급으로 구분하여 각 등급별로 누가 영접을 할 것인가를 미리 규정해 놓아야 한다. VIP의 명단은 연회 전날 저녁 18:00까지 보고되는데, 당직지배인은 연회에 참석하는 VIP의 직책을 보고 영접 및 의전 수준을 결정하게 된다. 특히 VVIP 이상은 예약시부터 보고되어 의전에 차질이 없도록 한다. VIT는 공직에 있지 않아 의전은 필요 없지만 호텔이나 연회장 매출에 큰 기여를 하는 대기업의 사장이나 대형 학회나 단체의 회장 등으로 VIP에 준하는 예우를 갖추도록 해야 한다.

(27) Kitchen(조리부)

'Kitchen'난은 조리부서의 준비사항을 빠짐없이 기재한다. 행사에 사용되는 음식은 한 번 정해지면 크게 변동되지 않는다. 연회장의 음식은 연회장에 있는 주방에서 만들기도 하지만 대부분 여러 조리부서에서 만들어 연회장에서 최종적으로 접시에 담아 제공하게 된다. 따라서 'Kitchen'난에는 행사관련 음식이 조리부서별로 기재되어야 한다.

① Cake

'Cake'난에는 견본사진에 의해 예약받은 대로 'Round, 1단, 대형'과 같이 기재한다. 또 장식의 모양, 사용재료도 표시하며 대부분의 케이크에 축하 문구를 쓰기 때문에 축하 문구도 정확히 기재해야 한다. Cake 이외에도 베이커리에서 준비해야 하는 사항은 이곳에 모두 기재하나 뷔페식 메뉴에는 메뉴 자체에 각종 디저트가 들어 있으므로 'Cake'난에는 기재하지 않는다.

② Canape

Canape는 식사 전에 간단한 칵테일을 할 때 쓰이는 안주류로 둥글고 얇은 작은 식빵 위에 치즈, 새우, 살라미(salami), 햄(Ham) 등을 올려놓은 것이다. 드라이스낵(Dry Snack), 견과류(Mixed Nuts), 야채(Vegetable Tray), 햄치즈와 같은 오드불(Hors d'Oeuvre)을 함께 준비하며 그 종류와 수량을 기재해야 한다. Canape는 간단한 안주류로 칵테일이 없는 행사에는 필요가 없으며 Cocktail Reception은 메뉴 자체에 Canape가 들어 있으므로 'Canape'난에는 기재하지 않는다.

③ Menu

'Menu'난에는 주최자가 메뉴리스트에서 선택한 메뉴가 기재된다. 컴퓨터에 입력시 메뉴의 코드번호를 입력하면 그 상세 내용이 자동적으로 이 자리에 뜨게 된다. 연회와 관련된 한식당 주방, 일식당 주방, 중식당 주방에서는 이 메뉴를 보고 음식을 만들어 연회장 주방으로 공급하게 된다. 대부분의 연회는 식시 전에 연설이나 기념식이 있으므로 행사시작 시간과 식사시간은 차이가 나는 경우가 많다. 행사시작 시간에 맞추어 음식을 미리 준비하여 놓으면 음식의 맛이 떨어지게 되므로 음식을 서브하는 시간을 반드시 표시하는 것이 매우 중요하다. 특히 참가자가 많은 경우 양식 이외의 메뉴는 해당 주방과 협의하여 식재료 조달의 이상유무를 확인해야 한다.

④ Special Order

'Special Order'에는 연회장의 정규메뉴 이외의 특별주문 음식에 관련된 내용을 적는다. 결혼식이나 회갑연에 사용하는 떡과 같이 호텔에서 만들지 않고 외부용역업체에서 만들어 오는 각종 음식의 내용과 수량은 이곳에 기재하여 호텔 연회장에서 이 음식을 제공하기 위한 기물을 준비하도록 해야 한다. 또 연회 참가자 중 고기를 먹지 못하는 채식주의자(Vegetarian)를 위해 특별메뉴를 주문하거나 뷔페메뉴일 경우 '초밥 50인분 추가', '통멧돼지 바비큐 1마리 추가'같이 특별메뉴를 주문할 경우 이곳에 기재한다. Special Food는 고객의 개인기호에 의해 주문되는 것이기 때문에 해당 주방과 식자재 조달에 대한 협의를 해야 한다.

⑤ Others(기타 사항)

'Others'에는 음식과 관련하여 조리부에서 참고할 내용을 기재한다. 메뉴가격의 변동이 없이 코스메뉴 중 '야채수프를 양송크림수프로 변경', 종교적 행사에 '모든 메뉴에 돼지고기 사용금지', 어린이가 많은 행사에 '디저트의 양을 많이'와 같이 가격과 관계없는 특별사항을 알릴 경우에 이곳에 기재한다.

(28) 행사담당자(Sales Manager)와 예약 담당자(Reservation Clerk)

판촉사원이 수주한 연회는 판촉사원 이름을 Sales Manager에 기재하고 이를 접수한 예약실 담당자는 Reservation Clerk난에 기재한다. 연회예약실에서 직접 예약받은 행사는 Reservation Clerk에 예약담당자를 적어 전 부서에서 누구나 행사담당자를 알 수 있도록 해야 한다. 이렇게 작성된 Event Order는 작성일을 기재하여 결재를 올리게 된다.

8) Event Order의 결재 및 배포

호텔에서는 매일 많은 연회가 개최되기 때문에 대표이사가 모든 연회를 결재할 수 없다. 따라서 Event Order는 결재라인에 있는 지배인과 과장을 거쳐 대표이사에게 권한을 위임받은 연회부장이 결재함으로써 대표이사의 승인과 같은 효력을 발생하게 된다. 2000년대 이전까지만 하더라도 대부분의 결재는 Event Order를 출력하여 지정된 결재시간에 서면으로 결재를 받았으나 현재 대부분의 호텔은 전자결재시스템을 도입하여 수시로 결재를 올리며 결재 즉시 전산시스템을 통해 연회관련 각 부서에 전달되어 신속한 업무처리가 이루어지고 있다. Event Order는 Daily, Weekly, Monthly Event Order가 있으며 Daily Event Order는 최소한 3일 전까지 보내고 Weekly, Monthly Event Order는 해당 주(월)의 전 주(월)말까지 배포해야 한다.

9) 호텔 용역업무 발주

호텔의 연회관련 용역으로는 현판 및 현수막 제작, 화물과 냉장차량 및 버스 임대, 특별 인쇄물 제작, 사진 및 비디오 촬영, 상차림, 연주인 의뢰, 특별음식 주문 등이 있다. 이러한 용역업무는 차질이 일어나지 않도록 충분한 기간을 주어서 의뢰해야 하고 입고 일시 및 장소를 명확히 해야 한다. 연회 주최자는 용역업체와 계약을 하는 것이 아니고 호텔의 연회장과 계약을 하는 것이므로 용역업체의 잘못은 연회장의 책임이 된다. 따라서 용역업체에서 들어오는 각종 상품과 제품의 품질을 잘 확인하여 연회장의 품위가 손상되지 않도록 해야 한다. 특히 용역업체가 주최자에게 별도의 요금을 추가하거나 계약에 없는 내용을 강요하는 일이 발생하지 않도록 평소 용역업체의 관리에도 노력해야 한다. 용역업체의 선정은 가능한 2개 이상을 선정하여 용역 견적서의 비교를 통한 비용관리 및 용역업체의 문제발생시 행사에 차질이 없도록 해야 한다. 따라서 용역 업무는 가능한 담당자를 지정하여 업무의 혼동을 줄이도록 한다.

10) 호텔 부서별 준비상황 점검

Event Order를 배포하면 각 부서별로 그 연회를 위해 준비에 들어가게 된다. 소형 연회는 준비상황을 일일이 점검하지 않아도 각 부서에서 책임을 지고 준비하나 대형연회는 한 부서뿐만 아니라 여러 부서가 모여 회의를 해야 한다. 대형연회를 개최할 경우에는 요리사와 서비스인력의 확보, 서비스를 위한 각종 기물의 확보, 식음료재료의 확보, 시설 및 기자재의 확보, 행사용품 및 인쇄물류의 입고 등이 중점 점검사항이 된다. 이러한 사항을 차질 없이 준비하기 위해서는 수주일 또는 수개월에 걸친 준비기간이 필요하며 각 부서가 함께 모여 수차례에 걸쳐 점검회의를 해야만 연회를 성공적으로 마칠 수 있다. 예를 들어 1,500명이 동시에 식사하는 연회의 경우에는 조리사만도 100명이 넘게 필요하며 서비스 인력도 수백 명이 필요하다. 또 일상적으로 반입되는 식자재로는 한계가 있기 때문에 식자재 확보도 큰 문제가 된다. 음식을 제공하는 데 필요한 접시류와 포크 및 나이프 같은 기물을 새로 구입해야 할 경우도 발생하며 1,500명이 양식 풀코스로 식사할 경우에는 1인당 4종류의 잔(Water Glass, White Wine Glass, Red Wine Glass, Champagne Glass)이 필요해 최소 6,000개의 잔을 준비해야 한다. 이외에도 각종 장식, 꽃 장식, 칵테일, VIP 의전 등 연회의 전반에 걸쳐 전사적인 준비 및 점검이 필요하게 된다.

11) Revise Order(연회 정정지시서) 작성 및 통보

Revise Order는 Event Order를 각 부서에 배포한 후 연회의 내용 중 일부를 변경하는 것을 알리는 정정지시서(통보서)이다. 호텔에 따라서는 Adjustment라고도 표시하며 정정사유는 대부분 주최자의 변경요구에 의해 일어난다. 정정내용의 대부분은 참가인원수의 변동과 메뉴 및 음료의 추가 삭제 등에 관한 것으로 신속하고 정확히 관련부서에 통보되어야 한다. 연회는 Event Order가 배포된 직후부터 각 부서별로 준비되기 때문에 주최자의 변경 요청시 각 부서에 변경이 가능한지를 확인하고 정정해야 한다. Revise Order는 연회시작 3일 전까지 배포하는 것이 일반적이다. 행사내용을 변경해도 무리가 없는 사항은 Revise Order 대신 업무지시나 업무협조문을 통해 해결하는 것이 효율적이다. 그러나 대형 연회시 행사가 임박하여 참가자를 대폭적으로 증감하거나 행사날짜를 변경하는 것은 연회준비에 막대한 지장을 초래하므로 반드시 부처 간의 협의를 거쳐 결정해야 하며 주최자와도 최종 행사변경 가능일을 알려주어야 한다. 작성된 Revise Order는 연회부장의 결재 즉시 전산망으로 각 부서에 통보되며 각 부서에서는 이 통보서에 의해 연회준비를 변경하게 된다.

12) VIP Report 작성 및 배부

연회참석 VIP에 대한 사항은 빠짐없이 Event Order에 기재되어 관련부서에 통보된다. 공식적인 행사의 경우는 의전상 VIP 리스트가 사전에 작성되지만 행사전날까지도 최종 명단이 확정되지 않는 경우도 있고 연회시작 전까지 알 수 없는 경우도 많다. 따라서 연회예약실에서는 Event Order와는 별도로 매일 저녁 다음날 연회의 VIP 참석자 명단을 작성하여 관련부서에 배포함으로써 의전에 차질이 없도록 최대한 노력해야 한다.

제2절 연회서비스 사무실(Banquet Service Office)

1. 연회서비스 사무실의 주요업무

1) 연회서비스의 직책별 업무

연회서비스는 Event Order에 의해 연회행사를 직접 시행하는 서비스 부서이다. 따라서 서비스의 효율성을 극대화하기 위해 라인조직으로 구성되어 있으며, 각 직급 및 직책별로 업무를 분담하여 연회를 진행한다. 연회서비스 현장의 총 책임자는 연회장의 규모에 따라 부장, 과장, 지배인 등 다양하다. 일반적으로 대형 호텔의 연회부를 총괄하는 사람은 부장급이며 연회예약실과 현장서비스사무실의 책임자는 과장급이 많다. 규모가 적은 연회장은 현장서비스를 지배인이 담당하는 곳도 많다. 본 단원에서는 대형 호텔의 연회서비스 사무실을 기준으로 직책별 담당업무를 기술하였다.

(1) 연회과장(Banquet Section Manager)

연회부장은 연회부의 총괄 책임자로 연회장 영업계획, 연회, 연회인력, 인사 및 노무, 연회장 시설, 연회고객, 연회관련 부서의 업무 조정 등 연회부 운영의 전반에 걸쳐 최종 책임을 진다. 연회부장 아래 연회서비스과장과 연회예약과장으로 분리하여 운영하는 호텔도 있고 연회과장이 연회부서를 총괄하는 호텔도 있다. 연회부장과 연회과장이 있는 호텔의 경우 연회부장은 연회부의 영업정책 기획, 조정, 통제 및 타 부서와의 업무조정, 외부 부서와의 업무협의 등 연회장 경영에 관한 전반적인 업무를 하며 연회과장은 연회서비스 현장의 총괄 책임자로 연회의 지휘 및 통제, 연회인력의 충원, 연회인력의 인사 및 노무관리, 제반 행정 및 사무관리, 연회장 시설 및 집기비품 관리, 연회고객관리, 연회관련 부서의 업무협조 및 조정 등 연회 전반에 걸쳐 최종 책임을 진다. 연회부장이 없는 호텔의 경우 연회과장의 주요업무는 다음과 같다.

〈표 5-6〉 연회과장의 주요업무

대내 업무	대외 업무
① 영업정책 및 운영계획 수립	① 연간, 월간 매출계획서 및 영업현황 보고
② 인사관리 및 서비스 교육훈련	② 연간, 월간 경쟁호텔 영업분석 및 보고
③ 매출원가, 비용, 재고관리	③ 연간, 월간 투자예산 작성, 집행, 보고
④ 가구, 집기, 리넨, 비품 관리	④ 연간, 월간 특별행사 계획작성, 집행, 보고
⑤ 고객관리(각종 회원, VIP, 단골고객, Complain)	⑤ 각종 업무협조전 발송
⑥ 메뉴가격 인상 및 조정	⑥ 각종 용역계약 및 사정
⑦ 각종 상품의 가격결정 및 변경	⑦ 각종 용역업무
⑧ 금주, 금월의 업무계획서 작성 및 집행	⑧ 연회부 유니폼 구매
⑨ 내부비용 품의 및 사용 확인	⑨ 각종 구매의뢰서 결재
⑩ 각종 서류 확인, 결재 및 문서관리	⑩ 연회 이용대금 세금계산서 발급
⑪ 직원 복리후생관리	⑪ Daily, Weekly, Monthly Event Order 통보
⑫ 기물 및 음료 재고조사(Inventory) 확인	⑫ 행사인력 지원요청(총무부, 식음료부)
⑬ 테이블 매너교실 등 교양프로그램 운영	⑬ 호텔 전체의 Plant 배치 및 임대료 관련업무
⑭ 꽃방 업무관리(원가, 매출액, 인력)	⑭ 연회홍보물 및 서식류 인쇄 및 구매 의뢰
⑮ 각 영업장별 꽃 장식 원가배분내역서 확인	

(2) 연회서비스 지배인(Banquet Service Manager)

연회서비스 지배인은 연회의 실무책임자로서 Event Order에 의해 지시받은 각종 연회를 준비하고 서비스하는 업무를 수행한다. 연회의 성공여부는 전사적 협조도 중요하지만 연회서비스 지배인의 연회실무 운영능력에 좌우된다고 할 수 있다. 따라서 연회서비스 지배인은 서비스인으로서의 기본자질을 갖추어야 함은 물론 연회장의 가동인력과 장비 등을 상세히 파악하고 숙지함으로써 시시각각으로 변하는 연회상황에 민첩하게 대처하는 능력이 있어야 한다. 이외에도 연회장 상태의 유지 보수, 연회장의 각종 장비, 기물, 비품 등의 재산관리, 각종 문서의 기록 및 보관관리, 직원들의 근태, 인사고과, 교육훈련 등의 인력관리에도 노력해야 한다. 연회서비스 지배인의 주요업무는 다음과 같다.

〈표 5-7〉 연회서비스 지배인의 주요업무

① Event Order를 숙지하고 준비사항을 점검한다.
② 각 직원별로 담당업무(Side Job)를 지정하고 업무상태를 점검한다.
③ 행사관련 각종 업무와 영업 준비를 지시한다.
④ 행사 전 관련부서의 준비사항(조리, 방송실, 꽃방, 전기 등)을 확인한다.
⑤ 행사 전 주최자와 행사내용을 최종 확인하고 요구사항을 점검한다.
⑥ 행사시 고객과 VIP의 영접과 환송을 책임진다.
⑦ 연회의 진행상황을 감독한다.
⑧ 연회 후 고객 만족도를 확인한다.
⑨ 연회장 시설과 장비류의 상태를 유지하고 점검한다.
⑩ 연회직원의 근무스케줄(Schedule)을 작성한다.
⑪ 연회직원들을 교육 훈련시킨다.

(3) 캡틴(Captain)

캡틴은 각 연회별로 연회장 테이블 배치, 테이블세팅, 식음료서비스, 행사대금계산, 행사 후 연회장 정리정돈을 책임지는 서비스 조장이다. 캡틴의 주요업무는 다음과 같다.

〈표 5-8〉 연회 캡틴의 주요업무

① 서비스 실무 책임자로서 연회 준비상태와 종사원의 복장 및 용모를 점검한다.
② 주어진 연회인력을 업무별로 배치한다.
③ 행사 전 식음료 준비상태, 테이블세팅상태, 좌석배치 등을 점검한다.
④ 행사 전 행사의 성격과 내용, 메뉴 및 서비스방법, 서비스 동선 등에 대해 교육한다.
⑤ 고객을 영접하고 식음료의 주문과 서비스를 담당한다.
⑥ Event Order를 기준으로 최종 계산서를 작성한 후 계산을 받는다.
⑦ 행사 후 고객반응과 만족도를 확인하고 행사결과를 보고한다.
⑧ 지배인 부재시 지배인의 업무를 대행한다.

(4) 웨이터, 웨이트리스(Waiter, Waitress)

웨이터와 웨이트리스는 연회장에서 캡틴이 지정한 테이블을 맡아 고객에게 식음료를 직접 서비스하는 담당자이다. 주요업무는 다음과 같다.

〈표 5-9〉 웨이터, 웨이트리스의 주요업무

① 연회에 필요한 각종 장비와 은기물류, 글라스, 리넨류 등을 준비한다.
② 캡틴을 보좌하며 연회장의 청소와 책임 테이블의 세팅을 담당한다.
③ 꽃 장식, 얼음조각 설치, 장식물 설치 등을 도와 연회장을 아름답게 장식한다.
④ 주문된 식음료를 직접 고객에게 제공한다.
⑤ 사용이 끝난 기물들을 세척장으로 옮긴다.
⑥ 사용이 끝난 각종 장비와 비품들은 지정된 보관소에 옮겨 보관한다.

(5) 안내원(Greetress or Receptionist)

대형 호텔에서는 많은 연회가 동시에 이루어지기도 하고, 또 대형 연회는 참가자가 많아 각종 Sign Board만으로는 참가자들이 연회장소를 찾기가 쉽지 않다. 또 VIP의 영접과 환송 및 행사보조에 연회서비스 직원을 배치하기도 어렵다. 따라서 대형 호텔에서는 안내원이 이런 업무를 담당함으로써 연회참가자들의 편리와 연회의 품격을 높이고 있다. 안내원의 주요업무는 다음과 같다.

〈표 5-10〉 안내원의 주요업무

① 연회 참가자들을 위한 전반적인 영접업무와 환송업무를 담당한다.
② 특히 국제적인 행사시에는 한복착용, 주제파티시에는 주제에 어울리는 행사복 착용으로 행사분위기를 고조시킨다.
③ 연회 참가자들에게 연회장 위치를 알려주고 필요시 연회장까지 안내한다.
④ 연회장 입구의 영접데스크 업무(참가자 확인, 명찰 배부, 주차권 확인)를 담당한다.
⑤ VIP 연회시 VIP 대기실 서비스를 담당한다.

(6) 하우스맨(House Man)

대형 연회장은 연회에 필요한 장비와 기물의 종류와 수량이 대단히 많다. 따라서 웨이터가 이 업무까지 담당하면 연회서비스 인력에 차질이 일어날 수 있다. 따라서 대형 연회장에서는 연회장의 기물관리만을 전담하는 하우스맨을 두어 기물관리의 효율성을 높이고 있다. 하우스맨의 주요업무는 다음과 같다.

〈표 5-11〉 하우스맨의 주요업무

① 각종 장비와 기물의 청결상태 확인 및 정리정돈
② 각종 장비와 기물의 적정재고(Par Stock) 관리
③ 각종 장비와 기물의 손망실 파악
④ 연회관련 각종 비품 및 소모품의 적정재고(Par Stock) 관리
⑤ 연회에 필요한 리넨류 조달 및 세척의뢰
⑥ 인화성 물질, 적재물류, Cart류의 안전관리

2) 연회서비스의 직무별 업무분장(Side Job)

라인조직은 직책에 따라 업무의 권한과 책임을 부여하고 있다. 그러나 각종 세부업무에 대해 일일이 담당자를 지정해 두지 않으면 업무의 중복이 일어나거나 업무의 결여로 연회에 지장을 초래할 수가 있다. 직무별 업무분장은 주로 캡틴 이하의 직원들이 여러 가지 업무를 분할하여 담당하는 것으로 Side Job이라고 불린다. 따라서 가능한 전 구성원에게 하나 이상의 업무분장을 부여하는 것이 좋으며 주요업무분장은 다음과 같다.

〈표 5-12〉 연회장의 업무분장

업무분장	업무내용
고객관리 담당 (Greetress, Receptionist)	• 연회 참가자 영접 및 환송 • 연회장 및 연회 안내 • VIP 영접 및 서비스
수납 담당(Cashier)	• 각 연회장별 캡틴 또는 웨이터가 업무담당 • 계산서 관리, 계산 및 수납
교육 담당	• 선임 지배인이 담당 • 교육계획서 작성 및 영업장 OJT 실시
행정사무 담당	• 공문서 작성 및 문서 수발 • 직원 노무후생 관련서류 작성
시설 담당 (여러 명이 분담)	• 가구, 집기, 비품 상태 점검 • 전기장비 상태 점검 • 음향, 조명 상태 점검
기물 담당	• 각종 기물류 점검, 수령, 반납, 구매의뢰
Linen 담당	• 각종 Linen 수급, 적정재고 관리
장식물 담당	• 연회장 Deco, 액자 점검
소모품 담당	• 일반 소모품 점검, 수령

2. 연회서비스 업무진행 절차

연회는 연회 지시서(Event Order)를 접수함으로써 시작된다. 연회서비스 지배인은 연회 지시서에 의해 서비스 인력계획을 수립하고 각종 서비스 준비를 하며 주최자에게 감동을 주는 서비스를 하여 연회가 성공적으로 끝나도록 해야 한다. 또 서비스가 종료되면 계산 및 연회장을 정리정돈함으로써 연회를 마치고 다음 연회를 준비하게 된다.

1) 서비스 인력 계획

(1) 서비스 인력의 확보

서비스 계획을 수립함에 있어 가장 중요한 것은 인력확보 계획이다. 인력은 Monthly Event Order, Weekly Event Order를 참고하여 타 부서나 외부에서의 인력지원이 필요한 경우는 사전에 대비해야 하며 각 행사장별 최종 인력배치는 행사 하루 전 도착하는 Daily Event Order를 보고 확정 배치한다. 연회장 인력이 부족할 경우에는 1차적으로 식음료부의 인력지원을 받으며, 그래도 부족한 경우는 호텔 내 타 부서의 인력지원을 받아 가능한 호텔인력으로 연회를 진행하는 것이 좋다. 연회인력이 부족한 경우는 행사인력 산출근거를 명시하여 연회부장이나 인사담당자에게 인력지원요청서를 보내야 한다. 호텔에 따라서는 연회 아르바이트 인력을 연회부에서 그때그때 직접 수배하는 경우도 있고, 인사담당에게 요청하여 인사담당이 수배하는 경우도 있다. 아르바이트 수배 담당자는 평소 아르바이트 희망자에 대한 인적 자료를 확보하고 있어야 하며, 관광전공 대학생들이 현장실습의 일환으로 연회서비스에 투입될 수 있도록 회사차원의 산학협력을 체결하는 것도 중요하다.

(2) 연회서비스 인력산출 기준

연회서비스의 인력산출 기준은 연회의 격조와 연회서비스의 방법 및 서비스직원의 숙련도에 따라 차이가 있다.

① 일반연회(Normal Function)의 인력산출

일반연회는 VIP행사가 아닌 일반적인 수준의 서비스를 제공하는 연회이다. 일반연회와 Deluxe연회 및 VIP연회의 기준은 각 호텔별로 차이가 있다. 이러한 연회의 격조에 대한 구분은 주로 메뉴의 가격에 의해 구분하며 일반연회에 해당할 경우 기본적인 연회서비스만 제공하게 된다. 따라서 기물도 보통기물(Normal)을 사용한다. 일반연회시 정찬(Table Service) 형태의 서비스에는 고객 15명당 1명의 정규인력이 필요하다. 뷔페는 20명당 1명, 칵테일 리셉션은 30명당 1명, 티파티는 50명당 1명의 정규 서비스인력이 필요하다. 미팅이나 연회장 대여시에는 행사의 내용에 따라 인력을 적절히 배치한다. 1일 아르바이트와 신입사원 등은 서비스 숙련도가 낮으므로 좀 더 많은 인원을 배치해야 한다.

② 디럭스(Deluxe) 및 VIP 연회의 인력산출

디럭스(Deluxe) 연회는 주로 가격에 의해 구분하며 일반 연회보다 1.5배 이내의 인력을 투입하는 것이 적절하다. VIP 연회는 메뉴의 가격보다도 참석하는 VIP의 직급에 따라 서비스인력을 산출해야 한다. 국가 원수급 행사에는 서비스인력 1인당 최대 3인까지만 서비스해야 한다. 또 제공되는 요리가 한식이나 일식 및 중식 메뉴일 경우 서비스의 난이도에 따라 인원을 탄력적으로 증가시켜야 한다. 뷔페나 칵테일 리셉션 및 티 파티는 매우 숙련된 서비스가 요구되지 않으므로 VIP 행사라도 테이블서비스와 같이 많은 인력이 소요되지 않는다. 이런 연회는 가격에 따라 서비스인력을 증가시키는 것이 합리적이다.

〈표 5-13〉 연회서비스인력 산출 기준

연회 형식		고객수	소요인력	적용 기준 (FOOD 가격)
TABLE SERVICE	Normal Party	15	1	₩50,000 미만
	Deluxe Party	10	1	₩50,000~80,000 이하
	VIP Party	5	1	₩80,000 이상
BUFFET		20	1	₩50,000 미만
			2	₩50,000 이상
COCKTAIL RECEPTION		30	1	₩50,000 미만
			2	₩50,000 이상
TEA PARTY		50	1	₩50,000 미만
MEETING		행사 내용에 따라 인원 산출		

2) 연회서비스 준비

연회서비스 지배인은 연회 지시서의 내용을 충분히 숙지해야 하며, 불명확한 사실에 대해서는 연회예약실로 확인해야 한다. 불명확한 사실을 임의로 처리하였다가는 큰 문제가 야기될 수 있으므로 예약 당시 예상하지 못한 문제점이 발견될 경우 연회예약실에 알려 행사내용을 정확히 해야 한다. 연회 지시서의 확인이 끝나면 서비스계획 작성 및 기물 및 장비, 시설, 용품 등 제반 행사준비에 들어간다.

(1) 연회서비스 준비

연회서비스 지배인은 각 연회에 투입되는 서비스 직원에게 연회 지시서의 내용을 숙지시키는 연회준비 회의를 하여 연회의 성격, 메뉴에 따른 기물준비, 테이블 배치, 서비스 진행순서, 인쇄물, Deco(장식) 등 연회에 관련된 모든 사항을 차질없이 준비하도록 해야 한다.

① 각 연회별 서비스책임자(In Charge)는 행사준비 전에 행사변경지시서(Revise Order)가 없는지 연회지배인이나 예약실에 최종 확인한다.

② 각 연회별 서비스책임자(In Charge)는 연회가 시작되기 전에 연회 지시서

에 있는 연회의 성격, 메뉴 내용, 테이블 배열, 서비스 순서 등을 직원들에게 설명해 주고 일관성 있는 서비스가 되도록 교육한다.

③ 연회장의 벽이나 Carpet가 깨끗한지, 가구나 비품의 파손이 없는지 점검한다.

④ 기물류(Ware류)는 Normal, Deluxe, VIP를 확인하여 준비하며 청결한지를 점검한다.

⑤ 리넨류의 크기, 색상, 상태가 청결한지 확인한다.

⑥ 연회 지시서에 있는 내용대로 Table Setting을 하고 제대로 되었는지 분야별로 반드시 확인한다.

⑦ 꽃 장식, Decoration, Ice Carving 등 장식관련 준비상태를 점검한다.

⑧ 실내온도, 조명, Dry Ice, Fog Machine, 마이크, 스피커 등의 시설물을 점검한다.

⑨ Piano, B.G.M 기기 등 음악관련 기기를 점검한다.

⑩ 현수막, 안내판, 좌석배치도, 접수 테이블, Place Card, Name Card, Number Stand, Menu Set-up상태를 점검한다.

⑪ 오전 행사일 경우 안내 Sign Board를 최소 1시간 전에 확인한다.

⑫ Buffet일 경우 행사 도중에 기물을 Setting하는 일이 없도록 기물담당부서(Steward)에 사전에 통보한다.

⑬ 연회장 입구의 접수대에 필요한 것이 없는지 미리 확인한다(방명록, 주차권, 추첨함, 전화기 등).

⑭ 음식서비스 동선과 Backside의 위치는 행사 전에 연회조리장 및 기물담당부서(Steward)와 협의해야 한다.

3) 연회서비스

(1) 연회시작 전 최종 점검사항

테이블세팅을 비롯한 모든 연회준비는 최소한 행사시작 1시간 전에 완료되어야 한다. 행사시간이 되면 각 연회별 책임자(In Charge)는 서비스 준비상황을 최종 점검하고 서비스 대기상태에 들어가야 한다. 주요 점검사항은 다음과 같다.

① 연회장 입구 Setting상태 확인(접수 Table, 방명록, 인쇄물, 행사용품 등)

② 영접라인(Receiving Line)의 주최측 대기 확인

③ 행사장 입구 안내 확인(Greeting, 고객입장수 확인)
④ 연회장 내 인쇄물 확인(식순, 좌석배치도, 테이블 번호판(Numbering Stand), 명패 등)

(2) 영접서비스(Attend Service)

① 전 직원은 연회시작 20분 전까지 모든 준비를 끝내고 담당업무에 따라 담당테이블이나 입구 및 Backside 등 정위치에 대기(Stand-by)한다.
② 연회 주최자가 도착하면 성함을 미리 외우고 있다가 인사를 드리며 명함을 주고받는다(안녕하십니까? 연회를 담당하게 된 홍길동입니다. 예약하신대로 정성껏 준비했습니다만, 추가로 필요한 사항이 있으면 언제든지 말씀해 주십시오. 최선을 다하겠습니다).
③ 인사 후 주최측과 함께 준비사항을 점검하고 추가사항이 있는지를 확인한다. 특히 유무선 마이크, 방송기물, 녹음, 조명, 국민의례, 건배, 식순, 식사시간, Coffee Break Time 등을 재확인한다.
④ 주최측으로부터 행사 식순을 받아 연회장에서 도와야 할 사항이 있는지 점검한다. 연회장 벽면에 부착물을 붙일 경우 양면테이프나 압정 등 사용할 수 없는 것을 주지시킨다.
⑤ 행사 준비부터 종료까지 직원이 항상 주최측 가까이에서 보좌해야 하며 자리를 비울 경우 주최측에 알리고 다른 직원이 대신 대기해야 한다.
⑥ 화재나 안전사고가 예상되는 행사에서는 예방에 관한 주의사항을 안내해야 한다.
⑦ 일반연회라도 행사주최자는 가능한 연회서비스 지배인이 영접한다. VIP 영접은 VIP영접 규정대로 담당자가 나와 영접한다.
⑧ 영접시는 항상 단정한 자세로 정중한 인사와 미소로써 고객을 영접한다.
⑨ 행사장 입구에는 좌석배치도(Sitting Arrangement)를 비치하며, 각 테이블에는 테이블 번호표(Numbering Stand)를 놓고, 좌석 이름표(Place Card)를 배치하여 지정된 좌석을 찾기 쉽도록 한다.
⑩ 참가자의 외투, 가방 등은 Cloak Room에 맡기도록 하고 보관번호표(Tag)를 드린다.
⑪ 영접라인(Receiving Line)이 있는 경우에는 영접라인까지만 안내한다.
⑫ 안내시에는 고객우측 2~3보 앞에서 고객과 보조를 같이 하며 안내한다.

(3) 연회 중 서비스

① 참석 인원을 확인하여 식사 시작시간과 함께 주방에 통보한다.

② 예약인원보다 초과되었을 경우 최대한 수용을 하고 수용이 불가한 인원은 주최측과 협의하여 타 업장에서 식사를 하도록 식권을 발행한다.

③ 식사시간에 BGM이 제대로 나오는지 확인한다.

④ 가족모임에 사용한 Cake, 과일, 떡 등을 행사장에서 고객들에게 서브할 것인지, 포장(Take-Out)해 드릴 것인지를 주최측과 협의한다.

⑤ 예정시간보다 늦게 도착한 고객을 위한 서비스(입장 동선, 좌석안내, 식음료 제공 등)와 먼저 퇴장하는 고객을 위한 서비스(경품제공, 주차권 확인)에도 주의한다.

⑥ Buffet식사 후 2부에 여흥이 있을 경우는 주최측과 상의하여 남은 음식과 기물을 철수한다. 철수시 연회장의 분위기를 위해 병풍으로 가린 후 조용히 철수한다.

⑦ 행사 중에 연회장의 온도, 마이크 상태 등을 점검하여 조치한다.

⑧ 각 연회장 책임자는 연회가 진행되는 동안 주빈석(Head Table)과 일반석을 주시하여(Table Watching) 고객이 부를 경우 즉시 다가가 요구사항을 해결한다.

⑨ 행사시 현장에서 주최자의 변경요구가 있으면 반드시 해당부서에 통보한다(조리, 방송, 연회예약실 등).

⑩ 행사 분위기, 기물, 청결상태, 장식물, 서비스, 요리의 양과 질 등에 대한 고객의 만족도를 꼭 확인한다(서빙시 대화, 고객표정 및 환송 인사시).

⑪ 고객의 테이블을 항상 깨끗하게 한다.

⑫ 연회장 로비나 통로는 공공장소이므로 고객들이 음식물을 반입하여 취식하지 않도록 한다.

⑬ 축하용으로 반입된 화환으로 인해 타 행사에 지장을 주지 않도록 한다.

⑭ 콘서트 행사시 각 부분별로 안전점검을 하여 안전행사가 되도록 한다.

(4) 연회 종료시 서비스

① 연회가 끝나기 5분 전 직원들이 연회장 입구에 도열하여 환송인사를 한다(Farewell Service).

② 주차권을 미리 준비하여 배포한다.

③ 환송 후 고객의 분실물(Lost & Found)과 맡긴 물건이 있는지 확인한다.

④ 주최자가 반입한 각종 물품 중 남은 것은 품목과 수량을 인수자에게 확인받은 후 돌려드리며 양이 많을 경우 주최자의 차량까지 운반해 드린다.

⑤ 연회 종료 후 주최측에 행사시 불편함이나 개선점이 있는지 확인하고 특별한 요구나 언급이 있을 경우 지배인에게 보고한다.

⑥ 연회 종료 후 주최측의 차기행사에 대해 확인하여 판촉의 기회를 포착한다.

⑦ 연회 종료 후 관련부서에 연락하여 행사 종료를 알리고 장비의 철수 및 청소가 이루어지도록 한다(당직데스크, 방송실, 시설부, 하우스키핑 등).

⑧ 연회 종료 후 그 연회장에서 어떤 연회가 다음에 열리는지를 확인하여 다음 연회에 필요한 장비나 기물들은 그대로 둠으로써 두 번 일을 하지 않도록 한다.

4) 회계처리

① 연회 종료시 계산에 문제가 없도록 주최측 담당자와 협의를 한다.

② 간단한 연회는 종료 후 퇴장하면서 계산을 받아도 되나 일반적인 연회는 연회 후 주최자가 고객환송으로 인해 매우 바빠지므로 행사가 끝날 때쯤 주최자가 시간적 여유가 있을 때 계산하도록 한다.

③ 계산서는 연회 지시서를 기준으로 작성하고 추가로 발생된 식음료를 확인하여 최종계산서를 작성한다.

④ 특히 결혼식에서 예약인원을 초과한 하객들이 식사쿠폰으로 여러 식당에서 식사를 한 경우는 계산에 상당한 시간이 소요되므로 계산시간을 주최자에게 미리 알려 기다리는 데 지루하지 않도록 한다.

⑤ 연회 지시서에 후불(Charge)로 표시된 경우는 주최자에게 지불약정일, 주최자의 인적사항, 연락처, 회사명 등을 받아 자필서명을 받아둔다. 임의로 후불처리해서는 안된다.

5) 연회 후 정리정돈

① 연회담당자(In Charge)는 Backside를 포함해 연회장이 잘 마무리되었는지 확인한다.

② 연회장 입구에서 설치된 접수테이블, 전화기는 원위치에 보관한다.

③ 얼음조각 및 각종 장식물을 철수한다. 재활용이 가능한 꽃과 장식물은 꽃방과 장식실로 보낸다.
④ 고객의 옷이나 소지품의 보관에 사용한 표(Cloak Room Tag)의 짝이 맞는지 확인한다.
⑤ 연회장 카펫이나 벽면의 상태를 파악하여 관련부서에서 세척이나 수리하도록 알린다.
⑥ 각종 집기류와 장비 등의 상태를 점검한다.
⑦ 행사에 사용한 리넨류는 썩거나 변색되지 않도록 바로 하우스키핑(House Keeping)으로 보내 세탁하도록 한다.
⑧ 각종 인화성 물질은 별도로 보관하여 화재를 예방하고 쓰레기통도 깨끗이 비워 해충이나 악취가 발생하지 않도록 한다.

제3절 연회 바(Banquet Bar)

1. 연회 바의 직책별 업무

연회 바(Banquet Bar)는 연회장에서 제공되는 모든 음료의 서비스를 담당하는 곳이다. 연회장에서 음료의 매출은 식사매출 다음으로 중요한 매출액을 차지할 뿐만 아니라 식사와는 불가분의 관계에 있다. 특히 칵테일 리셉션은 음료매출 비중이 가장 큰 연회로서 대량의 음료판매 수입이 일어나는 연회이다. 연회장에서의 음료판매는 소품종 대량판매에 의해 원가절감 효과가 대단히 크다. 서울지역 특급호텔의 음료재료비는 약 20% 내외로 식음료부문의 영업수지 개선에 크게 기여하고 있다. 대형 호텔은 연회장의 수도 많고, 참가자수도 많아 연회부에 음료서비스만을 전담하는 바(Bar)를 두고 있고 연회 바텐더(Bartender)들은 각 직책별로 업무를 수행하게 된다.

1) 연회 바 지배인(Banquet Bar Manager)

연회 바 지배인은 연회장에서 제공되는 모든 음료관련 업무의 총책임자이다.

따라서 연회서비스 지배인이나 레스토랑 지배인(Outlet Manager)과 같이 연회 바의 운영과 매출관리, 재고관리, 인사관리, 교육훈련 등 관리자로서의 각종 직무를 수행한다.

① 연회 바 관리업무 : 매출관리, 원가관리, 음자재 위생관리 등
② 인력관리 업무 : 행사인력 충원, 직원근태관리, 인사고과, 교육훈련
③ 재산관리 : 음자재 재고관리, 장비 및 비품관리
④ 문서관리 : 각종 행정서류의 기록・보관

2) 시니어 바텐더(Senior Bartender)

시니어 바텐더(Senior Bartender)는 바(Bar)의 조장으로 Head Bartender, 또는 Bar Captain이라고도 한다. 홀 서비스(Hall Service) 직급으로는 캡틴(Captain)에 해당한다. 시니어 바텐더는 연회장 음료서비스의 실질적 책임자로, 각 연회장별로 바텐더를 배치하고 연회장에서 제공되는 음료를 점검하며, 행사 후 음료판매 금액을 산정하여 계산을 받는 지배인이나 캡틴에게 알린다. 또 바텐더(조주사)의 교육과 적정재고(Par Stock)를 파악하여 음료를 주문한다. 시니어 바텐더의 주요업무는 다음과 같다.

① 연회 지시서를 기준으로 근무 조를 편성하여 각 연회별로 바텐더 인력을 배치한다.
② 연회 지시서에 기재된 각종 주류, 와인, 음료관련 내용을 바텐더에게 숙지시키고 연회 바(Bar)의 준비사항을 지시한다.
③ 칵테일 리셉션이나 대형 연회시에는 연회서비스 지배인과 함께 Floor Plan을 작성하여 Bar의 위치를 정한다.
④ 연회 바(Bar)의 음료서비스 책임자로서 음료서비스 준비상태와 바텐더의 복장 및 용모를 점검한다.
⑤ 영업종료 후에는 일일재고조사를 실시하여 재고조사표(Inventory Sheet)를 작성 보고한다.
⑥ 매일 다음날 사용할 음료의 출고전표를 작성하여 바 지배인에게 결재를 올린다.
⑦ 매월 월간 재고조사를 실시하여 재고조사표(Inventory Sheet)를 작성 보고한다.

⑧ 바 트롤리(Bar Trolley), 얼음통(Ice Bin), 제빙기(Ice Machine) 등의 장비를 점검하고 파손시 수리를 요청한다.
⑨ 바텐더의 조주기능 숙련을 위한 OJT교육을 실시한다.
⑩ 각종 음자재의 유통기간 확인과 내용물 및 기물의 위생관리를 철저히 한다.

3) 바텐더(Bartender)

바텐더는 각 연회장에서 시니어 바텐더(Senior Bartender)를 보좌하며 칵테일 조주를 담당한다. 그러나 소규모 연회나 음료주문이 간단한 연회에서는 직접 시니어 바텐더의 역할을 하기도 하다. 음료서비스는 연회 지시서에 의하나 연회 도중에 추가로 음료주문이 발생하는 경우가 많기 때문에 항상 충분한 양을 준비해야 한다.

① 음료 출고전표에 의해 연회에 필요한 주류와 와인 및 각종 주스류와 부재료를 중앙 창고에서 수령하여 연회장에 있는 바에 보관한다.
② 연회 시작 1시간 전까지 바 트롤리(Bar Trolley)에 음료서비스 세팅을 완료한다.
③ 연회 전 각종 주류와 와인, 맥주, 주스, 청량음료의 양이 적정한지 확인한다.
④ 칵테일을 서브하기 위한 글라스는 바(Bar)에서 준비하며 글라스의 수량과 청결상태를 점검한다.
⑤ 연회장에서 바텐더는 조주를 하고 서브는 웨이터가 하나 식사 도중 맥주나 와인의 추가주문은 바텐더가 서브하도록 한다.
⑥ 음료의 추가주문이 있을 경우 반드시 주최자에게 확인을 받은 후 제공하고 그 내용을 시니어 바텐더에게 보고하여 계산에서 누락되지 않도록 한다.
⑦ 음료는 반드시 유통기간을 확인하여 위생에 주의하며 개인위생과 기물위생도 철저히 해야 한다.
⑧ 연회 종료 후 서비스에 사용된 모든 장비와 집기류는 청결하게 세척하여 정리 정돈한다.

2. 연회 바의 음료서비스 업무

연회 바(Banquet Bar)의 음료서비스는 연회 지시서에 의해 진행된다. 연회 바의 음료판매는 일반 바(Open Bar)에 비해 그 양이 매우 유동적이다. 식사는 1인분의 양이 정해져 있지만 음료는 연회의 시간과 참가자의 기호에 따라 그 양과 품목이 매우 변동적이다. 따라서 식사에 비해 매출탄력성이 매우 크므로 Event Order의 주문량보다 여분의 음료를 항상 더 준비해야 한다.

1) 연회 지시서의 접수와 확인

연회 지시서(Event Order)는 Monthly, Weekly, Daily Event Order로 구분하여 음료준비를 한다. 특히 대형 행사나 국제행사는 수개월 전부터 기본적인 행사내용이 통지되므로 그에 따른 음료와 글라스 등 기물준비를 해야 한다. 대형 국제행사에서는 특정한 와인의 주문이 많고 시중에 재고가 없을 경우 수입에서 통관까지 통상 2개월이 걸리므로 사전에 조달이 가능한지 확인해야 한다.

2) 음료서비스의 형태

연회장에서의 음료는 Full Bar, Soft, Consumption, Limited의 4가지 조건의 조합 형태로 서브된다. 'Full Bar'는 각종 양주류와 칵테일, 와인, 맥주, 주스, 청량음료를 모두 준비하여 제공하는 것을 말하며 'Soft'는 주스류와 청량음료만 제공하는 것을 말한다. 'Consumption'은 참가자들이 원하는 대로 무제한 음료를 제공하는 것을 말하며, 'Limited'는 제공하는 양이나 금액이 주최자에 의해 사전에 제한되어 있는 것을 말한다. 이외에도 연회의 주최자가 음료요금을 지불하지 않고 참가자들이 개인적으로 음료를 구입해 마시는 형태를 Cash Bar라고 하며 각종 전시회나 콘서트, 디너쇼와 같은 행사에서 사용된다.

① Full Bar + Consumption

각종 주류와 주스 및 청량음료를 무제한 제공하는 형태로 연회장으로서는 매출증진에 크게 기여하지만 주최자로서는 부담이 큰 형태이다. 주로 VIP행사에 이용된다.

② Full Bar + Limited

각종 주류와 주스 및 청량음료를 제공하되 주최자에 의해 그 양이나 금액이 행사 전에 제한되어 있는 형태이다. 주로 칵테일 리셉션에서 많이 이용되는 방법이다. 칵테일 리셉션에서는 참가자 1인당 15분에 1잔, 30분에 2잔, 1시간에 3잔의 칵테일을 기준으로 총 제공량을 사전에 정한다. 예를 들어, 100명이 1시간 동안 칵테일 리셉션을 할 경우 각종 주류의 소비량은 총 300잔으로 계산하는 방법이다. 금액으로 양을 제한할 경우는 칵테일 1잔당 5,000원이라고 할 때(100인×2잔×5,000원=1,000,000원)으로 하여 이 금액이 넘으면 더 이상 칵테일을 제공하지 않는 방법이다.

③ Soft + Consumption

각종 주스류와 청량음료만을 무제한으로 제공하는 형태로 Coffee Break나 Tea Party, 또는 종교적인 연회시 이용되는 방법이다. 주최자에게 금전적인 부담이 적어 Soft는 주로 Consumption 형태로 제공된다.

④ Soft + Limited

각종 주스류와 청량음료만 제공하되 그 양이나 금액이 제한되어 있는 형태이다. 금전적 부담이 적으므로 주로 양에 의한 제한이 대부분이다.

⑤ Cash Bar

연회장에서 콘서트를 할 경우 참가자들이 입장료만 내고 입장하는 경우가 많다. 또 연말에 개최되는 각종 디너쇼와 어버이날 효도행사 같은 특별행사는 식사만 제공되거나 음료가 1잔씩만 포함되어 있어 참가자들이 추가로 음료를 주문하는 경우가 많다. 이런 행사가 개최될 경우에는 참가자들이 현금을 내고 와인이나 맥주 등의 음료를 사 마실 수 있도록 준비해야 한다. 주문을 받은 웨이터는 참가자에게 먼저 현금을 받아 수납(Cashier)에게 입금하면 수납원은 입금을 받고 주문전표를 바텐더에게 주어 음료를 내주도록 한다. 연회 종료 후에는 주문전표와 음료의 제공량 및 판매금액이 일치하는지 확인해야 한다.

3) 기타 업무

① 음료의 출고

연회장에서는 대량의 음료가 소비되기 때문에 중앙창고에서 음료재료를 출고하여 연회 바(Banquet Bar)의 창고에 보관하는 일도 거의 매일같이 해야 한다. 호텔의 중앙창고는 주류창고와 비주류창고로 구분되어 관리되기 때문에 음료청구서(Beverage Requisition Sheet)도 별도의 양식으로 청구하며 모든 음료의 청구는 연회 바 지배인의 결재를 받아 청구해야 한다.

② 음료의 저장

연회 바 창고에 보관된 음료는 그 종류에 따라 서비스에 필요한 적정온도를 맞추어 보관해야 한다. 연회장에서의 음료는 대량으로 소비되기 때문에 일반 식당처럼 주문을 받은 후 차게 냉각시킬 시간적인 여유가 없다. 따라서 맥주와 화이트와인은 반드시 차게 보관해야 하며, 주스류도 일정량은 반드시 냉장상태로 보관하여 고객의 요청에 즉시 제공할 수 있어야 한다.

③ Corkage Charge

연회장에서 사용되는 식음료는 외부로부터의 반입을 엄격히 제한한다. 이는 매출확보 면에서도 중요하지만 식품위생이 검증되지 않은 외부반입 식음료에 의해 위생사고가 발생하였을 경우 연회장에서 책임져야 하는 문제가 발생할 수 있기 때문이다. 특히 식품은 엄격히 금지해야 하며 음료는 비교적 위험성이 낮기 때문에 부득이한 경우 사전에 주최자와 협의하여 일정량의 음료를 반입하도록 할 수 있다.

외부에서 반입한 음료를 제공하기 위해서는 글라스를 세척하여 세팅하고 행사 후에는 또 세척하여 보관하는 인력이 필요하다. 또 글라스의 파손, 얼음 제공을 위한 제빙기에서의 전력소비, 서비스 인력비 발생 등 보이지 않는 비용이 많이 발생하기 때문에 반입음료의 서비스에 필요한 서비스 요금을 받는 것을 Corkage Charge라고 한다. Corkage Charge는 각 주류별 1병당 일정금액을, 비주류는 반입량을 판매금액으로 환산하여 일정비율의 금액을 받는다. Corkage Charge는 요금표를 연회예약실에 비치해 두고 주최자에게 알려야 할 뿐만 아니라 사전에 협의 없이 반입되는 경우도 많으므로 요금에 대한 시비가 일어나지 않도록 연회 바에도 비치해야 한다.

④ 재고조사(Inventory)

음료의 재고조사(Inventory)는 일일재고조사(Daily Inventory)와 월말재고조사(Monthly Inventory)가 있다. 연회 바에서는 영업 종료 후 여러 연회장에서 그날 사용된 음료와 재고량을 파악해 다음날 영업 준비를 위한 음료청구서를 작성해야 한다. 일일재고조사(Daily Inventory)는 적정재고량의 확보를 위해 매일 영업종료 후 재고량을 파악하는 것이다. 연회 건수가 적거나 비수기에 매일 재고조사를 하는 것은 인력낭비이므로 주간 단위로 재고조사를 하기도 한다.

이에 비해 월말재고조사(Monthly Inventory)는 한 달 동안 사용된 음료의 양을 정확히 계산해 사용분량이 규정된 금액으로 판매되어 정확히 매출액으로 입금되었는지를 확인하고 월간 매출원가를 산정하기 위해 실시된다. 따라서 월말재고조사(Monthly Inventory)는 호텔의 원가관리 담당부서에서 매월 말일 영업종료 후 연회 바에 실사를 나와 기말의 재고량을 일일이 확인한다. 호텔정보시스템이 발달한 최근에는 원가계산이 컴퓨터에 의해 자동 계산되는 호텔이 많기 때문에 월말재고조사를 생략하고 필요시에만 재고조사를 하는 호텔도 많아지고 있다.

- 각 품목당 금월 사용량 = 전월 이월량 + 금월 수령량 − 기말 재고량
- 각 품목당 금월 매출액 = 금월 사용량 × 기준판매가
- 각 품목당 매출액 오차 = 금월 매출액 − 실 입금액

월말재고조사를 하면 입금되어야 하는 매출액과 실제 입금된 매출액의 차이가 발생할 수 있다. 재고조사에서 실제 보유하고 있어야 하는 재고량보다 많을 경우에는 잉여재고리스트(Overage List)를 작성하여 바 지배인의 결재를 거쳐 원가관리 부서에 보고해야 한다. 원가관리부서는 Overage List의 구입원가만큼 연회 바의 재료비 총액을 낮추어 원가율을 낮춘다. 또 연회 바에서는 Overage List의 양을 다음 달 기초재고량에 포함시켜 판매한다.

기말 재고량이 실제 보유하고 있어야 하는 양보다 적을 경우에는 음료관리에 문제가 있을 수 있으므로 그 원인을 파악해 보아야 한다. 부족량이 허용오차 이내에 있는 경우는 문제가 없지만 허용오차를 넘는 부족분은 파손이나 도난 또는 계산누락 등 다양한 원인이 있으므로 조사하여 재발방지에 노력한다.

⑤ 음료의 판매용량 기준

음료를 판매하기 위해서는 각 음료 1잔당 기준용량을 정해 두어야 한다. 기준용량은 재고조사의 기초단위로서도 중요하지만 음료판매에 대한 고객과의 신뢰차원에서도 매우 중요하다. 따라서 연회장뿐만 아니라 호텔 전체적으로 음료 1잔당 기준량을 반드시 규정해 두어야 한다.

〈표 5-14〉 음료별 재고조사 계량 단위

구 분	적용대상	1병당 잔수	1잔당 기준량
증류주(Spirits)	Whisky, Gin, Vodka, Rum, Tequila, Brandy, Aquavit 등	25	1Ounce
혼성주(Liqueur)	각종 리큐르	25	1Ounce
강화와인(Fortified Wine)	Sherry, Port, Madeira	8~12	2~3Ounce
테이블와인(Table Wine)	White, Red, Rosé Wine	6	4Ounce
발포성 와인(Sparkling Wine)	Champagne, Spumante, Sekt	6	4Ounce
생맥주(Draft Beer)	Draft Beer	-	8Ounce
주스(Juice)류	-	-	6Ounce
• 1병은 750ml 기준. 1Ounce = 30ml • 증류주는 병의 용량을 30ml로 나누어 잔수를 계산(500ml ÷ 30ml = 16.6 = 16잔)			

⑥ 영업장 간 음료의 양도양수(Inter-Bar Transfer)

연회 행사도중 음료의 재고가 떨어지면 다른 레스토랑이나 바(Open Bar)에서 음료를 빌려와 판매하게 된다. 각 영업장 간 음료의 양도양수(Transfer)는 원가관리 차원에서 확실하게 기록되어야 하고 월말재고조사에 반영되어야 한다. 연회장은 행사 성격상 프리미엄(Premium) 주류가 많이 소비되지 않기 때문에 고급 주류의 재고가 많지 않다. 따라서 연회장이 레스토랑이나 바(Bar)에서 빌려오는 주품목은 고급주류가 대부분이다. 이와 반대로 일반 레스토랑이나 Bar에서는 연회장에서 항상 다량 보유하고 있는 맥주나 보통(Standard)주류를 빌리는 경우가 많다. 영업장 간 음료의 이동시에는 반드시 양도전표(Inter-Bar Transfer)를 작성하여 서로 보관해야 한다.

제4절 장식실(Art Room)

1. 장식실의 직책별 주요업무

장식실은 연회부에 소속될 수도 있고 마케팅부에 소속될 수도 있다. 또 연회부가 아닌 식음료부에 소속될 수도 있다. 이러한 이유는 장식실이 연회만을 위한 조직이 아니고 호텔의 모든 장식관련 업무를 총괄하기 때문이다. 따라서 각 호텔에서는 장식실의 업무가 연회장 업무보다 호텔 전체 업무 비중이 클 경우에 연회부에 소속시키지 않는 경우도 많다.

장식실의 업무는 크게 호텔장식 업무와 연회장식 업무로 나누어진다. 호텔장식 업무는 호텔의 이미지와 깊은 관계가 있기 때문에 호텔의 CI(Corporate Identity) 차원에서 다루어진다. 따라서 호텔의 장식업무는 대표이사와 중역의 결재를 받아 진행해야 하는 경우가 많다. 따라서 장식실의 업무는 대표이사로부터 장식담당 사원에 이르기까지 직책별로 업무가 부여되고 있다.

〈표 5-15〉 직책별 장식관련 업무

직 책	업무 내용
대표이사	• Signage, POP, 유니폼, 가구(Table, 의자, 소파), Deco물 제작 및 구매 승인
담당임원	• Signage, POP, 유니폼, 가구(Table, 의자, 소파), Deco물 제작 및 구매안 검토 • Signage 및 POP 자체제작에 대한 승인
연회부장	• Signage, POP, 유니폼, 가구(Table, 의자, 소파), Deco물 제작 및 구매 • Signage 및 POP 자체 제작에 대한 검토
장식실장	• Signage, POP, 소모품, 유니폼, 가구(Table, 의자, 소파), Deco물 제작 및 구매 • Signage 및 POP 자체제작에 대한 검토 • 연회관련 차트 제작, Deco Order 접수, 소모품 구입 등에 대한 승인
장식담당	• Signage, POP, 소모품, 유니폼, 가구(Table, 의자, 소파), Deco물 제작 및 구매 • Signage 및 POP 자체제작 • 연회 차트 제작 • Deco Order 접수 등에 대한 작업

2. 장식실의 분야별 주요업무

1) 장식실 전문용어

장식실에서 사용하는 전문용어는 호텔 전체에서 사용하기 때문에 용어를 이해하지 못해 서비스에 차질이 일어나지 않도록 연회직원들이 평소 숙지하고 있어야 한다.

① 외부 Sign : 호텔 외부에 설치된 호텔 로고 및 호텔 유도 안내 표시물
② 내부 Sign : 호텔 내부에 설치된 안내 표시물
③ P.O.P : Point of Purchase의 약자. 구매시점 광고물로 영업장 특별행사를 알리기 위한 각종 이미지 연출물
④ 장식물(Deco물) : 호텔 내・외부에 분위기에 맞게 설치하는 조형물
⑤ 좌석배치도(Seating Arrangement) : 연회 참가자들이 자신의 자리를 쉽게 찾을 수 있도록 도식으로 표시한 좌석배치도
⑥ 넘버링(Numbering) : 연회 참가자들이 자기 테이블을 쉽게 찾을 수 있도록 표시한 테이블 번호표
⑦ 명패(Name Place Card) : 회사, 직책, 이름을 표기하는 이름패로 Table 위에 놓음
⑧ 명찰(Name Card) : 연회 참석자의 소속, 직책, 이름을 표기한 표찰로, 개인이 패용할 수 있도록 한 것
⑨ 연회 안내판(Signboard) : 연회 내용을 표기하는 간판. 고정 안내판과 Easel에 붙이는 이동 안내판이 있음. 최근에는 액정 화상안내판을 많이 사용하고 있음
⑩ Ice Block : 조각용 얼음 덩어리
⑪ Ice Saucer : 얼음으로 만든 디저트용 받침대
⑫ Ice Cart : 얼음을 운반하는 카트
⑬ 1 Stand : 얼음덩이 한 장 반(1 1/2) 크기의 조각물
⑭ 2 Stand : 얼음덩이 3~4장 크기의 조각물

2) 장식물 작업(Deco Order)

(1) 외부 제작

외부 제작은 장식실에서 제작할 수 없는 특별한 장식물을 외부업체에 주문하여 설치하는 것을 말한다. 외부 제작의 업무절차는 다음과 같다.

① Order 접수
② 현장(부착위치) 확인
③ 디지털 카메라로 현장 촬영
④ 의뢰 부서 담당자와 Size, 재질, 수량 등 내용 협의
⑤ 디자인 작업
⑥ 결재 서류(표지 및 도면 첨부) 작성
⑦ 결재 완료 후 구매의뢰서 작성 및 구매 부서에 구매협조 의뢰
⑧ 업체 선정 및 선정업체에 자료(데이터) 전달
⑨ 외부 제작
⑩ 제작된 Sign물 입고 및 현장설치 확인(거래명세표 확인 서명)
⑪ 거래명세표 보관 및 Deco Order 보관

(2) 내부 제작

내부 제작은 장식실에서 각종 장식물을 자체 제작하는 것을 말한다. 장식실장은 각 장식담당자의 전문분야별로 업무를 분배하여 장식품의 예술성과 장식효과를 높이도록 한다. 내부 제작의 업무절차는 다음과 같다.

① Order 접수
② 현장(부착위치) 확인
③ 디지털 카메라로 현장 촬영
④ 의뢰부서 담당자와 사이즈, 재질, 수량 등 내용 협의
⑤ 디자인 작업
⑥ 디자인 결재
⑦ 작업준비서 작성(도면 첨부)
⑧ 연회 장식물 제작
⑨ 현장 설치 및 Deco Order 보관

3) Sign물 관련 업무

(1) 장기 게시의 경우(Signage)

일반적인 지정장소의 방향안내 및 영업장의 간판, 제품의 사용 설명 등을 알릴 경우에 쓰이며, 이때는 장기적인 수명을 요하므로 금속류, 석유화합물 재료(고분자 화합물로 Acryl, F.R.P 등)를 사용한다.

(2) 단기 게시의 경우(P.O.P)

구매시점 광고(P.O.P : Point Of Purchase AD)라 하며 일반적으로 영업장 내의 천장이나 선반, 포스터 등 디스플레이류 전부를 포함하지만 호텔에서의 P.O.P는 특별행사와 관련된 메뉴 및 행사안내 포스터판(Poster Panel)으로 단기간 전시하므로 종이류 및 우드락(Woodrock)을 많이 이용한다.

(3) 게시방법

① 벽부형 : 벽면에 붙여 게시하는 방법으로 통행로 및 정면성을 필요로 할 때 쓰이는 게시 방법이다. 또한 동선의 간섭을 최대한 피할 경우 쓰인다.

② 돌출형 : 벽면과 직각으로 게시방법으로 보행자의 시선을 최대한 주목시키고자 할 때 쓰이는 방법이다. 이때는 2.1m 이상의 높이에 설치해 안전에 각별히 유의한다.

③ 천장형 : 천장에서 늘어뜨려 게시하는 방법으로 주로 제품이 전시되는 상단이나 게시물의 벽면 앞에 게시하는 방법이다. 일반적으로 제품설명과 업장명, 상호, 화장실, 전화Box 등의 안내에 주로 사용된다.

④ Stand형 : 바닥에 세워서 게시하는 방법으로 단기간의 알림이나 주위상황에 따라 위치이동의 필요성이 있을 때 사용한다. 실외에서는 강한 바람에 견딜 수 있도록 설치해야 한다.

⑤ 바닥 매립형 : 일반적으로 많이 사용되지는 않으나 장애인의 안내나 공연장, 영화관에서 유도목적으로 쓰인다. 많은 인원이 모이는 곳은 단일유도 목적으로 사용하는 것이 효과적이다.

⑥ 지주형 : 기둥형으로 주로 외부인의 왕래가 빈번한 위치에 특정한 업장 또는 행사를 광고하는 데 쓰인다.

(4) Sign물의 조명 관련업무

Sign물 제작 담당자는 다음의 기본적인 구분을 토대로 설계하며 각 영업장 담당직원과 협의 후 최종작업을 시작한다.

① 비조명용 : 주로 실내에서 사용하며 주 게시물 이외의 표지 및 간판에 쓰인다. 때에 따라 조명용 Sign물보다 재료에 의해 고급스러움과 고풍스러움 및 미려한 미적 감각을 가지며 제품설치 및 철거가 아주 용이하다. 제작에 있어서 형태와 크기의 제한이 없다.

② 조명용 : 주로 외부에 사용되며 실내에서는 안정성 및 주위 실내분위기에 저해되지 않는 범위 내에서 설치된다. 조명용 게시물은 시선의 집중효과가 아주 뛰어나다. 다만 비용이 많이 들고 부착위치에 제약을 받기도 하며 안정성 문제가 제기되기도 한다. 또 조명재료에 따라 크기와 모양의 제약을 받기도 한다.

(5) 조명의 종류

① Neon-Sign : 네온가스를 봉입하여 크롬 및 수은 방전에 의해 발광하는 방법으로 크기 및 형태의 변형이 비교적 용이하나 고전압 변압기를 통과한 전압이 12,000볼트의 고전압으로서 특히 실내에서는 감전에 유의해야 한다.

② 형광 램프 : 일반적으로 많이 쓰이는 재료이며 유리관 내부에 칠해지는 형광체의 종류에 따라 색상이 달라진다. 저압 저비용이 들기 때문에 많이 쓰이나 발원체의 크기에 따라 제품의 크기 및 형체에 많은 제약을 받게 된다.

③ 할로겐 램프 : 할로겐 원소를 포함하는 불활성 가스를 봉입한 전구이며 수명이 2,000시간으로 백열전구에 비해 길며 크기도 소형화했기 때문에 스포트라이트, 다운라이트 등 인테리어에 많이 쓰인다.

④ 발광 다이오드 : 전기에너지를 직접 빛으로 변화시키는 고체소자로 적색, 푸른색, 초록색, 노란색(R, B, G, Y)의 4가지 광원을 가지며 전기제품, 패널, 음향기기 등 많은 제품에 쓰인다.

4) 차트(Chart) 제작업무

(1) 차트(Chart) 작업

차트업무는 연회장의 위치나 행사 식순 등을 손으로 쓰거나 컴퓨터로 출력하여 안내판(Signboard)에 부착하는 작업을 말한다. 대부분은 컴퓨터로 출력하나 친근감을 주기 위해서 손으로 쓰는 방법도 사용되고 있다. 차트업무의 절차는 다음과 같다.

① 연회 지시서의 접수
② 안내문 확인(연회 이름, 문안, 장소, 시간, 수량 확인)
③ 차트 작업(연회 이름, 문안, 장소, 시간, 수량 재확인)
④ 안내판(Signboard)에 부착
⑤ 현장 배치 또는 서비스 지배인에게 인계

(2) 메뉴(Menu) 제작

연회장에서 사용되는 메뉴는 각 연회에 제공되는 음식과 음료를 표시한 것으로 속 페이지의 좌측 상단에는 연회의 주제나 연회명, 하단에는 일시와 장소를 표기한다. 또 속지의 우측 면에는 제공되는 음식을 순서별로 표기하고 그 아래는 음식과 함께 제공되는 와인의 이름을 기재한다. 연회장의 메뉴는 개별메뉴(Individual Menu)로 행사 후 참가자들이 기념으로 가져갈 수 있다. 메뉴의 제작절차는 다음과 같다.

① 연회 지시서의 접수 후 메뉴난을 확인
② 연회 지시서에 'Individual Menu'가 표시되어 있을 경우 개별메뉴 제작준비
③ 메뉴판에 기재해야 될 내용을 확인
④ 메뉴 디자인 작업
⑤ 참가 인원수에 맞추어 인쇄
⑥ 연회서비스 지배인에게 전달

5) 가구(Furniture)제작 및 보수업무

(1) 가구제작 및 보수업무 절차

① Order 접수
② 현장 확인
③ 의뢰부서 담당자와 내용 협의
④ Sample 시장조사

⑤ 디자인 작업
⑥ 품의서 작성
⑦ 품의 결재 후 구매 의뢰
⑧ 업체 선정(구매담당) 및 제작
⑨ 제작된 가구 입고 및 현장 설치
⑩ 검수담당자의 확인
⑪ 작업완료

(2) 가구 보수작업

① 도색작업 : 도장된 부분이 벗겨지거나 색이 변했을 경우 도색작업으로 보수한다.
② 천 교체작업 : 오랜 사용으로 천이 찢어지거나 얼룩진 경우 천을 교체한다.
③ 쿠션 교체작업 : 오랜 사용으로 쿠션이 내려앉은 경우 교체한다.

6) 미술품 관련업무

호텔은 연회장뿐만 아니라 로비, 레스토랑, 객실 등 다양한 공간에 수많은 그림과 오브제(Objet) 같은 미술작품과 장식물이 부착 또는 설치되어 있다. 장식실에서는 이러한 각종 미술품과 장식물들의 유지 및 보수, 설치, 이동, 구입, 파손시 처리 등에 대한 전반적인 관리를 한다.

(1) 관리방식

① 연회장식 : 월 1회 정기적으로 미술품의 작품상태 점검 및 현황을 파악한다.
② 각 영업장 및 안전실 : 작품을 수시 점검하여 미술품과 장식물이 파손, 훼손, 도난되었을 경우 관재담당과 연회장식실에 통보한다.

(2) 관리업무 Flow

① 파손 및 도난시 보고 : 영업장 및 안전실 → 연회장식실 → 연회부장 → 담당중역 → 대표이사
② 미술품 훼손시 보고 : 업장 및 안전실 → 연회장식(복구 및 보수) → 총무팀 관재담당 → 연회부장 → 담당중역 → 대표이사

③ 전용창고 운영 : 미설치 작품 및 반납작품, 사고처리 및 보수작품 보관

7) 얼음조각(Ice Carving) 업무

(1) 업무 절차

① 연회 지시서 확인
② Ice Block 신청
③ 입고된 Ice Block 확인
④ 행사요일, 장소, 시간, 문안 확인
⑤ Ice Carving에 들어갈 문구 Logo 작업
⑥ Logo 코팅작업
⑦ 작업준비-당일 작업할 Ice Block을 오전 10시경에 미리 냉동고에서 꺼내어 자업하기 쉽게 준비함
⑧ 작업할 내용에 대해 구상, 계획
⑨ 얼음조각 제작(로고 삽입)
⑩ 작업이 끝난 후 바닥 청소 및 조각도구 정리정돈
⑪ 완성된 Ice Block은 행사시작 1시간 전에 운반, 설치
⑫ Ice Block 사용현황 파악
⑬ 시설물(냉동고, 냉온풍기, 전기 등) 확인 후 시건장치 확인
⑭ Ice Carving 작업현황을 문서로 기록

(2) Ice Block 신청

① 냉동고에 보유하고 있는 얼음의 재고량을 확인하여 사용 하루 전에 구매 신청한다.
② 구매부에서는 지정된 업체에 연락해서 신청량을 얼음조각실로 입고한다.

(3) Logo 인쇄작업

① Event Order에 명시된 Ice Carving 문구를 확인한다.
② Logo는 회사 고유의 규격이 있으므로 가능한 주최자에게 파일로 받아 형태가 잘못되지 않도록 한다.
③ 규격이나 컬러가 변하지 않도록 컴퓨터로 출력한다.

④ 얼음조각 속에 넣기 용이한 크기로 자른 후 물에 젖지 않도록 코팅한다.

(4) Ice Carving 제작

① Ice Carving 작업 전 목장갑과 장화 및 앞치마를 착용하고 전기톱의 이상 유무, 조각도의 이상 유무, 조각실 내 작업환경 등을 점검
② Ice Carving을 어떠한 형태로 제작할 것인지 구상
③ Ice Block을 원하는 크기로 자른 후 Ice Block에 미리 구상한 내용을 조각도를 이용해 스케치
④ Ice Block에 조각도로 한 스케치는 Block이 녹아내려 보이지 않을 경우가 있으므로 전기톱을 이용해 다시 한 번 정확히 스케치
⑤ 전기톱을 이용해 큰 덩어리를 절단함
⑥ 평칼을 이용해 세밀한 부분을 깎아냄
⑦ 전체적인 형태를 보완하면서 삼각도 및 작은 칼을 이용해 세부묘사
⑧ Ice Carving 완성 후 물을 뿌려 얼음 부스러기를 씻어냄
⑨ 마무리 및 세부손질 후 냉동고에 보관
⑩ 행사시작 1시간 전에 운반하여 설치

(5) 로고 제작

① Ice Block을 적당한 크기로 자름
② 수평 칼로 높낮이를 맞춤
③ 로고가 잘 보일 수 있도록 사이즈에 알맞게 얼음을 파냄
④ 삼각도로 효과를 줌
⑤ 전기톱을 사용하여 얼음 사이를 갈라서 로고를 심음
⑥ 얼음가루로 벌어진 틈새를 메움
⑦ 물을 뿌려 작업부분의 얼음부스러기를 세척
⑧ 마무리 및 세부손질 후 냉동고에 보관
⑨ 행사 시작 1시간 전에 운반하여 Ice Carving과 조립해 설치

(6) 작업 종료 후 정리정돈

① 바닥에 흩어진 얼음 조각들을 배수구 주위로 모아 바닥에 물이 고이지 않게 함

② 조각칼의 물기를 깨끗이 제거해서 보관함
③ 마모가 심한 조각칼은 사포로 날카롭게 날을 세움
④ 전기톱의 전원코드를 뽑고 체인의 물기를 제거함
⑤ 체인의 상태를 점검한 후 오일을 정확히 주유하여 녹슬지 않도록 보관함
⑥ 조각실내의 시설(냉동고, 냉온풍기, 전기)의 상태를 확인한 후 퇴실

(7) Ice Carving 작업현황의 기록

① 담당자는 작업현황을 1주일 단위로 'Ice Carving 작업현황'에 기록
② 필요한 데이터를 기록/확인한 후 장식실장의 검토를 걸쳐 연회부장의 승인을 받음
③ 작업현황에는 작업날짜, 행사내용, 인원, 장소, 판촉담당자, Ice Block 소요량, Ice Block 입고현황 등을 상세히 기록
④ 작업현황은 날짜별로 정리하여 원하는 내용을 언제든시 쉽게 찾아볼 수 있도록 보관함

제5절 꽃방(Flower Shop)

1. 꽃방의 직책별 주요업무

꽃방(Flower Shop)은 호텔의 연회부에 소속될 수도 있고 별도의 조직으로 분리될 수도 있다. 또 외부업체가 용역계약으로 호텔에 입점해 있는 경우도 있다. 이러한 이유는 장식실과 마찬가지로 꽃방이 연회만을 위한 조직이 아니고 호텔의 모든 꽃 장식 업무를 담당하기 때문이다. 꽃방의 업무는 크게 호텔 전체의 꽃 장식업무와 연회장 꽃 장식업무 및 레스토랑 꽃 장식업무로 나누어진다. 호텔의 꽃 장식업무는 호텔의 이미지와 깊은 관계가 있기 때문에 매우 전문적인 차원에서 이루어진다. 따라서 호텔의 꽃 장식업무는 대표이사와 중역들의 결재를 받아 진행해야 하는 경우가 많으며 각 직책별로 담당업무를 분장하여 수행하게 된다.

〈표 5-16〉 직책별 꽃방 관련 주요업무

직책	업무 내용
대표이사	화분 임대 등 용역업체 계약에 따른 승인
담당중역	화분 임대 등 용역업체 계약사항 검토
연회부장	• 꽃방에서 구매하는 생화 및 기타 Deco 물품 구매요청서 승인 • Plant의 배치 및 변경요청서의 검토와 승인
꽃방담당 (Florist)	• 연회 지시서에 의한 꽃 장식작업 • 생화 및 조화의 구매의뢰서 작성 • 각 레스토랑에서의 꽃 장식 요청서(Flower Arrangement Request) 작업 • 객실부에서의 꽃 장식 요청서(VIP Courtesy) 작업 • 일일 생화 구매의뢰 신청서(Daily Market List) 작성 • 분기별 조화 교체작업 • Plant 배치, 변경, 상태 관리

2. 꽃방의 분야별 주요업무

1) 꽃방의 전문용어

① VIP Courtesy : VIP 객실에 무료로 제공되는 꽃바구니. Deluxe(A, B), Standard(A, B)와 같이 종류를 구분함

② 객실 Single Vase : 객실 화장실에 배치되는 꽃 한 송이

③ Oblong Flower : 연회나 객실 회의실에 배치되는 가로로 길게 만든 꽃 작품

④ Round Flower : 연회시 Round Table 위에 배치되는 둥근 모양의 꽃 작품

⑤ Corsage : 연회 행사시 손님의 가슴에 달거나 꽂는 작은 꽃송이

⑥ 화기 : 꽃방에서 꽃을 담는 데 사용하는 모든 그릇의 총칭

⑦ Flower Arrangement Request : 꽃작품 신청서

⑧ Daily Market List : 일일 생화 구매의뢰 신청서

⑨ Flower Shop Report : 부서별 1일 꽃 사용원가 내역서

⑩ Florist Report : 꽃방 일지

⑪ Plant 용역비 사정 내역서 : 매월 Plant 배치현황 사정 후 사정내역을 기록한 내역서

⑫ Miscellaneous Voucher : 호텔 고객이 꽃을 주문할 경우 사용하는 영수증

2) 꽃 주문

(1) 생화의 주문 의뢰

① 연회부 : Event Order로 신청받는다. 추가 변경되는 사항은 연회예약실을 통해서 통보받는다.

② 식음료부 : 각 영업장별 꽃 담당이 Flower Arrangement Request에 꽃 주문 사항을 작성하여 꽃방에 접수한다(최소 1일 전까지 주문). 영업장 DECO 이외의 용도로 사용되는 꽃의 신청은 영업장 지배인 이상이 결재해야 한다.

③ 객실부 : VIP Courtesy로 통보받는다.

④ 판촉부 : VIP 영접 또는 특별행사에 필요시 Flower Arrangement Request에 담당과장 이상 결재 후 최소 1일 전에 신청한다.

⑤ 총무부 : Flower Arrangement Request에 신청사유를 기재해 과장 이상 결재 후 신청한다.

⑥ 기타 : Flower Arrangement Request에 필요사유를 기재해 담당부서의 과장 이상 결재를 득한 후 최소 1일 전에 신청한다.

⑦ 투숙객의 꽃 주문 : 호텔에 투숙한 고객이 꽃을 주문을 할 경우 최소 1일 전에 해야 하며 계산은 Front Desk의 Cashier에게 한다. 수입은 객실부의 기타 수입으로 처리하며 투숙객 담당직원은 Miscellaneous Voucher (영수증)를 만들어 1부는 고객에게, 1부는 꽃방에 전달한다.

(2) 조화의 교체 의뢰

조화는 한 번 설치하면 자주 교체하지 않아도 되기 때문에 인건비와 재료비의 절감에 기여한다. 또 물이 없어도 되기 때문에 설치장소도 비교적 자유롭다. 그러나 조화는 제철이 지나면 계절적인 분위기를 저해하고, 한 장소에 장기간 비치함으로써 단골고객에게 식상함을 줄 수 있을 뿐만 아니라 먼지 등에 오염되어 오히려 호텔의 분위기를 떨어뜨릴 수 있기 때문에 주기적으로 교체해야 한다.

① 식음료 업장 : 분기별(연 4회) 교체기간에 교체수량을 파악해서 꽃방에 신청한다. Flower Arrangement Request에 교체수량, 배치장소를 기재하고, 지배인의 결재 후 꽃방에 접수한다.

② 객실팀 : 분기별 조화 교체기간에 교체 의뢰할 수 있으며 Flower Arrangement Request에 교체수량, 배치장소를 기재하고 지배인의 결재 후 꽃방에 신청한다.

③ 공공장소 : 꽃방에서 분기별로 조화 교체기간에 교체 여부를 판단해서 교체한다.

④ 기타 부서 : 담당부서에서 Flower Arrangement Request에 지배인 이상 결재한 후 교체기간에 교체의뢰를 한다.

3) 작업 순서

(1) 생화의 작업 절차

① 당일의 연회와 식음료 영업장 및 객실의 VIP Courtesy 주문 등 모든 꽃 주문 신청을 파악한다.

② 주문요청 시간에 따라 꽃 작업의 우선순위를 정한다.

③ 연회 행사 후 수거된 꽃의 재활용 여부를 판단하여 재활용이 가능한 꽃은 재사용하고 나머지는 폐기한다.

④ 생화 구매의뢰서(Daily Market List)를 작성하여 구매부에 접수한다.

⑤ 연회용 꽃은 행사시작 2시간 전까지 작업을 완료하여 각 연회 담당자에게 인계한다.

⑥ 각 영업장용 꽃은 영업시작 1시간 전까지 완성하여 사용한 화기는 반납받고 신청한 꽃을 영업장 꽃담당에게 인계한다.

⑦ VIP Courtesy가 완성되면 명함배치 여부를 확인한 후 객실관리부(House Keeping)에 통보하여 객실정비 조장(Inspectress)에게 인계한다. 투숙객이 퇴실하면 객실정비 조장이나 객실정비 담당(Room Made)에게 꽃과 화기를 반납받는다.

⑧ 생화가 입고되면 꽃을 검수하고 거래명세표에 사인한 후 꽃을 다듬어 시들지 않게 물통에 담근다.

⑨ 익일 오전 연회 및 주문사항을 파악하여 오전 10시 이전에 꽃 사용 주문이 있으면 사용 전날 작업을 완료한다.

⑩ 익일 꽃 주문 상황에 따라 근무자와 근무시간을 결정한다.

(2) 조화의 작업 절차

① 조화의 교체는 교체작업 일정을 정하여 호텔 내 전 부서의 조화를 동시에

교체하는 것이 좋다. 교체작업 기간은 조화의 수량과 생화 작업량에 따라 다르나 대형 호텔의 경우 보통 2~3주가 소요된다.

② 호텔 내 전 부서에 배치되어 있는 조화의 수량을 파악하고 각 부서에서의 신규 조화배치 신청을 받는다.
③ 필요 품목을 파악하여 시장조사를 하고 구매의뢰서를 구매부에 접수한다.
④ 조화가 입고되면 교체작업 일정에 따라 작업한다. 필요에 따라서는 현장에서 작업할 수 있으며 가능한 영업시간을 피해 작업한다.
⑤ 현재 배치되어 있는 꽃의 재활용 여부를 판단하여 오염이 심한 꽃은 폐기하고 재활용이 가능한 조화는 소재별, 계절별로 분류해서 보관한다.

4) 구매 절차

(1) 생화의 구매의뢰

생화의 사용량은 연회의 행사건수에 따라 달라지지만 레스토랑이나 객실에서의 기본적인 수요가 있으므로 가능한 주 3회(월, 수, 금) 정기 입고일을 정하여 입고하고, 특별연회가 있을 경우 부정기적인 입고를 요청하여 구매업무의 효율성을 기하는 것이 좋다.

① 연회 지시서의 꽃 주문 수량과 식음료 업장 및 객실부의 특별 주문사항을 확인한다.
② 호텔 내 기타 부서의 꽃 필요수량과 종류를 파악한다.
③ Daily Market List에 꽃의 종류, 재고량, 구매수량, 입고일, 신청일, 사용기간, 예상 연회매출, 예상 연회건수, 객실부 사용 예상원가, 식음료부 사용 예상원가 등을 기록한다.
④ 구매부에 Daily Market List를 접수한다.
⑤ 구매부는 업체로부터 견적을 받아 가장 단가가 낮은 업체에 발주한다.
⑥ 요청한 입고일에 검수를 하고 입고한다.
⑦ 매월 말일 월간 생화 구매액을 업장별로 집계하여 업장별 생화 배분내역서를 작성하여 경리부에 통보한다.
⑧ 경리부는 업장별 생화 배분내역서에 있는 비용을 각 영업장의 경비로 처리한다.

(2) 조화의 구매의뢰

조화의 구매의뢰는 매 분기별 조화교체 기간에 맞추어 의뢰하나 특별 교체주문이 있을 경우에는 교체기간 이외에도 신청의뢰를 할 수 있다.

① 필요량을 파악한다.
② 조화 도매시장에서 필요 품목 및 수량을 시장 조사한다.
③ 샘플을 구입하거나 확보한다.
④ 샘플을 사진 촬영한다.
⑤ 구매의뢰서에 필요 품목, 수량, 규격, 색상, 입고일, 거래처 등을 기재하고 샘플 사진을 첨부한다(사진이 없을 시 Sample을 제출).
⑥ 조화가 배치되는 곳의 부서장에게 결재를 받아 구매부에 접수한다. 구매의뢰서의 접수는 입고일 2주 이전에 한다.
⑦ 요청한 입고일에 검수하고 입고한다.

(3) 화기 및 기타 소모품 구매

꽃 장식에 사용되는 꽃병이나 수반 등 각종 화기와 장식용 소모품은 꽃과 어우러져 작품을 더욱 아름답게 한다. 따라서 각종 화기나 장식용 소모품의 구입은 사용의 편리성과 견고성 이외에도 예술성을 고려하여 구입해야 한다. 구매의뢰서에 작성하는 내용과 구매절차는 조화의 구매와 같다.

(4) 특별행사용 DECO용품 구매

호텔의 로비에 특별한 장식물을 설치하거나 레스토랑에서 특별요리 축제를 하거나 연회장에서 특별주제를 가진 연회가 개최될 경우 각 부서의 부서장이 특별한 꽃 장식을 요청할 수 있다. 이러한 특별작품의 재료는 평소에 꽃방에서 보유하고 있지 않기 때문에 그 행사내용을 꽃방과 협의하여 행사의 주제가 돋보이는 작품이 되도록 서로 협조해야 한다.

① 특별행사용 꽃 장식 여부를 담당 부서장이 결정한다.
② 특별행사의 테마에 필요한 물품을 결정한다.
③ 필요한 품목, 수량, 가격 등을 파악한다.
④ 실제로 시장조사를 한다.
⑤ 샘플을 구입하거나 확보한다.

⑥ 샘플을 사진 촬영한다.

⑦ 구매의뢰서에 필요 품목, 수량, 규격, 입고일 등을 기재하고 샘플 사진을 첨부한다. 사진이 없을 시는 샘플을 제출한다.

⑧ 담당 부서장의 결재를 받아 구매부에 접수시킨다.

⑨ 특별 꽃 장식은 주로 행사장에서 작품이 완성되고 작업시간도 많이 걸리기 때문에 입고일시 및 입고장소를 정확히 요청해야 한다.

⑩ 요청한 입고일에 검수하고 입고한다.

(5) Plant(화분, 수목)의 배치 및 변경 의뢰

Plant는 호텔의 각 영업장과 연회장 및 고객이 다니는 공공장소에 배치되어 호텔의 분위기를 아름답게 조성하는 데 기여한다. Plant는 계절성을 띤 화분과 사계절용인 수목으로 분류된다. 계절성을 띤 화분은 꽃이 시들면 다음해 꽃이 필 때까지는 장식성이 없으므로 교체해야 한다. 또 사계절용 수목도 자연광이 들지 않는 실내에 오래 둘 경우 말라 죽는 경우가 많기 때문에 주기적으로 교체하지 않으면 안된다. 따라서 각 호텔은 외부 화원과 Plant관리에 대한 용역계약을 체결함으로써 화분 배치의 효과를 극대화하고 직접관리에 드는 비용을 절감할 수 있다.

① Plant배치를 희망하는 부서에서는 꽃방에 비치된 Plant 배치의뢰서에 배치사유, 품종, 규격, 수량을 기재해 담당 부서장의 결재를 받아 꽃방에 접수한다.

② 연회부장의 결재 후 화분배치를 용역업체에 의뢰한다.

③ Plant 용역업체에서 매월 계약일에 Plant 배치사항을 꽃방에 제출한다.

④ 매월 용역비 사정일에 Plant의 배치현황, 품목, 규격을 용역업체 직원과 함께 확인한다.

⑤ Plant 용역비 사정내역서와 업장별 Plant 배치현황을 작성한다.

⑥ 연회부장의 결재 후 세금계산서를 첨부해 경리부에 제출한다.

⑦ Plant 임대관리 용역계약은 계약 만료 2개월 전에 계약업체를 선정한다.

⑧ 용역업체 선정은 Plant임대관리 용역시방서를 입찰시켜 최저가격 입찰업체를 선정한다.

⑨ 용역업체가 선정되면 Plant임대관리 용역계약서를 체결하고 Plant관리 용역단가표를 첨부하여 연회부장과 담당중역 및 대표이사의 결재를 받아 시행한다.

Chapter 06

연회 관련부서의 업무

제1절 판촉부(Sales & Marketing Department)

호텔의 판촉부는 주로 연회판촉 업무와 객실판촉 업무를 담당한다. 연회판촉은 호텔에 따라 연회부나 마케팅부에 소속되기도 한다. 대형 연회는 참가자들의 객실이용이 필수적이므로 대형 호텔일 경우 연회판촉을 판촉부에 소속시키면 연회판촉과 객실판촉의 시너지 효과를 기대할 수 있다. 국제적인 대형 체인호텔은 체인본부에서 해외고객들의 객실예약과 연회예약 업무를 일정부분을 담당해 주기도 한다. 체인본부가 없는 국내의 대형 독립호텔(Independent Hotel)들은 해외판촉을 위해 해외 주요 거점에 판촉사무소를 개설하기도 한다. 이러한 호텔에서는 판촉부에 국내영업담당과 해외영업담당 이외에도 판촉팀 자체의 행정업무를 담당하는 총괄담당도 필요하게 된다. 소규모 호텔은 객실판매를 동반하는 대형행사가 적으므로 연회 판촉담당과 객실 판촉담당을 구별하지 않고 판촉담당을 연회부에 소속시키기도 하는데, 이때는 호텔 전체의 마케팅 측면에서 효율성을 고려해야 한다. 본서에서는 연회판촉을 판촉부에 소속시켜 연회관련 업무를 기술하였다.

1. 연회기획 업무

1) 연회기획의 의의

소규모 호텔에서는 연회장의 크기와 숫자가 제한적이어서 대형 연회를 수주할 수 없는 경우가 많고 대부분의 연회는 연회예약실을 통해 접수된 것 위주로 이루어진다. 그러나 대규모 호텔은 호텔 전체 영업면적의 큰 부분을 차지하고 있는 연회장의 영업성을 높이기 위해서뿐만 아니라 다른 호텔 및 각 시·도에서 전략적으로 육성하고 있는 전시컨벤션센터와의 경쟁에서 살아남기 위해 적극적으로 다양한 연회를 기획하고 판매해야 하는 상황에 처해 있다. 특히 국가의 경제적, 문화적 수준이 향상되면서 각종 기업과 단체 및 협회의 다양한 행사가 증가하고 있고 국제교류가 대폭적으로 늘어남에 따라 대형 연회는 날로 증가하고 있다.

이에 따라 국내·외의 대형연회와 거래선별 행사의 지속적인 수주 이외에도 연회장 이용률 증대를 통한 수입증진 및 비수기 타개는 물론 경쟁에서의 우위를 확보하기 위해서 각종 행사를 기획하고 판매해야 한다.

연회판촉부서의 주요업무는 연회의 기획판매와 거래선별 연회수주이다. 거래선별 연회의 수주는 각 거래선에서 이미 계획된 행사를 수주해 오는 것이므로 타 호텔의 연회장에 비해 인적, 물적, 시스템적 서비스의 우위를 확보하는 것과 거래선에 대한 평소의 우호관계를 돈독히 하는 것이 매우 중요하다.

이에 비해 연회를 기획하여 판매하는 것은 신규고객을 창출하는 것이므로 기획된 연회의 성공여부는 전적으로 연회판촉부서의 능력에 달려 있다고 할 수 있다.

〈표 6-1〉 주요 기획연회의 종류

날 짜	기획연회행사	내 용
2.14	Valentine's Day Festival	Dinner + Show, Event
5.5	어린이날 축제	Buffet + Event
5.8	어버이날 효도잔치	Dinner + Show
10월 초	October Fest	Beer + Dinner + Show, Event
10.31	Holloween Day Festival	Dinner + Drink + Event
11월 3째주 목요일	Beaujolais Nouveau Festival	Dinner + Show, Event
12.24	X-mas Festival	Buffet + Gala Dinner
12.31	New Years Eve Show	Gala Dinner + Event
연중행사	Wine Maker's Dinner	Dinner + Wine
	World Tea Festival	Exhibition + Seminar
	World Coffee Festival	Exhibition + Seminar
	World Wine Festival	Exhibition + Seminar
	인기 스타 Dinner Show	Dinner + Show
	인기 가수 Concert, Classic Concert	Concert
	Fashion Show	Fashion Show
	World Boxing Championship	Special Event

2) 연회기획의 고려사항

연회기획은 호텔의 내외부적 조건 아래서 어떤 연회를 할 것인가에 대한 인식에서 시작하여 연회의 사전 준비, 행사진행, 행사 종료 후 사후관리에 이르는 제반사항을 구체적인 계획서를 작성하여 실행하는 것을 의미한다. 이를 위해 연회기획은 몇 가지 요건을 고려해야 한다.

(1) 매출증대 효과

연회기획은 기획된 연회가 영업적인 측면에서 의미 있는 수준의 매출액을 달성할 수 있는 연회인지 면밀히 검토해야 한다. 일반적인 연회는 연회장에서 보유하고 있는 각종 시설과 장비 및 인력을 활용하기 때문에 통상적인 수준의 비용만 발생된다. 그러나 기획된 연회는 고가의 각종 장비와 시설을 구입하거나 임대하는 비용이 발생할 수 있고, 디너쇼와 같이 수천만 원에 이르는 출연료를 지불하는 등 특별한 비용이 발생하기도 한다. 따라서 기획된 연회는 그 규모가 일정수준 이상으로 크거나 일정한 기간 동안 진행되어 행사비용을 상쇄할 수 있는 매출액이 발생되어야만 한다. 연회장은 어떻게 가동하는가에 따라 매출탄력성이 대단히 크기 때문에 각계각층에 소구되는 다양한 연회상품을 기획하고 판매함으로써 연회장 가동률을 높이도록 해야 한다.

(2) 홍보효과

연회는 대량생산, 대량판매에 의한 매출증대 및 원가절감 효과가 매우 크지만 호텔과 연회장의 홍보에도 큰 기여를 한다. 연회의 중요성에서 살펴본 바와 같이 대형연회나 국제적인 행사, 사회적으로 관심 있는 주제에 관한 연회를 개최하면 비싼 광고비를 들이지 않고도 각종 언론매체에 의해 자연적으로 호텔과 연회장이 홍보되는 효과를 가져오게 된다. 따라서 연회기획시 호텔과 연회장의 홍보에 의미 있는 기여를 할 수 있는 연회가 되도록 면밀히 고려해야 한다. 이러한 기획 연회의 주요 대상은 각종 회사의 대형 행사, 전시회, 디너쇼, 패션쇼, 복싱과 같은 실내 운동경기, 영화 시사회, 국제기구의 총회와 같은 대규모 연회와, 옥토버페스트와 할로윈데이 파티, 와인프로모션, 크리스마스이브파티, 신년 전야제와 같은 주제파티이며 그 종류와 분야도 매년 다양해지고 있다.

3) 연회기획의 단계

연회의 기획과 판매는 다양한 방법으로 진행되나 일반적인 경영기획의 방법과 크게 차이나지 않는다. 다만 각 단계별 업무가 호텔의 특성을 반영한 차별적이고 독창적인 업무로 구성되는 점이 다르다. Harold Koontz[1]는 기획(Planning)의 단계를 기회의 인식, 목표의 설정, 기획전제의 개발, 대안의 결정, 대안의 평가, 실행안의 선택, 부수계획의 수립, 구체적 예산수립으로 구분하고 있다.

〈표 6-2〉 연회기획의 단계

기획의 단계(Steps in Planning)	연회기획의 단계
1. 기회의 인식(Being Aware of Opportunities)	연회 기회의 인식·포착
2. 목표의 설정(Establishing Objectives)	연회 목표 설정
3. 전제의 개발(Developing Premises)	연회의 환경 예상과 전제의 설정
4. 대안의 결정(Determining Alternative Courses)	연회를 위한 소수의 대안을 선정
5. 대안의 평가(Evaluating Alternative Courses)	연회의 각 대안별 비교분석
6. 실행안의 선택(Selecting a Course)	최적의 연회 계획 확정
7. 부수계획의 수립(Formulating Derivative Plans)	행사관련 분야별 업무추진 계획 수립
8. 구체적 예산계획(Numberizing Plans by Budgeting)	연회 예산 및 추정손익계산서 작성

기획된 연회는 연회계획서에 그 실행방법을 구체적으로 작성해야 한다. 연회기획은 그 중심사항이 연회의 목표나 목적에 대한 것이며, 연회계획서는 기획된 연회의 목적을 달성하기 위한 수단과 방법(How)에 대한 것이다. 따라서 연회계획서는 행사의 주체(Who), 시기(When), 장소(Where), 형태(What), 방법(How), 목적(Why)의 6하원칙에 의해 작성되어야 하고, 작성된 연회계획서는 나중에 연회지시서(Event Order)를 통해 관련 부서에 전달됨으로써 연회가 진행된다.

4) 기획연회(특별행사)의 관리

기획연회(특별행사)의 관리는 기획된 연회의 계획, 실행, 결과분석 및 후속조치 업무를 원활하게 수행하는 데 그 목적이 있다. 따라서 기획연회의 관리는 연회장에서 개최되는 특별행사를 대상으로 한다. 특별행사란 연회장에서 비정기적으로

1) Harold Koontz, Heinz Weihrich, Management, 9th Edition, pp. 71-73(1988).

일정기간 동안 실시하는 연회를 말한다. 특별행사의 업무절차는 다음과 같다.

(1) 특별행사 기획

① 연회기획지배인 또는 판촉지배인은 계절이나 사회적 관심 대상(월드컵, 아시안게임, 연말연시 등)에 어울리는 특별행사를 선정하여 계획안을 작성한다.
② 메뉴 선정 등은 해당 영업장 조리장과 사전 협의한다.
③ 필요시 행사관련 협력업체 및 관공서, 협회, 단체와 협의한다.
④ 행사 메뉴의 원가율을 경리팀에 의뢰하여 원가율을 확인한다.
⑤ 메뉴 판매액, 예상 총매출액, 행사 비용을 산정하여 추정손익계산서를 작성한다.
⑥ 관련부서 협조내역을 작성한다.
⑦ 특별행사 실시에 대한 품의서를 작성하여 다 부서의 협조와 결재라인의 결재를 받는다.

(2) 특별행사 진행

① 특별행사계획서를 승인받으면 해당 연회장 및 관련부서에 행사승인사항을 통보한다.
② 특별행사의 포스터, 안내문, 메뉴, 현수막, 추첨권 등에 대한 디자인 시안을 작성하여 홍보부와 장식부에 디자인작업을 의뢰한다.
③ 홍보부 또는 장식부에서 디자인한 각종 인쇄물, 광고물, 장식물에 대한 시안을 협의하여 결정한다.
④ 행사에 필요한 각종 재료와 물품에 대한 구매의뢰를 한다.
⑤ 필요시 경품 등 협력업체로부터 물품을 지원받는다.
⑥ 경품추첨은 반드시 행사 참가자에게 고지된 일시와 장소에서 공개적으로 실시한다.
⑦ 행사계획서에 의해 연회장에서 행사를 실시한다.

(3) 특별행사 사후관리

① 특별행사 종료 후 특별행사 실적보고서를 작성한다.

② 특별행사에 대한 장단점 및 각 부서의 의견을 종합하여 행사결과를 분석한다.

③ 경품추첨에 당첨된 고객에게는 당첨사실을 즉시 통보하고 경품권 관리대장에 기록한다.

④ 특별행사는 규정된 기록관리 절차에 따라 관리한다.

[그림 6-1] 기획연회의 업무 흐름도

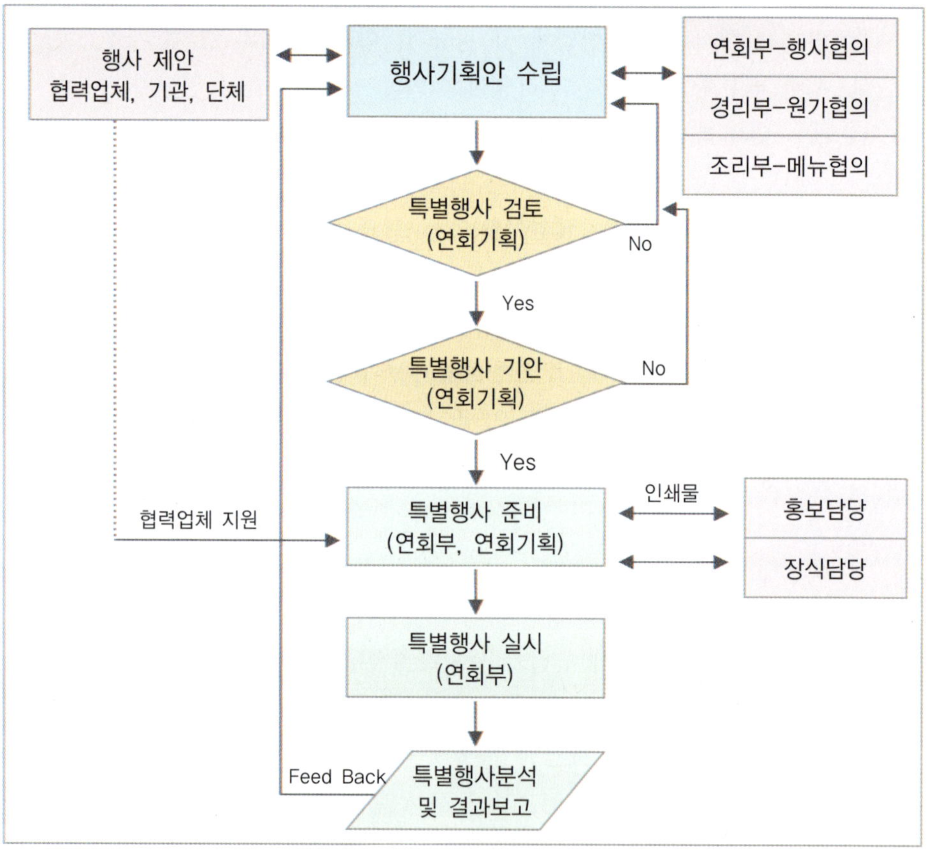

2. 연회판촉 업무

연회판촉의 업무는 각 호텔별 연회장의 크기와 수 및 연회매출의 비중에 따라 다르다. 대형 호텔에의 연회판촉은 국내판촉담당, 해외판촉담당으로 나누어 진행되며, 국내판촉담당은 다시 각 거래선별로 담당자를 임명하여 체계적이고 지속적인 판촉활동을 하게 된다. 연회판촉활동은 지속적인 관리가 필요한 거래선에 대한 판촉활동과 기획된 연회에 대한 판촉활동으로 구분하여 실시된다.

1) 거래선의 구분

효과적인 연회판촉을 위해서는 판촉인력의 효율성을 극대화할 수 있도록 일정 기준에 의해 거래선을 구분하여 판촉사원별로 전담시킬 필요가 있다. 거래선은 매출액을 기준으로 하여 100대 거래선 또는 200대 거래선으로 분류하여 중점관리하며 이러한 거래선은 다시 일반기업체, 외국기업체, 여행사, 학회와 협회, 정관계 등 특정기준에 의해 나누어서 관리한다. 거래선을 몇 가지로 할 것인가는 각 호텔의 연회장과 인력상황에 따라 달라진다. 각 거래선의 판촉담당은 자기가 맡은 거래선을 매출액을 기준으로 주거래선, 부거래선, 전략거래선으로 다시 구분하여 관리한다. 판촉담당은 거래선 관리를 위해 거래선 명부를 작성하여 관리해야 한다. 거래선 명부는 거래선의 명칭, 주소, 연락처와 같은 기본사항과 거래실적, 창립기념일, 대표자와 경영진의 신상내역, 직원현황, 주요 생산품이나 업무, 거래선의 행사담당자 등 행사수주와 관련된 각종 정보를 기록하여 판촉활동에 활용해야 한다. 판촉책임자는 거래선 관리 이외에도 타 호텔 연회장의 주거래선과 매출액 등을 수시로 파악하여 경쟁연회장보다 더 좋은 가격과 서비스를 제시할 수 있도록 경쟁업체의 정보분석에도 노력해야 한다.

〈표 6-3〉 거래선의 구분

거래선	구분 기준
주거래선	판촉사원의 호텔에서 거의 대부분의 행사를 하는 거래선으로 매출액 비중이 높은 거래선
부거래선	행사의 성격에 따라 여러 호텔에서 연회를 하는 거래선으로 판촉사원의 노력에 따라 주거래선으로 수주가 가능한 거래선
전략거래선	매출액 비중이 적은 거래선이지만 대형연회가 예상되는 거래선, 신규 창업회사, 신규 창립단체와 같이 연회가 증가할 것으로 기대되어 전략적으로 중요한 거래선

2) 판촉계획

(1) 거래선 판촉계획

판촉계획은 일일 판촉계획, 주간 판촉계획, 월간 판촉계획을 수립하여 효과적으로 수행해야 한다. 일일 판촉계획은 오늘의 판촉계획과 내일의 판촉계획으로 나누어 일일 업무보고서를 작성하여 시행한다. 오전에는 기본적인 사무업무와 전일 수주한 연회에 대한 보고 및 부서 간 협의, 연회예약 접수, 전화상담 등 내부에서 할 수 있는 업무를 가능한 모두 마치고 오후에는 거래선을 방문하여 판촉하는 계획을 수립한다. 주간 판촉계획도 금주와 다음 주의 판촉계획보고서를 작성하고 주중에는 일반적인 판촉업무를, 주말에는 신규 거래선 개발과 판촉사원 간의 정보교류를 통해 판촉기회를 포착하도록 한다.

판촉담당은 거래선의 월간, 연간 행사계획을 미리 입수하여 그 행사를 자기 호텔로 수주하기 위해 적극적인 노력을 해야 한다. 이를 위해서는 각 거래선의 과거 행사를 분석하여 잘된 사항은 계속 발전시키고 부족한 사항은 적극 개선하여 경쟁업체의 행사계획서보다 우수한 행사계획서를 제시함으로써 지속적인 연회수주에 노력해야 한다. 또 연회에 익숙하지 않은 신규 거래선을 위해 다양한 종류의 연회계획서를 샘플로 준비하여 거래선의 행사준비에 도움을 주고, 평소 거래선의 행사담당자에게 행사와 관련된 다양한 정보를 제공함으로써 유대관계를 형성하여 거래선의 행사발생시 경쟁업체보다 먼저 행사를 수주할 수 있도록 해야 한다.

(2) 기획연회 판촉계획

기획연회는 연회판촉부에서 기획하여 시행하는 연회이므로 한두 명의 판촉사원이 담당할 수 없고 전 판촉직원이 함께 판촉과 연회를 진행해야 한다. 또 기획연회는 판촉부서는 물론 전사적인 지원과 협력이 필요한 대형 행사가 많으므로 각 업무별로 담당자를 두어 일사분란하게 업무를 처리해야 한다. 특히 기획연회는 자기호텔 연회의 우수성을 알릴 수 있는 기회가 되기 때문에 타 호텔의 연회와 차별화해야 하고 행사주제의 선정, 판촉, 행사진행, 행사 종료까지 전사적인 노력이 필요하다.

3) 연회판촉 담당의 주요업무

① 거래선에 대한 연회 정보입수 및 판촉계획 수립
② 거래선 관리 및 분석업무
③ 국내 · 외 연회 정보입수 및 판촉계획수립, 수주활동
④ 호텔 사정에 맞는 연회상품 및 패키지(Package) 상품개발, 판매
⑤ 국내 여행사 Sales Call 및 Group 예약 업무

⑥ 국내 여행사 연회수주 및 행사진행
⑦ 해외 홍보 및 판촉행사(해외 관광전 참가 홍보 등)
⑧ 해외시장 개척 업무
⑨ 가족모임 수주를 위한 판촉계획 수립과 수주활동
⑩ 특별행사 기획 및 판매(디너쇼, 패션쇼, Concert 등)
⑪ 기타 연회판촉 업무

제2절 영업부

1. 식음료부

① 연회장 식음료서비스 인력지원
② 연회장 음료서비스 인력(바텐더)지원

2. 조리부

① 연회주방 조리인력지원
② 연회 메뉴의 조리
③ 출장연회 조리
④ 출장연회 직원들의 식사조달
⑤ 연회장 식음료서비스관련 기물의 세척 및 정리정돈
⑥ 연회장 식기류 재고조사 등 기물관리
⑦ 연회 메뉴개발

3. 객실부

① 연회 참가 단체투숙객을 위한 Tour Coordinator 업무
② 연회 참가자에 대한 Door 업무, Bell 업무, Elevator 안내 업무

③ 연회 참가 VIP의 주차장 확보
④ 각 연회장 카펫 청소
⑤ 연회용 각종 Linen류 세탁 및 불출
⑥ 연회장 종업원의 유니폼 관리

제3절 관리부

1. 기획부

① 연회부의 각 부분별 인력 T/O의 작성 및 조정
② 연회부의 연간, 월간 영업목표 작성 및 영업보고
③ 연회부의 연간 종합예산 편성, 통제, 조정

2. 당직지배인

① 총지배인의 연회관련 지시사항 보좌
② 연회 참가자의 안전관리
③ 연회참가 VIP의 영접, 안내, 환송
④ 연회도중 긴급사태(화재, 식중독, 부상, 정전, 단수 등) 처리
⑤ 연회 참가자의 불편사항 접수, 처리, 총지배인 보고
⑥ 연회관련 대외 유관기관(경찰서, 파출소, 교통 등)과의 유대강화
⑦ Lost & Found 운영 : 분실물 신고접수와 습득물의 관리

3. 총무부

1) 총무담당

① 연회부의 각종 문서 및 서식 관리
② 연회장 영업관련 각종 인허가 업무

③ 연회관련 각종 용역업체의 계약관리
④ 연회장 제반시설과 재물의 보호를 위한 순찰
⑤ 연회 참가자의 소지품 도난방지를 위한 순찰
⑥ 연회 방범을 위한 CCTV 감시
⑦ 비초청 무단 입장인에 대한 통제

2) 인사교육담당

① 연회인력 채용, 교육, 고과, 승격, 전보, 퇴직 등의 인사업무
② 대형 연회시 호텔 각 부서별 인력동원 업무
③ 대형 연회시 아르바이트 충원 및 임금지급
④ 연회장 산학협동 실습생의 교육 및 복리후생 및 연수비 지급

3) 구매 · 자재 담당

① 연회관련 식음자재 구입
② 연회관련 각종 기물, 장비, 소모품 구입
③ 연회관련 각종 Banner, 인쇄물, 꽃, 제작물 구입
④ 연회장 식음재료 정기 재고조사

4. 경리부

① 연회장 제반 매출액 수입관리
② 연회장 월말 재고조사
③ 연회장 원가관리 업무
④ 연회장 월간 손익계산서 작성
⑤ 연회예약금 등 선수금 수납 및 관리
⑥ 연회 외상매출금의 청구 및 회수
⑦ 연회장 용역업체 보증금 관리
⑧ 연회장 이용 여행사에 대한 수수료 지급관리
⑨ 연회장에서 발행한 상품권의 관리
⑩ 연회장 장비와 기물의 정기적인 재고조사 및 손망실 처리

⑪ 연회 참가자의 고의나 실수에 의한 중대한 파손에 대한 손해배상 청구

5. 마케팅부

1) 영업기획담당

① 연회장 영업콘셉트 및 운영방안 수립
② 연회장 각종 요금계획 및 가격조정
③ 연회장 유니폼 계획
④ 국제적인 특별행사 기획
⑤ 동업계 연회장 영업분석
⑥ 연회 고객관리시스템 개발 및 운영

2) 홍보제작담당

① 연회장 광고기획
② 연회장 및 연회관련 홍보물 디자인, 제작, 배포 : Brochure, Flyer, Poster, Silk Poster, Tent Card 등
③ 연회고객 사은품(Giveaway Item) 개발 및 구매
④ 연회 홍보용 DM(Direct Mail) 발송
⑤ 각 연회장 Carpet, Curtain 및 벽지 디자인 선정

제4절 시설부

1. 설비과

① 각 연회 행사장의 공조상태 점검
② 각 연회장의 냉·난방상태 점검
③ 각 연회장 주방의 급·배수상태 점검

④ 연회장 주방과 Bar의 냉동고, 냉장고, 제빙기 등 관리
⑤ 연회주방 가스라인 점검

2. 전기과

① 연회장 전등반 및 기기 점검
② 연회주방 분전반 및 전기기구 점검
③ 연회장의 각종 조명기구, 조광기(Dimmer) 점검
④ 각 연회장에 방송, 영상설비 설치 및 점검
⑤ 연회시 녹음 및 녹화 지원
⑥ 동시통역시설 점검
⑦ 각 연회장 마이크, 스피커 등 전기관련 기술적 지원
⑧ 연회장 고객용 엘리베이터, 에스컬레이터 작동상태 점검
⑨ 각 연회장 전화기 설치 및 철수
⑩ 대형 연회시 인터넷 설비

3. 건축 · 방재과

① 연회장의 각종 수리 및 보수 업무
② 연회장의 파손된 대리석 및 타일 보수
③ 연회장의 변색 및 탈색된 부분에 대한 도장 업무
④ 연회장의 파손, 마모된 카펫과 커튼의 보수
⑤ 특별연회 행사시 장식실에서의 대형 장식물 설치 지원
⑥ 각 연회장 소화기 비치 및 점검

Chapter 07

연회장 집기 및 장비(F.F & E.S)

연회장에서 사용되는 테이블, 의자, 장비, 집기, 비품, 소모품 등 온갖 도구를 집기라고 한다. 또 연회장비라 함은 연회에 사용되는 모든 장치와 설비를 말한다. 따라서 집기, 비품, 장비라는 용어는 명확하게 구별되지 않고 혼용되고 있다. 보통 연회장에서 사용되는 모든 도구를 말할 때 F.F & E(Furniture, Fixture & Equipment)로 표시하거나 F.F & E.S(Furniture, Fixture & Equipment, Supply)로 표시한다. Furniture는 테이블이나 의자와 같은 가구류, Fixture는 붙박이형 가구류, Equipment는 각종 장비류, Supply는 소모품류를 말한다. 이 책에서는 F.F & E.S를 가구류(Furniture, Fixture), 기물류(Ware), 장비류(Equipment), 소모품류(Supply)로 구분하여 설명하였다.

제1절 가구류(Furniture, Fixture)

연회장에서 사용되는 가구로는 각종 테이블과 의자들이 있다. 연회는 그 규모와 성격에 따라 테이블과 좌석의 배치를 달리 해야 하므로 다양한 형태의 테이블이나 의자와 같은 가구류가 필요하다.

1. 테이블의 종류 및 사용방법

1) 테이블의 종류

연회장에서 사용되는 모든 테이블은 사용과 보관의 편리를 위해 다리가 접히는

'Folding Table'을 사용한다. 이러한 Folding Table은 그 모양에 따라 Round Table(원형), Half Round Table(반원형) 또는 Half Moon Table(반달형), 원을 1/4로 나눈 모양인 Quarter Round Table, Rectangular Table(직사각형), Square Table(정사각형), Crescent Table(초승달형) 등 다양한 모양이 있다. 또 각 모양별로 크기가 달라 다양한 연회에 편리하게 사용되고 있다.

연회장 테이블의 높이는 73cm와 75cm의 2가지가 있으나, 국내 특급호텔에서는 주로 75cm를 사용한다.

〈표 7-1〉 연회용 테이블의 종류

테이블 명칭	규격		별칭	용도
	인치	cm		
Round	72	183	Round 대형	10인용 Food Table
	60	153	Round 중형	8인용 Food Table
	54	137	Round 소형	장식, 진열용
Half Round	60	153	Half Moon	장식, 연결용
Quarter Round	30	76	Quarter Moon	장식, 연결용
Rectangular (Oblong)	30×72	76×183	Buffet Table	뷔페용
	18×72	45×183	Seminar Table	회의용
Square	30×30	76×76	–	장식, 진열, 연결용
Crescent	Ø120	76	–	장식, 진열용

[그림 7-1] 연회용 테이블

Round Table

Half Round Table(Half Moon Table)

Quarter Round Table

Crescent Table

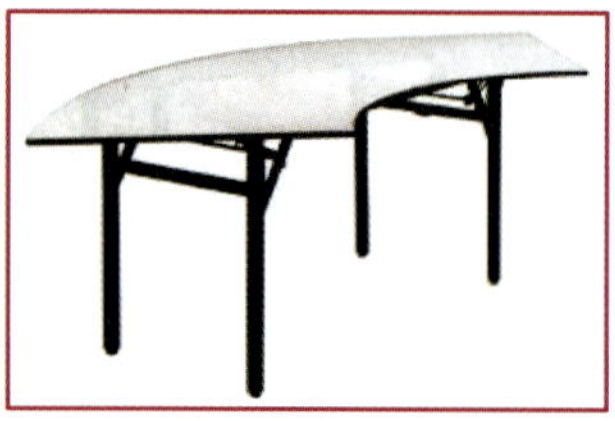

Rectangular Table(Buffet Table)

Rectangular Table(Seminar Table)

2) 테이블의 사용방법

① 테이블을 운반할 경우 반드시 목장갑을 착용해 다치지 않도록 주의한다.
② 한 사람이 2개 이상의 테이블을 들어 운반하지 않는다.
③ 테이블은 반드시 들어서 운반한다. Round Table을 굴려서 옮길 때에는 반드시 카펫 위에서만 굴려야 한다.
④ 여러 개의 테이블을 옮길 경우에는 반드시 전용 테이블트럭을 사용한다.
⑤ 테이블은 사용시 다리를 완전히 펴서 사용 중 다리가 접히지 않도록 주의한다.
⑥ 테이블의 다리 밑에 붙어 있는 나사형 받침을 돌려서 테이블의 수평을 맞춘다.
⑦ 테이블 위에는 적정 하중 이상으로 무거운 물건을 올려놓거나 충격을 주지 않는다.
⑧ 테이블은 강화합판으로 되어 있으므로 기름이나 물에 젖지 않도록 한다.
⑨ 장기간 보관시에는 옆으로 세워 보관한다.

[그림 7-2] 테이블을 옮기는 방법

2인이 테이블을 옮기는 방법(단거리)

2인이 테이블을 옮기는 방법(장거리)

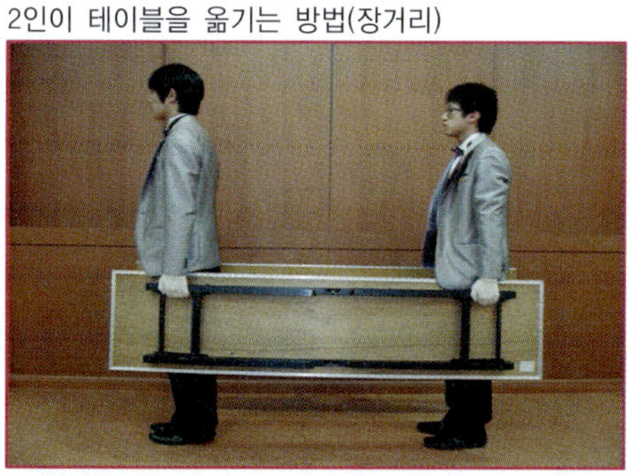

1인이 테이블을 옮기는 방법(평지)

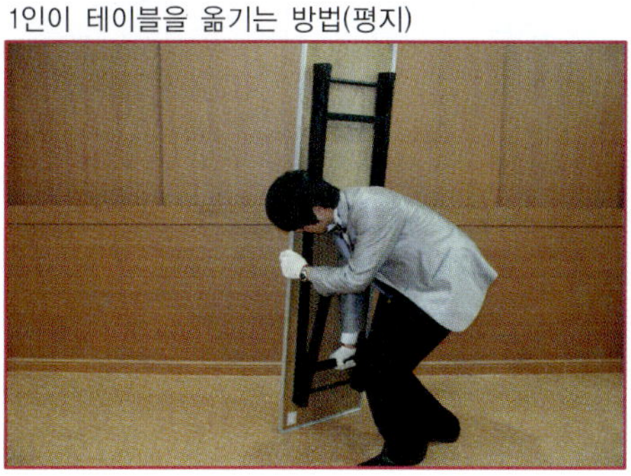

1인이 테이블을 옮기는 방법(장거리)

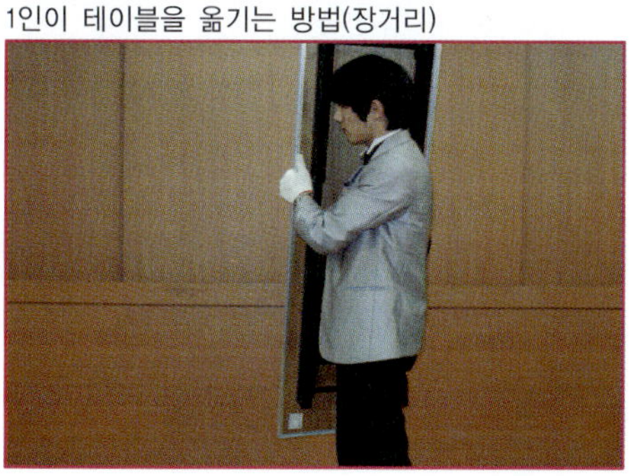

1인이 테이블을 옮기는 방법(계단, 문 통과시)

라운드 테이블을 굴려서 옮기는 방법(카펫)

2. 의자의 종류 및 사용법

1) 의자(Chair)의 종류

연회장용 의자는 여러 개를 포개어 쌓을 수 있는 의자(Stacking Chair)가 기본이다. 또 VIP나 다양한 행사를 위해서 팔걸이형 의자(Arm Chair), 소파(Sofa), 안락의자(Easy Chair)도 준비해야 한다. 영아나 유아를 위한 의자(Baby Chair)도 필히 준비해 두어야 한다.

[그림 7-3] 연회용 의자류

Stacking Chair
(L)440×(W)460×(H)930(일반 연회용)

Arm Chair
(L)460×(W)500×(H)930(VIP용)

Easy Chair
(VIP, Foyer용)

Sofa(VIP, Foyer용)

Baby Chair(유아용)

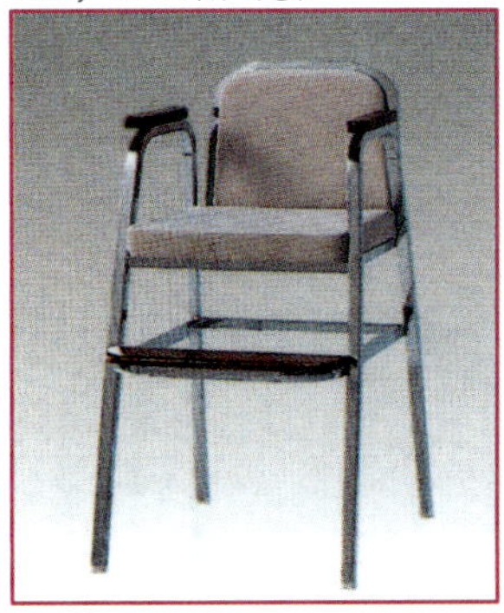

2) 의자의 사용방법

Stacking Chair를 옮길 경우에는 반드시 들어서 옮기거나 전용 수레로 운반해야 한다. Stacking Chair의 다리 끝에는 소리를 방지하고 쿠션을 좋게 하기 위해 플라스틱제의 패킹이 붙어 있다. 의자를 끌어서 움직이면 이 패킹이 빠져나와 의자를 사용할 수 없게 된다. Stacking Chair를 10개씩 쌓아 보관하면 의자의 개수를 쉽게 파악할 수 있으며 연회장 문을 통과하는데도 지장이 없으므로 편리하다.

팔걸이용 의자(Arm Chair)는 쌓아서 보관할 경우 다리나 천에 흠집이 생기므로 절대 쌓아서 보관하지 않는다.

소파(Sofa)나 안락의자(Easy Chair)는 VIP대기실이나 연회장의 복도(Foyer)에 배치하여 행사고객들이 잠시 대기하거나 쉬도록 배려한다. Sofa나 Easy Chair는 가격이 비싸고 무겁기 때문에 자주 옮길 경우 파손의 위험이 크므로 가능한 자주 이동시키지 않는 것이 좋다.

[그림 7-4] Stacking Chair를 Cart로 옮기는 방법(평지)

1. Cart를 의자 밑으로 밀어넣는다.

2. Cart를 발로 누른 후 손으로 의자를 잡는다.

3. 발에 힘을 주고 등받이를 잡아당긴다.

4. Cart의 균형을 맞추어 천천히 밀어 옮긴다.

[그림 7-5] Stacking Chair를 들어서 옮기는 방법(계단)

1. 2인이 맨 아래 의자의 앞쪽 다리와 등받이 쇠의 윗부분을 동시에 잡는다.
2. 2인이 동시에 힘을 주어 들고 일어선 후 천천히 옮긴다.

제2절 장비류(Equipment)

연회는 연회장이라는 빈 공간에 테이블과 좌석을 비롯한 각종 장비와 기물을 사용하여 새로운 공간을 창조하고 연회의 목적을 달성하는 일종의 종합예술이다. 따라서 연회장에는 수많은 장비가 필요하다. 어떤 장비를 구비해야 할 것인가는 연회장을 운영하는 콘셉트(Concept)에 의해 결정된다. 즉 연회장의 크기와 개수, 연회의 종류, 연회의 품격 등에 따라 구비해야 하는 장비의 종류와 성능 및 규모가 결정되는 것이다. 여기에서는 특급호텔 연회장을 기준으로 각종 장비에 대한 설명을 하였다. 연회장의 장비를 크게 분류하면 다음과 같다.

① 왜건류(Wagon, Cart)
② 조명 및 방송 장비(Electric Appliances)
③ 피아노(Piano)
④ 병풍(Folding Screen)
⑤ 가족모임 장비(Family Equipments)
⑥ 회의장비(Meeting Equipments)
⑦ 만국기(Flag Equipments)
⑧ 카펫(Carpet)
⑨ 기타 장비(Other Equipments)

1. 왜건류

바퀴가 달린 모든 수레 종류를 왜건 또는 카트(Wagon or Cart)라고 한다. 연회는 특성상 무거운 장비나 기물이 많고, 또 대량으로 이동해야 하는 경우가 많으므로 왜건류(Wagon Cart)는 연회장 업무를 효과적으로 수행하는 데 필수적인 장비이다. 왜건류는 사용시 적재허용 중량을 초과하여 사용하거나 속도를 내어 움직이면 안된다. 연회장의 주요 왜건류는 다음과 같다.

1) 왜건류의 종류

(1) Roast Beef Trolley

고객의 테이블 앞에서 주로 Prime Rib을 직접 Carving하여 제공할 때 사용되는 수레로 Prime Rib Cart라고도 한다. 서비스가 끝날 때까지 준비된 요리(Prime Rib)와 Sauce가 식지 않도록 전기 또는 알코올을 이용하여 적당한 온도를 유지해야 하며 도마, Carving Knife와 Fork 및 Sauce Ladle을 갖추어야 한다.

(2) Flambee Cart

고객 앞에서 웨이터가 직접 조리하여 요리를 제공할 때 사용하는 알코올(고체) 또는 가스버너(Gas Burner)를 갖춘 Cart이다. 영업 전에 알코올 또는 가스와 Serving Gea, 조리시 필요한 Fry Pan, Wine, 양념류, 각종 Table Sauce 등을 충분히 비치해 두어야 하며 화재예방을 위해 반드시 소형 소화기와 석면포를 비치해 둔다.

(3) Wine Trolley

연회예약시 와인도 함께 결정하는 것이 일반적이나 소규모 VIP 행사에서는 양식당과 마찬가지로 와인을 진열한 Cart를 고객들 앞에 가져가 직접 선택하도록 하는 것이 서비스나 매출 면에서 바람직하다. Wine Trolley에는 고급의 White Wine과 Red Wine을 각각 산지별, 가격별로 몇 가지만 비치하여 고객이 쉽게 선택할 수 있도록 한다.

(4) Cocktail Trolley

소규모 VIP 연회 행사시 식전음료를 제공하기 위해 사용하는 칵테일 트롤리이다. 간단한 칵테일재료와 주스 및 청량음료를 준비해 두고 식전에 VIP 고객들에게 주문받아 서비스할 경우에 사용한다.

(5) Banquet Bar Trolley

칵테일 리셉션이나 대형 연회의 식전에 칵테일을 서비스하기 위해 사용하는 이동식 바이다. 고객에게 직접 주문을 받거나 웨이터의 주문을 받아 즉석에서 조주하여 제공할 수 있도록 각종 주류와 얼음, 글라스, 부재료, 기물 등을 준비해 두어야 한다. 일반적으로 칵테일 파티시 1개의 Banquet Bar Trolley에서는 약 250명의 고객에게 칵테일을 서비스할 수 있다.

(6) Gueridon

게리동은 고객의 테이블 바로 앞에 두고 요리를 서비스할 때 사용하는 Cart로 접시나 트레이를 내려놓거나 와인서비스, 서비스 기물의 보관 등 다용도로 활용한다. 고객 테이블의 바로 앞이나 옆에 두기 때문에 목재로 아름답게 제작하여 고급 가구의 느낌이 들어야 한다.

(7) Service Station Trolley

각종 기물과 리넨을 비치하여 넓은 연회장의 세팅에 사용하는 수레로 연회 전에 Spoon & Fork, Napkin, Tray 등 세팅에 필요한 기물들을 충분히 비치해 둔다. 연회가 시작되면 연회장의 가장자리에 두거나 연회장 밖으로 옮겨 연회장 분위기에 지장을 주지 않도록 한다.

(8) Service Trolley

연회장에서 고객의 식음료를 운반하거나 서비스를 할 때 또는 간단한 물건을 옮길 때 사용하는 운반용 수레이다. 주로 강한 플라스틱이나 나무로 만들어져 있으며 미관상 고객 테이블에는 가까이 가져가지 않는다.

(9) Pastry Cart

소규모 VIP 연회의 Dessert 코스에 각종 패스트리와 디저트가 잘 보이도록 전시하여 고객들이 선택할 수 있도록 만든 냉장수레이다. Dessert Trolley라고도 하며 행사 전에 Dessert Plate, Dessert Spoon & Fork 등 필요한 기물을 갖추어서 즉석에서 제공할 수 있도록 한다.

(10) After Dinner Drink Cart

소규모 VIP 행사시 After Dinner Drink 코스에 Cognac 등의 브랜디와 고급 Liqueur를 진열하여 고객이 선택할 수 있도록 만든 이동식 수레이다. Brandy Glass와 Liqueur Glass는 물론 Cigar 서비스를 위한 준비도 함께 해두어야 한다.

(11) Special Food Service Cart

대형 연회시 일식요리나 양식요리, 중국식 요리, 바비큐 등 특별요리를 제공할 때 테이블 위에 올려놓는 것보다는 특별음식 코너를 만들어 제공하면 연회장의 분위기가 상당히 고조된다. 이 경우 특별음식코너로 사용하기 위해 만들어진 것이 Special Food Service Cart로 요리의 종류에 따라 카트의 디자인을 다르게 만든다.

(12) Flower Delivery Cart

꽃방에서 각종 수반이나 화병 또는 꽃바구니 등 다양한 용기에 만들어진 꽃 작품을 연회장으로 옮기거나 행사 후 사용한 꽃 작품을 꽃방으로 철수할 때 사용하는 수레로 물에 자주 노출되기 때문에 스테인리스로 제작된다.

(13) Linen Trolley

연회에 사용하는 각종 리넨류를 운반하는 트롤리이다. 연회장에서 사용하는 리넨은 그 양이 대단히 많으므로 많은 양의 리넨을 운반할 수 있는 튼튼한 스테인리스제의 트롤리를 사용해야 한다.

(14) Drapes Wagon

Drapes는 연회장에서 식음료를 진열한 테이블이나 각종 테이블을 장식하기 위해 주름진 치마처럼 테이블에 두르는 천이다. Drapes는 길이가 매우 길고 색깔이 다양하며 수량도 많이 준비해 두어야 하기 때문에 이의 보관과 운반을 위해 전용 수레를 사용해야 한다.

(15) Round Plant Dolley

연회장에 배치된 무겁고 큰 나무나 화분을 옮길 때 사용하는 수레이다.

(16) Ice Carving Stand

연회장에서 얼음조각 작품을 올려놓는 카트로 얼음이 녹은 물을 받는 스테인리스제의 물받이통이 부착되어 있다. Ice Carving Stand 위에는 정격 하중을 초과하는 얼음조각을 올려놓으면 안되며, 한 번 얼음조각을 올려놓으면 행사가 끝날 때까지 움직이면 안된다.

(17) Ice Carving Lift

얼음조각은 매우 무겁고 약하기 때문에 손으로 들어서 옮기면 부상을 당하거나 작품이 깨질 염려가 크다. 따라서 얼음조각을 운반하거나 Ice Carving Stand에 올릴 경우에는 반드시 전용 리프트를 사용해야 한다.

(18) Table Truck 및 Dancing Floor Cart

Table Truck은 연회장에서 사용하는 테이블을 한꺼번에 많이 운반하거나 멀리 운반할 경우에 사용하는 트럭이다. 사각형 테이블용과 원형 테이블용이 있다. Dancing Floor Cart는 연회장 바닥에 임시로 무도장을 만들 때 사용하는 나무로 만든 조립식 스테이지를 보관하거나 운반할 때 사용하는 전용카트이다.

(19) Grand Piano Lift Cart

그랜드피아노를 옮길 때 사용하는 카트이다. 그랜드피아노는 다리에 바퀴가 달려 있지만 대단히 무겁기 때문에 밀어서 멀리 이동시키거나 카펫에서 밀어 옮길 경우 파손의 위험이 상당히 크므로 반드시 전용 리프트카트를 사용하여 안전하게 이동시켜야 한다.

(20) Glass Rack Cart

와인글라스나 칵테일글라스를 담은 랙(Rack)을 여러 개 포개어 한꺼번에 옮길 경우 사용한다. 일반적으로 글라스랙 카트에는 10개의 글라스랙을 올릴 수 있으며 글라스랙 카트를 움직일 경우 밀지 말고 잡아당기면서 움직여야 한다.

(21) Ice Bin Cart

칵테일용 얼음을 담아 운반할 때 사용되는 얼음통 수레로 보온장치가 되어 있어 얼음이 쉽게 녹지 않는다. 스테인리스나 플라스틱으로 만들며 얼음을 담았을 때 매우 무거우므로 바퀴가 고장나지 않도록 천천히 움직여야 한다.

(22) Stacking Chair Cart

연회장용 의자를 한꺼번에 옮길 때 사용하는 운반용 카트이다. 의자를 운반할 경우 10개씩 포개어 운반하며 반드시 한 손으로 카트를 잡고 한 손으로는 의자를 잡아 넘어지지 않도록 하고 밀어서 운반해야 한다.

(23) Utility Cart

연회장에서 사용하는 각종 화물 운반용 수레이다.

(24) Dish Warmer

접시를 뜨겁게 데우기 위해 만들어진 전열기구이다. Plate Warmer, Dish Dispenser라고도 하며 바퀴가 부착되어 있고 온도조절이 된다. 연회장에서는 추운 겨울의 출장연회시 주로 사용한다.

2) 왜건, Cart류의 취급법

모든 왜건류는 항상 청결하게 관리하고 서비스에 필요한 기물을 완벽하게 갖추어야 한다. 또한 고유한 용도 외에 다른 용도로 사용해서는 안되며 안전관리 사항을 준수해야 한다.

① 갑자기 밀고 당기거나 달리는 등 난폭한 운전을 금지한다.
② 이동 중 올라타거나 체중을 싣지 말아야 한다.
③ 무리하게 많은 짐을 싣지 말아야 한다.
④ 연회장 벽 또는 테이블 등에 부딪치지 않도록 한다.
⑤ 끌어 사용하는 것과 밀어 사용하는 것을 반드시 구분해 사용한다.
⑥ 연회장 문턱과 같이 요철이 있는 곳을 지날 때는 반드시 서행한다.
⑦ Cart류는 반드시 두 손으로 잡고 안전하게 이용해야 한다.
⑧ 요리는 반드시 상단에 싣고 그 밖에 다른 준비물은 밑으로 싣는다.
⑨ 사용 후에는 반드시 정비하여 정해진 장소에 보관해야 한다.
⑩ 액체 알코올이 장착된 Cart를 다룰 때는 알코올이 쏟아지지 않도록 각별히 조심한다.
⑪ 액체 알코올은 용기에 70~80%만 담아 불을 붙였을 때 알코올이 끓어 넘치지 않도록 한다.
⑫ 화기를 사용하는 Cart류에는 반드시 소화기를 비치한다.
⑬ 전기를 사용하는 Cart류는 사용 전 반드시 규격에 맞는 전압인가를 확인한다.

[그림 7-6] 연회장의 주요 왜건류

* 규격(mm), (L)×(W)×(H)

Roast Beef Trolley
1140×600×1075 로스트비프 서비스용

Flambe Trolley
1000×580×850 플람베 서비스용

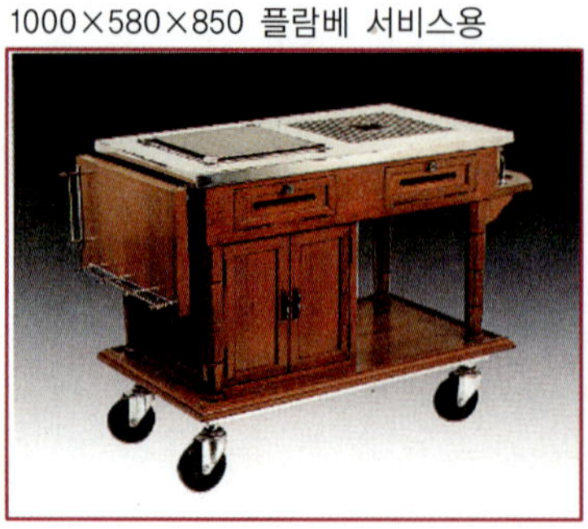

Wine Trolley
980×600×840 VIP 와인 서비스용

Cocktail Trolley
1120×600×840 VIP Cocktail Service용

Banquet Bar Trolley
1800×700×1100 칵테일파티 서비스용

Gueridon
○○ VIP 식음료서비스용

Service Station Trolley
1050×500×780 서비스기물 운반

Service Trolley
900×500×800 식음료서비스용

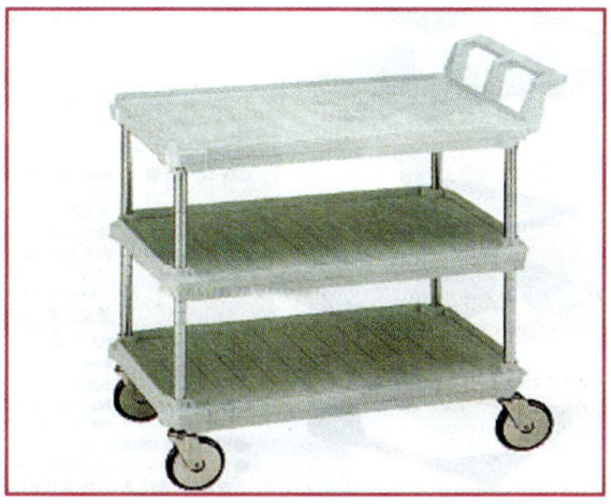

Pastry Cart
880×500×1180 패스트리 서비스용

After Dinner Drink Cart
애프터디너 드링크 서비용

Japanese Food Service Cart
1800×800×2100 일본요리 코너용

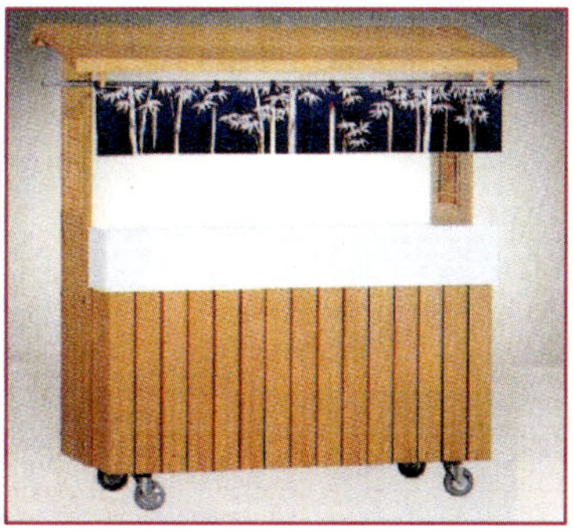

Western Food Service Cart
1500×1500×1900 양식요리 코너용

Flower Delivery Cart
1200×800×1000 연회용 꽃작품 운반용

Linen Trolley
1100×600×1300 리넨 운반용

Drapes Wagon
920×620×1800 DRAPES 운반용

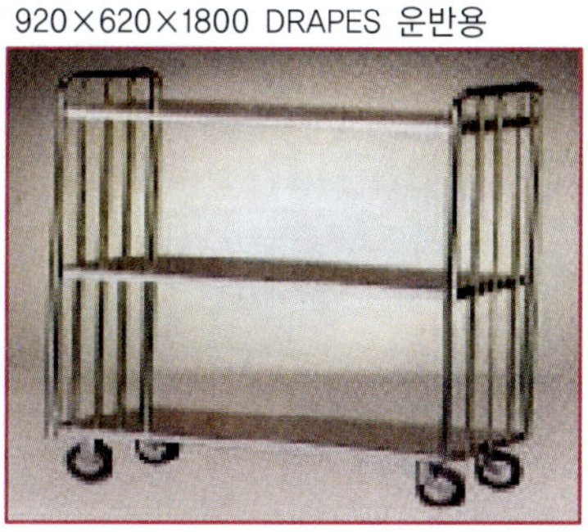

Round Plant Dolly
460×175 화분 운반용

Ice Carving Stand
1100×500×800 얼음조각 설치용

Ice Carving Lift
1200×700×1050 얼음조각 운반용

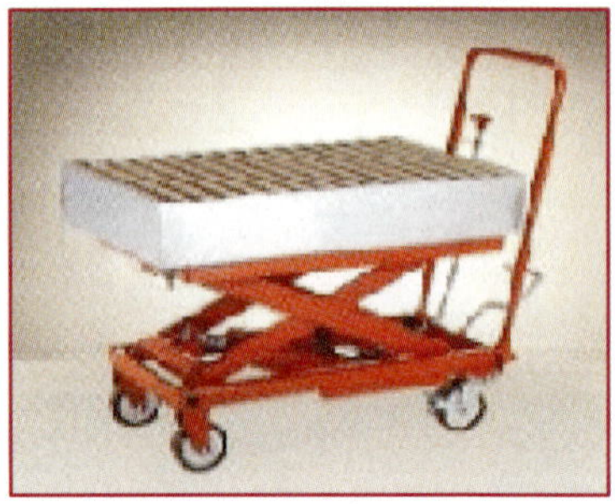

Table Truck1
30″×72″ Rectangular Table 운반용

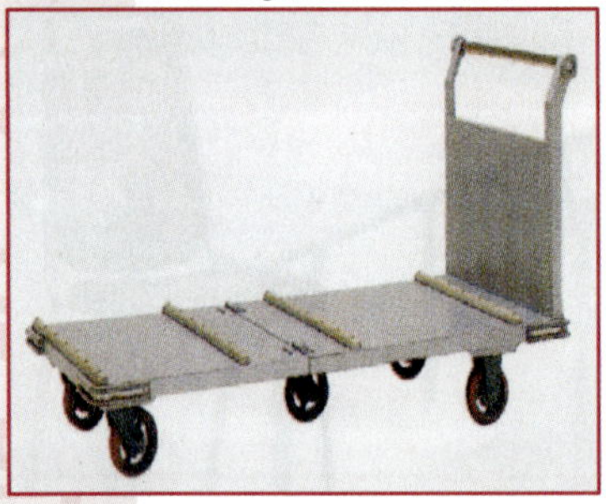

Table Truck2
48″×72″ Round Table 운반용

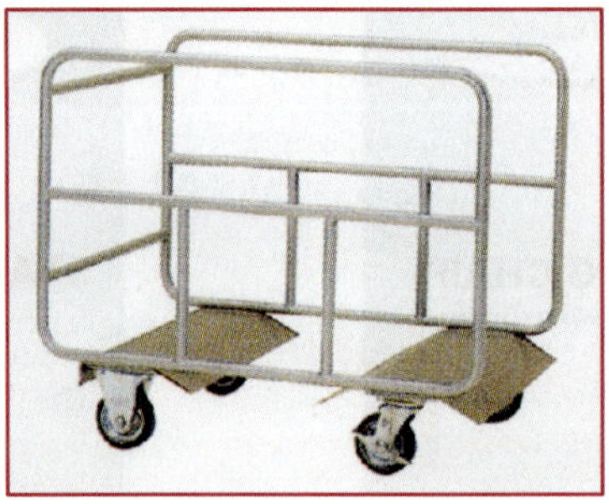

Dancing Floor Cart
1150×700×900 Dancing Floor 운반용

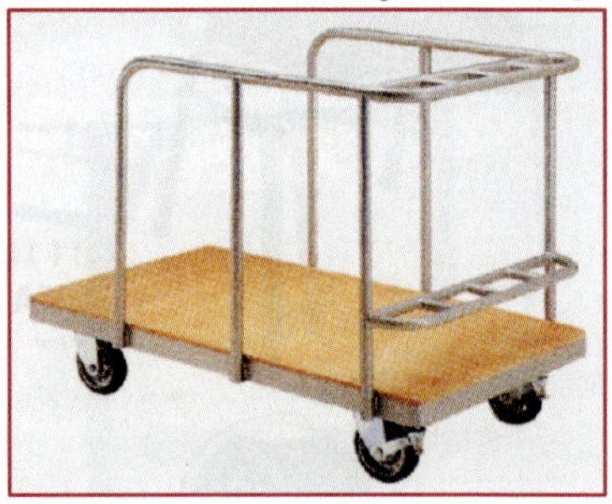

Grand Piano Lift Cart
1150×1480×630 그랜드피아노 운반용

Glass Rack Cart
560×560×870 글라스랙 운반용

Ice Bin Cart
560×660×730 칵테일 얼음 운반용

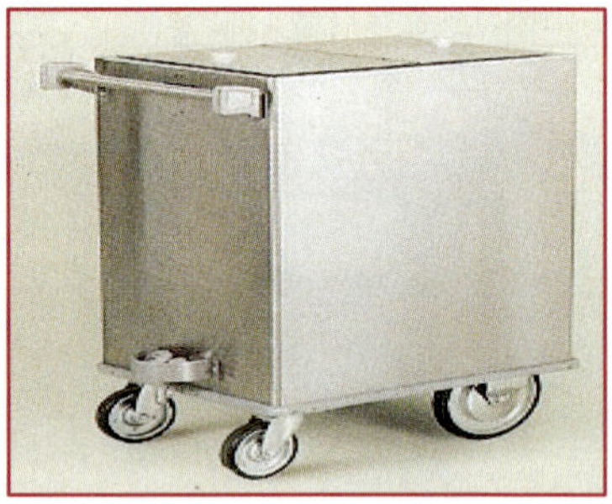

Stacking Chair Cart
800×450×1200 Stacking Chair 운반용

Utility Cart
1050×600×800 화물 운반용

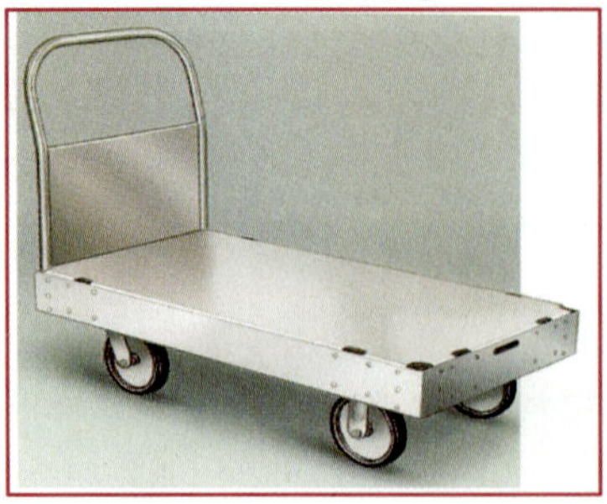

Dish Warmer
906×402×913 접시 보온용

2. 조명 및 방송장비(Electric Appliance)

연회는 간단한 마이크와 스피커로부터 최첨단 조명과 방송 및 영상시설에 이르기까지 매우 다양한 전기장비를 필요로 한다. 각 연회장에는 각종 연회에 적합한 기본적인 방송, 음향, 조명시설들이 구비되어 있고, 이 장비들을 사용하기 위한 여러 가지 전압의 전기콘센트와 TV안테나 단자 및 인터넷 허브 등 기본적인 전기설비가 되어 있다. 이러한 장비류는 관리의 효율상 시설부에서 담당하고 있지만 식음료서비스 직원들도 매우 자주 사용하므로 기본적인 장비의 사용방법은 숙지해야 한다.

조명기기(Luminaires)는 크게 피사체를 강조하기 위한 스포트조명기(Spotlight), 무대 주변의 조명을 위한 주변조명기(Area Lighting Instruments), 자동조명기(Automationed Lighting Instruments), 특수조명기로 분류한다. 이러한 조명기기는 다양한 콘솔(Console)과 디머(Dimmer) 등 주변기기와 합하여 매우 다양한 조명효과를 낸다. 조명장비는 매우 많은 열이 발생되며 전기용량이 큰 각종 조명기와 음향기기들을 동시에 사용하므로 화재와 감전사고에 항상 주의해야 한다. 연회장의 주요 조명 및 방송장비는 다음과 같다.

(1) 스포트라이트(Spotlight)

스포트라이트는 피사체를 강조하기 위해 사용하는 조명기로 무대조명의 주광원으로 가장 많이 사용되고 있는 조명기이다. 스튜디오나 무대의 천장에 고정 설치하여 무대를 비추는 전용 조명기로 조명과 무대와의 적정거리는 6~10m이며, 비교적 원거리일 경우에는 집중형 렌즈를 사용하고 가까운 거리에서는 확산형 렌즈를 사용하여 조명한다.

스포트라이트는 규격과 렌즈, 반사경의 종류에 따라 엘립소이달 반사 스포트라이트(Ellipsoidal Reflector Spotlight), 프레즈넬 스포트라이트(Fresnel Spotlight), PC-스포트라이트(Plano-Convex Spotlight), 팔로우 핀 스포트라이트(Follow Pin Spotlight) 등이 있다.

① 엘립소이달 반사 스포트라이트(Ellipsoidal Reflector Spotlight)

광원에서 방사되는 빛이 반사경의 초점을 지나 원형으로 조사되는 조명기구로 연극 등에서 특정물체를 조사하는 데 많이 사용된다. 상하좌우로 4개의 셔터가 있어 빛의 모양과 크기를 조절할 수 있고 렌즈부를 조절하여 빛을 퍼지게 하거나 집중시킬 수 있다. 조사되는 부분에 얼룩이 생기지 않고 균일하게 밝다.

② 프레즈넬 스포트라이트(Fresnel Spotlight)

프레즈넬 스포트라이트는 렌즈 앞면 유리가 단층형태로 되어 있는 조명기로서 중앙이 밝고 테두리는 부드러운 빛을 내는 조명기이다. 일반적으로 렌즈 직경 8인치짜리는 1kw 램프에, 12인치짜리는 2kw 램프에 사용되며 무대에서는 무대 전체를 고르게 비추기 위한 용도로 많이 사용된다. 이 조명기는 렌즈와 램프의 거리를 조절할 수 있는 장치가 있어 이 장치를 이용하여 조명 빔(Beam)의 확산각도를 조절할 수 있다.

③ 핀 스포트라이트(Pin Spot Light)

Follow Pin Light, Long Pin Light, Long Spot Light라고도 하며, 무대 반대편에 설치하여 무대의 특정인물이나 포인트물을 원형으로 집중 조명할 때 사용된다. 제품에 따라 조사거리가 다르며 다양한 컬러의 자동 변환장치, 조명크기의 조절장치, 스트로보(사이키) 기능 등이 부가되기도 한다.

(2) 주변 조명기구(Area Lighting Instruments)

스포트라이트 종류를 제외한 무대주위 조명기 전체를 총칭한다. 무대의 특정 피사체보다는 무대전반의 조명효과를 나타내는 데 사용한다. 대표적인 것으로는 스트립라이트(Strip Light), 사이크로라마 라이트(Cycrolama Light), 스쿠프라이트(Scoop Light), 플러드라이트(Flood Light), 빔프로젝터(Beam Projector), 파라이트(Par Light) 등이 있다.

① 스트립라이트(Strip Light)

여러 개의 램프를 기다란 박스(Box)에 일렬로 넣어 놓은 조명등으로 무대의 천장 또는 바닥에 고정하여 설치한다. 보더 라이트(Border Light)라고도 하며, 각 램프별로 컬러필터를 사용하여 컬러조명을 하기도 하고 무대 천장에 설치할 경우 무대의 막과 배경의 조명에 활용된다. 또 무대의 맨 앞바닥에 설치하여 무대의 안쪽방향으로 조명하기도 하는데, 이런 경우에는 Foot Light라고 한다. 배선에 따라 몇 개의 부분으로 나누어 조명할 수도 있다.

② 사이크로라마 라이트(Cycrolama Light)

사이크로라마란 무대의 가장 뒷부분에 있는 막으로서 주무대와 뒷무대를 분리시키는 동시에 배경막으로서의 역할도 한다. 주로 흰색과 검정색이 사용되는데 흰색은 조명으로서 작품의 주제와 맞는 분위기를 연출하게 되고, 이때 사용되는 기구가 사이크로라마 라이트이다. 일반적으로 사이크로라마는 상당히 큰 막이기 때문에 위에서만 조명하면 전체적으로 빛을 비추기 어려워 밑에서도 비추는 경우가 많으며, 위에서 사용되는 것을 스카이 사이크(Sky Cyc) 또는 어퍼 호리(Upper Hori), 밑에서 사용되는 것을 그라운드 사이크(Ground Cyc) 또는 로어호리(Lower Hori)라고 한다. 텅스텐-할로겐 램프가 주로 사용되며 스트립라이트보다 부드럽고 깨끗한 빛을 만들어 낸다. 단점으로는 빛이 강하기 때문에 색 매체가 잘 녹아서 빛이 새는 경우가 많기 때문에 사용 전에 반드시 확인해야 한다.

③ 파 라이트(Par Light)

라이트(Light)는 특정지역을 고정해 비추는 조명기구로 파 라이트(Par light)가 대표적이다. 파 라이트는 무대조명의 기본을 구성하는 조명기구이다. 램프와 반사경이 일체형으로 되어 있고 타원형의 빔 형태로 되어 있다. 스포트라이트를 대신하여 주광이나 보조광으로 사용되고 컬러필터를 사용하여 다양한 컬러 페인팅 조명을 연출할 수 있다. 대 파(Par 64)는 빛의 직진성이 우수하며 소 파는 여러 개를 세트로 묶어 동시에 작동시켜 무대 전체의 조명효과를 극대화할 수 있다. 파 라이트 전용 컬러 코팅지를 사용하지 않으면 화재의 위험이 있으므로 주의해야 한다.

(3) 자동 조명기(Automationed Lighting Instruments)

자동 조명기는 조명기가 자동화된 시스템에 의해 작동되는 조명기로 다양한 컬러와 프로그램으로 특수효과를 연출하기 위해 많이 사용한다. 스캔(Scan), 무빙라이트(Moving Light), 컬러체인지 스포트라이트 등이 있다.

무빙 라이트(Moving Light)는 상하 좌우로 움직이며 무대와 좌우 벽면에 화려하고 다양한 문양과 무지개 컬러 조명을 연출할 때 쓰인다. 원형 조명(Spot기능)과 다양한 무늬 조명(Wash기능)의 2가지 종류가 있다.

(4) 특수 조명기

특수효과를 위한 조명기로 블랙라이트(Black Light), 스트로브(Strobe), 레이저 프로젝터(Laser Projector), 핀 볼 라이트(Pin Ball Light), 콘솔 믹서(Console Mixer)와 디머(Dimmer) 등이 있다.

① 스트로브(Strobe)

Strobescope, Strobe Light, 또는 사이키라고도 한다. 스트로브는 공연, 연극, 콘서트는 물론 나이트클럽 등에서 강력한 섬광을 연속적으로 터뜨려 주는 조명기구이다. 무대에서 춤을 추는 동작이 주기적으로 끊겨 보이도록 연출할 때 매우 효과적이다. 사용 장소와 공간에 따라 빛의 강도와 점멸속도를 조절할 수 있다. 스트로보(Strobo)라고도 하는데, 스트로보는 사이키 조명기구의 상표명이다.

② 레이저 프로젝터(Laser Projector)

먼 거리에 조사해도 빛이 퍼지지 않는 레이저 빛의 특성을 이용해 각종 문양, 글씨, 그림, 디자인 등을 상하 좌우, 회전, 반복하여 연출할 수 있는 환상적인 첨단 조명기구이다. 발생되는 빛에 따라 2색(빨강색, 초록색) 또는 3색(빨강색, 초록색, 노란색)의 제품이 있다. 레이저는 크게 사운드 모드(Sound Mode)와 오토 모드(Auto Mode)의 2가지 방법으로 작동된다. 사운드 모드는 외부의 소리나 음악을 내장된 음향센서가 감지하여 이에 어울리는 빛이 나오는 작동방법이며, 오토 모드는 사전에 입력한 프로그램이나 애니메이션에 따라 자동적으로 작동되는 방법이다. 성능에 따라서는 PC와 연결하여 PC에서 입력한 각종 문구와 도형, 그림, 애니메이션들을 실행시킬 수도 있다.

③ 핀 볼 라이트(Pin Ball Light)

둥근 볼처럼 생긴 지구볼의 둘레에 수많은 오색의 핀 라이트가 부착되어 있는 조명기구이다. 벽이나 천장에 부착하여 회전시키면 물방울 모양의 조명이 무대와 홀(Hall) 전체를 비추도록 한 조명기구이다. 제품에 따라 지구볼의 숫자가 다르며 2개 이상의 지구볼은 각각 회전방향과 회전속도를 조절할 수 있다. 교차되는 오색 컬러의 수많은 빛으로 무대의 생동감과 화려함을 연출하는 데 매우 효과적인 조명기구이다.

④ 콘솔 믹서(Console Mixer)와 디머(Dimmer)

콘솔은 연회장의 조명장비를 종합적으로 조정하는 시스템(Light Control System) 장비이다. 콘솔은 조명기기에 따라 원하는 조명 프로그램을 입력할 수 있으며, 연회장에 설치된 조명기기들이 그 성능을 최대한 발휘될 수 있도록 적합한 콘솔을 갖추어야 한다. 디머(Dimmer)는 단순히 샹들리에나 조명기구들의 빛의 강도를 조절하는 장치이다.

[그림 7-7] 방송 및 조명장비류(Electric Appliances)

Console Mixer

Projector

Speaker

Mike Stand

Wireless Hand Mic

Wireless Pin Mic

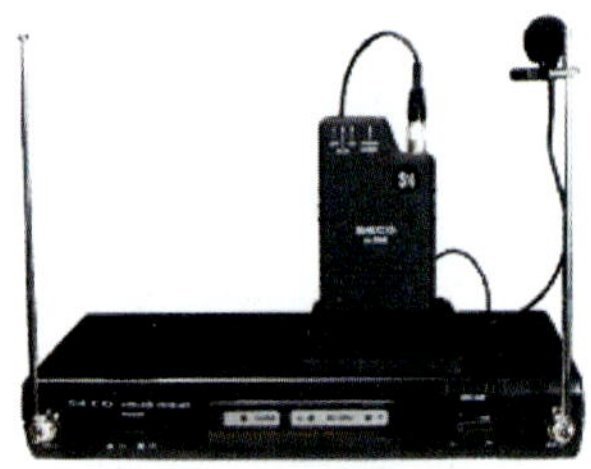

노래반주기

VCR

CD, DVD COMBO

3. 피아노(Piano)

연회장에서 사용하는 피아노에는 그랜드피아노(Grand Piano)와 업라이트 피아노(Up Light Piano)가 있다. 그랜드피아노는 대연회장과 중연회장에서 사용하며 업라이트 피아노는 소연회장에서 사용한다. 특급호텔 대연회장에서는 세계적인 음악가들의 연주회가 많아 매우 고가의 그랜드피아노를 보유하고 있다. 이러한 그랜드피아노는 매우 무거워 움직이기 힘들 뿐만 아니라 이동 후에는 조율이 필요하므로 가능한 이동하지 않는 것이 좋다.

[그림 7-8] 피아노

Grand Piano	Up Light Piano

4. 병풍(Folding Screen)

병풍은 각종 연회의 분위기를 돋우어 주는 장비로 널리 활용된다. 특히 회갑연, 고희연, 돌잔치, 약혼식과 같은 가족모임에는 필수적으로 사용되고 있다. 또한 헤드테이블(Head Table)의 배경 장식으로도 널리 사용된다. 병풍은 그림, 자수, 글씨, 무늬 등 다양한 종류가 있으며 그 의미도 매우 다양하기 때문에 연회의 성격에 맞는 병풍을 사용해야 한다. 일반적으로 십장생과 관련이 있는 병풍은 회갑연이나 고희연 등 장수를 기원하는 행사에 주로 사용하며 목단, 봉황, 공작, 사군자와 관련 있는 병풍은 약혼이나 결혼식 폐백에 주로 사용한다. 또 백일잔치, 돌잔치에는 화조도가 어울리며 일반적인 연회에는 산수화를 많이 사용한다. 연회장의 병풍은 8폭이나 12폭 병풍이 많이 사용된다.

병풍은 한 부분만 훼손되어도 사용하지 못하므로 가능한 2인이 운반하고 먼지 또는 물방울에 얼룩지지 않도록 커버를 씌워 보관해야 한다.

[그림 7-9] 병풍(Folding Screen)

남색 봉황	홍색 송학

산수화

산수화

사군자

백학도

십장생

매화

5. 가족모임 장비(Family Equipments)

가족모임은 돌잔치를 비롯하여 약혼식, 결혼식, 회갑연, 고희연 등 가족의 경사를 맞아 내외 손님을 모시고 축하를 하는 잔치행사이다. 특히 대형 호텔에서의 결혼식은 하객들이 수천 명에 달하는 경우도 있어 영업상 가족모임으로 분류하지 않고 별도로 관리하는 경우도 많다. 이러한 가족모임 행사를 위해서는 전통적인 의례에 맞추어 다양한 장비들이 필요하다. 가족모임은 대부분 평생 단 한 번밖에 없는 행사이므로 가족모임이 원만히 진행되지 않거나 문제가 발생할 경우 주최자는 매우 불길한 징조로 여기며 예민한 반응을 나타낸다. 따라서 가족모임에 사용되는 장비는 예법에 맞도록 사용해야 하고 무엇보다도 청결히 관리해야 한다. 가족모임에는 돌이나 약혼식 및 회갑연같이 사용되는 장비가 많지 않은 경우도 있지만 결혼식은 방송, 영상, 조명, 데커레이션, 각종 연출기 등 수많은 장비가 필요할 뿐만 아니라, 매년 새로운 첨단의 장비가 생기기 때문에 비싸게 구입한 장비라도 오랜 기간 사용하지 못하는 경우도 발생한다. 따라서 호텔연회장에서의 결혼식 장비는 기본 장비만 갖추고 첨단장비는 외부 용역업체에서 임대하여 사용하거나 결혼식 연출회사에게 진행을 맡기기도 한다. 가족모임관련 주요 장비는 다음과 같다.

① 샴페인 샤워기(Champagne Shower Machine)

결혼식행사에 주로 사용하며 보통 5단, 7단, 9단 등 다양한 규격이 있다. 단상에 설치된 테이블 위에 샴페인 잔을 하나씩 쌓아올려 피라미드를 만들고 신랑신부가 맨 위에 있는 잔에 샴페인을 따라 부으면 잔이 넘쳐 아래의 모든 잔이 채워지게 된다. 이 잔을 하객들이 나누어 축배를 하는데 피라미드가 무너지는 위험이 많아 현재는 잔을 모두 붙여 무너지지 않게 만든 장식용 피라미드가 사용되고 있다. 신랑신부가 맨 윗잔에 샴페인을 따르면 테이블 아래에서 여러 가지 색상의 용액이 올라와 잔을 채우도록 되어 있으며, 이때 테이블 가장자리에서는 드라이아이스나 포그머신(Fog Machine)으로 안개가 나오도록 연출하는 장비이다. 화려한 결혼식에서는 거의 필수적인 장비이다.

② 비눗방울 연출기

결혼식장 바닥에 설치하여 무대나 신랑신부를 향해 공중으로 비눗방울을 분사시키는 장비이다. 전용 용액을 사용하며 2개의 회전모터에 의해 계속 비눗방울이 만들어지고 아래에서 강한 바람이 분사되어 비눗방울을 멀리까지 날려 보낸다. 유선 또는 무선 리모컨으로 작동된다.

③ 안개 연출기(Fog Machine)

드라이아이스는 이산화탄소(CO_2)가 영하 78.5°C 이하로 냉각되어 있는 얼음모양의 결정이다. 드라이아이스에 뜨거운 물을 붓거나 팬 모터로 뜨거운 바람을 불어넣으면 드라이아이스가 급격히 기체가 되어 안개모양으로 피어오른다. 기화된 이산화탄소는 공기보다 무거우므로 천장으로 올라가지 않고 뭉게뭉게 잔잔히 바닥으로 퍼지게 되는데, 그 모양이 안개 또는 구름과 같아 안개 연출기 또는 구름 연출기라고 한다. 또 단순히 Dry Ice Machine이라고도 한다. 이산화탄소 안개는 무색무취이며 잠시 후 완전히 기체가 되어 소멸된다.

④ 축포 연출기

신랑신부의 행진시 신랑신부의 머리 위로 오색의 테이프나 색종이를 날려 보내는 축포이다. 큰 폭음과 함께 오색의 테이프를 날려주기 때문에 결혼식의 대미를 장식하는 필수적 장비이다.

⑤ 케이크 연출기

결혼식, 약혼식, 회갑연, 고희연, 돌잔치 등 케이크가 사용되는 행사에서 케이크 커팅을 보다 아름답고 화려하게 장식해 주는 장비이다. 테이블 아래에 안개 연출기를 설치하여 케이크 커팅시 안개가 피어오르도록 되어 있으며 유선 또는 무선 리모컨으로 작동한다.

⑥ 가스 불기둥 연출기

결혼식, 콘서트, 대형 행사와 같은 무대에 설치하여 순간적으로 가스 불기둥을 만들어 분위기를 고조시키는 연출기이다. 사용시 연출기 주위에 사람이나 인화성 물질이 없는지 반드시 확인해야 한다.

⑦ 수증기 연출기

신랑신부가 행진하는 주단길 옆이나 단상 또는 각종 무대의 바닥에 설치하여 이산화탄소(CO_2)가스를 수증기 기둥 모양으로 순간적으로 위로 뿜어내는 기기이다. 여러 개를 일정한 간격으로 설치하여 수증기 기둥 울타리와 같은 효과를 낼 수 있다.

⑧ 스모그 연출기(Smog Machine)

짧은 시간에 다량의 연기를 방출하는 기기로 분사된 연기가 무대에 막을 형성하면 각종 조명기기가 다양한 컬러의 빛을 연기에 비춰 화려한 무대조명을 연출하게 하는 장비이다. 제품에 따라 분사 용량이 다르며 전용 스모그액을 사용한다. 리모콘으로 분사되는 연기의 양과 시간을 조절할 수 있다. 스모그는 공기보다 가벼워 무대 위로 뜨게 되며 바람이 심한 곳에서는 바로 날아가 버리기 때문에 효과를 기대하기 힘들다.

⑨ 눈 연출기(Snow Machine)

무대나 신랑신부 위로 눈이 내리는 것 같은 효과를 연출할 때 사용한다. 전용 스노액을 사용하며 다량의 눈내림 효과를 연출할 수 있다. 리모콘으로 눈 내리는 양을 조절할 수 있다.

⑩ 나팔 에어 건(Trumpet Air Gun)

나팔모양의 축포로 오색리본이나 반짝이 종이 등을 발사할 수 있다. 가스를 충전하여 사람이 손으로 직접 발사하므로 때와 장소에 구애받지 않고 자유롭게 사용할 수 있으며 목표를 향해 정확히 발사할 수 있다. 많은 양은 발사하지 못하므로 2명 또는 여러 명이 동시에 발사해야 연출효과가 크다.

⑪ 각종 촛대

결혼식, 약혼식에서 촛불은 의식용으로 사용하므로 각종 가족모임에 필요한 다양한 촛대와 양초를 준비해 두어야 한다. 촛대는 전기로 불을 밝히는 것과 불을 붙이는 것 등 다양하다. 또 양초를 하나만 꽂는 것부터 5개를 꽂는 것까지 다양하며 재질도 스테인리스제, 주석제, 은제, 금제 등 다양하다. 은혼초는 결혼식에서 화촉을 밝히는 용도로 사용되며 양초에 1부터 결혼 25주년 기념일인 은혼식을 의미하는 25까지의 숫자가 새겨져 있다.

⑫ 결혼식장 가구 및 소품

호텔 연회장에서 결혼식을 할 경우 주례대를 비롯한 다양한 가구와 기물 및 데커레이션이 필요하다. 또 별도의 폐백실도 갖추어야 하며 폐백용 장비와 소품도 구비해야 한다. 약혼식이나 고희연 등은 그때그때 무대를 만들어 진행하면 되지만 결혼식은 식장 입구의 접수대, 중앙통로의 카펫과 주단, 통로 입구의 꽃 아치와 통로 옆의 꽃길, 주례대의 설치와 장식뿐만 아니라 각종 조명과 연출기기도 조화롭게 배치해야 하므로 준비에 상당한 시간이 필요하다. 또 결혼식도 보통 2~3

시간이 걸리며 결혼식 후 연회장으로 다시 바꾸는 데도 상당한 시간이 필요하다. 따라서 호텔의 한 연회장에서는 디럭스 결혼식이 1회만 가능하므로 연회장의 규모와 능력 및 매출액을 고려하여 결혼식을 수주해야 한다.

[그림 7-10] 가족모임 장비

샴페인 샤워기

비눗방울 연출기

안개 연출기(Fog Machine)

축포 연출기

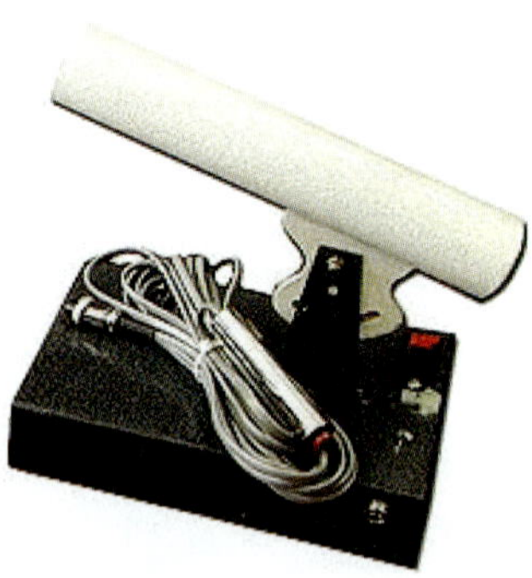

케이크 연출기

가스 불기둥 연출기

수증기 연출기

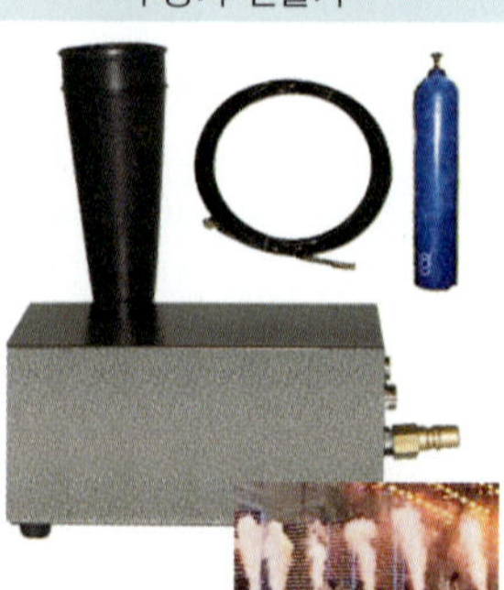

연기 연출기(Smog Machine)

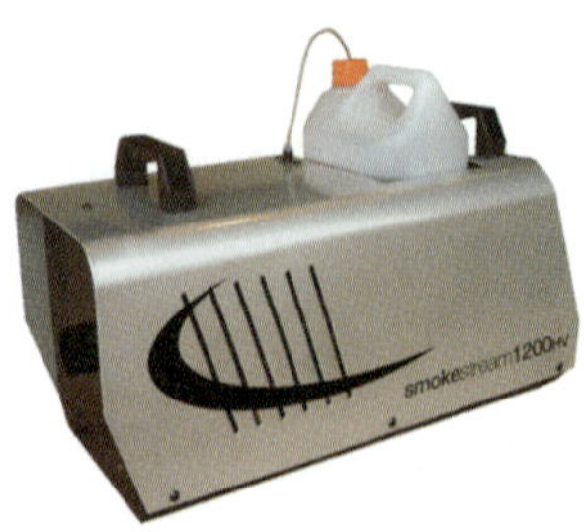

눈 연출기(Snow Machine)

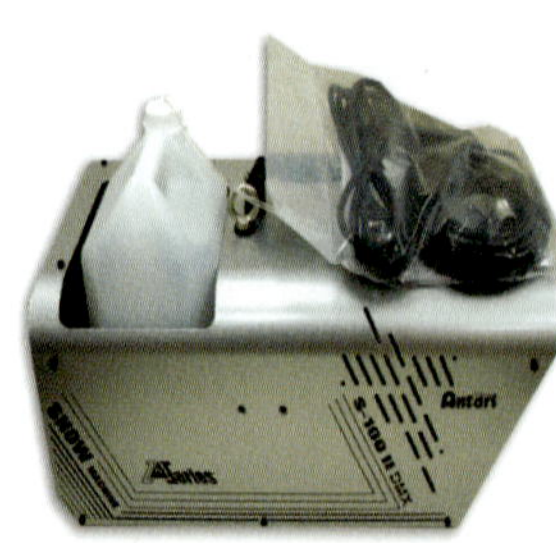

나팔 에어 건

멜로디 전기촛대

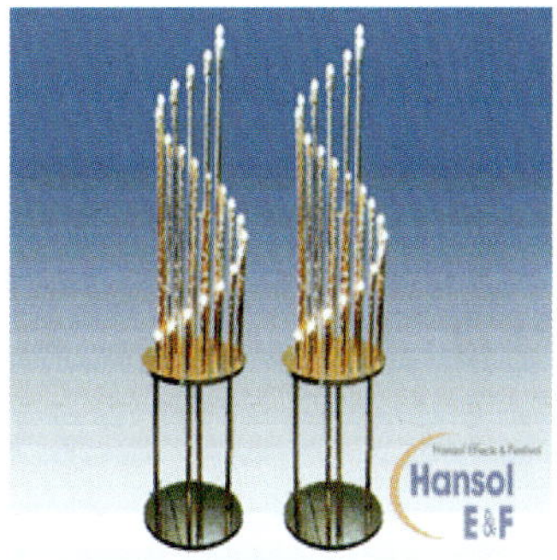

물결 전기촛대

케이크칼 & 받침

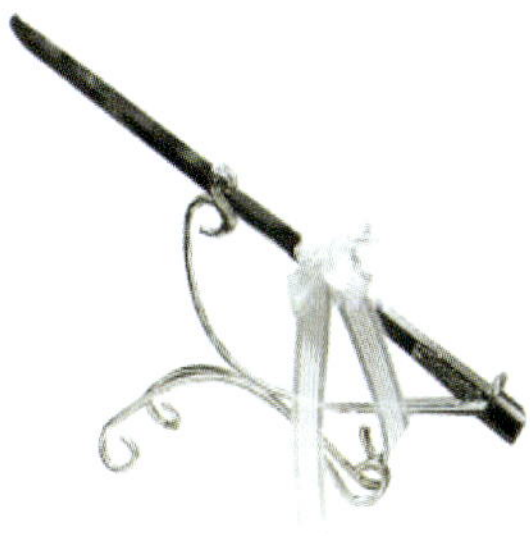

점화봉

Double Hart Candle

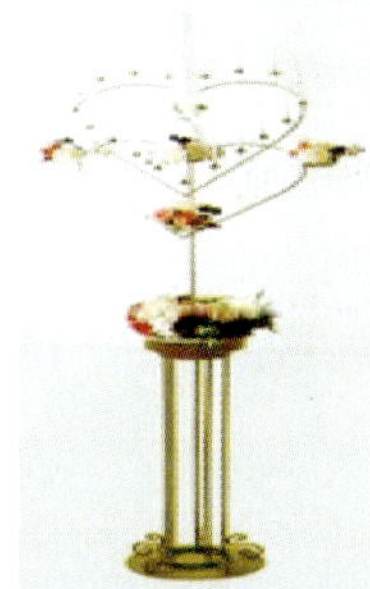

약혼식세트

꽃길세트

Flower Arch

웨딩단상세트

Flower Stand(꽃길 스탠드)

보료세트

교자상(폐백용)

찻상(폐백용)

촛대세트

금잔세트

돗자리

폐백옷세트

웨딩케이크(모조)

은혼초

돌잔치상 세트

폐백상 세트

고임상(모형)

〈표 7-2〉 주요 가족모임(결혼식 포함)용 장비(예)

구분	품목	규격	수량	비고
테이블 장식용	매듭 학(청홍)	100cm	20개	전통수예
	매듭 복주머니(청홍)	100cm	20개	〃
	매듭 신랑각시(청홍)	100cm	20개	〃
	매듭 나비(청홍)	40cm	20개	〃
	목각 신랑신부(Set)	15cm(H)	20Set	〃
	목각 원앙(Set)	13cm(H)	20Set	〃
예식장 장식용	Candle Glass TC-3	JCB 80905	150	수입품
	Table Candle Top in Cup 6Cm(H)	JCB 60306	150	〃
	Center Piece 100cm(H)	JCB 81205	5	〃
	Flower Stand	JCB 81504	5	〃
	Flower Arch(1820×500×2300(H))	SJ-12P	5	〃
	Melody Stand "La Toru"	JCB 81283	2	〃
	Heart Stand	JCB 81236	2	〃
	Memorial Candle 80cm(H)	JCB 81172	50	
	Memorial Candle Stand	JCB 81173	3	
	Gas Torch(L) w/Stand	JCB SJ 8P	10	
	Arch Stand	JCB 81587	3	
	Bell Gate w/Bell	JCB CD 5C	2	
	Gold Wedding Knife	JCB D 43G	5	
	Silver Wedding Knife	JCB D 43S	20	
폐백실용	사모관대	대 · 중 각 5벌	10	전통예복
	신부혼례복	대 · 중 각 5벌	10	〃
	보료	100×200cm	3Set	국산 A사제품
	장침	24×60cm	3Set	〃
	단침	24×24cm	3Set	〃
	등받이	50×51cm	3Set	〃
	방석 (5개 1Set)	57×57cm	3Set	〃
	교자상	180×80×35cm(H)	3개	국산 B사제품
	헌주상	전통 헌주상	3개	〃
	헌주잔 세트	전통 헌주잔	3개	국산 C사제품
	돗자리 완자무늬	300×210	3개	국산 D사제품
	돗자리 원앙무늬	240×200	3개	〃

구분	품목	규격	수량	비고
행사용	Fog Machine(케이크용)	DFW650	8	수입품
	Fog Machine(스테이지용)	DFW650-1	2	〃
	Rainbow Bubble Machine	BM-300	4	〃
병풍	허화유합도	210×45cm×12폭	1	자수
	궁정도	210×45cm×12폭	1	그림
	화조도	180×45cm×8폭	1	그림
	목단	180×45v×8폭	1	자수
문구류	성혼선언문	–	–	
	방명록	규격품	–	
	혼인서약서	–	–	
	식순	–	–	

6. 회의장비(Meeting Equipments)

연회장에서는 각종 기업체, 관공서, 협회와 단체 등이 주관하는 매우 다양한 회의가 열린다. 이러한 회의는 간단한 것부터 대형 컨벤션에 이르기까지 매우 다양하며 사용되는 장비도 회의형태에 따라 매우 다양하다. 따라서 각 연회장은 자기 연회장에서 개최할 수 있는 각종 회의에 대비해 기본적인 회의장비를 구비해야 한다. 대형 컨벤션일 경우 동시통역 관련 장비는 구입과 보관에 많은 비용이 들기 때문에 외부 업체와 용역계약을 체결하여 행사시 임대해 사용하는 것이 경제적이다. 주요 회의장비는 다음과 같다.

〈표 7-3〉 주요 회의용 장비

번 호	품 목	규 격	용 도
1	White Board(L)(S)	1,800×900	칠판(대, 소)
2	Stanchion & Rope	–	행사장 구획용
3	Easel Double(Single)	1,200(600)×900	사인보드 부착용
4	Projector Table(3단)	–	OHP, SLIDE설치용
5	Over Head Projector	–	–
6	실물 투영기	–	–
7	Slide Projector	–	–

번 호	품 목	규 격	용 도
8	Table Podium	300×250×460	강연대
9	Table No(L)(M)	200×200(150×150)	테이블 번호표시
10	Table No Stand	450×90	테이블 번호표 설치용
11	Laser Pointer	-	레이저 지시봉
12	Meeting Bell	-	회의 진행용
13	Hard Wood Gavel(의사봉)	-	회의 진행용
14	Flag Long Stand	2,280×300	국기봉
15	Flag Stand	350×370	테이블 국기봉
16	Seating No(Plastic)	각 번호별 10개	좌석번호표
17	Closed(Open) Sign	300×200	회의장 개폐 안내용

[그림 7-11] 주요 회의용 장비

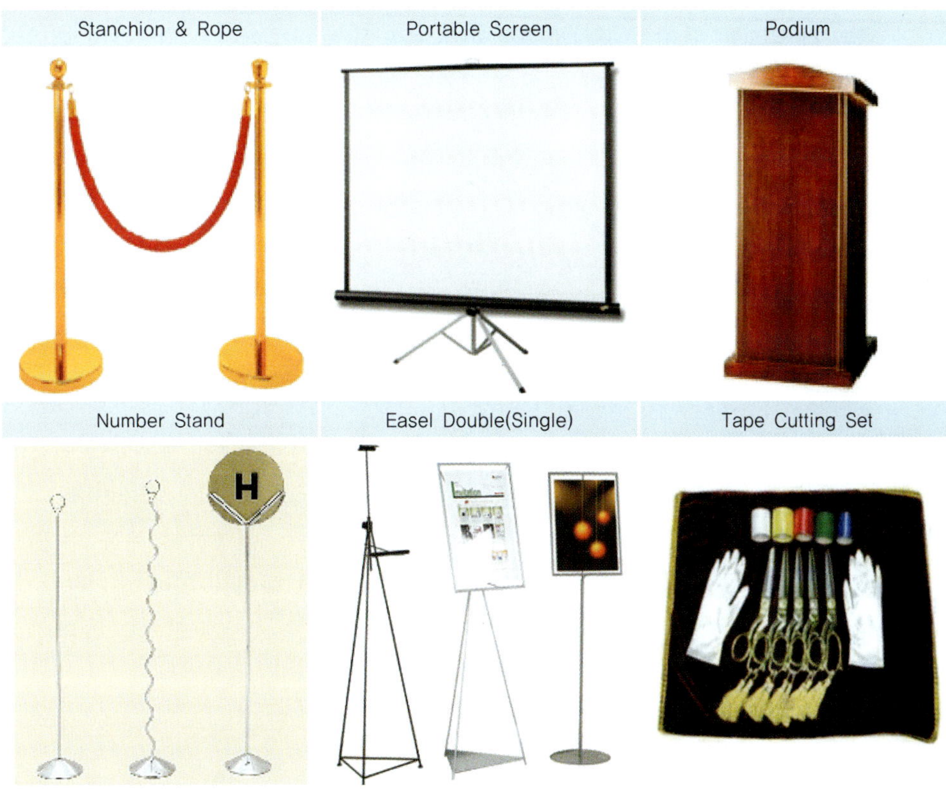

Overhead Projector	실물 투영기	Slide Projector
	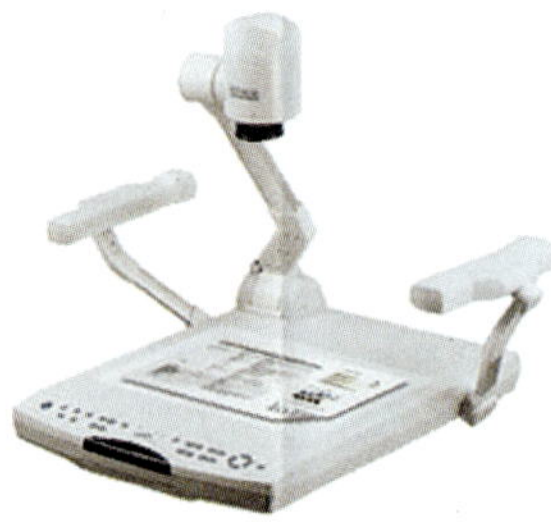	

7. 국기(Flag Equipments)

국기와 각 단체의 기는 정부나 각종 단체의 행사에 의전용으로 사용된다. 국기와 기는 각 나라와 단체를 표상하므로 매우 주의하여 다루어야 한다. 특히 더럽거나 얼룩진 국기와 기를 사용하는 것은 의전상 큰 문제가 되기 때문에 항상 깨끗하게 보관해야 한다.

1) 국기의 형태

연회장에서의 국기는 벽 부착용, 스탠딩용, 테이블용, 바텐(Batten)용이 사용된다.

벽 부착용은 가로형과 세로형이 있다. 가로형은 보통의 국기를 가로로 게시한 것이며, 세로형은 연회장 벽에 세로로 길게 부착한 것이다. 특히 세로형은 국경일이나 국제적인 행사시 도로의 국기대에 부착하는 용도로도 많이 이용된다.

스탠딩용은 연회장 바닥이나 단상 위에 삼각대나 봉을 이용하여 세울 수 있도록 제작된 것이다. 테이블용은 작은 깃대에 매어 회의 테이블 위에 올려놓는다. 또 바텐용은 연회장 천장의 바텐(Batten)에 매다는 것으로 시상식에 주로 활용한다.

〈표 7-4〉 각종 국기류

No	품목	규격	비고
1	National Flag Normal	만국기	Olympic 참가국 전체.
2	National Flag Deluxe	만국기	술을 부착
3	Korean Flag	Indoor, Table	Deluxe, 술을 부착
4	Japanese Flag	Indoor, Table	Deluxe, 술을 부착
5	American Flag	Indoor, Table	Deluxe, 술을 부착
6	England Flag	Indoor, Table	Deluxe, 술을 부착
7	France Flag	Indoor, Table	Deluxe, 술을 부착
8	German Flag	Indoor, Table	Deluxe, 술을 부착
9	Flag Stand	삼각대	All Stainless
10	Table Flag Stand	Single	All Stainless
11	Table Flag Stand	Double	All Stainless
12	Table Flag Stand	Triple	All Stainless
13	Flag Pole	나무 깃대	깃봉 포함
14	깃봉	무궁화	Brassware 제품
15	Olympic Flag(loc)	Indoor, Table	Deluxe, 술을 부착
16	Olympic Flag(Koc)	Indoor, Table	Deluxe, 술을 부착
17	Un Flag	Indoor, Table	Deluxe, 술을 부착
18	기타 주요 국제기구 Flag	Indoor, Table	Deluxe, 술을 부착

[그림 7-12] 국기의 형태

Standing용(기울이기)	Standing용(바로 세우기)	바텐용(가로달기)

Table용(바로 세우기)	Table용(교차 세우기)	벽부착용(세로달기)

2) 국기 게양방법

국기의 게양방법은 어느 나라나 국가의 의전사항으로 되어 있으므로 각 나라별로 국기 게양방법에 약간의 차이가 있다. 우리나라는 행정안전부의 '의전편람'에서 태극기의 제작과 게양방법에 대해 규정하고 있다. 의전편람의 규정은 우리나라 안에서만 적용되기 때문에 외국에서의 국기게양은 상대국과 사전에 협의하여 게양하게 된다.

(1) 일반적인 국기게양 원칙

① 외국기는 우리나라를 승인한 나라의 국기에 한하여 게양하는 것이 원칙이다. 다만 국제회의 또는 국제적인 체육대회 등에 있어서는 우리나라를 승인하지 아니한 나라의 국기를 게양할 수 있다.

② 태극기를 게양하지 않은 채 외국기만을 게양해서는 안된다.

③ 하나의 깃대에 2개국의 국기를 게양할 수 없다.

④ 태극기와 외국기를 함께 게양하는 경우 그 크기 및 높이가 같아야 한다. 외국기의 가로 대 세로 비율이 태극기(3 : 2)와 같지 않을 때에는 상대국에 문의하여 조정해야 하며, 그렇지 않을 경우 한 변 또는 전체 면적을 태극기와 같게 한다.

⑤ 국기의 둘레에 금실을 부착하는 것은 국가를 대표하는 사람의 승용차에 다는 경우, 의전용으로 쓰이는 경우, 실내에서 게양하는 경우, 각종 국제회의시 테이블용으로 쓰이는 경우에 한한다. 이때 깃대에 접하는 부분에는 금실을 달지 아니한다.

(2) 국기의 게양방법

① 단상에 세울 경우

태극기만 세울 경우 단상의 좌측(단상을 향해 보아)에 세운다. 외국기와 2개를 세울 경우 상대국 국기는 오른쪽에 세운다. 여러 국가의 국기를 단상에 세울 경우 알파벳 순서로 세우되, 홀수일 경우 태극기를 중앙에 세우며 그 왼쪽이 2순위, 오른쪽이 3순위, 2순위의 왼쪽이 4순위, 3순위의 오른쪽이 5순위가 된다. 짝수일 경우 앞에서 보아 맨 왼쪽에 태극기를 세우며 우측으로 2순위, 3순위 등 오른쪽으로 갈수록 후순위가 된다. 이와 같은 방법은 외부 게양대에 게양할 경우도 동일하다.

② 벽면에 게양할 경우

태극기를 깃대 없이 벽면에 가로로 부착할 경우 단상 위 정중앙 윗벽에 부착한다. 세로로 부착할 경우에는 태극기의 건(☰)이 오른쪽에 오도록 부착한다. 외국기와 함께 부착할 경우 외국기를 우측에 부착한다. 깃면을 길게 늘여 부착할 경우 깃면의 하단부분은 흰색으로 하여 필요한 만큼 늘일 수 있다.

③ 봉(Batten)에 매달 경우

연회장 단상 천장에 부착된 봉(Batten)에 태극기만 게양할 경우 단상의 정중앙에 위치하도록 한다. 시상식에서 2개 이상의 국기를 동시에 게양할 경우 1위 국가의 국기를 정중앙에 타 국기보다 높게 게양하고, 시상대에서 보아 왼쪽에 2위 국기를, 오른쪽에 3위 국기를 게양한다.

④ 테이블 위에 놓을 경우

국기를 테이블 위에 놓을 때 단봉일 경우 각국 국기를 각국 테이블 앞에 놓으며, 교차시에는 앞에서 보아 태극기가 왼쪽으로 오도록 게양하고, 태극기의 깃대가 외국기의 깃대 앞쪽에 위치하도록 한다.

⑤ 외부에 게양할 경우

건물 밖 게양대에 국기를 게양할 경우에는 게양하는 국기의 숫자에 따라 게양방법이 달라진다. 국기봉이 2개 있는 경우는 국기만 달 경우는 밖에서 건물 쪽을 보아 왼쪽에 게양한다. 외국국기와 함께 게양할 경우 태극기는 왼쪽, 외국기는 오른쪽에 게양한다. 여러 국가의 국기를 게양할 경우 알파벳 순서로 세우되, 홀수일 경우 태극기를 중앙에, 짝수일 경우 맨 왼쪽에 게양한다.

[그림 7-13] 국기 게양방법

8. 레드 카펫(Red Carpet)

레드 카펫은 대통령이나 수상과 같은 국가의 수반 또는 이와 동등한 국제기관이나 단체의 장이 참석하는 매우 격이 높은 행사에만 사용된다. 레드 카펫은 호텔의 현관에서부터 연회장까지 설치해야 하기 때문에 각 호텔은 이 동선의 길이에 맞는 레드 카펫을 준비해 두어야 한다. 또 레드 카펫은 약혼식이나 회갑연 등 매우 경사스러운 행사의 헤드테이블과 결혼식의 웨딩마치에도 사용된다. 레드 카펫은 행사의 중요성 때문에 항상 깨끗해야 하며 카펫을 여러 개 포개어 보관하면 형태가 변형되므로 보관시에는 둥글게 말아 선반에 보관해야 한다. 카펫을 연결할 경우는 반드시 적색 테이프로 연결부위를 붙이고 바닥과 카펫의 끝부분도 테이프로 붙여 걸을 때 카펫이 밀리지 않도록 한다.

〈표 7-5〉 레드 카펫류

No	항 목	규 격(cm)	용 도
1	VIP Red Carpet(다수)	150×150, 300, 1000, 2000	VIP WELCOME CARPET
2	VIP Red Carpet	300×300	2인용(회갑연 헤드테이블용)
3	Platform Red Carpet	400×520	2인용(회갑연 헤드테이블용)
4	Platform Red Carpet	400×800	6인용(회갑연 헤드테이블용)
5	Stage Red Carpet	360×1,300	C.B.R STAGE용

9. 기타 장비(Other Equipments)

연회장에는 상기 장비 이외에도 매우 다양한 장비들이 필요하다. 이러한 장비가 없을 경우 행사에 상당한 지장을 초래할 수 있으므로 항상 구획된 장소에 보관하고 주기적으로 그 수량과 상태를 점검해야 한다. 특히 이동식 무대(Portable Stage)는 각 연회장에 수시로 설치하였다가 철수해야 하므로 사용방법을 숙지해야 한다.

[그림 7-14] Portable Stage를 설치하는 방법

1. Stage의 양쪽 다리를 잡는다.

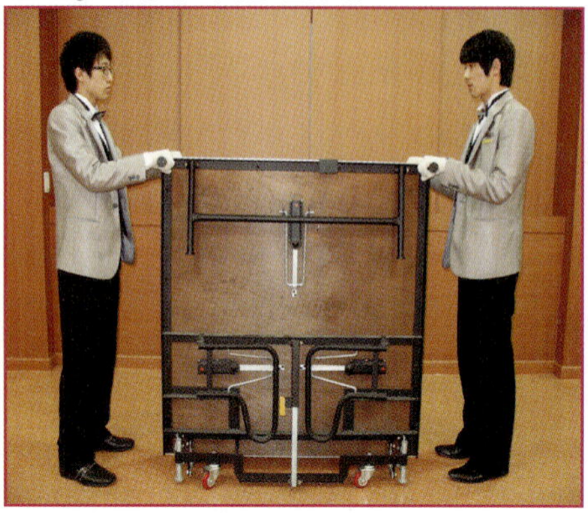

2. 접힌 노란 안전고리를 세워 잠김상태를 푼다.

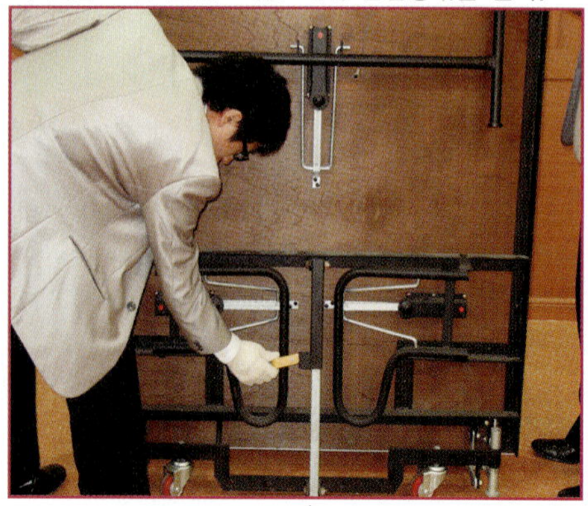

3. 윗부분의 안전덮개를 벗긴다.

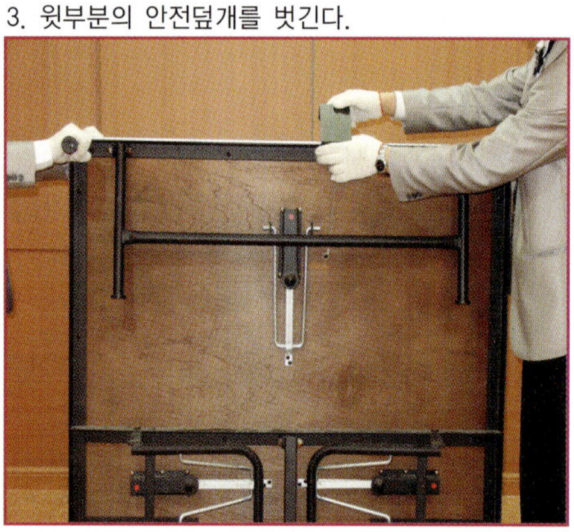

4. 뒤쪽 발판은 세운 채 앞쪽만 바닥으로 편다.

5. 앞쪽 발판을 바닥에 완전히 펴 고정한다.

6. 뒤쪽 발판도 바닥에 내려 편다.

〈표 7-6〉 연회장의 주요 기타 장비류

No	항 목	규 격(mm)	용 도
1	Shelf(선반 대, 소) 다수	1,880×600×1,800(1,200)	장비 및 기물 보관용
2	Ladder(사다리 대, 소)	H 5000, H 2,000	–
3	보면대	접이식	연주용
4	공구세트	종합 공구세트	–
5	벽시계	대, 중	연회장 복도(Foyer)용
6	Standing 재떨이	–	연회장 복도(Foyer)용
7	Hanger(대형 옷걸이)	–	고객 외투 보관용
8	Coat Tag Number	1~500번까지	고객 외투 보관용
9	Lottery Box(추첨함)	400×300×300	경품 추첨함
10	Dance Floor	922×922×24	간이 무대용
11	Portable Stage	1,200×2,400×200~1,800	간이 무대용(높이 조절형)
12	Coffee Urn	–	커피 보온용
13	Dish Dolley	–	접시 대량 운반용
14	Partition	–	칸막이용

[그림 7-15] 연회장의 주요 기타 장비

Dance Floor

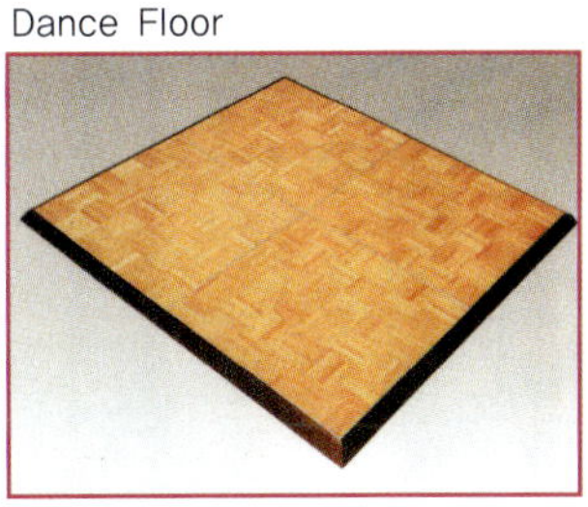

Portable Stage

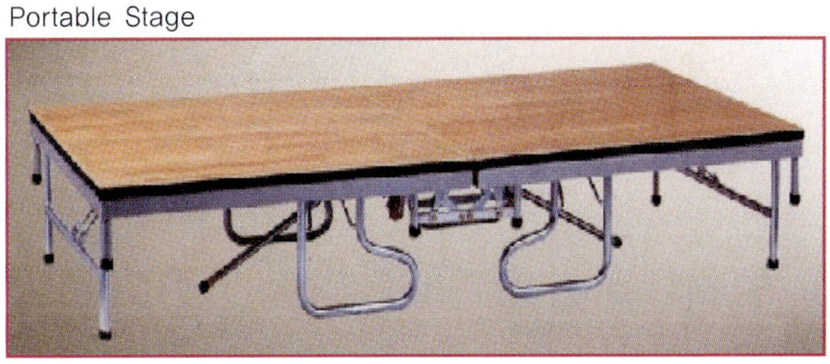

Coffee Urn

Dish Dolley

Partition

제3절 기물류(Ware)

기물류(Ware)는 연회장에서 고객의 식음료서비스를 위해 사용되는 모든 비품 및 집기를 통칭하는 용어이다. 연회장에서는 다양한 요리와 음료가 제공되기 때문에 사용되는 기물의 종류와 숫자가 대단히 많다. 따라서 모든 기물은 종류별로 구분하여 관리하지 않으면 안된다.

〈표 7-7〉 연회장 기물류

구 분	내 용
Chinaware	도자기로 만든 식기류로 음식을 제공하는 기본 용기
Flatware	Knife, Fork, Spoon 등 음식을 자르거나 떠먹는 금속기물류
Glassware	유리로 만든 잔 종류(Glass)로 주로 음료를 제공할 때 사용
Hollowware	와인바스켓, 촛대, 쟁반 등과 같이 고객서비스용 금속기물 주로 스테인리스강으로 만들며 금과 은으로 도금하기도 함
Utensil	주방에서 조리를 할 때 사용하는 기물로 주로 금속제임
Table-Top	식사테이블에 올려놓는 각종 소도구 및 장식용품
Bar Equipment	와인, 주스, 각종 주류를 제공할 때 사용하는 기물과 도구
Stonware	돌로 만들어진 각종 식기류
Woodenware	나무로 만들어진 기물류
Melamineware	Melamin과 Pvc계통으로 만들어진 기물

1. Chinaware

1) Chinaware의 분류

Chinaware는 점토를 주원료로 불에 구워 만든 그릇으로 우리나라에서는 도자기라고 한다. 도자기의 원래 의미는 도기와 자기의 합성어이지만, 현재는 흙으로 만든 모든 그릇을 지칭하는 말로 사용되고 있다. 도자기는 그 종류가 상당히 많아 여러 가지 기준에 의해 분류한다.

(1) 제작방법에 따른 분류

도자기는 굽는 온도에 따라 자기(Porcelain), 반자기(Semi Porcelain), 도기

(Pottery), 토기(Earthenware)로 분류하는데, 굽는 온도가 높을수록 그 온도에서 견디는 원료를 사용해야 한다.

① 자기(Porcelain)

자기(Porcelain)는 1,350~1,500°C의 고온으로 소성한 치밀한 경질도자기로서 흡수율이 거의 없고 투광성이 있으며 맑은 금속성 소리를 가진 고급 도자기이다. 고온에서의 소성을 견디기 위해서는 원료 점토도 다른 도자기에 비해 고급재료를 사용해야 한다. 강도가 강하므로 다른 도자기에 비해 얇고 가볍다.

② 반자기(Semi Porcelain)

반자기(Semi Porcelain)는 미국에서 발명되어 1927년부터 생산된 것으로 경화도기라고도 한다. 원료소지의 성분은 자기와 비슷하며 1차 소성 후 시유하여 1,180~1,280°C에서 2차 소성한다. 배색 도기와 자기의 중간적인 특징이 있으며 투광성은 없고, 두드리면 맑은 소리가 난다. 충분한 강도를 가지고 있고 가격도 자기에 비해 저렴하여 실용적이므로 레스토랑에서 많이 사용한다.

③ 도기(Pottery)

도기(Pottery)는 점토에 석영, 장석질 원료를 배합하여 성형 건조된 소지를 1,200~1,300°C에서 1차 소성한 후 채식하여 유약을 입히고 1,100~1,150°C로 2차 소성한 것으로 투광성이 없고 두드리면 둔탁한 소리가 난다. 흡수성이 있으며 충격에 약하므로 식기보다는 항아리와 같은 용기로 많이 사용한다.

④ 토기(Earthenware)

토기(Earthenware)는 보통품질의 점토를 600~800°C의 낮은 온도로 소성한 다공질 용기이다. 유약을 거의 사용하지 않으며 약 10~20%의 공기를 함유하여 흡수성이 높으므로 화분과 같은 용기에 주로 사용한다.

(2) 골회(Bone Ash)의 사용여부에 따른 분류

골회(Bone Ash)는 소의 뼈를 태워 가루로 만든 것으로 인산칼슘과 탄산칼슘이 많이 포함되어 있다. 본 차이나(Bone China)는 원료 점토에 골회를 섞어 만든 혼합 경질자기로 1800년경 영국에서 발명된 제조방법이다. 태운 소뼈가루를 45~50%, 고령토 20~25%, 풍화 화강암 25~30%를 섞어 만드는데 소뼈가루(Bone Ash)가 많이 들어갈수록 유백색이 강하며 투명도 및 강도가 증가된다. 따라서 얇고 가벼우며 보온성도 뛰어나다. 본 차이나에 대한 국제적인 규격은 없으나 미국은 25%, 영국은 30% 이상 소뼈가루(Bone Ash)를 사용해야 한다. 우리나라는 최고급 Bone China는 50% 이상 사용하나 일반적인 Bone China는 20% 정도를 사용한다.

(3) 채식의 위치에 따른 분류

도자기에 유약(Glaze)을 입혀 구울 때 도자기에 그린 채식이 어디에 위치하는가에 따라 Under-glaze, In-glaze, On-glaze(Over glaze)로 구분한다.

① Under-glaze

Under-glaze는 건조한 소지에 유약을 입히지 않고 800°C 정도로 초벌구이를 한 후, 그 위에 유상 채식료로 그림을 그리고 유약을 입혀 재벌구이를 하는 방법이다. 그림이 유약의 아래에 위치해 있어 하회채식이라고 하며 그림이 쉽게 닳지 않는 장점이 있으나 발색이 제한적이고 그림이 뚜렷하지 않은 단점이 있다. 주로 재벌구이로 제품을 완성하는 도기(Pottery)의 제작에 많이 사용된다.

② In-glaze

In-glaze는 유약을 입혀 2차소성(재벌구이)한 소지에 유상 채식료로 그림을 그린 후 투명 유약을 발라 2차소성 온도보다 낮은 온도에서 다시 소성하는 방법이다. 그림이 유약과 유약 사이에 있어 정교한 그림을 표현할 수 있고 쉽게 마모되지 않아 오랜 세월 동안 보존되는 장점이 있어 자기(Porcelain)나 본 차이나 등 고급 Chinaware의 제작에 이용되는 방법이다

③ On-glaze

On-glaze는 Over-glaze라고도 하며 우리나라에서는 상회채식이라고 한다. 유약을 입혀 초벌구이한 위에 유상의 채식료로 그림을 그린 후 초벌구이보다 낮은 700~900°C로 재벌구이를 한 것으로 발색은 자유로우나 표면이 거친 것이 단점이다. In-glaze에 비해 그림의 보존성이 조금 약하나 기술의 발달로 충분한 내

구성이 있으며 제작이 간편하고 전사지를 사용할 경우 똑같은 문양의 제품을 단기간에 대량 생산할 수 있는 장점이 있다.

(4) 패턴(Pattern)에 따른 분류

레스토랑에서는 여러 가지 크기와 용도의 도자기가 사용되는데 그 형태나 그림 및 디자인을 같은 것으로 사용하는 경우가 많다. 이와 같이 같은 형태, 그림, 디자인으로 만든 도자기들을 도자기의 패턴(Pattern)이라고 한다. 레스토랑에서 도자기를 패턴별로 구입하면 테이블 세팅, 음식서비스, 손망실에 따른 추가 구매시 편리할 뿐만 아니라 관리의 효율성도 높아진다. 따라서 대부분의 도자기 제작회사는 다양한 패턴의 도자기를 생산하며 패턴별로 고유의 명칭과 코드(Code)를 붙여 판매하고 있다.

(5) 용도에 따른 분류

용도에 따라 도자기를 분류하는 방법으로 레스토랑에서 가장 많이 사용하는 방법이다. 연회장의 식기는 용도별로 양식기, 한식기, 일식기, 중식기로 구분하여 사용된다. 가장 많이 사용되는 것은 양식기이며 다음으로 한식기가 많이 사용된다. 일식메뉴는 연회장에서 대량 판매하기에 적합하지 않기 때문에 도시락을 중심으로 판매된다. 중국요리는 연회장에서 많이 판매되나 음식제공에 사용되는 식기는 양식기를 사용하여도 무방하므로 대부분의 중식 연회는 양식기를 사용하고 있다.

(6) 코스에 따른 분류

일반적인 양식 정찬메뉴는 전채(Appetizer), 수프(Soup), 생선(Fish), 스테이크(Steak), 샐러드(Salad), 디저트(Dessert), 커피(Coffee or Tea)로 구성되어 있다. 양식기 제조회사들은 패턴별로 각 코스에 어울리는 식기를 생산하고 있으며 양식은 각 코스별로 다른 식기에 제공된다.

연회장에서 제공하는 한식은 모두 코스메뉴로 구성되어 있다. 행사가 시작되기 전에 각종 반찬과 양념류는 테이블에 미리 세팅되며 식사가 시작되면 각 코스별로 요리를 제공하게 된다. 연회장에서의 한식기는 메뉴에 따라 준비하지만 최고급 한식 메뉴를 제공할 때를 대비해 한식기 세트를 준비해 두어야 한다.

일식요리는 연회장의 특성상 코스메뉴로 하여 대량 판매하기가 쉽지 않다. 따라서 소규모 VIP행사에 한해 코스메뉴를 판매하며 대부분의 연회에서는 뷔페나 도시락으로 판매한다. 일식코스는 진미-전채-맑은 국-생선회-구이 요리-조림요리-초회-식사-과일-감미 순으로 진행되므로, 각 코스에 어울리는 식기를 준비해 두어야 한다. 또 각 코스의 메뉴를 어떻게 조리할 것인가에 따라 식기의 종류도 달라져야 하므로 매우 다양한 종류의 식기가 필요하다.

중국요리도 종류가 매우 다양하나 사용되는 식기의 종류는 상대적으로 매우 적다. 또 각 코스별로 양식기를 사용하여도 무난한 경우가 많다. 그러나 연회장에서는 서비스의 차별화를 위해 중국분위기가 나는 중식기를 사용하는 곳도 많다. 특히 중국요리는 대형접시에 요리를 담아 제공하기 때문에 각 요리에 어울리는 대형접시를 구비하는 것이 중요하다.

2) Chinaware의 제작방법

도자기의 제조방법은 도자기의 종류 및 제작회사에 따라 매우 다양하나 대규모 공장에서의 도자기 제조공정은 일반적으로 다음과 같다.

(1) 조분쇄(Jaw Crush)

원반형으로 만들어진 마른 원료 점토를 1차 분쇄하는 공정이다.

(2) 미분쇄(Ball Mill)

조분쇄된 가루를 볼밀(Ball Mill)에 적당량의 물과 여러 원료를 넣어 혼합하며 곱게 분쇄하는 공정이다.

(3) 탈철(Magnetic Seperator)

혼합되어 분쇄된 소지토에서 철분을 제거하는 공정이다.

(4) 여과(Vibrating Sieve)

탈철된 소지토에서 수분을 탈수하여 성형하기 알맞은 상태의 수분만 함유되도록 하는 공정이다.

(5) 진공토련(Vacuum Press)

탈수된 소지토에 섞여 있는 공기를 제거하여 도자기를 성형할 소지토를 최종적으로 만드는 공정이다.

(6) 성형(Forming)

도자기의 형태를 만드는 공정으로 아래와 같은 방법이 사용된다.

① 물레성형(Rotary Moulding)

우리나라, 중국, 일본에서 사용해 온 전통적인 성형방법으로 물레를 돌려가며 손으로 빚어 성형하는 방법이다. 현재도 전통도자기 제조시 많이 사용하고 있다.

② 주입성형(Casting)

굴곡이 많은 용기의 제작시 사용하는 방법이다. 소지토를 아주 묽게 하여 크림형태로 만든 것을 이장(Slip)이라고 하며, 이 이장(Slip)을 석고 틀에 부으면 석고 틀에 원료가 흡착되면서 수분이 증발하여 서서히 틀 모양이 생기게 된다. 형태가 완성되면 성형된 안에 남아 있는 이장을 쏟아버리고 다듬어 성형을 완성하는 방법이다.

③ 압착성형(Pressing)

적당한 수분을 함유한 소지토를 압착기로 눌러 성형하는 방법으로 대량생산에 적합하다. 현재 대부분의 접시와 컵 등은 압착성형에 의해 만들어진다.

(7) 건조(Drying)

성형이 끝난 소지토에 남아 있는 수분을 건조시키는 공정으로 소성(불에 굽기)에 필요한 강도를 확보하고 소성시 수분과다로 인한 찌그러짐을 방지하기 위해 건조한다. 건조는 자연건조, 건풍분사 건조, 열풍건조 등 다양한 방법이 있다. 건조된 기물을 Greenware라고 한다.

(8) 1차 소성(Biscuit or Bisque Firing)

초벌구이, 애벌구이 또는 겉구이라고도 하며 건조된 소지를 처음 불에 굽는 과정이다. 초벌구이를 하지 않은 기물을 높은 온도로 구우면 형체가 뒤틀리고 강도가 약하며, 유약을 발라 소성할 경우 금이 가기 쉽다. 따라서 시유 후 재벌구이를 위해서 반드시 1차 소성을 한다. 대개 자기(Porcelain)나 반자기(Semi Porcelain)는 800~900°C로 1차 소성하고, 도기(Pottery)는 1,100~1,250°C로 1차 소성을 하나, 최근에는 제작기술의 발달로 자기나 반자기의 1차 소성을 1,100~1,300°C로 하는 경우도 많다.

(9) 선별 및 연마(1st Grading & Grinding)

1차 소성된 소지를 그라인더로 표면을 곱게 갈아 다듬고 갈라진 것이나 뒤틀린 것을 선별하는 공정이다.

(10) 시유(Glazing)

유약(Glaze)을 소지에 입히는 것을 시유(Glazing) 또는 유약칠이라고 한다. 시유는 소지표면에 광택을 주어 아름답게 할 뿐만 아니라 흡수성을 없애 물이나 화학성분에 대한 내구성을 증진시키고, 표면을 매끄럽게 하여 오염을 방지하는 역할을 한다. 또 다양한 발색성분을 넣어 채색용으로도 사용한다. 유약을 소지에 입혀 소성할 때 유약과 소지의 수축률이 다르면 표면에 잔금이 가거나 유약이 떨어져 나간다. 유약은 소지를 건조한 후 바로 입히기도 하고, 1차 소성을 한 후 입히기도 한다. 유약을 입히는 방법은 전통적으로 유약통에 소지를 담가 입히는 방법이 사용되어 왔으나 최근에는 대량 제작시 스프레이로 유약을 분사하는 방법이 주로 이용되고 있다.

(11) 2차 소성(Glaze Firing)

2차 소성은 광택구이 또는 본 구이(Glost Fire)라고도 하며 유약을 입힌 소지를 2차로 굽는 과정이다. 일반적으로 자기나 반자기는 1차 소성 온도보다 높은 1,250~1,410°C에서 2차 소성을 하나, 1,300°C의 고온으로 1차 소성한 경우는 이보다 낮은 1,130~1,150°C에서 18시간 정도 2차 소성을 하는 경우도 있다.

(12) 2차 선별(2nd Grading & Grinding)

2차 소성된 기물을 Whiteware라고 하며, 이 기물의 표면을 곱게 갈아 다듬고 갈라진 것이나 뒤틀린 것을 선별하는 공정이다.

(13) 채식(Decoration)

2차 선별된 소지에 직접 그림을 그리거나(Painting), 스프레이로 색칠하거나(Spraying), 전사지를 붙여(Printing) 채색을 하는 공정으로 화공공정이라고도 한다. 그림을 어디에 그리는가에 따라 Under-glaze, In-glaze, Over(On)-glaze, 전사지를 사용한 색소지 방법이 있다.

(14) 3차 소성(In-glazing or Decorating Firing)

3차 소성은 2차 소성된 소지에 그림을 그리거나 전사지를 붙여 그림이 도자기에 융착되게 하는 공정으로 채식구이(Decoration Fire)라고도 한다. 2차 소성된 소지에 유상 채식료로 그림을 그린 후 2차 소성온도보다 낮은 온도에서 녹는 유약을 칠해 소성하는 방법을 In-glaze라고 하고, 2차 소성된 소지에 유상 채식료로 그림을 그린 후 바로 소성하는 방법을 Over(On) glaze라고 하며, 그림이 그려진 전사지를 2차 소성된 소지에 붙여 소성하는 방법을 색소지 소성이라고 한다. 3차 소성은 1,200°C가 넘는 고온에서는 발현할 수 있는 색깔이 많지 않아 대부분 700~900°C의 낮은 온도에서 이루어진다. 700~900°C에서는 거의 모든 색깔을 구현할 수 있기 때문에 채식구이는 대부분 이 온도에서 약 5시간에 걸쳐 이루어진다.

(15) 수금 채식(Liquid Gold Decoration)

3차 소성이 끝나면 상품이 완성되나 필요에 따라서는 금이나 은으로 테두리를 하거나 장식을 하기도 한다. 수금채식은 상회채식의 일종으로 금과 파라디움을 용해시킨 액체에 벤졸로 농도를 조절하여 붓으로 그리거나 스프레이로 채식해 소성한다. 또 실크스크린이나 전사기법을 응용하여 채식하기도 한다. 수금은 매우 비싸기 때문에 고급 식기의 선 장식과 부분적인 장식에만 사용한다.

(16) 4차 소성

4차 소성은 3차 소성보다 낮은 온도에서 실시한다. 약 800°C로 소성하면 금만 도자기에 남게 된다. 필요에 따라서는 5차, 6차의 소성을 하는 경우도 있다.

(17) 검사(Inspection)

모든 공정이 끝난 제품을 최종적으로 검사하는 공정이다.

(18) 포장(Packaging)

검사가 끝난 제품은 파손이 되지 않도록 다양한 방법으로 포장하여 상품으로 판매하게 된다.

[그림 7-16] Chinaware 제조공정도

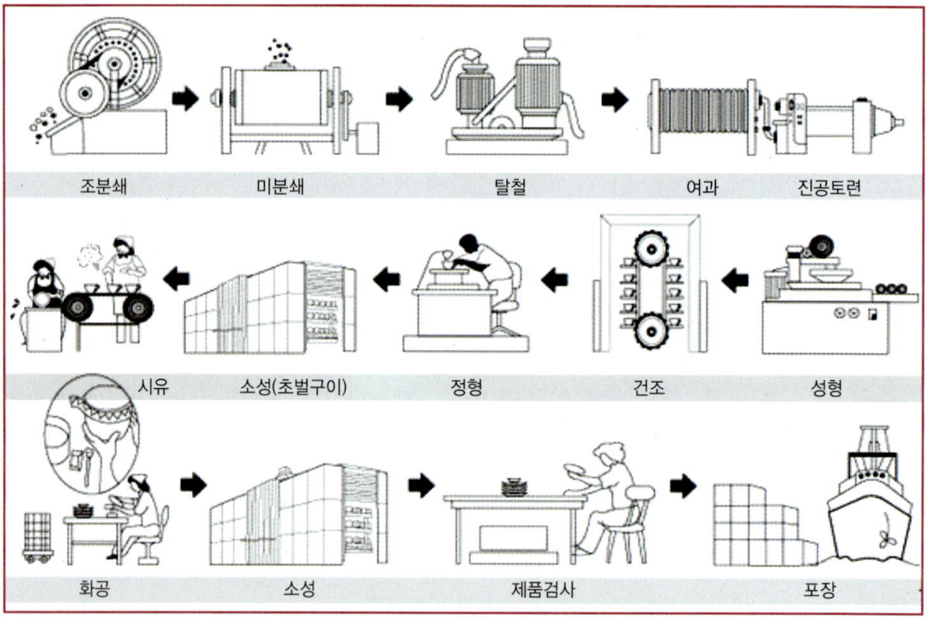

3) 양식 Chinaware(양식기)의 종류

연회장에서는 양식, 한식, 일식, 중식 등 다양한 메뉴가 제공된다. 이런 메뉴를 제공하기 위해서는 다양한 Chinaware가 사용되나 가장 많이 사용되는 것은 양식기이다. 주요한 양식기는 다음과 같다.

(1) 접시류(Plate)

일반적으로 접시는 바닥이 깊지 않은 형태로 Dish, Plate로 불리며 대형 접시는 Platter라고 한다. 접시는 음식을 담는 기본적인 기물로 국가별, 요리별로 다양한 종류가 있어 음식을 제공하는 데 편리할 뿐만 아니라 음식을 돋보이게 하는 역할도 한다. Plate는 호텔이나 레스토랑과 같은 업소용과 가정용으로 생산되는데 호텔이나 레스토랑용은 파손을 줄이기 위해 접시의 테두리가 약간 두껍고, 여러 개를 포갤 수 있도록 바닥에 테두리가 있다. 가정용은 접시의 테두리가 얇고 여러 개를 쌓아놓지 않아도 되므로 밑바닥에 테두리가 없는 것이 많다. 접시의 형태는 매우 다양하나 원형접시가 가장 많이 사용된다. 연회장에서 사용하는 접시의 크기는 각 코스별로 고급 양식당보다 한 단계 작은 식기를 사용한다. 특급호텔의 양식당에서 사용되는 주요 식기를 코스별로 살펴보면 다음과 같다.

① 쇼 플레이트(Show Plate)

Show Plate는 테이블 세팅시 세팅의 중심에 놓이는 접시이다. 테이블 세팅을 아름답게 하며 그 식당의 품격을 높여주기 때문에 고급 양식당에서는 기본적으로 사용한다. 이러한 의미에서 악센트 플레이트(Accent Plate)라고도 하며, 음식서비스가 시작되면 치우기도 하나 Show Plate를 그대로 두고 각 코스별 요리접시를 Show Plate 위에 놓는 기본접시(Underliner)로 사용하기도 한다. 대개 그 레스토랑을 상징하는 로고나 그림으로 장식된 경우가 많으며 주석이나 청동 같은 금속으로 만들기도 한다.

② 전채 접시(Appetizer Plate)

전채는 양식의 첫 코스에 제공되는 식욕촉진요리로 양은 적으나 화려한 것이 특징이다. 따라서 충분한 시각적 효과를 얻기 위해서 너무 작은 접시를 사용하지 않는 것이 좋다. 보통 지름 27~30cm가 많이 사용되며 주요리 접시(Main Plate)보다 지름이 작다.

③ 수프 접시(Soup Plate)

수프는 크림수프(Cream Soup)와 같이 걸쭉한 수프와 콩소메(Consomme)와 같이 묽은 수프가 있다. Soup Plate는 Cream Soup과 같이 걸쭉한 수프를 제공할 때 사용되는 바닥이 약간 깊은 접시이다. 따라서 Soup Plate Deep, 또는 Deep Plate라고도 하며 볼(Bowl) 형태의 Plate와 구별하기 위해 Soup Plate Plain이라고도 한다. 보통 지름 23~25cm의 크기가 많이 사용된다.

④ 생선 접시(Fish Plate)

생선 접시는 생선요리의 모양에 따라 원형(Round Plate)과 타원형(Oval Plate)이 사용된다. 일반적으로는 원형을 사용하나 생선이 통째로 제공될 경우에는 타원형을 사용한다. 생선이 주요리인 경우 메인 접시를 사용하기도 하며, 생선코스 다음에 주요리가 있을 경우는 메인 접시보다 작은 것을 사용한다. 또 생선이 뼈째로 제공될 경우 뼈를 발라놓을 만큼 충분한 공간이 있어야 하므로 메인 접시를 사용해야 한다.

⑤ 주요리 접시(Main Plate)

주요리는 양식 코스메뉴의 중심요리이므로 그 양이 가장 많고 예술적이므로 접시도 요리의 양과 예술성을 표현하기에 알맞은 모양과 크기가 되어야 한다. 주요리는 보통 스테이크 형태의 육류가 일반적이나 생선 또는 조류가 되기도 한다. 메인 접시는 Dinner Plate, 또는 Service Plate라고도 하며 지름 30~33cm가 많이 사용된다.

⑥ 디저트 접시(Dessert Plate)

디저트는 그 양이 적기 때문에 일반적으로 작은 접시를 사용하나 디저트의 종류에 따라 그 크기가 변한다. 보통 지름 22~25cm가 많이 사용된다.

⑦ 빵 접시(Bread & Butter Plate)

빵 접시는 식사시 제공되는 빵과 버터를 올려놓는 접시로 약칭으로 B/B Plate라고 하며 식탁에서 가장 작은 접시이다. 보통 지름 15~18cm가 사용된다.

(2) 볼류(Bowl)

볼(Bowl)은 국그릇 모양으로 홈이 깊게 들어간 식기류이다. 볼(Bowl)은 액체상태 또는 평평한 접시에 담았을 때 먹기가 불편한 음식을 제공할 때 사용한다.

① 시리얼 볼(Cereal Bowl)

오트밀(Oatmeal)이나 각종 플레이크(Flake)를 제공할 때 사용하며 보통 지름 15~18cm가 많이 사용된다. Fruit Cocktail 또는 포도와 딸기같이 접시에 제공하기 어려운 과일을 제공할 경우에도 사용한다.

② 수프 볼(Soup Bowl)

Soup Bowl은 Soup Plate보다 홈이 더 깊이 파인 접시이다. Soup Plate Plain과의 구별을 위해 Soup Plate Coupe라고도 한다. Soup Plate와 마찬가지로 크림 수프류를 제공할 때 사용하며 주로 지름 20~23cm가 사용된다.

③ 샐러드 볼(Salad Bowl)

샐러드는 여러 가지 야채를 섞어 잘게 잘라 볼(Bowl)에 담아 제공하는 것이 일반적이다. 그러나 과일샐러드 또는 치즈와 함께 샐러드를 제공하는 경우는 Plate를 사용한다. 샐러드를 코스요리에 제공할 경우 그 양이 많지 않으므로 보통 지름 20cm의 볼(Bowl)을 사용하나 샐러드를 주요리로 제공할 경우에는 25~27cm를 사용한다.

(3) 컵류(Cup)

컵은 손으로 잡을 수 있도록 손잡이가 달려 있는 식기류이다. 컵으로 식음료를 제공할 경우 반드시 밑받침(Saucer 또는 Underliner)을 함께 제공해야 한다.

① 수프컵(Soup Cup)

손잡이가 달려 있는 수프용 컵이다. 손잡이가 달려 있다는 것은 들어서 마실 수 있다는 것을 의미하므로 Consomme와 같이 맑은 수프를 제공할 때 주로 쓰인다. 수프컵의 크기는 수프 1인분인 8온스(Ounce), 즉 240ml를 담을 수 있어야 하므로 보통 300~400ml의 크기로 제작된다.

② 커피컵(Coffee Cup)

커피컵은 일반적인 커피를 제공하는 컵(Regular Cup)과 식후에 에스프레소 커피(Espresso Coffee)를 제공하는 데미타스컵(Demi Tasse Cup)이 있다. 호텔용 커피컵은 포갤 수 있도록 컵의 밑에 턱이 있으며 가정용은 대부분 포개기가 어렵게 되어 있다. 커피 한 잔의 용량은 6온스(6Ounce, 180ml)이며 Demi Tasse Cup의 용량은 3온스(90ml)이다. 우리나라에서는 커피컵과 티컵(Tea Cup)을 함께 사용하는 것이 보통이나 영국에서는 커피컵은 원기둥 모양의 컵을 사용하고 티컵은 옆이 와인잔 모양으로 둥근 형태의 컵을 사용한다.

(4) 포트류(Pot) 및 일반도구류(Generic Item)

① 포트류(Pot)

포트(Pot)는 단지, 주전자, 항아리형 도구로 국물이 있는 음식이나 음료 및 소스류를 담을 때 사용된다. 포트류에는 커피포트(Coffee Pot)와 티포트(Tea Pot), 냄비류(Casserole), 소금과 후추포트, 각종 소스류를 담는 소스보트(Sauce Boat), 우유나 크림 등을 담는 저그(Jug), 설탕을 담는 슈거볼(Sugar Bowl) 등이 있다.

우리나라에서는 커피포트와 티포트를 구분하지 않는 경우가 많으나, 유럽에서는 거의 분리해 사용하며 티포트는 커피포트에 비해 낮고 둥근 형태로 제작된다.

Soup Tureen은 많은 양의 수프를 담아 국자(Ladle)로 떠서 제공할 때 사용하는 용기이다. 대개 용량이 3리터 정도이므로 수프를 담았을 때 상당히 무거워 취급이 용이하지 않고 가격도 대단히 고가이며 파손의 위험도 높으나 매우 품위 있는 서비스를 연출할 수 있다. 따라서 일반 연회에서는 스테인리스제를 사용하며 소규모 인원의 최고급 연회에 한해 사용한다.

소금과 후추포트는 Salt & Pepper Set로 더 많이 불리며 일반 연회에서는 여러 사람이 사용할 수 있도록 용량이 큰 것을 테이블당 1~2세트 올려놓으나 VIP연회에서는 용량이 작은 1인용 세트를 각 고객마다 세팅하여야 한다. 소금포트와 후추포트는 모양이 똑같으나 포트의 구멍수가 적은 것을 소금포트로 사용한다.

저그(Jug)는 커피크림이나 우유를 담는 용기이다. 슈거볼(Sugar Bowl)은 설탕을 담는 용기로 가루설탕이나 포장하지 않은 각설탕은 뚜껑이 있는 것을 사용하고 뚜껑이 없는 것은 종이로 포장한 각설탕을 담을 때 사용한다.

② 일반 기물류(Generic Item)

일반 기물류는 식음료서비스에 필요한 각종 부수적인 기물로 주요리 서비스시 뜨거운 야채를 별도로 담아 Main Plate 옆에 서브하거나, 주요리와 샐러드를 함께 제공할 때 샐러드용으로 사용하는 크루아상 샐러드 접시(Crescent Salad Plate), 재떨이(Ash tray), 버터를 담는 Butterchip, 꽃꽂이용 Single Vase(Flower Vase, Bud Vase), 계란컵(Egg Cup, Egg Stand) 등이 있다.

[그림 7-17] Chinaware의 종류

4) 한식 Chinaware(한식기)의 종류

우리나라의 요리는 매우 역사가 깊고 그 종류도 다양하다. 한식기는 이러한 한식요리에 가장 잘 어울리는 형태로 발전되어 왔다. 따라서 한식요리를 격식 있게 제공하기 위해서는 밥공기와 국사발, 간장과 초장을 담는 초장기, 각종 양념류나 젓갈, 조림을 담는 종지류, 죽 및 각종 반찬을 담는 볼(Bowl)류, 반찬이나 요리를 담는 접시류, 생선구이용 접시, 국수와 같은 면을 담는 면기류, 찌개와 탕을 담는 탕기류, 차를 마시는 데 필요한 다기류, 약주를 마시는 데 필요한 주기류, 신선로, 기타 특별요리에 제공되는 한식기를 고루 갖추어야 한다. 그러나 모든 요리에 어울리는 식기를 모두 갖추는 것은 비효율적이므로 각 연회장의 형편과 메뉴의 수준에 따라 한식기를 구비해야 한다.

(1) 공기

공기는 윗부분이 밑부분보다 약간 넓게 만들어진 식기를 말한다. 공기는 주로 밥을 담을 때 사용한다. 연회장에서 밥공기는 가능한 뚜껑이 있는 반상기용 공기를 사용한다.

(2) 탕기

탕은 국의 높임말이다. 따라서 메뉴에서는 '밥과 국'보다 '진지와 탕'으로 표시하는 것이 좋다. '진지와 탕'을 제공할 때 쓰이는 탕기는 작아야 하고, 갈비탕 등 일품요리를 제공할 때 쓰이는 탕기는 커야 하므로 탕기는 2가지 이상을 구비한다.

(3) 종지

간장이나 고추장 등을 담아 놓은 작은 용기로 소완이라고도 한다. 뚜껑이 있는 종지를 조금 더 크게 만들어서 각종 찬을 담으면 식탁의 품위를 높이고 위생적이므로 많이 사용하고 있다.

(4) 합

합은 둥글넙적하고 그리 높지 않은 뚜껑이 있는 식기이다. 여러 가지 용도로 사용하며 특히 각종 죽이나 더운 찜요리 등을 제공할 때 사용한다.

(5) 면기

면기는 국수와 냉면 등 면류를 제공할 때 사용한다. 일반적으로 면기는 용량이 크나 코스요리로 제공되는 냉면은 작은 면기를 사용한다. 면기는 막국수, 비빔국수, 비빔냉면, 메밀국수 등에 사용한다.

(6) 접시

접시는 전, 구이, 생선구이, 편육 등 물기가 흐르지 않는 각종 요리를 제공할 때 편리하게 사용된다. 원형, 정사각형, 직사각형, 타원형이 있으며 이것을 필요에 따라 대, 중, 소로 구별하여 사용한다.

(7) 쿠페(Coupe)

탕기와 접시의 중간 형태로 가운데 부분이 약간 깊게 만들어져 있다. 원형, 사각형이 있으며 마른 찬이나 물기가 많은 나물 등에 사용한다.

(8) 수저받침

한식은 주식인 밥과 부식인 반찬이 구별되어 있다. 따라서 숟가락과 젓가락을 반드시 함께 세팅해야 한다. 수저받침은 식사시 수저를 위생적으로 다룰 수 있게 하고, 테이블클로스에 반찬 자국이 얼룩지는 것을 막아 미관을 좋게 한다.

(9) 찜기

찜기는 갈비찜을 비롯한 각종 찜요리를 담아 제공할 때 사용되는 용기이다. 갈비찜은 연회 메뉴에서도 인기 있는 메뉴로 작은 찜기에 1인분씩 담아 제공하므로 대형 찜기는 거의 사용하지 않는다. 대형 찜기는 일부 VIP 행사시 고객테이블 앞에서 분위기 연출을 위해 사용하며 제공시는 1인용 찜기에 담아 제공한다. 1인용 찜기가 없는 경우 합을 이용한다.

(10) 전골냄비

전골은 식탁 옆에 곁상을 두고 전골냄비에 재료를 넣어 육수를 부어 바로 끓여 제공하는 음식이다. 전골은 국물이 적은 음식이며 국물을 많이 넣어 주방에서 끓여 낸 것은 찌개라고 한다. 조치는 찌개의 높임말이다. 전골은 서비스의 편의상 식탁 위에 전골냄비를 올려놓고 손님들이 즉석에서 요리를 해 먹기 때문에 연회장에서는 전골냄비를 거의 사용하지 않는다.

(11) 뚝배기

뚝배기는 주로 찌개(조치)를 끓여 낼 때 사용하는 용기이다. 한식당에서 찌개는 대개 뚝배기에 끓여 테이블에 올려놓고 여럿이 함께 먹으나 연회장에서는 작은 탕기나 합에 1인분씩 담아 제공하므로 뚝배기는 거의 사용하지 않는다.

(12) 다기세트

다기세트는 차를 우려마시기 위한 도구로 다구라고도 한다. 다기는 차를 따르는 주전자인 다관, 뜨거운 물을 적당히 식혀 다관에 넣을 때 사용하는 사발인 숙우, 차를 따라 마시는 찻잔 및 찻잔받침인 차탁, 가루차를 마실 때 사용하는 다완, 가루차를 저을 때 사용하는 거품기인 다선, 다기를 올려놓는 찻상, 다기를 옮기거나 차를 제공할 때 사용하는 쟁반인 다반, 찻상과 다반 위에 까는 천인 다포 등 다양한 도구로 구성된다. 연회장에서는 이러한 다기를 풀세트(Full Set)로 갖추어 차를 서브할 수 없으므로 소규모 VIP행사에만 다관과 찻잔을 사용하여 서브하고 대부분의 연회는 일반 커피잔에 티백(Tea Bag)을 넣어 차 서비스를 한다.

(13) 주기세트

주기세트는 청주나 약주를 담아 서브할 때 사용하는 주전자와 잔이다. 주기세트의 주전자는 대부분 고가이고 파손위험이 크며 관리가 불편하기 때문에 소규모 VIP 행사에서 사용한다. 일반 연회에서는 약주와 잔만을 테이블 위에 올려놓는 경우가 대부분이다.

(14) 반상기

반상은 밥을 주식으로 하는 형식의 상차림이다. 반상은 밥, 탕, 김치, 조치(찌개), 양념종지 등 기본식과 반찬 및 후식으로 이루어진다. 반찬의 수는 뚜껑 있는 반찬 그릇인 쟁첩과 접시의 숫자만을 말한다. 반찬의 숫자를 첩수라고 하며 첩수에 따라 3첩 반상, 5첩 반상, 7첩 반상, 9첩 반상, 12첩 반상으로 나뉜다. 12첩 반상은 수라상이라고 하여 임금님에게만 제공되는 반상이다. 연회장에서는 일반적으로 3~7첩 반상이 제공되며, 이때 사용하는 식기는 같은 문양과 색깔로 만들어진 반상기세트를 사용한다.

[그림 7-18] 주요 한식기(Chinaware)

5) 일식기(Chinaware)의 종류

일본열도는 북동에서 남서로 대단히 길고, 높은 산과 사면이 바다로 둘러싸인 지형으로 인해 각 지역별로 독특한 요리가 발달하였다. 또 지역별로 기후가 다르고 사계절에 걸쳐 생산되는 식재료가 다양하여 계절의 맛을 살린 계절요리도 발달하였다. 일본요리는 특히 해산물요리가 매우 풍부하고 색채와 모양이 아름다우며 향미(향기, 혀끝 감촉, 씹는 맛)가 뛰어난 특징이 있다. 따라서 이러한 요리를 담는 식기도 계절에 따라, 지역에 따라, 심지어는 요리사에 따라서도 각자 다른 식기를 사용할 정도로 다양하다. 연회장에서 일식요리는 아침에 제공되는 조정식 세트와 뷔페에 제공되는 각종 회 및 초밥, 그리고 대규모 연회에 많이 제공되는 도시락이 주된 메뉴이다. 일식요리는 생선회와 초밥같이 신선도가 요구되는 메뉴가 많아 사전에 대량으로 만들어 놓을 수 없기 때문에 대규모 연회에서는 거의 제공되지 않고 소규모 VIP연회의 경우에만 제공된다.

연회장에서 일식요리는 코스메뉴로 만들어 제공되며 이를 회석요리(가이세키요리)라고 한다. 연회장에서 회석요리를 제공할 경우 일식당과 같이 모든 요리에 어울리는 식기를 준비하는 것은 비용과 관리측면에서 바람직하지 않다. 따라서 연회장에서는 주요 요리별로 기본적인 식기만 준비한다. 회석요리는 가격에 따라 여러 가지가 제공되며 가장 고급의 회석요리시 필요한 코스별 식기는 다음과 같다.

(1) 先付(さきすけ) 그릇

사키스케는 고바치(小鉢; ごばち)라고도 하며 일식에서 가장 먼저 제공되는 소품요리이다. 따라서 식기가 아주 작고 깊이가 있으며 디자인과 색깔이 아름답다.

(2) 前菜(ぜんさい) 그릇

젠사이요리는 회석요리의 입맛을 돋우기 위해 제공되는 간단한 요리로 양이 적으며 맛이 다른 것을 몇 가지 제공하게 된다. 따라서 전채요리의 그릇도 작고 요리별로 다른 것을 준비한다.

(3) 吸物(すいもの) 그릇

스이모노는 다량의 국물에 소량의 고형식품을 넣은 장국이다. 장국은 대표적 장국인 미소시루를 비롯해 조개국 등 다양하다. 밥그릇과 장국그릇은 가능한 같은 패턴을 사용하는 것이 좋다.

(4) 刺身(さしみ) 그릇

사시미는 생선회로 쓰쿠리(造り; つくり) 코스에 제공된다. 쓰쿠리는 육회도 포함되나 생선회가 대표적이다. 사시미를 제공할 경우 1인분씩 제공할 경우에는 도자기 그릇을 쓰지만 많은 양을 함께 제공할 경우 전용 식기를 사용한다. 사시미 전용 대형 도자기나 나무로 만든 사시미 받침에 아름답게 장식하여 제공하면 시각적 효과가 크므로 다양한 사시미 용기를 준비하는 것이 좋다.

(5) 초장그릇

사시미를 제공할 때 함께 제공하는 간장, 고추냉이(와사비), 초장을 담는 그릇이다. 낱개로 만들기도 하며 간장과 초장을 담을 수 있도록 2구 또는 3구를 붙여 만든 것이 있다.

(6) 燒物(やきもの) 그릇

야키모노는 구이요리로 생선구이가 대표적이다. 따라서 그릇도 생선을 올리기 편리하게 좁고 긴 타원형 또는 직사각형으로 만들어져 있다.

(7) 煮物(にもの) 그릇

니모노는 졸임요리로 국물이나 소스가 밖으로 흘러내리지 않도록 그릇 가운데가 깊어야 한다. 대부분 뚜껑이 있는 공기형태의 그릇을 사용한다.

(8) 蒸し物(むしもの) 그릇

무시모노는 증기로 찐 찜요리이다. 대부분 담백한 맛이 특징이며 흰살생선, 닭고기, 계란, 조개, 야채찜 등이 있다. 계란은 컵모양의 그릇에 담아 찌며 부피가 있는 생선이나 닭찜은 니모노 그릇이나 중형 볼(Bowl)을 사용한다.

(9) 酢物(すのもの) 그릇

스노모노는 초를 주로 하여 생선, 야채, 어패류, 조수육을 버무려 양념한 초회로 새콤한 맛이 입안을 개운하게 한다. 따라서 스노모노 접시는 소형 볼(Bowl) 형태의 낮은 그릇을 사용하면 편리하다.

(10) お食事(おしょうくじ) 그릇

오쇼쿠지는 밥과 초밥(스시), 면류 중 선택을 받아 제공된다. 고항(御飯; ごはん)은 밥의 높임말로 쌀밥, 밤밥, 굴밥, 천연송이밥, 죽순밥 등 다양하다. 다른 밥그릇은 쌀밥그릇과 다른 종류를 사용한다.

초밥은 스시(壽司; すし)로 불리며 생선회와 함께 일본요리를 대표하는 음식이다. 따라서 스시를 お食事코스에 포함시키지 않고 별도로 추가한 코스의 회석요리도 많다. 스시는 개인별로 제공되기도 하나 여러 가지 스시를 넓은 도자기에 함께 담으면 다양한 모양과 색깔로 인해 시각적 효과가 매우 크므로 가능한 다양한 스시그릇을 준비하는 것이 좋다.

면류는 메밀국수와 우동 등이 있으나 회석요리에서 제공하는 것은 대부분 메밀국수이다. 메밀국수는 국수와 국물을 따로 제공해야 하기 때문에 그릇에 메밀면과 고명을 넣어 서브한 다음 나중에 국물을 부어 서브한다. 일식당이나 VIP연회에서는 메밀국수를 전용 받침에 올려 제공하고 무즙, 다진 파, 김조각, 겨자는 한 쟁반에 담아 고객이 선택하여 넣도록 한다.

(11) 果物(くたもの)와 甘味(あまみ) 그릇

계절과일인 구다모노와 단맛의 디저트인 아마미는 그때그때 재료와 어울리는 그릇을 사용한다.

(12) 鍋べ物(なべもの) 그릇

나베모노는 우리나라의 전골과 비슷한 냄비요리이다. 냄비에 육수를 넣고 끓이며 각종 야채, 어패류, 육류를 넣어 익혀 먹는 즉석요리이다. 이 중 우리나라의 전골과 유사한 것은 스키야키(すきやき)라고 하며 끓는 육수에 다양한 재료를 넣어 살짝 익혀 먹는 것을 샤부샤부(さゃぶさゃぶ)라고 한다. 따라서 나베모노는 일반 냄비와 샤부샤부용 무쇠냄비가 필요하나 연회장에서 나베모노는 거의 제공되지 않는다.

[그림 7-19] 일식기(Chinaware)

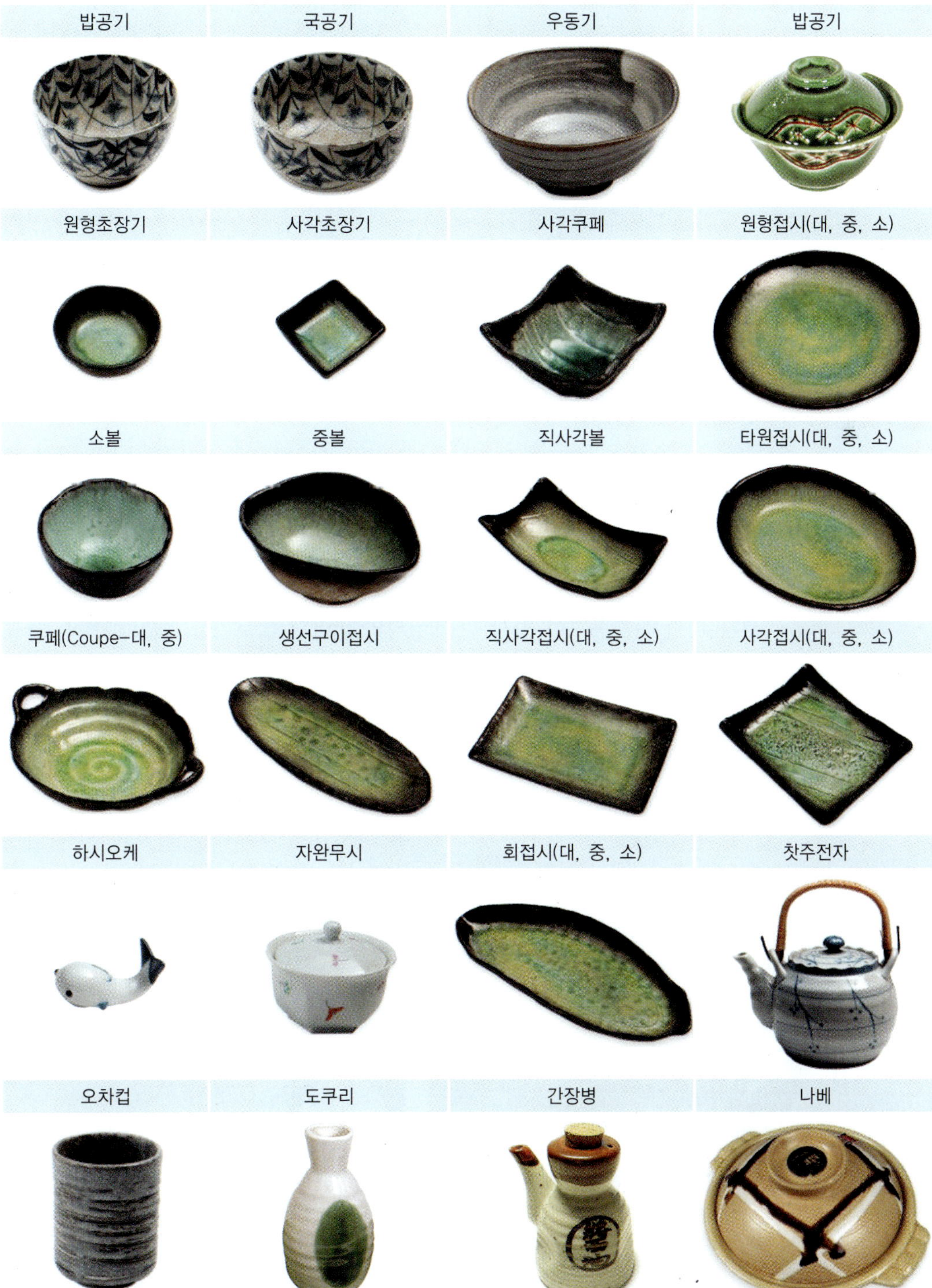

6) 식기의 취급방법

호텔에서는 일반적으로 식음료 총매출액의 0.5%까지의 기물 손망실(Lost & Damage)을 정상적인 것으로 인정하고 있다. 그러나 체계적으로 기물관리를 잘 하는 호텔들은 대개 0.2~0.3%의 손망실을 보이고 있다. 손망실의 대부분은 파손이며 파손의 70~80%는 세척시 발생하는 것으로 나타나고 있어 이에 대한 교육이 필요하다. 특히 식기는 파손의 위험이 크고 가격도 고가여서 손망실 금액의 큰 비중을 차지하고 있다. 따라서 손망실을 줄이기 위해서는 아래와 같은 사항에 유의하여야 한다.

(1) 식기의 운반방법

가) 접시를 드는 방법

① 손으로 접시를 잡는 방법에는 2개, 3개, 4개를 잡는 방법과 여러 개를 한 번에 잡는 방법이 있는데, 접시의 테두리(Rim) 안쪽으로 손가락이 절대 들어가지 않도록 잡아야 한다.

② 요리가 담긴 접시를 잡을 때에는 맨 먼저 잡은 접시를 왼손 엄지손가락과 둘째손가락을 사용하여 접시 위 테두리와 밑바닥 테두리를 가볍게 쥐고, 둘째 접시는 첫째 접시 밑으로 접시 끝을 겹쳐 나머지 손가락으로 받쳐 든다. 접시를 잡은 후에는 손목을 약간 안쪽으로 구부리고, 둘째 접시 테두리 위와 왼손 팔목부분에 셋째 접시를 올려놓으면 3개를 들 수 있다. 또 요리가 담긴 여러 개의 접시를 겹쳐 들 때에는 요리에 접시가 닿지 않도록 조심한다.

③ 접시를 손으로 들 때에는 손목을 몸 안쪽으로 구부리고 접시를 몸에 밀착하여 주위를 확인하면서 걷는다.

[그림 7-20] 접시를 드는 방법

접시를 2개 드는 방법

접시를 3개 드는 방법

나) 빈 접시를 치우는 방법

① 사용한 접시를 치울 때에는 맨 먼저 잡은 접시에 왼손엄지와 새끼손가락을 접시 위로 걸치고 나머지 손가락으로 접시 밑을 받쳐 손가락 사이에 가볍게 끼운다.

② 나이프는 포크 밑으로 가지런히 끼워 접시 위에 놓는다.

③ 두 번째 접시는 왼손 팔목부분 위에 올려놓고, 나이프는 손에 든 접시의 포크 밑으로 가지런히 끼우고, 포크로는 남은 음식물을 밑 접시에 쓸어 담은 후 나이프 위에 놓는다.

④ 그 다음 접시는 두 번째 접시 위에 올려놓으며 남은 음식은 같은 요령으로 처리한다.

⑤ 빈 접시를 무리하게 많이 쌓지 않도록 하며, 이동할 때는 안전하게 접시를 잡고 소음이 나지 않도록 운반한다.

[그림 7-21] 빈 접시를 치우는 방법

해설 ①, ②

해설 ③

해설 ④

해설 ⑤

(2) 식기 취급시 주의사항

① 식기는 테이블세팅, 세척, 운반시 파손에 상당한 주의를 요하며, 금이 가거나 테두리가 깨진 것은 폐기해야 한다.

② 식기는 서로 부딪치지 않게 조심하며 한 번에 많은 양을 무리하게 운반하지 않는다.

③ 식기의 보관시 같은 종류별로 보관하며 너무 많이 쌓아두지 않는다.

④ 식기를 세척기에서 세척할 경우 서로 부딪혀 깨지지 않도록 같은 종류별로 모아 전용 랙에 넣어 세척한다.

⑤ 식기를 금속성 기물과 함께 세척하면 깨지거나 유약이 벗겨져 흠이 나므로 함께 세척하지 않는다.

⑥ 식기의 세척시 스펀지를 사용하며 철제 수세미 같은 강한 수세미를 사용하지 않는다.

⑦ 식기는 사용 후 즉시 세척하지 않거나 세척용액에 너무 오래 담가두면 얼룩이 생길 수 있으므로 바로 세척하여 건조한 후 보관한다.

⑧ 영업도중 식기를 급히 닦아 쓰다 보면 파손이 일어나므로 충분한 재고를 준비한다.

⑨ 세척 전 세척기의 세척온도와 세제 상태를 반드시 확인한다.

2. Flatware

Flatware는 식탁에서 음식을 먹을 때 사용하는 금속의 기물들이다. 납작한 모양이어서 납작한 식기(Flatware)라고 하며, 이 중 나이프, 포크, 스푼 종류는 주로 자르거나 떠먹는 데 사용하므로 Cutlery라고도 한다. 대개 스테인리스강으로 제작되며 고급제품은 금이나 은으로 도금을 하여 사용한다.

1) Flatware의 재료

(1) 스테인리스강(Stainless Steel)

Stainless Steel은 Stain, 즉 녹이 나지 않고 변색이 되지 않는 강으로 Flatware를 만드는 주재료이다. 스테인리스강 중에서 철과 크롬 및 니켈을 합금한 오스테나이트계 스테인리스강이 식기제조에 주로 사용된다. 스테인리스강은 합금원료의 비율에 따라 '18-8, 18-10, 18-12'와 같이 표시되는데 '18-8'은 크롬 18%, 니켈 8%, 철 74%를 넣어 합금한 것을 의미한다. 합금시 니켈의 비중을 높일수록 은백색이 강해지며 고급 식기일수록 니켈의 비중이 높은 것을 사용한다.

'18-8'강은 강한 가공시 자성이 나타날 수 있고 변색될 수 있으므로 현재는 주로 조리용 기물이나 Hollowware용으로 사용한다.

'18-10'강은 자성이 없고 쉽게 변색되지 않아 스푼, 포크, 나이프와 같은 대부분의 Flatware는 18-10 이상의 스테인리스강을 사용한다.

스테인리스강은 비교적 가격이 저렴하기 때문에 가정용 식기의 재료로 많이 사용된다.

(2) 니켈실버(Nickel Silver)

니켈은 변색이 적고 경도와 유연성이 좋은 은백색의 금속이다. 구리를 주성분으로 하여 니켈을 16~20%, 아연을 15~16% 넣어 만든 합금을 Nickel Silver라고 한다. 명칭과는 관계없이 은성분이 전혀 없으나 은색깔이 나므로 우리나라에서는 '양은'이라고 한다. 부식성이 적고 색깔이 희고 아름다우며 연성이 좋아 미세한 문양을 새기기 용이하며 여러 형태로 성형이 잘되어 고급 레스토랑의 식기로 많이 사용된다. 또 포크, 나이프, 스푼 등을 은도금할 경우 바탕금속으로 많이 사용된다.

(3) 은(Silver)

순은(Silver, 99%)은 값이 매우 비싸 동서고금을 막론하고 귀금속으로 사용되었다. 또 고급 장신구나 장식물 및 식기의 재료로도 사용되어 왔다. 그러나 순은은 공기에 노출되었을 때 검은색으로 변색이 잘되고 강도가 낮아 쉽게 변형되므로 다른 금속과 합금을 하여 강도를 높여 사용하고 있다. 현재 순도 92.5% 이상을 '순은'이라고 하나 순도 99% 이하의 것은 실제로는 은합금이다. 식기를 만들 경우 순도 95%까지 사용이 가능하나 실용성보다는 귀금속으로서의 가치가 더 크다. '순은'으로 만든 식기 중 실제로 사용하는 것은 대개 순도 92.5%의 은이다. 순도 92.5%의 은을 특별히 Sterling Silver라고 하며 우리나라에서는 '정은'이라고도 한다.

(4) 금(Gold)

금은 그 자체로는 너무 물러 식기로 사용할 수 없다. 따라서 금은 다른 금속에

도금이나 코팅(Coating)을 하여 식기로 사용한다.

① 금도금(Gold Coating)

식기류의 금도금(Gold Plating)은 식기에 금아말감을 칠한 후 가열해 수은을 날려버리는 방법도 있으나 대부분 전기도금방법을 사용한다. 도금되는 금의 순도에 따라 24K(순도 98%)부터 18K, 14K 도금까지 다양한 도금을 한다. 포크와 나이프 및 스푼 등 최고급 금기물은 24K 순금 도금을 하며 14K 도금은 일반적인 식기에 주로 사용한다. 금의 화려함과 고급 이미지를 나타낼 수 있을 뿐만 아니라 부식방지에도 매우 효과적이나 가격이 비싸므로 손망실에 주의해야 한다.

② PVD 코팅

PVD는 Physical Vapour Deposition(물리 진공 증착)의 약자로 고도로 제어된 진공상태에서 금속을 휘산시켜 다른 금속의 표면에 기화된 금속을 증착(코팅)시키는 것을 말한다. 최근에는 공학의 발달로 고급 Cutlery나 시계줄 등을 만들 때 많이 사용하고 있으며 23캐럿 금을 금속표면에 기화 증착시켜 골드컬러를 얻는다. 이 코팅은 10미크론 금도금에 버금가는 뛰어난 내마모성과 내구성을 갖는다.

(5) 유기

놋쇠는 구리에 아연을 10~45% 합금한 금속으로 색깔이 황색이어서 황동이라고도 한다. 가공하기 쉽고 녹슬지 않아 장식물이나 생활용품으로 많이 사용된다. 유기는 놋쇠로 만든 그릇을 말하지만 실제로는 놋쇠가 아닌 구리 78%와 주석 22%를 합금한 금속이다. 이 금속을 방짜 또는 방짜쇠라 하고 방짜로 만든 식기는 방짜유기라고 한다. 방짜는 놋쇠를 두드려 유기를 만들던 방(方)씨 성의 솜씨 좋은 유기장이 자기가 만든 유기 밑에 방(方)자를 찍어 놓았던 데서 유래되었다. 유기는 두드려서 만드는 방짜유기와 틀에 부어 만드는 주물유기 및 주물유기를 다시 두드려 만드는 반방짜유기가 있다. 방짜유기는 납청에서, 주물유기는 안성에서, 반방짜유기는 경남 거창에서 주로 생산된다. 원래 방짜유기는 평안북도 정주군 납청마을에서 만들어지다가 6·25 이후에는 경북 문경시 가은읍에 있는 납청유기촌에서 생산되고 있으며, 안성유기는 안성맞춤이라는 용어가 생겨날 정도로 대단한 인기가 있었으나 현재는 거의 명맥만 유지하고 있다. 현재 방짜유기는 두드려서 만든 유기뿐만 아니라 방짜(쇠)로 만든 모든 유기를 의미한다. 유기는 거의 모든 한식기를 만들 수 있으나 가격이 비싸기 때문에 가정용으로 주로 사용하며 연회장에서는 일부 식기만을 사용한다.

2) 은기물(Silverware)

Silverware는 순은, 은도금, 은합금으로 만든 Flatware와 Hollowware를 말하는데 대표적인 것은 식탁에서 가장 많이 사용하는 Cutlary이다. 최고급 양식당들은 대부분 금이나 은으로 도금한 Cutlary를 사용하여 식당의 격조를 높이고 있다. Hollowware는 대부분 스테인리스강으로 만드나 고급품은 은도금을 하여 사용한다. 우리나라에서는 예로부터 은으로 만든 그릇이나 수저 등을 매우 귀하게 여기며 사용하고 있다.

(1) 은도금(Silvor Plating)

① 은도금의 방법

도금은 부식성이 강한 금속의 부식을 방지하고 금속 자체의 내마모성, 내열성 기타 여러 가지 기능을 향상시키는 동시에, 금속표면의 색채와 광택을 좋게 할 목적으로 금속의 표면에 다른 금속의 피막을 입히는 것을 말한다.

식기의 도금재료로는 금, 은, 니켈이 주로 사용되며 은도금 식기는 Stainless강이나 Nickel Silver강으로 만든 식기에 은으로 도금한 것이다. 은은 광택이 매우 아름다워 고급 식기로 사용되나 공기 중에 노출되면 검은색으로 변색이 일어나므로 보관시 밀봉해 두고 변색된 것은 약물이나 광약으로 닦아야 한다. 은도금은 액체금속인 수은과 은의 합금인 은아말감을 금속에 칠한 후 가열해 수은성분을 날려 보내는 방법과 전기도금하는 방법이 있으며 식기는 대부분 전기도금 방법을 사용하여 만들어진다.

② E.P.N.S

은도금 중 E.P.N.S 또는 EPNS라고 표시된 것은 Electro Plated Nickel Silver의 약자로 기본 금속인 Nikel Silver에 은으로 전기도금한 것으로 매우 가격이 비싸다. 일본에서는 Silver Plated Nickel Silver라고 표시한다.

③ 은도금의 두께

은도금의 두께는 미크론(Micron)을 사용하며 1μ(미크론)은 1/1,000mm이다. 은도금한 포크와 나이프는 정상적인 사용 상태에서 1년에 1미크론 정도 은도금이 닳아 없어지므로 포크와 나이프 및 스푼 등 자주 사용하는 최고급 은기물은 30미크론 이상으로 도금하여 30년 이상을 사용한다. 기타 고급 식기류는 대개 5~15미크론 정도로 도금을 하여 사용한다.

(2) 은합금

순은(Silver, 99%)은 너무 무르기 때문에 합금을 하여 장신구나 식기로 사용한다. 은합금은 합금에 사용되는 금속의 종류와 은의 비중에 따라 매우 다양한 종류가 있다. 은합금 중 식기에 사용되는 것은 식기의 강도를 고려해 은의 비중이 95% 이하인 것을 사용하며 92.5% 이상 은이 함유된 것은 '순은'으로 표시할 수 있다.

Stering Silver는 순은 92.5%에 구리 7.5%의 비율로 합금한 것으로 '925' 또는 'Stering Silver'라고 표시하는데 우리나라에서는 '정은'이라고도 한다. 가공성이 좋고 잘 변색되지 않으며 색깔이 아름다워 최고급 은기물과 장신구로 많이 사용된다. Sterling Silver로 나이프와 포크를 만들 경우, 손잡이 부분은 Sterling Silver로 만들고 날 부분은 스테인리스강으로 만들어 강도를 높인 후 은도금을 하기도 한다. 우리나라에서는 은을 70~80%만 사용한 은합금으로 강도가 높고 은백색의 아름다움을 가진 은수저나 장신구를 많이 만든다.

3) Flatware의 종류

(1) 포크(Fork)

일반 양식당은 한 가지의 포크만 사용하지만 고급 양식당이나 호텔에서는 풀코스에 맞추어 다양한 용도의 포크가 사용된다. 각 포크는 같은 패턴으로 제작되며 요리를 먹기 편하도록 다양한 규격과 모양으로 제작된다.

① Appetizer Fork

대개 Dinner Fork와 같이 4지창 형태로 되어 있으나 Dinner Fork에 비해 길이와 폭이 약간 작다. Dessert Fork로도 사용한다.

② Salad Fork

Dinner Fork와 같이 4지창 형태로 되어 있으나 Dinner Fork에 비해 길이와 폭이 아주 작다. Chef Salad와 같이 샐러드를 주요리로 먹을 경우는 Dinner Fork나 Appetizer Fork를 사용한다.

③ Fish Fork

Dinner Fork와 모양이 유사하나 Fork의 길이가 조금 짧고 폭이 넓으며 옆에 약간의 홈이 파인 것도 있다.

④ Dinner Fork

Main Fork, Place Fork, Table Fork, Steak Fork 등 여러 가지 명칭으로 불리며 식사시 사용하는 가장 기본적인 포크이다. 포크 중 가장 크며 4지창으로 되어 있어 스테이크 등을 찍어 먹기에 편리하도록 되어 있다.

⑤ Fruit Fork

과일을 먹을 때 사용하는 작은 포크이고 Dessert나 Cheese를 제공할 때 사용된다. 여러 종류의 규격이 있다.

⑥ Cake Fork

Cake이나 Pastry를 떠먹기 편리하도록 폭이 넓고 작다.

⑦ Oyster Fork

굴(Oyster)을 떠먹기 편리하도록 작은 스푼 형태로 만들어진 포크이다.

⑧ Cocktail Fork

새우칵테일이나 칵테일용 안주를 찍어 먹기 편리하도록 짧은 손잡이가 달린 가느다란 3지창 포크이다.

⑨ Serving Fork

Serving Spoon과 함께 사용하며 큰 접시(Platter)에 음식을 담아 각 사람에게 음식을 덜어줄 때 사용하는 서비스용 포크이다.

⑩ Lobster Fork

바닷가재(Lobster)나 게(Crab)의 살을 껍질로부터 발라내거나 긴 다리 속에 든 살을 꺼낼 때 사용하는 포크이다.

(2) 나이프(Knife)

포크와 마찬가지로 일반 양식당은 한 가지 나이프만 사용하지만, 고급 양식당이나 호텔에서는 풀코스에 맞추어 다양한 용도의 나이프를 사용한다. 각 나이프는 포크와 짝을 이루어 같은 패턴으로 제작되며 요리에 따라 다양한 규격과 모양으로 제작된다.

① Appetizer Knife

대개 Dinner Knife와 같은 형태로 되어 있으나 Dinner Knife에 비해 길이와 폭이 약간 작다. 칼날이 예리하지 않으며 Dessert Knife로도 사용한다.

② Fish Knife

Fish Knife는 크기는 Dinner Fork와 비슷하나 나이프의 날이 무디고 나이프의 끝이 뾰족하여 생선의 가시나 껍질을 벗기기에 편리하도록 되어 있다.

③ Dinner Knife

Main Knife, Place Knife, Table Knife 등 여러 가지 명칭으로 불리며 식사시 사용하는 기본 나이프이다. 나이프 중 가장 크며 끝은 약간 둥글게 되어 있다. 대부분 스테이크를 썰기에 편리하도록 칼날이 톱니모양(Serated)으로 되어 있다.

④ Steak Knife

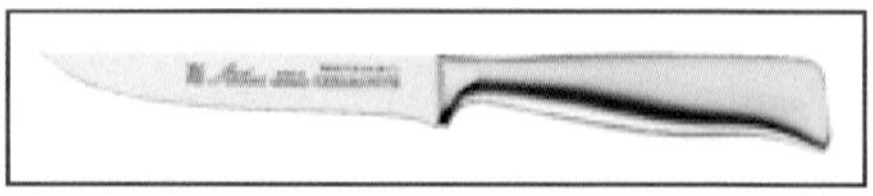

양갈비요리, T-Bone Steak, 가금조류와 같이 뼈가 있는 요리는 Dinner Knife로는 뼈를 잘 발라내기가 쉽지 않다. 이럴 경우 제공되는 나이프가 Steak Knife이다. Steak Knife는 매우 예리하고 끝

이 뾰족하며 톱날처럼(Serated) 되어 있어 대단히 위험하므로 미리 세팅하지 않고 요리와 함께 제공하고 빈 접시를 치울 때 함께 치워야 한다.

⑤ Fruit Knife

과일을 먹을 때 사용하는 작은 Knife로 Dessert나 Cheese를 먹을 때도 사용한다. Dessert Knife와 달리 과일의 껍질을 벗길 수 있도록 칼날이 예리하다.

⑥ Cheese Knife

치즈를 자를 때 사용하는 나이프이다. 치즈는 한 입에 먹기에 편리하도록 미리 접시에 담아 서브하거나, VIP 파티시 여러 가지 치즈를 트롤리에 담아 고객이 선택하면 웨이터가 잘라서 서브하므로 고객은 나이프 없이 포크만 사용하는 경우가 대부분이다.

(3) Spoon

양식에서 사용하는 스푼은 형태가 거의 비슷하며 용도에 따라 규격과 모양이 다르다.

① Table Spoon

일반적으로 Soup Spoon이라고 하며 타원형으로 양식 Table Setting의 기본이 되는 스푼이다. 일반식당에서는 Table Spoon 한 가지만 사용하는 경우가 많으나 고급식당일수록 여러 가지 용도에 맞는 스푼을 구비해 사용하고 있다. 일반적으로 타원형의 Table Spoon은 크림수프에 사용하고 원형의 Bouillon Spoon은 맑은 수프에 사용한다.

② Dessert Spoon

Dessert Spoon은 타원형과 원형의 2종류가 있다. 타원형은 Table Spoon과 모양과 형태가 같으나 약간 규격이 작으며 푸딩같이 떠먹는 디저트에 사용한다. 원형 Dessert Spoon은 액상 디저트나 디저트용 음료를 먹을 때 사용하며 Bouillon Spoon과 형태가 같으나 크기가 약간 크다. 따라서 콩소메(Consomme)와 같이 맑은 수프용으로도 사용된다.

③ Fish Sauce Spoon

볼(Bowl) 부분이 납작한 스푼으로 생선에 소스를 발라 서브할 때 사용한다.

④ Tea Spoon & Coffee Spoon

홍차에는 종종 레몬 슬라이스(Slice)를 넣어 마신다. 이때 Tea Spoon으로 레몬을 눌러 즙을 짜거나 건져내야 하기 때문에 일정한 길이가 필요하다. Coffee Spoon은 설탕이나 크림을 넣고 휘젓는 기능만 필요하므로 클 필요가 없다. 따라서 Tea Spoon과 Coffee Spoon을 구분하여 사용할 경우 Tea Spoon은 Coffee Spoon보다 약간 큰 것을 사용한다. 그러나 대부분의 호텔에서는 Tea Spoon 한 가지만 사용하고 있다. 손잡이가 긴 Long Tea Spoon은 냉차(Iced Tea)나 냉커피(Iced Coffee)를 서브할 때 사용하며 탄산수를 넣은 냉음료(Iced Drink)를 서브할 때 사용하므로 Soda Spoon이라고도 한다.

⑤ Demitasse Spoon

Demitasse Cup은 보통 커피컵의 반 컵에 해당하는 작은 커피컵으로 주로 식후에 에스프레소 커피(Espresso Coffee)를 마시는 데 사용한다. 이때 사용하는 스푼을 Demitasse Spoon이라고 하며 스푼 중 가장 크기가 작다.

⑥ Ladle

Ladle은 다양한 규격과 모양의 국자로 수프, 소스, 가루설탕 등을 뜨는 데 사용한다. 가장 작은 것은 Sugar Ladle로 Sugar Bowl에서 가루설탕을 떠 차와 커피에 넣을 때 사용한다. Sauce Ladle은 원형과 타원형이 있으며 타원형은 Gravy Sauce를 담아 스테이크 위에 따르기 편리하도록 되어 있어 Gravy Ladle이라고도 한다. 가장 큰 Ladle은 Soup Ladle로 Soup tureen에서 수프를 떠 접시에 서브할 때 사용한다.

⑦ Salad Spoon

대형 샐러드볼(Salad Bowl)에서 샐러드를 뜰 때 사용하는 큰 스푼이다. 스푼의 끝부분이 둥근 것과 포크모양으로 생긴 것이 있다.

⑧ Cake Server

원형의 케이크 또는 삼각형으로 자른 파이를 바닥으로부터 뜰 때 사용하며 얇고 삼각형 모양이다.

(4) Tongs

각종 집게류를 총칭하는 말로 Service Tongs, Ice Tongs, Sugar Tongs, Snail Tongs 등이 있다. Service Tongs는 빵을 서브하거나 음식을 덜어 서브하는 데 사용하며, Ice Tongs는 얼음을 서브할 때, Sugar Tongs는 각설탕을 서브할 때 사용한다. 또 Snail Tongs는 달팽이요리를 달팽이 집(껍질)에 넣어 제공할 때 사용한다.

[그림 7-22] 주요 Flatware의 종류

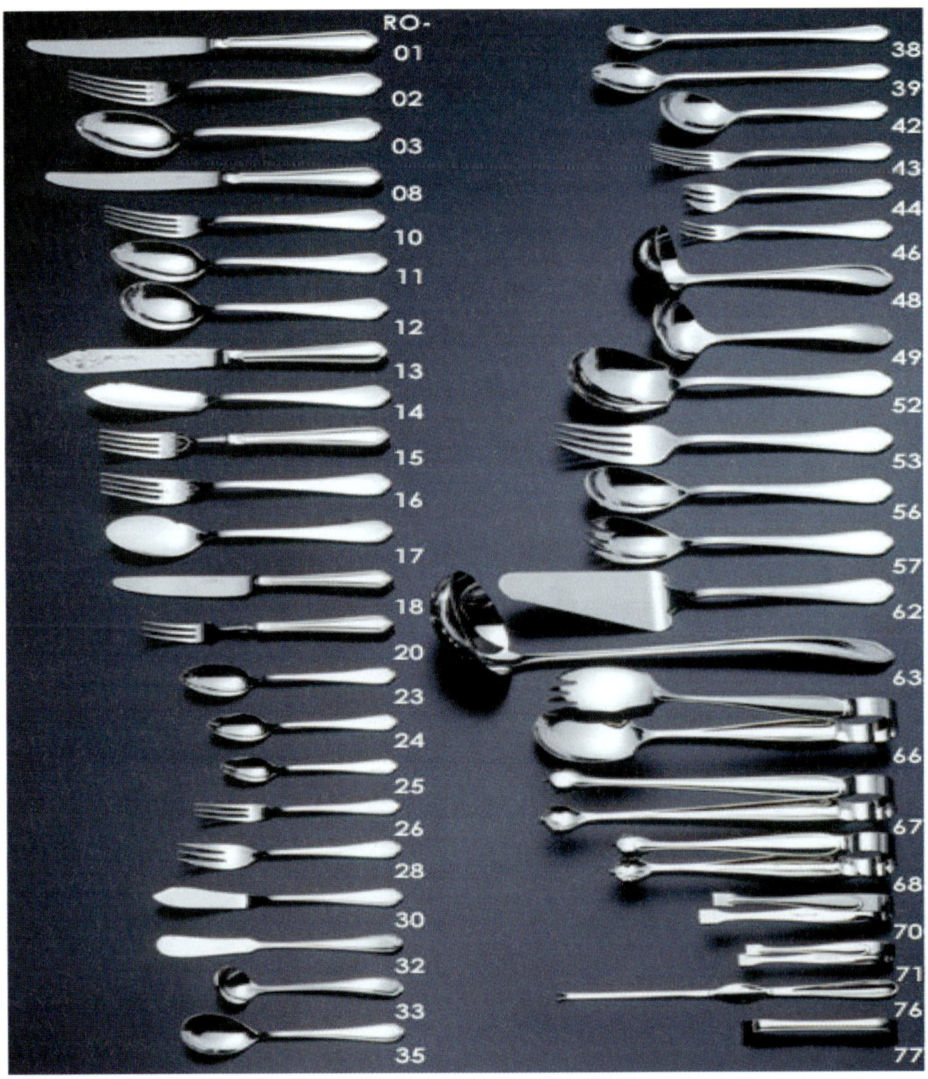

〈표 7-8〉 Flatware의 규격(번호는 앞 그림의 번호임)

번호	명칭	규격(mm)	번호	명칭	규격(mm)	번호	명칭	규격(mm)
1	Table Knife	239	24	Coffee Spoon	117	49	Gravy Ladle	159
2	Table Fork	208	25	Demitasse Spoon	109	52	Service Spoon	212
3	Table Spoon	202	26	Small Fruit Fork	126	53	Service Fork	219
8	Dessert Knife	221	28	Cake Fork	137	56	Salad Spoon	199
10	Dessert Fork	185	30	Butter Knife	153	57	Salad Spoon	198
11	Dessert Spoon	179	32	Butter Spreader	150	62	Cake Server	258
12	Dessert Soup Spoon	174	33	Sugar Ladle	155	63	Soup Ladle	294
13	Fish Knife	222	35	Ice Cream Spoon	136	66	Service Tongs	225
14	Fish Knife	197	38	Long Tea Spoon	177	67	Ice Tongs(L)	220
15	Fish Fork	187	39	Long Tea Spoon	202	68	Ice Tongs(S)	177
16	Fish Fork	185	42	Bouillon Spoon	155	70	Sugar Tongs(L)	120
17	Fish Sauce Spoon	172	43	Salad Fork	163	71	Sugar tongs(S)	98
18	Fruit Knife	179	44	Oyster Fork	140	76	Lobster Fork	208
20	Fruit Fork	160	46	Cocktail Fork	143	77	Knife Rest	95
23	Tea Spoon	136	48	Sauce Ladle	174			

4) Flatware의 취급방법

Flatware는 금속으로 만들어졌기 때문에 Chinaware나 Glassware에 비해 파손율은 낮다. 그러나 Flatware를 잘못 취급하면 표면에 많은 흠이 생기고 휘어지거나 날이 무디어질 뿐만 아니라 Silverware는 은기물로서의 수명을 급속히 단축시키는 결과를 초래한다. 또 다른 기물들과 함께 사용할 경우 Glassware나 Chinaware를 파손시키기도 하므로 주의한다.

(1) 기본적인 취급방법

① Flatware는 사용 후 가능한 빨리 세척해야 한다. 식기에 붙어 있는 찌꺼기나 소스류는 식기 변색의 원인이 된다.

② Flatware의 흠집과 찌그러짐은 대부분 사용한 기물을 철수하는 과정에서 발생한다. 따라서 사용한 기물은 반드시 지정된 기물통에 모아야 하며 기물을 던져 넣거나 한꺼번에 쏟아 넣지 않도록 주의한다.

③ 은기물과 Stainless 기물은 반드시 따로 모아 별도로 세척하여 은기물의 손상을 방지한다.
④ 모인 기물은 Dish Washer(세척기)에서 뜨거운 물로 세척액을 사용하여 충분히 씻어낸다.
⑤ 세척기에서 세척된 Flatware는 핸드타월로 다시 잘 닦아야 한다.
⑥ 종류별로 분류된 기물의 손잡이를 적당량 왼손에 감싸쥐고 뜨거운 물에 담갔다가 오른손으로 음식이 닿는 부분부터 손잡이 쪽으로 물기가 완전히 제거되도록 핸드타월(Hand Towel)로 신속하고 깨끗이 닦는다. 특히 나이프를 닦을 때에는 칼날이 바깥쪽으로 향하도록 닦아야 하며 핸드타월이 칼날에 스쳐 찢어지지 않도록 주의해야 한다.
⑦ 여러 종류의 기물을 한 번에 닦을 때는 반드시 포크부터 닦는 것이 용이하며, 변색된 기물은 광택제로 깨끗하게 윤을 내어 사용한다.
⑧ 닦은 기물은 종류별로 기물함에 모아 지정된 장소에 깨끗하게 보관한다.
⑨ 기물을 테이블에 세팅할 때는 음식이 닿는 부분을 손으로 잡아서는 절대 안되며, 반드시 손잡이 부분을 잡는다. 또 가능한 깨끗한 면장갑을 착용하여 기물에 손자국이 나지 않도록 한다.

(2) 은기물(Silverware)의 취급방법

Silverware는 공기로 인하여 변색되므로 비닐로 밀봉해 보관해야 하며 색이 변하면 약물이나 광약으로 닦아야 한다. 변색은 인체에는 무해하나 미관상 매우 불쾌감을 주므로 변색된 은기물은 사용하지 않는다.

① 약물세척

- 약물 원액에 실버제품을 약 3초간 담그거나 스펀지에 약물을 묻혀 기물에 골고루 문지른다.
- 맑은 물로 깨끗이 세척한다.
- 약 70~80°C의 열수에 담가 깨끗이 세척한 후 물기를 완전히 제거하여 보관한다.

② 광약세척

- 광약은 크림광약이나 파우더광약이 있다. 광약으로 실버제품을 세척하

려면 부드러운 천에 광약을 약간 바른 후 문지른다.

- 맑은 물에 2~3회 세척하여 광약을 완전히 제거한다.
- 물기를 완전히 제거한 후 보관한다.

③ 보관시 유의사항

- 은제품은 공기로 인해 변색되므로 공기가 적고 습도가 낮은 곳에 보관한다. 장기간 사용하지 않을 때는 랩으로 싸거나 비닐봉투에 넣어 공기를 뺀 후 보관한다.
- 은기물은 변색방지를 위해 주방에서 사용하는 가스로부터 먼 곳에 보관한다.
- 은기물은 어떤 경우에도 직접 불에 대어서는 안된다.
- 은기물을 약물에 오래 담가두면 은이 부식되기 때문에 주의한다.
- 스테인리스 기물을 은기물용 약물에 담그면 얼룩이 생겨 지워지지 않을 수 있으므로 은기물용 약물에 넣지 않도록 주의한다.

3. Glassware

1) Glassware의 원료

Glassware는 협의로는 와인 잔과 물 잔 등 식탁에서 사용되는 유리제품을 의미하나, 광의로는 식기로 사용되는 모든 유리제품을 의미한다. Glassware는 용도에 따라 사용하는 유리의 종류가 다르다. 대표적인 유리의 종류는 다음과 같다.

(1) 일반유리(Lime Glass)

일반유리는 소다석회유리라고 부르는 것으로 투명성과 불연성이 있으며, 낮은 온도에서 잘 녹아 다양한 형태의 제품을 대량으로 만들 수 있어 가격이 저렴한 장점이 있다. 따라서 각종 병, 용기, 식기, 공예품, 유리창문 제작에 널리 사용된다. 다만 강도가 약해 파손되기 쉬우며 파열시 예리한 절단각으로 인해 위험성이 높으며 투명도가 다소 떨어진다.

(2) 강화유리

강화유리의 조성은 일반유리와 비슷하나 개구부를 열처리하여 강도를 높인 유리이다. 개구부 앞 끝에서 밑부분을 향해 10mm 이상 열처리하여 인장강도와 압축강도를 높인 유리로 판유리나 컵 등에 사용한다. 파열시 비산하는 특징이 있어 위험성이 크다.

(3) 내열유리(Borosilicate Glass)

일반유리에 붕규산을 첨가하여 만든 붕규산유리로 내열성이 뛰어나 열에 의한 팽창이 작다. 따라서 커피포트, 사이펀, 조리용 볼, 냄비뚜껑, 접시류, 젖병, 오븐이나 전자레인지용 제품 등을 만들 때 사용된다.

(4) 초내열유리

결정화유리 또는 세라믹유리라고도 하며 급격한 가열과 냉각(온도차 400도 이상)에서도 잘 견딘다. 냄비나 프라이팬 등의 제조에 사용한다.

(5) 납유리(Lead Glass, Crystal)

산화납(PbO)을 넣어 만든 유리로 보통 크리스탈이라고 한다. 일반적으로 납을 30% 이상 사용한 것을 Full Lead Crystal, 24% 이상 사용한 것을 Crystal, 18% 이상 함유한 것을 Semi-Crystal이라고 한다. 납의 함유량이 높을수록 투명도와 강도 및 무게가 증가한다. 투명도가 매우 높고 강도가 강하여 고급 와인 잔과 유리공예에 널리 사용된다.

2) Glassware의 제작방법

(1) 흡제법(Blowing)

유리를 녹여 긴 대롱에 찍은 다음 입으로 불어서 만드는 방법이다. 제작에 상당히 숙련된 기술이 필요하며 고가의 크리스탈 제품이나 장식품을 만들 때 사용한다.

(2) 주형법(Molding)

주형 틀에 녹인 유리를 부어 만드는 방법으로 굴곡이 많거나 대형의 용기를 제작할 때 주로 이용한다.

(3) 압착법(Pressing)

유리를 틀 속에 넣고 압착하여 찍어내는 방법으로 주로 유리그릇을 제작할 때 사용하는 방법이다.

3) Glassware의 장식방법

(1) 조각(Cutting)

전기모터를 이용하여 유리를 깎아내거나 자른 다음 코르크 브러시로 광택을 내어 장식하는 방법이다. 주로 고급 크리스탈 제품을 만들 때 사용한다.

(2) 손장식(Hand-painting or Fired decoration)

각종 유리 채식안료를 사용하여 유리에 그림을 그리고 불에 구워 유리표면에 안료가 융착되도록 하는 기법이다. 유리에 금은 도금을 할 때도 이 방법을 이용한다.

(3) 식각법(Etching)

불화수소산 용액을 사용하여 유리의 표면을 부식시킴으로써 간유리처럼 뿌옇게 장식하는 방법이다.

(4) 모래뿜기(Sand blasting)

고운 모래를 고압으로 분사하여 유리표면을 거칠고 혼탁하게 장식하는 방법이다.

(5) 양각(Embossed glass) 및 음각(Engraved glass) 무늬

유리의 장식부분을 표면보다 높거나 낮게 하는 방법으로 양각과 음각의 높이가 낮은 경우는 직접 작업하나 높이가 높거나 크리스탈은 미리 몰드에서 기본 형태를 찍어낸 후 표면을 다듬는 방법을 사용한다.

4) Glassware의 종류

Glassware는 크게 모양에 따라 원통형 잔(Tumbler), 손잡이가 달린 잔(Stemmed Glass), 받침이 달린 잔(Footed Glass) 및 기타 식기용(Tabletop)의 네 종류로 구

분된다. Glassware는 제작회사에 따라 디자인과 용량이 다양하나 같은 용도의 잔은 비교적 비슷한 형태로 만들어진다.

(1) Tumbler

Tumbler는 원통모양의 손잡이가 없는 잔으로 Cylindrical Glass라고도 한다. 용량과 형태에 따라 다양한 이름이 있다.

① Straight Glass

Whisky와 같은 증류주를 원액 그대로 마실 때 사용하는 잔으로 기본 용량은 30ml (1Ounce)이다. Shot Glass, Pony Glass라고도 하며 1Oz짜리는 싱글, 2Oz짜리는 더블 글라스라고 한다.

② Highball Glass

가장 많이 사용되는 잔으로 용량에 따라 여러 가지 명칭으로 불린다. 5~6Oz짜리는 주스 글라스라고도 하며 American Breakfast 등 식사와 함께 주스를 제공할 때 사용한다. 7~8Oz짜리는 가장 일반적인 규격으로 보통 Highball Glass라고 하면 이 잔을 의미한다. 10Oz 이상의 잔은 Tall Highball Glass라고도 하며, 특히 10Oz는 Collins Glass 또는 Zombie Glass라고도 한다.

③ Old Fashioned Glass

밑이 넓고 높이가 낮은 잔으로 주로 얼음만 넣고 술을 부어 마시는 용도로 사용하므로 On the Rocks Glass라고도 한다. 기본용량은 8Oz이며 Double On the Rocks Glass는 12Oz이다.

[그림 7-23] Tumbler Glass

(2) Stemmed Glass

Stemmed Glass는 볼(Bowl) 밑에 손잡이(Stem)가 달린 잔이다. 손잡이(Stem)의 의미는 체온이 내용물에 전달되는 것을 방지하고 내용물의 열기나 냉기가 손에 전달되는 것을 방지하기 위한 것이다. 따라서 Stemmed Glass는 가능한 Stem의 아랫부분을 잡는다.

① Wine Glass

한 가지 와인 잔으로 여러 종류의 와인을 마시기도 하지만, 와인의 맛과 향을 더 좋게 하고 테이블 세팅을 보다 아름답게 하기 위해 와인별로 별도의 잔을 사용하는 것이 좋다.

격조 높은 연회는 기본적으로 White Wine, Red Wine, Champagne이 제공되므로 이에 어울리는 잔을 준비해야 한다.

와인 잔은 와인의 향이 잘 모아지도록 입구가 안으로 오므라져 있다. 테이블와인 1잔의 기준용량은 4Oz이기 때문에 와인 잔은 6Oz 이상이어야 한다. 또 강화와인(Fortified Wine)은 알코올 도수가 높아 1잔의 기준용량이 2~3Oz이므로 잔은 3~4Oz여야 한다. 최근에는 각 나라별, 산지별, 품종별, 용도별로 다양한 와인의 맛과 향을 가장 잘 나타낼 수 있는 와인 잔들이 판매되고 있으나 연회에서 꼭 이러한 잔을 사용할 필요는 없다.

와인을 잔에 따르면 잔의 두께에 따라 와인의 온도가 1~3℃ 정도 상승한다. 따라서 Wine Glass는 얇을수록 좋으며 두꺼운 와인 잔은 냉장고에서 미리 적당한 온도로 낮추어 두는 것이 좋다. Wine Glass를 아름답게 하기 위해 색깔을 넣거나 커팅(Cutting)한 것은 와인의 고유한 색을 볼 수 없기 때문에 좋지 않다. 최고급의 와인 잔일수록 무늬가 없는 얇고 투명한 크리스탈 잔을 사용하는 것이 좋다.

같은 패턴의 와인 잔을 사용할 경우 White Wine은 차게 마시므로 작은 잔에 따라 자주 마시지만 Red Wine은 실온에서 마시기 때문에 White Wine잔보다 용량이 큰 것을 사용한다. 샴페인 잔은 튤립(Tulip)형과 접시(Saucer)형이 있다. 튤립형은 폭이 좁고 깊은 모양으로 입구가 튤립꽃 모양으로 오므라져 있으며 기포가 빨리 사라지지 않아 식사시 사용한다. 또 접시(Saucer)형은 주로 바나 칵테일 리셉션에서 샴페인만을 마실 경우 사용되는 축배용 잔이다.

② Water Goblet

Water Goblet은 식탁에서 물을 제공할 때 사용하는 손잡이 부분이 짧은 잔이다. 용량은 보통 8~10Oz이며 테이블세팅의 미관상 가장 큰 와인 잔을 물 잔으로 사용하는 경우도 많다.

③ Cocktail Glass

일반적으로 Cocktail Glass는 볼(Bowl)이 삼각형인 Martini Glass와 볼(Bowl)이 둥근 Saucer형 Cocktail Glass가 있다. 이외에도 Sour Glass, Irish Coffee Glass가 있다. 기본 용량은 3Oz이며 칵테일에 따라 4~6Oz까지 다양한 규격이 있다.

④ Liqueur Glass

Liqueur잔은 리큐르를 스트레이트나 간단한 칵테일로 제공할 때 사용하는 작은 잔으로 용량은 1~2Oz이다. Cordial Glass라고도 한다.

[그림 7-24] Stemmed Glass

(3) Footed Glass

Footed Glass는 손잡이 부분이 없이 볼(Bowl) 부분에 받침이 붙어 있거나 손잡이 부분이 있어도 아주 짧은 잔을 말한다. 대표적인 Footed Glass로는 Brandy Snifter, Beer Pilsner, Footed Highball 등 다양한 종류가 있다.

[그림 7-25] Footed Glass

5) Glassware의 취급방법

(1) 유리잔을 닦는 방법

① Glass Rack을 사용하여 식기세척기에서 세척한다.
② 용기에 뜨거운 물을 따로 준비한다.
③ Cloth Napkin을 왼손바닥에 펴고 그 위에 글라스를 올려 감싸 잡는다.
④ 잔을 닦기 전에 잔이 깨지거나 금이 가지 않았는지 먼저 확인한다.
⑤ 세척된 유리컵의 입구를 뜨거운 물의 수증기를 쏘여 닦는다.
⑥ 냅킨의 모서리를 오른손 엄지손가락으로 글라스 안쪽에 넣고 나머지 손가락은 글라스의 바깥 부분을 잡는다.
⑦ 냅킨을 돌려가면서 글라스의 안팎을 닦은 후 글라스의 손잡이를 닦고 밑바닥을 닦는다.
⑧ 수증기를 쏘여 닦아도 잘 닦이지 않을 때는 뜨거운 물에 담갔다가 닦는다.
⑨ 닦은 후에는 깨끗하게 닦였는지 철저히 점검한다.

(2) Glassware의 취급시 주의사항

① 글라스는 모든 기물 중 파손율이 가장 높으므로 물리적 충격에 극히 주의한다.
② 글라스는 Chinaware나 Flatware와 함께 세척하거나 운반하지 않는다.
③ 글라스에 갑자기 뜨거운 물을 붓거나 뜨거운 글라스에 얼음물을 부으면 깨지므로 주의 한다.
④ 뜨거운 음료를 따를 경우 따뜻한 물로 미리 글라스를 덥힌 후 따른다.
⑤ 글라스를 대량 운반할 경우 전용 글라스랙(Glass Rack)에 넣어 카트로 운반한다.
⑥ 글라스는 사용 후 즉시 남은 내용물을 쏟아버리고 글라스별로 규격에 맞는 전용 Rack에 넣어 세척한다.
⑦ 글라스를 잡을 때는 반드시 밑부분을 잡아야 하고 Stemmed Glass는 손잡이 부분을 잡아야 하며 글라스 입구나 잔 안에 손가락을 넣어 잡아서는 안된다.
⑧ 쟁반으로 운반할 때는 글라스가 미끄러지지 않도록 쟁반에 매트 또는 냅킨을 깔고 무게가 한쪽으로 쏠리지 않도록 가운데부터 글라스를 놓는다.
⑨ Stemmed Glass를 손으로 운반할 때는 손잡이(Stem) 부분을 손가락 사이에 끼워서 윗부분이 아래쪽으로 향하도록 거꾸로 들고, 잔과 잔끼리 부딪치지 않도록 조심하며 놓을 때는 맨 마지막에 끼운 잔부터 역순으로 내려놓는다.
⑩ 글라스를 운반할 때는 전후좌우 확인을 해야 한다.
⑪ 글라스에 얼음을 넣을 경우 반드시 플라스틱 삽(Scoop)을 사용한다.
⑫ 글라스를 포개어 쌓아두지 않는다.
⑬ 글라스를 바쁘게 빨리 세척하면 파손되기 쉬우므로 영업 전 충분한 양을 준비해 둔다.

4. Hollowware

1) Hollowware의 의의

Hollowware는 식음료서비스를 위해 레스토랑의 홀(Hall)에서 사용하는 속이 깊은 금속성 용기류로 고객이 사용하는 것도 있지만 웨이터들이 식음료서비스에 사용하는 것도 있다. 각종 식기류는 Chinaware와 Glassware의 파손율이 높기 때문에 Hollowware로 만들어 사용하는 것이 많다. 특히 연회장이나 일반 레스토랑에서는 파손율 감소와 신속한 서비스를 위해 음식을 담는 접시 외에는 대부분의 기물을 Hollowware로 사용한다.

Hollowware의 재료는 기본적으로 스테인리스강(Stainless Still)이다. Flatware 같이 아주 고급재료를 사용할 필요가 없기 때문에 대부분 18-8강이나 18-10강을 사용한다. 최고급 Hollowware는 18-10강에 5~15미크론의 은도금을 하여 사용한다.

2) Hollowware의 종류

Chinaware의 상당한 종류가 Hollowware로 만들어진다. 이는 Chinaware의 파손에 따른 비용을 줄일 뿐만 아니라 안전하고 신속한 서비스를 능률적으로 할 수 있기 때문이다. 연회장에서 사용하는 Hollowware는 일반 연회용은 스테인리스 제품으로, VIP 연회용은 은기물로 준비해 구별하여 사용하는 것이 좋다. 주요 Hollowware는 다음과 같다.

(1) Coffee Pot & Tea Pot

Coffee Pot과 Tea Pot은 대부분 같은 패턴으로 만들어진다. Coffee Pot는 Tea Pot에 비해 좁고 높은 것이 특징이다.

(2) Water Pitcher

식사시 물을 제공할 때 사용한다. 물은 무겁고 자주 제공해야 하기 때문에 Water Pitcher 대부분 Hollowware로 제작하여 사용한다.

(3) Creamer

일반 레스토랑은 도자기가 주는 부드러운 느낌 때문에 가능하면 Chinaware를 사용하는 것이 좋지만, 연회장에서는 대량의 기물을 함께 다루어야 하므로 액상 커피크림을 담는 Creamer와 같은 용기는 Hollowware를 사용하는 것이 좋다.

(4) Bread Basket

Bread Basket은 토스트 및 여러 가지 빵을 담아 식탁 위에 올려놓을 때 사용한다. Bread Basket은 Chinaware나 Glassware로도 만드나 Hollowware로도 많이 만든다. 일반 연회에서는 각 고객의 B/B Plate에 빵을 제공하므로 사용하지 않으나 VIP 연회시에는 많이 사용한다.

(5) Ice Cream Cup

Ice Cream Cup은 Chinaware나 Glassware로도 제작되나 Bowl 형태로 되어 있어 사용과 세척시 파손의 위험이 크다. 따라서 연회장에서는 대부분 Hallowware를 사용한다.

(6) Egg Stand

Egg Cup이라고도 하며 계란을 완숙 또는 반숙하여 올려놓고 먹을 때 사용한다. Egg Stand는 계란요리가 제공되는 조식에 사용하나 특별한 경우를 제외하면 연회장에서는 거의 사용하지 않는다.

(7) Caviar Cooler

Caviar Cooler는 철갑상어의 알젓인 캐비아를 제공할 때 사용하는 용기로 가운데 유리잔에 캐비아를 담고 주위에는 찬 얼음을 채워 차게 서브하는 데 이용한다.

(8) Butter Cooler

Butter Cooler는 바닥에 얼음이나 드라이아이스를 넣고 구멍이 뚫린 덮개를 덮은 후 그 위에 버터를 올려 차게 제공할 때 사용하는 용기이다. 일반연회에서는 B/B Plate의 한쪽에 버터를 올려놓는 경우가 많으나 VIP 연회에서는 Butter Cooler에 담아 개인별로 제공한다.

(9) Parmasan Cheese Jar

일반연회에서는 가루치즈인 Parmasan Cheese를 용기에 들어 있는 대로 제공하나 VIP 연회에서는 파머산 치즈를 Jar에 담아 스푼으로 제공한다. 내용물이 보이도록 유리컵이 들어 있다.

(10) Sauce Boat

각종 소스를 담아 서비스할 때 사용하는 용기로 보트모양으로 되어 있다. 스테이크소스, 생선소스는 물론 샐러드의 드레싱(Dressing)을 제공할 때도 사용한다. 스테이크소스인 Gravy Sauce를 제공할 때도 사용하며 Gravy Boat라고도 한다.

(11) Mustard Pot

대용량의 겨자를 덜어 담거나 플라스틱 용기에 든 겨자를 옮겨 담아 서비스하는 용기이다. 내용물이 보이도록 용기는 유리로 되어 있다.

(12) Sugar Bowl

가루설탕을 담는 용기이다. 일반식당은 Chinaware를, 연회장은 Hollowware를 주로 사용한다.

(13) Platter Tray

Platter Tray는 원형(Round)과 타원형(Oval)이 있으며 Platter 또는 Tray라고도 한다. Round Platter는 Show Plate로 사용하기도 하고 VIP 서비스시 Tray용으로도 사용한다. 또 음식을 담은 접시의 밑받침(Underliner)으로도 사용한다. Oval Platter는 바닷가재나 생선요리를 쇼잉(Showing)하거나 서브할 때 사용된다.

(14) Rectangular Tray

Rectangular Tray는 VIP 서비스시 서비스트레이(Service Tray)로 사용하거나 뷔페시 음식을 담아 진열하는 용도로 활용된다.

(15) Snail Pan

Snail Pan은 달팽이요리를 제공할 때 사용하는 용기이다. 팬을 그릴에 직접 넣어 요리하는 경우가 많으므로 대단히 뜨거워 밑에 접시를 받쳐야 한다. 달팽이집에 넣어 요리를 제공할 경우에는 Snail Tongs와 Snail Fork를 반드시 함께 제공해야 한다.

(16) Dom Cover

Dom Cover는 음식이 식지 않도록 접시나 Platter에 덮어 서비스할 때 사용하는 기물이다. 요리가 주방에서 고객에게 제공될 때까지 식지 않을 뿐만 아니라 요리의 품위를 높이고, 웨이터들이 모든 Cover를 동시에 열어 쇼잉(Showing)효과를 극대화할 때 사용한다. 대규모 연회에서는 사용할 수 없고 소규모 VIP 연회에서 사용된다.

(17) Petit Four Stand

식후에 작은 초콜릿, 쿠키 등을 담아 고객에게 제공할 때 사용한다.

(18) Soup Tureen

Soup Tureen은 많은 양의 수프를 담는 통으로 고객의 수프접시에 수프를 제공할 때 사용한다. 용량이 2리터 정도로 크고 무겁기 때문에 주의해서 다루어야 한다. 또 뜨거운 수프가 들어 있기 때문에 반드시 클로스 냅킨으로 밑부분을 안전하게 감싸 잡아야 한다.

(19) Punch Bowl

뷔페식 연회에서 각종 펀치나 식혜, 수정과 등 냉음료를 담아 서브할 때 사용한다. 대규모 칵테일 리셉션시는 여러 병의 샴페인을 담는 Champagne Cooler로도 사용된다.

[그림 7-26] 양식 Hollowware

Bread Basket

Ice Cream Cup

Egg Stand

Caviar Cooler

Butter Cooler

Parmasan Cheese Jar

Sauce Boat

Mustard Pot

Sugar Bowl

Round Platter Tray

Rectangular Tray

Snale Plate

Dom Cover

Petit Four Stand

Soup Tureen

Punch Bowl

(20) 동양식 Hollowware

한국이나 일본 및 중국은 예로부터 도자기나 나무로 만든 식기를 주로 사용해 왔다. 일부 계층에서 은기나 유기(놋쇠)로 만든 식기를 사용하였지만 그 종류는 제한적이었다. 금속 가공기술의 발전으로 다양한 금속식기가 도입되었으나 사용과 관리의 편리성 및 가격문제로 동양식 식기에서 Hollowware가 차지하는 비중은 그리 크지 않다. 다만, 일부 전통요리와 식탁의 분위기 조성을 위해 동양식 Hollowware가 사용되고 있다.

[그림 7-27] 동양식 Hollowware의 종류

방짜 주발기

방짜 면기

방짜 찬기

방짜 종지

방짜 불고기판

방짜 신선로

방찌 전골기

반짜 주기세트

무쇠 샤브샤브 냄비

Sark's Fin Soup Bowl

Lobster Plate

Duck Plate

3) Hollowware의 취급방법

Hollowware는 기본적으로 금속으로 만들어져 있기 때문에 Flatware와 취급방법이 같다. 그러나 Flatware보다 굴곡이나 요철부분이 많고 얇아서 충격을 주면 찌그러지고 다시 원형을 회복하기 힘들어 기물로서의 가치가 떨어지게 된다. 또 금속제품이지만 함부로 취급할 경우 복원하기 힘든 흠집이 생기며 은기물은 은도금이 빨리 마모되어 용기의 품격이 떨어지게 된다. 따라서 Hollowware도 Chinaware나 Flatware와 마찬가지로 보관, 운반, 사용, 세척시 취급방법을 준수해야 한다.

5. Utensil

조리기구(Utensil)는 금속으로 만들어진 주방용 조리기물로 Cooking Utensil 이라고도 한다. 협의로는 조리용 소도구를 말하나 광의로는 음식을 담아 서비스할 때 사용하는 용기도 포함된다. 조리기구는 주방이나 스튜어드(Steward)에서 관리하지만 뷔페나 칵테일 리셉션에서는 식음료서비스에 여러 가지 조리기구가 사용되기 때문에 서비스 종사원도 조리기구에 대한 기본적인 사용법을 알아야 한다.

1) 조리기구의 재료

(1) 스테인리스 강(Stainless Steel)

스테인리스 강은 열전도율이 알루미늄보다는 낮으나 강도가 매우 강하고 광택이 난다. 또 가볍고 녹슬지 않을 뿐만 아니라 산과 알칼리에 의한 부식이 잘 일어나지 않아 조리기구 재료로 가장 많이 사용되고 있다. 현재 조리기물의 제작에 가장 많이 사용하는 것은 18-8강과 18-10강이다.

(2) 알루미늄(Aluminum)

알루미늄은 열전도율이 높고 매우 가벼우며 습기나 공기에 잘 부식되지 않는다. 따라서 냄비, 솥, 주전자를 비롯한 각종 조리기구의 재료로서 많이 사용된다. 순 알루미늄은 강도가 약하기 때문에 구리(Cu)와 마그네슘(Mg) 등을 첨가하여 강도를 높여 사용한다. 알루미늄은 강알칼리에 의하여 부식되고 변색된다. 따라서 오랜 시간 가열조리를 하거나 염분이 많은 음식을 오랫동안 저장하면 기물의 색이 변하거나 얼룩이 생긴다.

(3) 철(Iron)

철은 열을 흡수하는 속도가 느리나 열을 골고루 퍼지게 하고 오랫동안 열을 유지하는 특성이 있다. 철의 이러한 특성을 이용하여 두꺼운 판이나 주물로 기물을 만들어 사용한다. 철기는 비교적 무겁고 자주 손질하지 않으면 녹이 슬기 때문에 현재는 특별한 경우가 아니면 조리기구 재료로 사용하지 않는다.

2) 조리기구의 종류

(1) Chafing Dish

뷔페행사시 더운 음식을 담는 보온 용기이다. 원형과 사각형이 있으며 음식을 덥히기 위해 고체알코올을 사용하는 것과 전기를 사용하는 것이 있다. 연회장에서는 음식진열 테이블이 매번 바뀌므로 알코올 셰핑디시를 사용하며 상설뷔페에서는 전기 셰핑디시를 사용한다.

(2) Soup Warmer

Soup를 담아 두는 보온 용기이다. 연회장에서는 조식뷔페에 사용하고 Lunch와 Dinner에는 Soup Tureen을 이용하여 수프를 서비스한다.

(3) Coffee Urn

연회시 대량의 커피를 담아두고 제공하거나 개인적으로 따라 마실 때 사용하는 보온 용기이다. 오랫동안 회의를 하거나 뷔페시 설치하며 고체알코올을 사용한다.

(4) Fondue Set

치즈를 녹여 빵조각이나 음식 등을 찍어 먹을 때 사용하는 기구로 연회장에서는 뷔페나 칵테일 리셉션에 사용한다.

(5) Rechaud

레쇼(Rechaud)는 주로 양식당에서 플람베(Flambee) 요리를 하거나 남은 음식이 식지 않도록 덥히는 데 사용하는 소형 알코올 버너이다. 레쇼 위에 철판을 올려서 뜨겁게 하여 스테이크를 올려 제공하기도 하고, 소스가 있는 음식은 용기에 담아 덥히는 데 사용한다. 최근에는 전기로 철판을 뜨겁게 하는 전기 레쇼도 사용되고 있다. 연회장에서는 소규모 VIP행사에 사용한다.

(6) Crepe Pan

프렌치서비스시 크레페 수제트(Crepe Suzette), 커피콩퀘스트(Coffee Conquest), 페퍼 스테이크(Pepper Steak) 등을 고객의 테이블 옆에서 만들 때 사용하는 팬으로 주방에서 사용하는 것과 달리 코팅이 되어 있지 않고 손잡이도 나무로 되어 있다. Flambee Pan이라고도 한다.

(7) Salmon Board

훈제연어나 송어 등을 담아서 뷔페 테이블에 올려놓거나 생선요리를 올려놓을 때 사용한다. 또 나무로 된 도마를 올려 훈제연어 등을 썰어 제공하는 용도로도 사용한다.

(8) Ladle

수프나 펀치 등을 뜨는 데 사용하는 국자로 용도에 따라 Soup Ladle, Punch Ladle이 있다.

(9) Tongs

연회에 사용하는 집게로 빵이나 패스트리를 제공할 때 사용하는 Pastry Tongs, 각종 야채를 덜 때 사용하는 Salad Tongs, 얇게 썰어 놓은 음식들을 집을 때 사용하는 끝부분이 납작한 Buffet Serving Tongs 등이 있다.

(10) Steak Knife & Fork

Steak Knife는 고객이 접시에 제공된 스테이크를 잘라 먹을 때 사용하는 것과 요리사가 통으로 익힌 안심이나 프라임립 스테이크(Prime Rib Steak)를 자를 때 사용하는 조리사용이 있다. 고객용 스테이크 나이프는 Flatware로 분류한다.

(11) Bread Knife & Salmon Slicer

Bread Knife는 바게트(Baghette)나 보리빵과 같이 통으로 된 빵을 얇게 자를 때 사용하는 칼이다. Salmon Slicer는 훈제한 연어를 얇게 자를 때 사용하는 칼이다. Bread knife는 톱날의 요철이 크며 Salmon Slicer는 톱날의 요철이 작고 칼의 두께가 매우 얇다.

[그림 7-28] 주요 조리기구

6. Table-Top

Table-Top은 식사시 테이블 위에 올려놓거나 서비스에 사용되는 각종 소도구 및 액세서리이다. Table-Top은 식사를 편리하게 할 뿐만 아니라 식탁을 아름답게 장식해 연회의 분위기를 돋우는 역할을 한다. Table-Top은 도자기, 스테인리스, 은기물, 유리 등 다양한 재질로 만들어지며 은기물 및 유리로 만든 Table-Top은 고급스럽고 청결한 느낌을 주기 때문에 많이 사용된다. 특히 음료용 Table-Top은 대부분 유리제품을 사용하는데 주요 Table-Top은 다음과 같다.

[그림 7-29] Table-Top

7. Bar Equipment

호텔의 Cocktail Bar, Pub Bar, Lounge Bar 등을 Open Bar라고 하며 연회장이나 한식당, 일식당 등 식당에서 음료를 제공하는 Bar는 Service Bar라고 한다. 연회장에서는 행사지시서(Event Order)에 의해 각종 주류와 음료를 서비스하게 된다. 따라서 Open Bar에 비해 다양한 Bar기물이 필요하지는 않으나 기본적인 음료서비스 기물을 갖추어야 한다. 주요 Bar기물은 다음과 같다.

(1) Shaker

Shaker는 서로 잘 섞이지 않는 재료로 칵테일을 만들 경우 얼음과 재료를 넣은 다음 세게 흔들어 섞을 때 사용하는 칵테일 도구이다. 전체가 스테인리스로 만들어진 셰이커와 유리와 스테인리스의 두 부뷴으로 만들어진 Boston Shaker가 있다.

(2) Mixing Glass

믹싱글라스는 서로 잘 섞이는 재료로 칵테일을 만들 경우 사용하는 유리컵이다. 얼음과 재료를 넣고 잘 저은 다음 거름개(Strain)를 덮어 칵테일 잔에 따를 때 사용한다.

(3) Bitter Bottle

칵테일의 부재료인 쓴맛이 나는 비터(Bitter)를 담아 적은 양으로 따를 때 사용하는 도구이다.

(4) Measure Cup

칵테일 조주시 사용하는 계량컵이다. 윗부분과 아랫부분의 용량이 다르다. 지거(Jigger)라고도 한다.

(5) Ice Basket & Ice Pail

얼음을 담아 고객의 테이블에 올려놓을 때 사용하는 소형 얼음통이다. 얼음통 표면에 물방울이 맺혀 테이블을 적시므로 플라스틱 계통의 단열재로 만든 얼음통

(Ice pail)을 많이 사용한다.

(6) Ice Shovel

제빙기에서 대량으로 얼음을 퍼 얼음통에 담을 때 사용하는 삽으로 알루미늄, 스테인리스, 플라스틱 등으로 만들어져 있다. Ice Scoop라고도 하며 글라스에 얼음을 담을 때 금속제를 사용하면 글라스의 파손위험이 크므로 반드시 플라스틱제를 사용한다.

(7) Ice Tongs

얼음집게로 끝이 뾰족하여 얼음이 미끄러지지 않도록 제작되어 있다.

(8) Pourer

술병의 입구에 꽂아 술이 가늘고 안정적으로 따라지도록 만든 기구이다. 전체를 플라스틱으로 만든 것이 많이 사용되며 코르크와 알루미늄을 이용해 만든 것도 있다. 또 한 번 따를 때 한 잔 분량만 따라지도록 만들어진 것은 Dispenser Plug라고 한다.

(9) Lemon Squeezer

칵테일 조주시 소량의 레몬즙을 짜 넣을 때 사용하는 도구이다. 레몬을 반달모양으로 얇게 잘라 속에 넣은 후 눌러서 즙을 짜며 생선요리를 제공할 때도 사용한다.

(10) Citrus Squeezer

오렌지, 레몬과 같은 감귤류의 즙을 다량으로 짤 때 사용하는 기구로 감귤류를 반으로 잘라 뾰족한 곳에 대고 손으로 힘껏 눌러 짠다.

(11) Snack Bowl

마른안주나 견과류 등을 담는 작은 용기로 Relish Bowl, Relish Stand라고도 한다. 주로 고객에게 서비스 안주를 제공할 때 사용한다.

(12) Tamping Tool

사과, 배, 멜론 등의 과육을 으깨거나 민트 잎 등 야채를 으깨 즙을 낼 때 사용하는 칵테일용 도구이다. 주로 나무로 만드나 플라스틱 계통으로도 제작된다.

(13) Cigar Cutter

시가(Cigar)의 입에 닿는 부분을 자를 때 사용하는 도구이다. 시가는 V자형 커트(V Cut), 원형커트(Round Cut), 구멍형 커트(Punch)로 잘라 피우며 시가커터의 종류도 가위형, 길로틴형(Guillotine) 등 다양하다.

(14) Champagne Stopper

Champagne의 마개를 연 후 탄산가스가 날아가는 것을 막기 위해 병 입구를 막는 마개이다. 시간이 많이 걸리는 칵테일 리셉션에서 샴페인을 서비스할 때 사용한다.

(15) Wine Foil Cutter

와인병 입구를 둘러싸고 있는 호일을 동그랗게 도려낼 때 사용하는 도구로 병에 닿는 쪽에 4개의 예리한 회전칼이 달려 있으므로 사용시 주의한다.

(16) Cork Screw

와인병에서 코르크를 뽑을 때 사용하는 기구로 매우 다양한 종류가 있다. 이 중 한쪽 끝에 칼날이 달려 있는 것은 특별히 Waiter's Knife라고 한다.

(17) Tate-vin

타트뱅은 와인을 시음할 때 사용하는 동그란 은색 잔으로 색을 잘 감별할 수 있도록 밑부분에 동그란 홈이 여러 개 파여 있다. Taste Vin, Sommelier Chain이라고도 한다.

(18) Wine Drop Stopper

와인을 따를 때 테이블에 와인방울이 떨어지는 것을 방지하기 위해 와인병 목에 끼우는 고리이다. 안쪽은 천이나 스펀지 같은 흡습성 재질이 부착되어 있다.

(19) Wine Cradle

레드와인 서브시에 사용하는 요람(Cradle) 형태의 바스켓으로 갈대나 얇은 금속 띠를 엮어 만든다. 단순히 와인병을 꼽아 사용하는 것은 Wine Holder라고 한다.

(20) Spindle Mixer

트로피컬 칵테일같이 양이 많은 칵테일을 조주할 때 사용하는 믹서이다. 잘게 부순 얼음(Crushed Ice)과 재료를 넣고 전기모터로 짧은 시간에 고속으로 회전시켜 칵테일을 만든다.

(21) Blender

주로 과일들을 곱게 갈 때 사용하는 전기 믹서이다.

(22) Ice Crusher

얼음을 잘게 부술 때 사용하는 전기 기계로 조작에 따라 잘게 부순 얼음(Crushed Ice)과 가루얼음(Shaved Ice)을 만들 수 있다.

[그림 7-30] Bar Equipment

Pourer

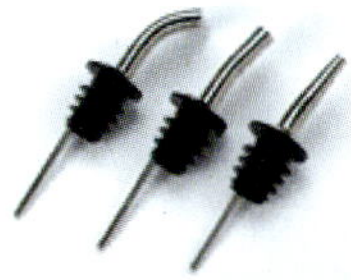

Dispenser Plug

Lemon Squeezer

Citrus Squeezer

Snack Bowl

Tamping Tool

Cigar Cutter

Champagne Stopper

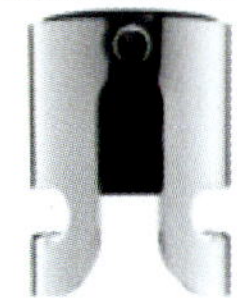

Wine Foil Cutter

Cork Screw

Waiter's Knife

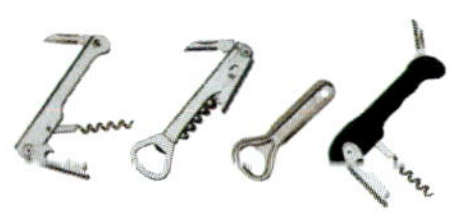

Tate vin

Wine Drop Stopper

Wine Cradle

Wine Bottle Holder

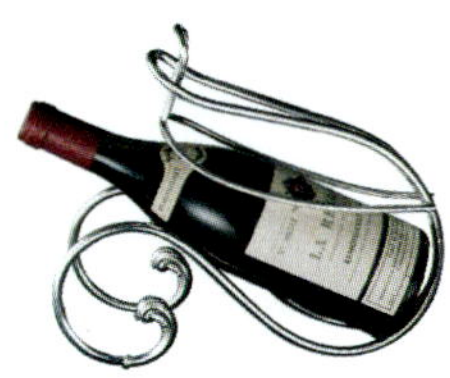

Wine Cooler

Juice Extractor

Spindle Mixer

Blender

Ice Crusher

8. Stoneware

Stoneware는 돌솥과 같이 돌로 만든 기물이다. 양식에서는 Soup Bowl이나 Snail Plate와 같이 직접 화덕에 넣어 요리를 할 때 사용한다. 과거에는 양식당에서 뜨겁게 달구어 안심스테이크, 등심스테이크, 양갈비구이(Rack of Lamb)를 제공하는 접시로 많이 사용하였으나 현재는 많이 사용하지 않는다. Stoneware는 직화에 강하고 잘 식지 않으며 요리의 무게감을 주지만 무겁고 대량관리가 어려워 점차 내열도자기를 많이 사용하고 있다. 연회장에서는 사용하지 않으며 주로 한식당에서 돌솥밥, 돌솥비빔밥, 불고기, 갈비구이를 제공할 때 사용하고 있다.

[그림 7-31] Stoneware

9. Woodenware

Woodenware는 나무로 만들어진 각종 도구들을 말한다. Woodenware는 비교적 만들기 쉽고 부드러운 질감을 주기 때문에 고대로부터 식기로 많이 사용되었다. 그러나 Woodenware는 재질이 약하여 장기 사용이 어렵고 세척해도 위생문제에 취약하며 불에 약하다. 오늘날에는 거의 모든 Woodenware를 도자기나 스테인리스 또는 유리로 만들 수 있기 때문에 Woodenware의 사용은 매우 제한적이다. 따라서 기능적인 측면보다는 분위기 연출을 위한 미적인 측면에서 사용되고 있다. Woodenware를 많이 사용하는 일식당에서도 Woodenware 대신 PVC 계통의 재질로 나무용기처럼 만들어 사용하는 경우가 보편화되고 있다.

[그림 7-32] Woodenware

10. Melamineware

Melamineware는 멜라민수지를 가열 성형한 기물로 멜라민수지로 만든 식기를 비롯하여 플라스틱류로 만든 모든 기물을 의미한다. 멜라민웨어는 열과 산에 강하고, 내구성이 뛰어나며 도자기나 유리보다 가볍고 원하는 그림을 아름답게 착색할 수 있기 때문에 식기로 많이 사용된다.

1) 원료

플라스틱은 가볍고 견고하며 다양한 색을 낼 수 있다. 또 수분과 열 및 전기가 통하지 않는다.

플라스틱은 공기, 물, 나무, 휘발유, 석탄, 자연가스, 석회석 및 소금 등의 원료를 열, 압력, 화학약품 등으로 가공한 것이다. 플라스틱은 원료와 제조방법에 따라 매우 다양한 종류가 생산된다.

플라스틱은 열을 받으면 유연해지고, 식으면 다시 굳어지는 열가소성 플라스틱(Thermoplastics)과 열을 받으면 화학적 변화를 일으켜서 형태가 굳어지는 열경화성 플라스틱(Thermosetting Plastics)의 2종류가 있다.

(1) 열가소성(熱可塑性) 플라스틱

① 아크릴계(Acrylics)

무미・무취의 비중독성 물질로서 잘 갈라지거나 깨지지 않는다. 투명・불투명 또는 무색 등 다양한 색을 만들 수 있다. 탁상시계 케이스, 머리 빗, 큰 볼(Bowl) 등을 만든다. 강한 연마제로 닦으면 긁힌 자국이 나며, 아주 뜨거운 물이 아니면 변형되지 않는다.

② 셀룰로오스계(Cellulosics)

셀룰로오스계는 모두 전기의 부도체이며 무게가 가볍고 색깔이 다양하다. 던지거나 떨어뜨려도 잘 깨지지 않는다. 고열에는 녹아서 모양이 오그라들며 장난감, 램프 갓, 만년필, 진공청소기 부품, 전화기, 각종 도구나 식기의 손잡이, 회중전등 케이스 등을 만든다.

③ 테플론(Teflon)

테플론은 열에 대해 상당히 안전성이 있으며, 화학약품에 대하여 반응이 없고 물을 흡수하지 않는다. 조리기구에 테플론으로 코팅을 하면 마찰률이 낮아져 음식이 그릇에 붙지 않게 한다.

④ 나일론(Nylon)

무미・무취의 비중독성 물질이다. 탄력성이 강해서 충격을 받아도 영향이 없고 굴곡력이 크다. 내열도가 높아 끓는 물에 넣어 살균소독을 할 수 있다. 짙은색보다 옅은색이 많으나, 대체로 색깔이 다양하며 큰 컵(Tumblers), 깔때기, 청소용 솔 등을 만든다.

⑤ 폴리에틸렌(Polyethylene)

무미·무취의 비중독성 물질로 고형이나 반고형의 막상(Films) 또는 코팅용으로 사용한다. 대개 내열도가 낮으므로 끓는 물에 넣거나 불에 올려놓아도 안된다. 내습성(Moisture Proof)이 있고 산성식품에 의한 부식은 없다. 믹싱볼(Mixing Bowls), 얼음그릇(Ice-cube Trays) 등을 만든다.

⑥ 폴리프로필렌 플라스틱류(Polypropylene Plastics)

고열에 잘 견디고 화학약품에 의한 반응을 일으키지 않으며 산, 알칼리 및 염분용액에 의한 부식이 없다. 내열성이 있으므로 끓는 물에 넣어 소독도 가능하다. 살균소독병, 냉장고 부품, 컵 및 다양한 가정용품에 사용된다.

⑦ 폴리스티렌(Polystyrene)

맛과 냄새가 없고 비중독성으로 다양한 색깔을 낼 수 있다. 무게는 가볍고 방수성이 매우 강한 고형으로 심한 충격에 파손된다. 대개 끓는 물에서 변형되며 냉장고용 접시, 쟁반, 조미료 통 등으로 사용된다.

⑧ 비닐(Vinyl)

고형·반고형의 막상으로 저온에서 사용하여도 굳어져서 꺾이는 일이 별로 없으며, 엷은 막(Sheets), 코팅, 또는 포상물(Foams)로서 사용된다. 여러 가지 색깔을 낼 수 있고 물, 기름기, 식품, 일반약품, 세제류에 의해 변화되지 않는다. 비닐은 바닥깔이(Floor Coverings), 비옷, 이동식 옷걸이장(Garment Bags), 의자커버(Upholsterry), 샤워커튼, 호스(hoses) 등을 만든다.

(2) 열경화성(熱硬化性) 플라스틱

열을 가해 제작하여 완전히 모양을 고정시킨 것이다. 일단 모양이 만들어진 후에는 열을 가해도 유연해지거나 녹지 않는다. 석탄산 수지류(Phenolic Resins)·멜라민 수지류(Melamine Resins)·요소 수지류(Resins of Urea)·카세인류(Casein) 등이 있다.

① 페놀릭계(Phenolics)

전기 절연체이며 열에 강하고 무미·무취의 비중독성 물질이다. 주형으로 짙은

색의 제품을 만들며 조리용 냄비나 기구의 손잡이 등을 만든다.

② 멜라민(Melamine)과 요소(Urea) 수지류

변색되지 않고 깨지지 않으며 무미·무취의 비중독성 물질이다. 기름기나 알코올, 세제 등에 변질되지 않아 각종 식기의 제작에 가장 널리 사용된다.

주요 Melamineware는 다음과 같다.

[그림 7-33] Melamineware

제4절 리넨류(Linen)

리넨(Linen)은 면이나 폴리에스테르 등으로 만든 각종 천 종류로 식탁을 식탁답게 하는 가장 기본적인 비품이다. 또 다양한 색과 모양으로 연회를 화려하고 우아하게 하는 장식기능도 크다. 그러나 리넨은 사용시 찢어지기 쉽고 나이프와 포크 및 이쑤시개 등 이물질에 의해 구멍이 나기 쉬우며 음식물에 의해 얼룩이 생기기 쉽다. 리넨은 가격이 고가일 뿐만 아니라 훼손시 세탁 이외에는 별다른 조치를 할 수 없으며, 커다란 리넨에 조그마한 구멍이나 얼룩이 있어도 사용할 수 없어 대단히 많은 비용을 초래하므로 매우 주의해서 취급해야 한다.

1. 리넨의 종류

1) Table Cloth

식탁의 청결함을 나타내기 위하여 보편적으로 면직류 또는 마직류로 만든 흰색 Cloth가 주종을 이루고 있으나, 식당 분위기에 어울리는 유색 Cloth와 각종 무늬를 넣은 Cloth도 많이 사용하고 있다. 또 Cloth를 두 겹(Top Cloth)으로 깔아서 식탁을 화려하게 장식하기도 한다. Table Cloth는 사용하는 테이블과 규격이 맞아야 한다. 따라서 Table Cloth의 종류도 테이블과 마찬가지로 기본적으로는 직사각형(Rectangular), 정사각형(Square), 원형(Round)의 3가지로 제작되며 여기에 크기와 색깔이 다른 것을 다양하게 준비해야 한다. 호텔의 연회장에서 Table Cloth의 적정 재고량(Par Stock)은 6회전 분량을 기준으로 한다. Table Cloth의 크기는 일반 레스토랑에서는 테이블 위에서 30cm가 늘어지는 것을 사용하며 고급식당은 45cm가 늘어지는 것이 좋다.

2) Under Cloth

Table Cloth의 수명 연장과 식탁에 식기나 기물을 놓을 때 소리가 나지 않도록 Table Cloth 밑에 깔아서 촉감을 부드럽게 하는 Cloth로 Silencer Cloth라고도 한다. 털을 다져 만든 천(Felt), 또는 면 종류의 천(Flannelet)으로 만들어 테이블에 부착하거나 움직이지 않게 고정시켜 사용한다. 또 모양과 크기가 다른 Table

Cloth를 2겹으로 깔아 매우 화려하고 고급스러운 분위기를 연출하기도 한다. 이때 위에 펴는 Cloth를 Top Cloth라고 한다.

3) Table Mat

Table Cloth를 사용하지 않는 업장에서 나무나 돌 또는 유리테이블 위의 딱딱함과 기물소음을 방지하기 위해 면이나 마로 된 천을 직사각형으로 직조한 것이다. 또 합성수지나 종이로 만든 매트도 사용되고 있다.

4) Cloth Napkin

Cloth Napkin은 식사 중에 입을 닦거나 옷이 더러워지는 것을 방지하기 위해 무릎 위에 놓아 사용하는 천으로 주로 면으로 만든다. 흰색을 주로 사용하나 행사에 따라 여러 가지 색깔을 사용하는 것이 분위기 연출에 효과적이며 Table Cloth와도 잘 어울려야 한다. 일반적인 규격은 55×55cm 크기가 적당하다.

5) Arm Towel

웨이터가 식음료서비스시 팔에 걸고 다니므로 Waiter Towel이라고도 한다. 식음료서비스시 또는 손님의 실수시 재빠르게 조치할 수 있도록 항상 휴대한다. 과거에는 고객용 Cloth Napkin과 서비스 직원용 Arm Towel을 따로 제작하여 사용하였으나 현재는 대부분 같이 사용하고 있다.

6) Meeting Cloth

회의 및 Reception 등에 널리 사용되는 녹색의 Cloth로 무늬가 없고 촉감이 부드러운 천(Felt)으로 만든다.

7) Reception Desk Cover

연회장 입구의 리셉션데스크를 씌우는 커버로 화려하고 아름답게 디자인되어 있다. 일반연회시에는 테이블에 Cloth를 덮고 Drapes를 돌려 Reception Desk로 사용하기도 하나 결혼식이나 국제회의 등 격식이 있는 연회에서는 전용 커버를 사용하는 것이 이미지를 좋게 하는 데 효과적이다.

8) Drapes

Drapes는 테이블의 테두리를 따라 두르는 주름진 스커트로 Table Skirt라고도 한다. 앉아서 식사하는 테이블에는 사용하지 않으며 뷔페테이블이나 행사시 헤드테이블에 사용한다. Table Skirt는 행사장의 분위기를 매우 화려하게 꾸며주기 때문에 여러 가지 색상과 규격을 준비해야 한다. Table용은 테이블 높이와 같이 750cm가 기준이며, 이동식 Stage용은 높이에 따라 20cm, 40cm, 80cm의 3종류가 있다.

9) Stacking Chair Cover

연회장의 Stacking Chair는 사용빈도가 높아 천이 빨리 닳고 쉽게 더러워진다. 그러나 의자의 천갈이는 신규구입 못지않게 많은 비용이 소요되며 세탁을 자주하는 것도 용이하지 않다. 따라서 다양한 모양과 색상의 커버를 준비해 두고 행사에 어울리는 커버를 씌워 사용하면 청결성과 분위기 연출 및 비용절감에도 큰 효과가 있다.

〈표 7-9〉 연회장 리넨(Linen)의 종류

No	품목(사용 테이블 규격)	리넨 규격(mm)	비고
1	Rectangular "A"(30″×72″)	1,400×2,500	White
2	Rectangular "B"(30″×60″)	1,400×2,100	White
3	Round Table Top(2,000)	2,700×2,700	White
4	Round "A"(72″)	2,500×2,500	White
5	Round "B"(60″)	2,150×2,150	White
6	Round "C"(54″)	2,000×2,000	White
7	Round "D"(42″)	1,700×1,700	Pink
8	Head Table용	1,400×9,800	2,200×9,800, White
9	Napkin	500×500	White, Red, Blue, Pink
10	Meeting Cloth(Green Felt)	1,500×2,500	1,500×9,800, Green
11	Reception Desk Cover(30″×72″)	750×1,850	750×3,660
12	Water Towel	250×360	White

No	품목(사용 테이블 규격)	리넨 규격(mm)	비고
13	Under Cloth(2,000)	2,200×2,200	Beige
14	Under Cloth(72″)	2,000×2,000	Beige
15	Under Cloth(60″)	1,700×1,700	Beige
16	Drapes(Stage용)	800×15,000	White, Pink, Yellow
17	Drapes(Stage용), 중단	400×15,000	Yellow, Blue, Red
18	Drapes(Stage용), 하단	200×15,000	Blue, Red
19	Drapes(Table Skirt)	750×7,500	White, Red, Blue, Pink, Yellow
20	Drapes(Table Skirt)	750×12,500	White, Red, Blue, Pink, Yellow
21	Stacking Chair Cover	-	디자인 및 색상 구분

2. 리넨(Linen)의 취급법

① 리넨의 기본 재고는 테이블당 6회전을 기본으로 하여 충분히 준비한다.

② 행사에 따라 다른 분위기를 연출해야 하므로 여러 가지 색의 리넨을 구비한다.

③ 리넨도 식기를 취급할 때와 마찬가지로 위생적으로 사용하고 보관한다.

④ 리넨은 사용목적과 규격 및 용도에 맞게 사용한다.

⑤ Cloth Napkin은 입을 닦는 데 사용하므로 맨손으로 많이 접어 손때가 묻지 않도록 한다.

⑥ 사용한 리넨 위에 이쑤시개, 음식물 등이 있을 때는 깨끗하게 치운 후 수거하여 이물질에 의한 훼손을 방지한다.

⑦ 찢어졌거나 흠집 또는 얼룩이 있는 리넨은 사용하지 않는다.

⑧ 사용한 리넨은 Linen Cart에 종류별로 모아 즉시 세탁소로 보낸다.

⑨ 세탁된 리넨은 규정된 장소에 종류별로 잘 정돈하여 보관한다.

⑩ 사용한 Drapes가 얼룩진 것은 바로 세탁하여 컬러별로 보관한다.

[그림 7-34] 연회장 리넨

Stacking Chair Cover

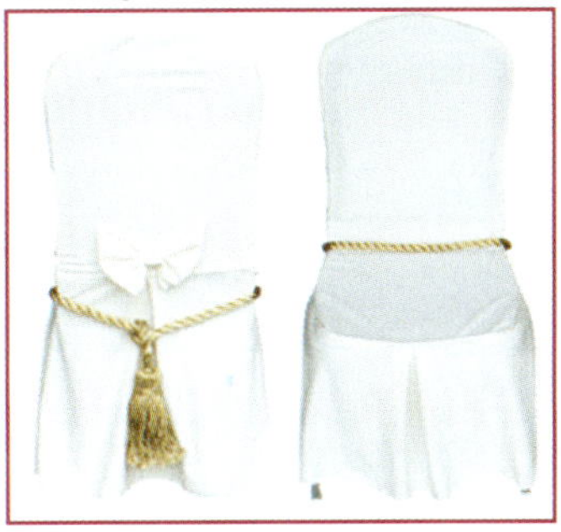

Table Skirt(Drapes)

Reception Desk Cover

Stacking Chair Cover

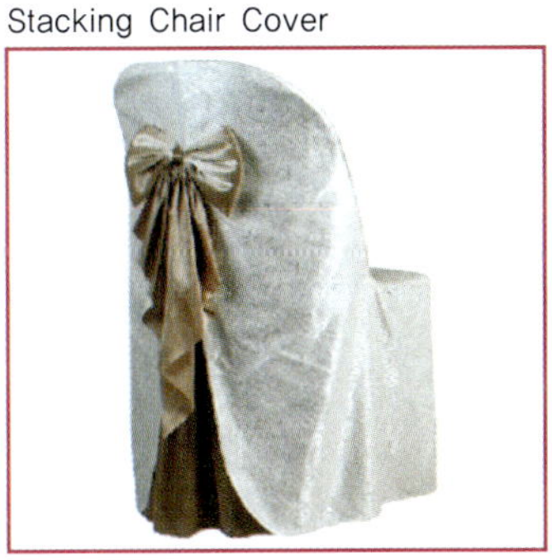

Table Skirt & Lace

Tot Cloth & Under Cloth

제5절 소모품(Supply)

연회장의 소모품은 감가상각의 대상이 되지 않는 1회용품이나 비품들이다.

소모품은 용도에 따라 고객용품, 서비스용품, 주방용품, 청소용품, 시설유지 및 보수용품 등으로 구분된다. 고객용품은 칵테일 냅킨이나 영수증 봉투와 같이 고객이 직접 사용하는 용품이며 서비스용품은 양초, 리본줄과 같이 연회서비스를 위해 직원들이 사용하는 용품이다. 청소용품은 광약이나 유리세정제같이 기물세척이나 청소에 사용하는 용품이며, 시설유지 및 보수용품은 각종 시설의 유지나 보수에 사용하는 용품이다.

연회장에서 사용하는 용품은 그 종류가 대단히 많아 종류별로 잘 구분해 관리하지 않으면 제때에 활용할 수 없다. 특히 고객용품은 고객이 직접 사용하는 것이므로 구겨지거나 먼지가 쌓이면 폐기해야 하므로 보관에 유의해야 한다. 소모품은 한 가지만 없어도 연회에 큰 지장을 초래하는 경우가 많으므로 항상 적정재고 상태를 유지한다. 소모품의 종류와 적정재고는 각 연회장의 운영 콘셉트에 맞추어 결정한다. 연회장에서 사용되는 주요 소모품은 다음과 같다.

〈표 7-10〉 연회장 주요 소모품

No	품 명	규 격	단위	비 고
1	영수증봉투	9×21.7cm	매	
2	CKT Coaster	종이	매	General
3	Cake Box Cover 2단용	43×43×20cm	Ea	
4	Chopstick Cover(A)	규격품	Ea	
5	Glass Cup Cap	Φ8cm	Ea	Plastic
6	Tooth Pick	1C/S : 1,000개입	C/S	
7	CKT Napkin(종이)	24×24cm(2겹)	Box	1Box : 10,000매
8	Dinner Napkin(종이)	42×42cm(4겹)	Box	1Box : 1,000매
9	Birthday Candle(대, 소)	10년생, 1년생	Ea	1Box(150)
10	Cooking Foil	30×30m	Roll	
11	방명록	규격품	권	Cover : Moss Green Color
12	CKT Muddler(A)	21.5cm	Ea	White
13	Match(공용)	1갑 : 15~20개입	Box	공용
14	Memo Sheet(대, 중, 소)	A4, 13×19, 9×14cm	권	1권 : 20매
15	원기둥초(Ivory)	Φ4.5×6	Ea	약혼식 Buffet
16	웨딩초(Ivory)	80cm(H)	Ea	약혼 및 결혼
17	장식초(금줄)	Φ3.5×14.5	Ea	약혼식
18	양초(White)	규격품	Ea	
19	Cup Candle(Pink, Red)	Φ3.6×2	Ea	약혼식, Center
20	Rainbow Candle	Φ6.2×9.530	Ea	만찬, Dinner
21	Taper Candle	Φ2.0×40	Ea	White, Blue, Pink, Red
22	CKT Pick	1C/S : 1,000개입	C/S	P.V.C, Red, Yellow, White
23	Sword Pick	1C/S : 1,000개입	C/S	P.V.C, Red, Yellow, White
24	Paper Cup	12Oz, 6.5Oz	Ea	Cold용, Hot용
25	Paper Doily Gold(A)	Φ25, Φ22, Φ19cm	Box	1 Box : 240매
26	Paper Doily White(A)	Φ25, Φ22, Φ19cm	Box	1 Box : 240매
27	Silk String A, B, C	1, 3, 5×50m	Roll	1 Set(5 Color)

No	품 명	규 격	단위	비 고
28	Straw(주름형)	100Ea/Case	Box	1Box(m/Green, Red, Pink)
29	Vinyl Doily Gold A, B	Φ9.5, Φ6cm	Box	1Box : 2,500매
30	Vinyl Doily White A, B	Φ9.5, Φ6cm	Box	1Box : 2,500매
31	Drapes Clip(A)	2.5×2.5×2	Ea	Round형
32	Drapes Clip(B)	5×2.5×2	Ea	Rectangular형
33	Windex	–	Ea	
34	광약	220G	Ea	
35	면장갑	40G	Ea	White, 작업용
36	면장갑(예식용)	–	Ea	White
37	Scoth Tape(투명, 불투명)	2″	Ea	
38	Scoth Tape(Red, Blue)	2″	Ea	
39	Maskin Tape	2″	Ea	
40	Lantern	6Volt(중형)	Set	

Chapter 08

연회서비스

제1절 연회서비스의 기본자세

1. 연회서비스 종사원의 기본정신

연회서비스 종사원은 용모 단정은 물론 서비스관련 지식과 예절을 갖추어 성공적인 연회서비스를 제공해야 한다. 서비스 전문가가 되기 위해서는 수행하고자 하는 업무에 대해 정확히 알고 있어야 하며 서비스 기능에 숙달되어야 한다. 또 서비스 전문가가 되고자 하는 강한 의지를 가지고 부단히 노력해야 하며 서비스의 목적이 고객만족과 감동에 있음을 명심하여 서비스 마인드를 갖추고 실천해야 한다.

Service Expert = Knowledge × Skill × Will × Service Mind
서비스 전문가 = 지식 × 기능 × 의지 × 서비스정신

1) 서비스 지식(Knowledge)

연회서비스에 관련된 지식은 학습(Study)과 경험(Experience)에 의해 축적된다. 따라서 연회종사원은 각종 서적과 시청각 자료를 통해 부단히 학습해야 하며 다양한 연회를 수행함으로써 여러 가지 상황에 즉시 대처할 수 있는 능력을 길러야 한다.

2) 서비스 기능(Skill)

서비스 기능은 부단히 연습을 해야만 숙달된다. 따라서 평소 다양한 서비스 기

능에 대해 개인적으로 연습을 해야 한다. 특히 연회는 통일된 서비스를 제공하는 경우가 많으므로 연회부 전 직원이 공동으로 실기교육을 하는 것이 중요하다.

3) 의지(Will)

모든 전문가 또는 성공한 사람들은 수없이 많은 실패와 역경을 강한 의지로 이겨낸 사람들이다. 서비스 전문가도 끊임없는 외부환경의 도전과 자신의 갈등을 이기기 위해 평소 강한 의지와 신념을 확고히 하여야 한다.

4) 서비스 마인드(Service Mind)

서비스 마인드는 서비스 종사원이 기본적으로 갖추어야 할 정신자세이다. 서비스 마인드는 다양하게 정의되고 있으며 주요 내용은 다음과 같다.

① 환대성(Courtesy & Hospitality)

'서비스는 곧 환대성이다'라고 할 정도로 고객에 대한 환대성은 매우 중요하다. 밝은 미소를 띤 얼굴로 영접하는 것부터 서비스 도중 및 환송시까지 따뜻한 배려의 마음과 좋은 인상으로 고객의 마음을 편안하게 하는 것이 중요하다. 종사원의 진심어린 환대성은 서비스 도중 발생하는 실수도 쉽게 양해받을 수 있을 뿐만 아니라 고객만족에 따른 좋은 인상을 주어 지속적인 연회행사 수주에 큰 도움을 준다.

② 청결성(Clearness)

연회서비스의 청결성은 단순히 겉보기에 깨끗한 차원을 넘어 위생적으로도 청결해야 한다. 청결성은 연회장 환경의 청결성, 식기와 장비 같은 기물의 청결성, 식음료재료의 청결성 및 서비스종사원 각 개인의 청결성이 확보되어야 한다.

③ 공평성(Equity)

공평성은 균형성과 중립성을 말한다. 서비스 종사원은 서비스를 제공함에 있어 공평성을 잃어서는 안된다. 흔히 발생할 수 있는 공평성 문제는 다음과 같다.

〈표 8-1〉 서비스 종사원의 3대 공평성 원칙

공평성	내 용
정치적 공평성	종사원이 고객의 정당 또는 정치적 신념이 자기와 같거나 다르다고 하여 임의로 규정된 서비스품질을 높이거나 낮추어 제공하지 않는 행위
인종적 공평성	종사원이 고객의 인종, 혈연, 지연, 학연이 자기와 같거나 다르다고 하여 임의로 규정된 서비스품질을 높이거나 낮추어 제공하지 않는 행위
종교적 공평성	종사원이 고객의 종교가 자기와 같거나 다르다고 하여 임의로 규정된 서비스품질을 높이거나 낮추어 제공하지 않는 행위

④ 봉사성(Service)

서비스는 진심에서 우러나오는 서비스를 해야 한다. 서비스란 용어는 일상적으로 사용하는 용어이지만 감동을 주는 서비스를 제공하기는 쉽지 않다. 연회장 시설과 기물이 아무리 좋아도 진심에서 우러나는 봉사성이 없이 기계적인 서비스를 한다면 고객만족은 이루어지지 않는다.

⑤ 능률성(Efficiency)

연회서비스는 모든 업무가 신속하고 효율적으로 이루어져 연회품질과 능률이 향상되어야 한다. 연회서비스는 대부분 동시에 수행되기 때문에 모든 종사원이 능동적, 적극적으로 협조해야 업무의 능률을 올릴 수 있다.

⑥ 경제성(Economy)

연회장의 장비 및 기물은 고가이므로 종사원 모두의 절약정신이 매우 필요하다. 보유한 테이블, 의자 등 각종 장비의 파손을 줄이고 Chinaware, Glassware, Silverware 등 기물류의 손망실을 줄임으로써 비용절감에 노력해야 한다. 또 전기, 수도, 종이류, 리넨류와 같은 소모성 경비를 최소화함으로써 연회장의 경제성을 높여야 한다.

⑦ 정직성(Honesty)

연회장을 이용하는 고객들은 개인보다 기업체와 단체가 많으며, 이러한 거래처는 특성상 한 번 이용한 연회장을 계속 이용하는 경향이 크다. 따라서 종사원의 정직성을 바탕으로 한 고객과의 신뢰성은 다음 행사의 수주 차원에서도 매우 중요하다.

⑧ 안전성(Safety)

연회장은 많은 고객이 참석하고 대규모 인원에 의한 동시서비스가 이루어질 뿐만 아니라 각종 기물과 장비가 매 행사마다 다르게 설치되기 때문에 안전사고가 발생할 위험이 높다. 따라서 고객의 안전과 각종 사고예방을 위해 평소 점검매뉴얼을 만들어 확인함으로써 사고원인을 사전에 제거하는 것이 중요하다. 또 발생한 안전사고에 대한 처리방법도 매뉴얼화해 신속하고 정확하게 처리함으로써 2차 피해를 최소화해야 한다.

⑨ 의사소통성(Understand & Conversation)

연회서비스 종사원은 행사내용에 대해 숙지하여 참가한 고객들의 질문에 충분히 응답할 수 있어야 한다. 또 국제적인 행사도 자주 열리므로 기본적인 사항에 대해 외국어로 대화할 수 있어야 한다.

2. 연회서비스 종사원의 기본자세

1) 대기 자세

① 대기시 가슴을 펴고 두 다리를 붙이며, 왼손은 Arm Towel을 받치고 오른손은 가볍게 주먹을 쥐고 편히 내린다(다리의 뒤꿈치는 붙이고, 앞은 45도가량 벌린다).
② 양손을 뒤로 하여 뒷짐을 지지 않는다.
③ 의자, 탁자, 벽, 기둥 등에 기대어 서지 않는다.
④ 얼굴은 항상 고객을 주시하고 보행시는 정면을 바라본다.
⑤ 직원 간에 사담을 금한다.
⑥ 머리나 얼굴 등을 만지는 행위를 금한다.

2) 서비스 대화법

(1) 기본 대화법

① 전국 어디에서나 사용되는 표준말을 사용한다.
② 은어, 비어, 속어 등을 사용하지 않고 교양 있게 말한다.

③ 지나친 달변과 장황한 말을 삼가고 간단명료하게 말한다.
④ 가능한 경어를 사용한다.
⑤ 발음을 명확히 하고 끝말을 확실히 한다.
⑥ 장난전화에도 감정을 억제하고 의연히 대처한다.
⑦ 부정적이거나 애매한 표현을 하지 않는다.

(2) 호칭

① 아는 손님은 성과 직함, 모르는 손님은 '손님', '선생님' 등 경칭을 사용한다.
② 고객에게 자신을 말할 때는 '저, 저희들'을 사용한다.
③ 고객에게 상사를 말할 경우 상사의 직명 뒤에 '님' 등의 경어 경칭을 사용하지 않는다.
④ 문서에는 '사장 지시사항', '사장실'같이 '님'자를 사용하지 않는다.
⑤ 최상급자 동석시 차상급자에게는 '님' 등의 경어 경칭을 사용하지 않는다.

(3) 접객용어

말은 의사전달 수단이기도 하지만 감정을 전달하는 수단이기도 하다. 말에 의해 사람의 인격이 평가된다. 같은 말이라도 어떻게 하는가에 따라 의미가 달라지므로 고객이 편안함과 따뜻함을 느낄 수 있도록 예의바른 자세를 갖추어 품위 있는 말을 해야 하며, 접객시 사용되는 모든 언어는 잘 다듬고 연습하여 정확히 표현할 수 있도록 습관화해야 한다.

① 바른 표현법 : 그렇습니다. ~입니다. ~아닙니다. ~입니까? ~해도 되겠습니까?
② 나쁜 표현법 : 그렇죠. ~이죠. ~이네요, ~아니죠. ~아니잖아요? ~예요? ~해도 될까요?

3) 용모와 복장

좋은 서비스를 제공하기 위해서는 깨끗하고 단정한 용모 및 복장을 갖추어야 한다. 용모는 깨끗하고 단정한 신체, 청결한 손, 손톱, 단정한 두발상태 등을 갖추어야 한다. 복장은 규정된 유니폼을 깨끗하고 단정하게 착용하여야 한다.

(1) 남

① 머리(Hair) : 뒷머리가 와이셔츠 깃을 덮어서는 안되며, 옆머리가 귀를 덮어서는 안된다. 머리는 기름을 바르고 항상 단정하게 빗어야 하며, 앞머리는 이마를 덮지 않아야 한다.
② 얼굴(Face) : 식사 후에는 항상 양치질을 하여야 하며, 수염은 깎아야 한다.
③ 손(Hand) : 손은 자주 씻고 손톱은 짧게 깎으며 반지를 끼어서는 안된다.
④ 유니폼(Uniform) : 유니폼은 항상 깨끗하고 다림질하여 착용해야 한다.
⑤ 구두 및 양말(Shoes & Socks) : 검정색 구두를 착용하며 항상 깨끗하게 윤(광택)이 나야 한다. 양말은 반드시 검정색을 신는다.

(2) 여

① 머리(Hair) : 개인의 얼굴에 어울리게 하나 앞머리는 내려오지 않도록 단정히 빗고 긴 머리인 경우 뒤로 가지런히 빗어 묶어 단정한 느낌을 주도록 한다.
② 얼굴(Face) : 화장은 진하지 않게 하며 귀걸이 등 액세서리는 착용하지 않고, 식사 후에는 항상 양치질을 하여야 한다.
③ 손(Hand) : 손은 자주 씻고 손톱은 항상 짧게 깎아야 하며 매니큐어를 발라서는 안되고 반지를 끼어서도 안된다.
④ 유니폼(Uniform) : 유니폼은 항상 깨끗하게 하고, 구겨진 곳이 없어야 한다.
⑤ 스타킹(Stocking) : 짙은 색깔의 스타킹을 피하며 살색으로 신어야 한다.
⑥ 구두(Shoes) : 회사에서 지정한 통일된 형태의 검정구두를 착용한다.

4) 접객 인사

인사는 감사와 환대의 마음으로 예의를 갖추어 밝고 상냥하게 한다. 또 인사말은 자연스럽고 간단명료하며 쉽고 바른 말씨를 쓴다. 인사하는 방법은 평소에 연습하여 여러 가지 상황에서도 자연스럽고 정확한 인사를 해야 한다. 호텔이나 고급레스토랑에서의 인사는 '상대방 응시(Eye Contact) 〉 호칭 및 인사말 〉 경례'의 순서로 이루어진다. 인사의 종류와 방법은 나라와 장소 및 상황에 따라 매우 다양하나 기본적인 인사법은 다음과 같이 3가지로 나누어진다.

(1) 기본 인사법

구분	반절	보통절	최경례
인사 각도	15도	30도	45도
시선 위치	앞발 4~5m 전방	앞발 2m 전방	앞발 1m 전방
인사 동작	①-허리 굽힘 ②, ③-허리 폄 펼 때는 굽힐 때보다 2배 천천히	①-허리 굽힘 ②-정지 ③, ④-허리 폄	①, ②-허리 굽힘 ③-정지 ④, ⑤-허리 폄
인사 의미	가벼운 목례개념 기본적 예의표시	정중한 인사 고객에 대한 정식인사	최대 경의, 감사 표시 사과시
인사 시기	고객 이야기를 들을 때 고객 질문에 대한 대답시 고객에게 가벼운 부탁시 고객 계산시 하루에 2번 이상 인사시	고객 내점시 첫인사 고객 환송시 감사인사	VIP의 의전적 인사시 고객에게 사과할 때

(2) 호텔과 외식업체의 기본 인사법

구분	호텔	외식업체
인사법	정중하고 세련된 인사	가볍고 산뜻한 인사
인사 동작	우아함, 부드러움, 완만한 속도	생기발랄함, 자연스러움, 민첩함
인사말	공손하고 격식을 갖춘 인사말	밝고 쾌활하며 친근한 인사말
강조점	인사 동작 〉 인사말	인사 동작 〈 인사말

(3) 인사시 주의사항

① TPO의 구별(Time, Place, Occasion) : 인사는 때와 장소와 상황을 고려해서 어울리는 인사를 해야 한다.

② 망설이는 인사, 분명하지 않은 인사, 말로만 하는 인사, 고개만 까닥이는 인사, 눈을 바라보지 않는 인사, 무릎을 굽히는 인사, 손을 바지주머니에 넣고 하는 인사는 오히려 불쾌감을 준다.

③ 평상시 남자는 왼손을 오른손의 위로, 흉사시 오른손을 왼손의 위로 모은다(여자는 남자와 반대).

5) 안내 예절

(1) 방향, 장소 안내

① 손가락을 모아 손바닥 전체를 펴서 방향을 가리킨다(손가락 사용금지).
② 손바닥이 하늘을 향하게 하고 손등이 보이지 않게 한다.
③ 가까운 곳은 반팔, 먼 곳은 팔을 완전히 펴서 가리킨다.
④ 시선은 고객의 눈 → 가리키는 대상, 방향 → 고객의 눈(확인)
⑤ 왼쪽방향은 왼손, 오른쪽 방향은 오른손을 사용한다.
⑥ 두 곳 이상을 가리킬 때는 가리키는 곳마다 ④번 행동을 반복한다(확인).

(2) 동행안내

① 방향 안내를 손으로 하기 어려운 곳은 직접 동행하여 안내한다.
② 동행 안내시 고객의 왼쪽 1m 전방에 위치한다(필요시 우측 무방).
③ 안내도중 다른 고객과 마주칠 때는 고객의 행동반경을 피해 가볍게 머리 숙여 인사한다.
④ 계단을 오를 때 치마 차림의 여성안내원은 고객의 뒤에 위치한다.
⑤ 당기는 문은 안내원이 열고 고객을 먼저 입장시킨 후 따라 들어간다.
⑥ 미는 문은 안내원이 먼저 들어간 후 안쪽에서 맞이한다.
⑦ 엘리베이터는 승무원이 있는 경우 고객을 먼저 태우고 먼저 내리게 한다.
⑧ 엘리베이터에 승무원이 없는 경우 안내원이 먼저 타서 작동하며 나중에 내린다.
⑨ 엘리베이터 안에서 안내원은 밖을 향하여 우측 앞에 서며 우측 뒤편이 상석이다.

6) 전화예절

(1) 전화 응대의 중요성

① 전화는 업무의 기본이다.
② 전화는 고객 접점의 최일선이다.
③ 전화 응대자의 말씨와 음성만으로 그 회사의 이미지가 결정된다.
④ 전화 응대시에는 회사를 대표한다는 마음을 갖는다.

(2) 전화를 받는 기본 방법

① 고객을 대면하는 마음으로
② 벨이 3번 울리기 전에
③ 수화기를 왼손으로 들고
④ 먼저 인사말을 한 후 자기 소속과 이름을 밝힌다.
⑤ 상대방의 입장에서 상대방의 말을 충분히 경청하면서
⑥ 필요한 내용은 반드시 메모를 하고
⑦ 말은 정확하고 명료하며 친절하게
⑧ 끝인사 후 상대방보다 늦게 전화를 끊는다.

(3) 본인에게 온 전화를 받을 때

① 벨이 울리면 즉시 받는다.
② 인사말을 한 후 자기 소속과 이름을 밝힌다.
③ 메모 준비를 하면서 용건을 경청한다.
④ 이해하기 어렵거나 잘 알아듣지 못하였을 경우는 납득이 갈 때까지 정중히 물어보고 메모를 한 후 복창 확인한다. 특히 날짜는 일자와 함께 요일을 반드시 기록해야 한다.
⑤ 전화 도중 동료나 상사에게 물어보아야 할 일이 생기면 양해를 구한 다음 송화기를 막고 질문하며 다시 통화할 때는 "실례했습니다"라고 한 후 통화한다.
⑥ 검토에 시간이 걸리는 응답은 언제까지 답변을 하겠다는 약속을 한다.
⑦ 인사를 한 후 전화를 끊는다.

(4) 전화를 바꾸어줄 때

① 전화받을 사람을 확인한다.
② 송화구를 막은 다음 전화받을 사람에게 알린다.
③ 타 부서로 전화를 돌려줄 경우 연결이 안될 것에 대비해 그쪽 전화번호를 알려준 다음 돌려준다.
④ 전화받을 사람의 신상을 고객이 잘 모른다고 생각되면 간단히 신상 설명을 해드린 다음에 돌려준다.

(5) 전화받을 사람이 부재중일 때

① 부재중인 이유와 일정을 알려준다.
② 소재가 확실한 경우 연락처를 알려준다.
③ 용건을 물어보고 자기가 처리 가능하면 친절히 안내한다.

(6) 문의전화를 받을 때

① 문의 내용을 정확히 파악한다.
② 담당 업무일 경우 성실하게 답변한다.
③ 자기 담당 업무가 아닌 경우에도 끝까지 경청하여 가장 적당한 담당자에게 연결해 준다.
④ 자기 담당이나 소관 업무가 아니라고 냉담하게 응대하지 않는다.
⑤ 담당자가 부재중일 때에도 아는 데까지 정중하게 답변한다. 이때 자기 이름을 알려주며 담당자가 돌아오면 대화내용을 알려 담당자와 고객 간의 일이 중단되는 일이 없도록 한다.

(7) 전화를 거는 방법

① 먼저 전화번호를 확인한다.
② 상대방이 전화를 받으면 먼저 소속과 이름을 밝힌다.
③ 상대를 확인한다.
④ 용건은 전화를 걸기 전에 미리 간단명료하게 준비하여야 한다.
⑤ 상대방이 부재중일 경우는 전화를 건 이유에 대해 간단히 메모를 부탁한다.
⑥ 상대방이 먼저 끊은 다음 전화를 끊는다.

(8) 개인 용무의 전화

① 직장에서의 전화기는 고객용이다.
② 근무 중의 사적인 전화는 적극적으로 제한하여 고객의 불편을 최소화해야 한다.
③ 사적인 전화는 무의식중에 마음을 해이하게 하고 말이나 몸가짐을 흐트러지게 해 서비스 분위기를 흐트러지게 한다.
④ 사적 전화가 꼭 필요한 경우 간단명료하게 용건만을 조용히 전한다.

(9) 휴대폰 사용

① 업무 중에 사적 휴대폰 사용을 지양한다.
② 영업 중이거나 공공장소에서는 휴대폰을 매너모드로 돌려놓는다.
③ 회의, 고객과의 대화 또는 서비스 도중 전화를 받으면 최선을 다하지 않는다는 인상을 주므로 나중에 전화를 하거나 용무를 마친 후 자리를 옮겨 통화한다.

(10) 전화 용어 사용기준

① 전국 어디서나 사용되는 표준말을 사용한다.
② 은어, 비어, 속어 등을 사용하지 않고 교양 있게 말한다.
③ 지나친 달변과 장황한 말을 삼가고 간단명료하게 말한다.
④ 가능한 경어를 사용한다.
⑤ 발음을 명확히 하고 끝말을 확실히 한다.
⑥ 장난전화도 감정을 억제하고 의연한 대화로 대처한다.
⑦ 부정적이거나 애매한 표현을 하지 않는다.

3. 연회서비스 기본 업무

1) 연회 영접서비스

호텔에 도착한 연회주최자의 영접은 그 호텔의 의전매뉴얼에 따라 사전에 담당자를 지정하여 영접한다. 최고 VIP는 사장 또는 총지배인이 영접하며 일반적인 주최자는 연회지배인(Manager) 또는 리셉셔니스트(Receptionist or Greetress)가 영접 및 연회장까지 안내한다. 연회장에 도착하면 담당지배인에게 인계하여 지속적인 안내가 이루어지도록 한다.

① 연회서비스 전 직원은 연회시작 20분 전까지 모든 준비를 끝내고 담당구역 및 업무에 따라 정위치(Stand-by)한다.
② 영접담당자는 단정한 자세로 대기하고, 고객이 도착하면 미소 띤 얼굴과 친절한 자세로 고객을 정중히 영접한다.
③ 각 연회장별 주최자의 영접은 연회서비스 지배인이나 캡틴이 담당한다.
④ 고객이 외투, 대형가방 등을 소지하였을 경우 Cloak Room에 맡기도록 하

고 번호표(Tag)를 드리며 행사 후 번호표를 필히 확인하여 다른 보관품과 바뀌지 않도록 한다.

⑤ 고객이 보관을 원하지 않을 경우 고객의 외투, 모자, 가방, 짐 등을 고객이 편리하도록 테이블과 의자 밑 등 서비스에 지장이 없는 장소에 놓아드린다.

⑥ 영접담당자와 서비스 지배인은 주최자와 주요 참석인사를 파악하여 성명 또는 직함을 불러줌으로써 고객이 친밀감을 갖도록 하며 연회장(Room)의 지정석(Table)까지 정확히 안내한다.

⑦ 대규모 연회는 입구에 좌석배치도(Seating Arrangement)를 비치하며, 각 테이블에는 테이블 번호표(Numbering Stand)와 좌석표(Place Card)를 올려두어 참가자들이 지정석을 찾기 쉽도록 한다.

⑧ 지정석이 없는 연회시 참가자의 테이블 배정은 연회의 분위기를 좌우하므로 참가자의 특성(외국인, 젊은층, 노약자, 장애인, 단체손님, 시선을 주목받을 수 있는 고객 등)을 잘 파악하여 적절한 장소에 배정한다. 예를 들어, 연회의 품격을 높이는 국내·외 VIP는 참가자의 시선이 집중될 수 있는 연회장 중앙이나 무대 앞에 배정한다. 또 노약자와 장애인은 출입이 용이한 입구 쪽으로 배정한다.

2) 연회주최자 수행서비스(Attendent Service)

① 서비스담당 지배인은 주최자(Organizer)가 리셉셔니스트와 함께 행사장에 도착하면 주최자의 성함과 직함을 외우고 있다가 인사를 하고 명함을 주고받는다.

② 인사 후 주최자에게 연회의 준비상황에 대해 설명과 확인을 하고 추가 또는 변경사항이 있는지를 재확인한다. 특히 식순, 국민의례, 건배, 식사시간, Coffee break, 마이크, 방송기기, 녹음, 조명 등을 점검한다(Coffee break는 30분 전 Stand-by).

③ 일반적으로 착석순서는 노약자, 어린이, 장애인, 여성을 우선적으로 착석하도록 하고, 마지막으로 주최자의 착석을 돕는다.

④ 주최자가 착석할 경우 앉기 쉽게 두 손으로 의자 등받이를 잡아 가볍게 빼고, 앉을 때는 두 손과 한쪽 무릎을 사용하여 의자를 살며시 밀어 넣는다.

⑤ 착석이 끝나면 테이블담당자에게 인계하고 즐거운 시간이 되기를 바란다

는 정중한 인사를 한 후 돌아온다.

⑥ 담당지배인은 연회 시작부터 종료까지 항상 주최자 가까이에서 보좌해야 하며 자리를 비울 경우 주최자에 알리고 다른 종사원이 Stand-by하도록 한다.

⑦ 연회도중 주최자에게 진행사항을 수시로 보고하고 확인하여 진행한다.

⑧ 화재위험성이 있는 연회는 화재예방에 관한 주의사항을 상기시켜 드린다.

3) 연회행사 중 서비스

① 연회참석 인원을 파악하여 식사 시작시간과 함께 주방에 통보한다.

② 예약인원보다 초과되었을 경우 주최자와 의논하여 불편함이 없도록 조치한다. 조리부와 협의하여 식사의 추가가 불가하면 타 업장으로 유도하고 식권을 발행한다.

③ 식사시간에 BGM이 제대로 나오는지 확인한다.

④ 가족모임시 2부 여흥사항을 점검하고 케이크, 과일, 떡을 연회장에서 제공할 것인지 포장(Take out)하여 드릴 것인지를 주최측과 협의한다.

⑤ 늦게 도착한 고객에 대한 서비스(입장 동선, 좌석안내, 식음료 제공 등)와 먼저 퇴장하는 고객을 위한 대비를 한다.

⑥ 연회장의 온도, 방송 및 음향기기의 상태를 수시로 점검하고 귀중품 보관, 도난사고 등에 대비한다.

⑦ 뷔페인 경우 주최측과 상의하여 진열된 음식을 철수하고 철수시간을 스튜어드(Steward)에 통보한다. 철수할 때는 병풍을 이용해 음식진열대를 가린다.

⑧ 담당 지배인은 주빈석(Head Table)과 일반석을 수시로 살펴 필요한 서비스를 즉시 제공한다(와인 제공, Ice Water 보충, 빈 접시 철수, 테이블 청결 등).

⑨ 연회도중 변경되는 사항이 있으면 반드시 해당부서에 통보한다(조리, 방송, 연회예약실 등).

⑩ 연회도중 Paging Service 요청이 있으면 연회에 지장이 없도록 주의해야 하며, 주최자나 VIP인 경우는 Paging Board를 사용하지 말고 직접 찾아가 알려야 한다.

⑪ 음식과 서비스에 대한 참가자의 만족도를 꼭 확인한다(고객의 말, 표정,

분위기 등).

⑫ 사전 허락 없이 주최자나 참가자가 연회장에 임의로 음식물을 반입하지 않도록 한다.

⑬ 반입된 화환은 타 행사장 참가자의 동선을 방해하거나 연회에 지장을 주지 않도록 배치한다.

⑭ 연회 예약시의 목적과 다른 용도로 연회장을 이용하는 것을 방치해서는 안된다.

⑮ 콘서트(Concert)와 각종 대형 행사시에는 안전점검표(Check List)에 의해 안전관리를 철저히 해야 한다.

4) 주문받기(Order Taking)

레스토랑에서의 주문받기는 고객이 선택한 메뉴를 접수받는 업무이나 연회장에서의 주문은 예약에 의해 확정된 메뉴를 고객의 취향에 맞게 제공하기 위해 소스와 스테이크의 굽기 온도 등을 주문받는 행위가 주가 된다. 그러나 연회장에서도 식사 이외에 와인과 음료 및 부대상품은 사원들의 추천에 의해 매출을 늘릴 수 있는 기회가 많으므로 상품추천에 필요한 충분한 지식과 세련된 판매기법을 습득하여 효과적이고 적극적인 판매활동을 해야 한다.

(1) 판매자의 필수조건

① 고객에게 상품(요리, 음료)을 판매하기 전에 자신을 판매해야 한다.

② 항상 미소 띤 얼굴로써 서비스와 친절을 판매해야 한다.

③ 가격을 판매하는 것이 아니라 가치를 판매해야 한다.

④ 메뉴와 분위기를 함께 판매해야 한다.

(2) 주문받는 요령

① 메뉴는 고객의 우측에서 드리고, 주문받을 때는 고객의 좌측에 위치한다(경우에 따라 유동적일 수 있다).

② 항상 메모지와 펜을 지참하여 주문을 받는 즉시 적는다.

③ 주문기록은 통일된 약자(Abbreviation)로 정확히 기재하며 반드시 복창하여 확인한다.

④ 주문받을 때는 양발을 모으고 양팔은 허리에 자연스럽게 붙이며, 양손은 주문서와 펜을 쥐고 허리를 15° 정도 숙이고 고객의 좌측에서 얼굴을 주시하며 공손히 주문받는다.

⑤ 주문받는 순서는 시계 도는 방향으로 여자, 남자, Hostess, Host의 순으로 받는다(단체고객 또는 인원이 많은 경우 Host에게 일괄적으로 주문받을 수도 있다).

⑥ 특별한 주문이 있을 경우 주방에 연락하여 가능여부를 확인한 후 주문을 결정한다.

⑦ 시간이 오래 걸리는 요리는 주문받을 때 반드시 소요시간을 알려야 한다.

⑧ 요리의 주문이 끝나면 와인 List를 고객의 우측에서 드린다.

⑨ 와인은 주요리에 어울리는 품목으로 권유하여 주문받는다.

⑩ 주요리(Main Dish)의 식사가 끝나면 후식(Dessert)과 음료를 주문받는다.

⑪ 주문이 끝나면 정중하게 감사인사를 드린 후 물러난다.

(3) 추천 요령

① 상품 추천을 하기 전에 고객의 유형을 신속히 파악하여 고객으로 하여금 구매의욕을 최대한 유발시킬 수 있도록 자신의 추천능력을 최대한 발휘해야 한다.

② 추천하기로 결정한 상품을 집중적이고 효과적으로 설명하여 매출증대에 기여해야 한다.

③ 고가상품을 강매하는 인상을 주어서는 안되므로 고객의 입장과 연회장의 매출에 유의하여 합리적인 주문이 이루어지도록 추천한다.

④ 레스토랑에서의 추천 상품은 주로 그날의 특별요리(Daily Special Menu), 새로 구입한 식자재 메뉴, 수익성이 높고 재고가 풍부한 메뉴, 특별행사 메뉴 등이나 연회장에서는 메뉴의 추가, 와인과 음료의 추가 등이 주요 추천 상품이 된다.

⑤ 음료주문과 추가 주문은 매출증진에 많은 기여를 하므로 적극적인 자세로 추천한다.

(4) 주문시 유의사항

① 계산시 문제가 발생하지 않도록 주문을 받은 후에는 반드시 주문내용을

복창하여 고객에게 재확인하고 주문서에 기재한다.

② 주문을 확인하는 것은 고객에게 정확하고 신속한 서비스를 제공하는 수단이 된다.

③ 영업 전에 메뉴 내용을 숙지하고 주방에서의 제공불가 항목을 확인하여 주문에 착오가 없도록 한다.

④ 메뉴 설명시 고객이 이해하기 힘든 전문용어를 사용하지 않는다.

⑤ 메뉴품목을 가리킬 경우 절대 손가락으로 가리켜선 안되며 손을 펴서 손바닥이 위를 향하게 하여 가리킨다.

⑥ 연회장에서는 레스토랑과 달리 사용하는 소스의 종류, 육류의 굽는 정도, 계란의 익히는 정도, 샐러드드레싱의 종류 등을 일괄적으로 제공하는 경우가 대부분이므로 고객의 요청이 있을 경우 가능여부를 주방에 반드시 확인한다.

⑦ 주문받을 때는 고객의 특징 또는 좌석번호를 표기하여 정확히 제공한다.

⑧ 주문받은 후 주문사항을 제공할 때까지 걸리는 시간을 고객에게 알린다.

5) 연회장 식음료서비스의 기본 원칙

연회장에서 식음료서비스는 한정된 시간에 고객에게 동시에 제공해야 하기 때문에 서비스책임자의 지시에 따라 일사분란하게 코스별, 순서별로 제공해야 한다.

① 식음료서비스는 항상 Lady First, 노약자, 연장자, 어린이, VIP, 상급자, 초청객(Guest) 등 우선원칙을 상황에 맞도록 지켜야 한다.

② 음식을 접시나 컵에 담아 제공할 때는 왼손으로 운반하여 고객의 오른쪽에서 오른손으로 제공한다(Tray Service). 빵과 샐러드와 같이 좌측에 놓이는 것은 좌측에서 제공한다. 모든 식음료는 항상 시계방향으로 돌면서 서브한다.

③ 음식을 Platter에 담아서 Passing할 때는 고객의 왼쪽에서 오른손으로 Serving Spoon & Fork를 사용하여 제공한다(Platter Service). 또 수프를 튜린(Soup Tureen)에 담아 제공할 때도 왼쪽에서 제공한다.

④ Hot Dish는 Hot Plate에, Cold Dish는 Cold Plate에 제공한다.

⑤ 접시는 소리가 나지 않게 손등을 먼저 테이블 위에 내린 다음 접시를 놓고 빈 접시를 치울 때는 "다 드셨습니까? 치워도 될까요?"라고 동의를 구한 후 치운다.

⑥ 연회장에서는 아무리 바쁜 경우라도 절대 뛰어다니지 않으며 고객의 머리 위로 음식을 서브하거나 빈 접시, 잔을 치우지 않는다.
⑦ 물잔에는 처음 7부 정도의 얼음물을 따르고 항상 5부 이상 차 있도록 보충한다.
⑧ Finger Bowl은 미지근한 물을 반쯤 채우고 Sliced Lemon이나 꽃잎을 띄워서 받침(Underlay)을 하여 테이블의 왼쪽 윗부분(Table Fork 위쪽)에 제공한다.
⑨ 입에 닿는 Cutlery(Silver ware)를 제공할 경우는 위생상 항상 Service Tray나 냅킨에 싸서 제공한다.
⑩ 그림이 있는 접시는 그림이 바로 보이도록 놓고 접시의 테두리(Rim) 안쪽으로 엄지손가락이 들어가지 않도록 한다.
⑪ 와인 시음(Wine Tasting)은 와인을 주문한 고객에게 한다(Host 우선).
⑫ 식음료서비스를 할 때는 "실례합니나", "주문하신 요리가 준비됐습니다", "맛있게 드십시오", "치워드리겠습니다"라고 인사를 하여 주의를 환기시킨 후 접근한다.
⑬ 식사가 끝나면 우측으로(빵접시, Salad 접시는 좌측으로) 치우고 테이블클로스가 소스나 음식물로 얼룩진 경우는 테이블클로스와 같은 색의 냅킨을 깔아드린다.
⑭ 디저트가 끝나면 테이블 위의 빈 용기는 모두 치우고(물잔, 와인잔 제외) 커피를 서브하며 커피를 다 마신 고객에게는 커피의 추가제공을 확인한다.
⑮ 연회서비스는 대규모 동시 서비스이므로 일사분란하고 통일된 서비스가 되도록 평소 훈련을 하며 Show Man Ship을 길러야 한다.

6) 연회 종료 후 서비스

① 연회 종료 5분 전에 서비스 직원들이 연회장 입구에 도열하여 환송인사를 드린다(Farewell Service).
② 주차권과 보관된 물품을 미리 준비하여 제공한다.
③ 연회 후 습득물이 있으면 주최자에게 알리고 남은 연회용품은 고객의 차량까지 운반한다.
④ 연회가 끝나면 주최자에게 연회시 불편사항이 없었는지 확인하고 특별한 언급이 있으면 지배인에게 보고한다.

⑤ 주최자의 차기 행사일정에 대해 확인하여 판촉부나 관계자에게 알린다.
⑥ 연회가 종료되면 관련부서에 연회종료를 알려야 한다(방송, 장비, 당직데스크 등).
⑦ 연회장에 예약된 다음 연회를 확인하여 다음 연회에 편리하도록 연회장을 정리정돈한다.

7) 회계처리

① 예약시 연회 후 계산에 문제가 발생하지 않도록 주최자와 지불조건을 상세히 결정한다.
② 연회종료 전 산출된 행사금액에 대해 주최자에게 알려 미리 계산을 받아 행사종료 후 주최자가 계산을 위해 시간을 허비하지 않도록 한다.
③ 계산서는 Event Order를 기본으로 추가된 식음료를 확인하여 최종계산서를 작성한다.
④ 일반적으로 연회장에서의 후불은 예약시 결정된 사항이 아니면 허용되지 않는다. 예약시 후불로 결정된 연회는 연회종료 후 주최자의 인적사항, 연락처, 회사명, 지불 약정일 등을 확인하고 자필 서명을 받는다.

8) 연회 후 정리정돈

① 연회서비스 담당지배인은 연회종료 후 연회장 정리 상태를 최종적으로 확인한다.
② 연회장 입구에 설치된 접수테이블, 전화기 등 행사용품 및 기기를 철수한다.
③ 연회장 VIP 카펫, 얼음조각, 기타 장식물 등을 철수한다.
④ 물품보관표(Cloak Room Tag)의 이상 유무를 확인한다.
⑤ 각종 집기류, 장비 등의 상태를 점검하고 보관상태를 확인한다.
⑥ 화재예방, 쓰레기 처리 및 청소, 카펫, 샴푸 요청 등 최종 점검 및 조치를 한다.

9) 분실물과 습득물(Lost & Found) 처리방법

고객의 분실물을 소홀히 다루어서는 안되며 반드시 고객에게 신속, 정확하게 전달되도록 최선을 다해야 한다.

① 고객의 분실물 신고가 있을 때는 지배인에게 보고하고 분실시간, 장소, 상황 등을 구체적으로 확인하여 기록한다.
② 분실물이 즉시 발견되지 않을 때는 추후 연락을 할 수 있도록 고객의 연락처를 받아둔다.
③ 분실물 발견시 지배인에게 보고하고 고객에게 바로 알려 전달하고, 고객과의 연락이 불가능할 때는 당직 지배인실에 신고하고 습득물을 당직실에 보관해야 한다.
④ 습득물은 규정된 장소에 보관해야 하며 습득한 시간, 장소, 발견자 성명 등을 정확히 기록하여 고객이 찾아갈 때 확인 대조하여 차후 불미스러운 일이 발생되지 않도록 철저히 기록을 유지한다.

10) 고객의 불평 처리방법

아무리 완벽한 서비스제공을 위해 노력해도 고객의 불평이 수시로 발생한다. 특히 연회장에서는 다수의 인원이 동일한 서비스를 제공받기 때문에 고객의 개인적인 취향이 무시되는 경우가 많다. 따라서 고객으로부터 불평이 발생했을 경우, 항상 긍정적인 자세로 고객의 입장에서 정확한 원인을 파악하고, 불평에 대한 해결방안을 신속하게 강구하여 고객이 이해하고 만족하도록 조치해야 한다. 고객의 불평에 대한 대처방법에 따라 오히려 연회장의 이미지와 신뢰감을 더 높일 수도 있으며 고객이 재이용하거나 긍정적 구전을 하는 효과도 기대할 수 있다.

(1) 기본적인 처리방법

① 고객의 불쾌감이 확대되지 않도록 신속히 대응하며, 성실한 태도로 경청하는 인상을 준다.
② 고객이 불만사항에 대한 말을 마칠 때까지 참을성과 예의바른 자세를 갖추어야 한다.
③ 고객의 불만 및 지적사항은 메모하여 문제를 성실히 해결하려는 자세를 보인다.
④ 불만사항을 경청하는 동안 원인을 파악·분석한다.
⑤ 불만사항 중 일부가 고객의 오해나 착각에서 비롯되었더라도 말 중간에 변명하거나 고객의 잘못을 지적하지 않는다.
⑥ 고객의 불평을 회피하려 해서는 안되며, 불만사항을 과소평가하거나 성급

히 해결하려는 인상을 주지 않는다.

⑦ 무조건 잘못을 인정하거나 무책임을 주장해서는 안되며, 요구하는 바가 무엇인지 신속하고 정확히 판단하여 가급적이면 고객의 뜻에 따른다(단, 명백히 회사의 잘못으로 판단될 경우 충분한 사과를 드린다).

⑧ 불만고객은 가능한 다른 고객들이 없는 곳으로 안내하여 고객의 언성이 격해지지 않도록 한다.

⑨ 본인이 해결하기 힘든 사항은 신속히 지배인 또는 상급자에게 보고하여 조치한다.

⑩ 불평사항은 적극적으로 수용하고 가능한 빠르게 조치 결과를 고객에게 알린다.

⑪ 개인적인 감정과 입장에서 문제에 접근해서는 안되며 회사를 대표한다는 입장에서 처리한다.

⑫ 동일한 실수 및 불평이 발생되지 않도록 개선점을 기록하여 지속적인 사례교육을 통해 고객 불평을 감소시킨다.

(2) Complaint 발생시 처리방법 및 순서

① 대표적 유형

상 황	처리 방법
주문한 음식이 다르게 나왔을 때	• 정중하게 사과드린다. • 캡틴이나 지배인에게 보고한다. • 주문한 음식을 신속히 다시 만들어 드리고 재차 사과한다. • "맛있게 드십시오"라는 인사를 한다.
주문한 음식이 늦어질 때	• 주문을 받을 때 조리시간을 알려드리고 늦어질 경우 음식이 늦어지는 이유와 제공할 예상시간을 알려 고객이 안심하도록 한다.
음식의 맛이 이상한 경우	• 먼저 고객에게 사과를 드리고, 캡틴이나 지배인에게 바로 알린다. • 요리사와 함께 정확한 내용과 원인을 파악한 후 고객에게 설명하거나 새 요리로 교체해 제공한다(이상 발견시).
음식물을 고객의 옷에 흘렸을 때	• 먼저 정중히 사과드린다. • 옷에 흘린 상태를 확인하고 즉시 세탁실에 보내 세탁해 드린다. • 세탁시간이 오래 걸릴 경우는 양해를 구하고, 다음날이나 고객이 원하는 시간에 세탁물을 드린다.
식음료에서 이물질이 나왔을 때	• 정중히 사과드린다. • 가능한 신속히 새 식음료로 바꾸어 드린다. • 다른 음식을 원하면 Change Order해 드린다.

상 황	처리 방법
계산서 착오	• 잘못 계산된 것을 시인하고 정중히 사과한다. • 고객이 불만을 표시할 때는 즉시 캡틴이나 지배인에게 보고한다. • 캡틴이나 지배인은 직원의 잘못을 재차 사과하며 계산착오에 대한 의혹이나 오해가 풀어지도록 한다.

② 세부적 사례

상 황	처리 방법
배탈을 호소할 때	• 정중히 사과하고 지배인이나 캡틴에게 보고한다. • 우선 호텔에서 제공한 음식이 원인이었는가를 파악한다. • 음식의 종류, 보관, 조리, 서브 등에 문제가 없었는지 파악하고 병원에서의 진료 등 조치를 취한다.
직원이 전화를 안 받음	• 정중히 사과 후 차후에 그런 상황이 발생되지 않도록 직원들에게 전화교육을 시키고, 전화벨은 3번 이상 울리기 전에 받는다.
부정확한 좌석 안내	• 고객의 지정 테이블까지 다시 안내한다.
영접자세 불량	• 항상 정중한 매너와 말씨 및 친절한 행동을 습관화한다.
행사장 무단 입장객	• 행사장 출입을 제한하고 필요시 관계부서에 연락하여 조치한다.
느린 기물 치우기	• 뷔페시 항상 고객테이블을 주시하여 빈 접시 등을 신속히 치운다.
신선하지 않은 생선	• 생선상태를 파악해 신선하지 않으면 조리부와 협의하여 대체하고 좋은 보관상태를 유지한다.
프라이버시 침해	• 행사참가 고객에게 불필요한 언행을 삼간다.
연회장에서 흡연함	• 연회장 안은 기본적으로 금연구역이므로 연회장 밖의 흡연공간을 이용하도록 권유한다.
음료주문을 받지 않음	• 식전 음료주문은 필수이므로 서비스기법을 철저히 교육한다.
서비스가 차별적임	• 행사 참가자들이 불편함을 느끼지 않도록 서비스의 공평성을 유지하도록 노력한다.
비상약품의 설치 미비	• 연회장 사무실에 구급약품을 항상 확인하여 보유한다. • 필요시 간호사와의 비상연락도 원활하도록 조치한다.
시든 꽃이 놓여 있음	• 꽃 담당자를 지정하여 꽃이 항상 싱싱한 상태를 유지하도록 한다.
Glass, Coffee Cup에 립스틱 얼룩이 있을 때, Fork에 이물질이 묻었을 때, 깨진 글라스, 냅킨이 더러움	• 정중히 사과 후 신속히 교체한다. 기물을 보관할 때는 깨끗한 상태를 유지하도록 철저히 관리한다. 또 기물관리자뿐만 아니라 세팅 및 서브시 항상 이상유무를 확인한다.
B.G.M이 분위기에 맞지 않음	• 각 연회행사의 특성과 아침, 점심, 저녁 및 계절의 분위기를 고려하여 행사에 어울리는 다양한 음악을 준비한다.

상 황	처리 방법
참가자의 소란한 핸드폰 사용	• 타 고객에게 실례가 되지 않도록 연회장 밖에서 통화하도록 유도한다.
의자에 이물질이 있음 (빵가루 등)	• 연회시작 전 테이블 청결에 주의를 기울이며 의자, 소파 등을 최종적으로 점검한다.
예약시 고가메뉴 강요	• 예약시 연회가격의 차이점에 대해 자세히 설명하여 고가메뉴를 강요하는 인상이 들지 않도록 한다(연회장의 Deco, 음식의 질, 메뉴종류, 사용되는 기물 등).
불편한 고객과의 합석	• 연회시 성별, 연령별, 직책별 특성을 고려해 합석을 시키며 부득이한 경우 먼저 앉은 고객에게 양해를 구한 후 합석시킨다.
고객과의 언쟁	• 항상 고객이 옳다는 생각을 가지고 고객과 언쟁하는 일이 없도록 한다.
분실물 신고	• 습득시 연회장에 보관하지 말고 당직데스크에 보관한다. • 고객의 신원을 파악하여 가급적 빨리 찾아가도록 신속히 연락한다.
뷔페 음식이 식었음	• 정중히 사과하고 신속히 음식을 교체하며 수시로 알코올버너가 꺼지지 않았는가 확인한다.
외국어 소통이 안됨	• 평소에 외국어 능력 배양에 힘쓴다.
직원들이 곁에 없음	• 연회도중 항상 고객 테이블을 주시하여 부름에 신속히 응답한다.
유니폼 불량	• 항상 청결하고 깨끗한 복장을 유지하여 고객이 불쾌하지 않도록 한다.
연회장이 청결하지 않음	• 해당부서에 협조를 의뢰해 신속히 해결하고 평소 연회장이 깨끗한 상태를 유지하도록 정리정돈 및 청소에 힘쓴다.
먹지 않은 접시를 치움	• 접시를 치울 때 반드시 확인하고 치운다.
호텔과 연회장 소개 부실	• 연회종사원들이 주인의식을 가지고 호텔에 관한 전반적인 안내정보를 숙지하여 고객에게 제공하도록 한다.
와인의 양이 너무 적음	• 규정에 따라 충분한 양을 제공한다.
서비스 순서가 틀림	• 서비스순서는 기본 업무인 만큼 정확한 서비스순서를 숙지하도록 평소에 교육한다.
칵테일 내용이 빈약함	• 칵테일은 모든 정성을 기울인 예술품이라는 전문인의 마음자세를 가지고 칵테일 조주에 최선을 다한다.
연회상품에 대한 설명 부족	• 연회예약실 직원들은 고객에게 잘 설명할 수 있도록 평소 연회상품에 대한 판매지식을 숙지한다.
공중 화장실의 불결	• 연회 전에 반드시 확인하여 필요시 해당부서에 통보하여 청결토록 하며 행사 중에도 1회 이상 점검한다.
뷔페음식의 부족함	• 연회시 항상 음식을 점검하고 주최자 및 주방과 긴밀히 연락하여 음식의 보충여부를 확인한다.
기계적인 서비스 분위기	• 연회장은 같은 음식을 동시에 제공하므로 기계적인 서비스로 보일 수 있으므로 친절한 행동과 부드러운 미소 및 표정 관리에 힘쓴다.

상 황	처리 방법
질문에 답변을 못함	연회고객의 필요사항을 사전에 예측해 이에 대한 답변을 준비해야 하며 고객의 불편을 자주 확인해야 한다.
뷔페 토스트가 눅눅함	조금씩 자주 구워내거나 주문 즉시 굽도록 한다.
Backside소음이 심함	Backside에서 기물 다루는 소리나 직원들의 대화소리가 들리지 않도록 조심하며 출입문은 항상 닫고 다닌다.
음식제공과 철수 소음	능숙한 서비스 행동과 확실한 기물 파지법을 익히게 한다.
연회종료시 서비스 불량	연회종료가 임박했더라도 무성의한 서비스를 하지 않도록 평소 교육한다.
연회장 안에서 어린이의 소란행위	연회장이 소란하면 다른 참가자에게 피해를 주므로 보호자에게 제지를 협조 요청한다.
테이블이 마음에 들지 않음	좌석이 지정되어 있는지 먼저 확인하고 가능하면 고객이 원하는 테이블로 옮겨 드린다.
음식내용이 빈약함	연회고객이 선호하는 음식을 주최자에게 알려 추가 여부를 확인한 후 주방과 협의하여 가능한 반영한다.

제2절 테이블 배치(Table Layout)

연회시 테이블의 배치는 여러 요소를 고려하여 결정된다. 가장 중요한 요소는 연회의 형식(Function Type)이며, 이것을 기준으로 고객수, 행사시간, 연회장의 위치, 공간, 인테리어 등을 고려하여 가장 아름답고 효율적인 공간배치가 이루어지도록 해야 한다.

1. 대형 연회의 테이블 배치

대형 연회는 참가자가 수백 명에서 수천 명에 이르기 때문에 한정된 연회장에 테이블과 좌석을 효율적으로 배치하는 것이 매우 중요하다. 대형 연회는 그 규모의 특성상 중소연회와 같이 다양한 모양으로 테이블을 배치하면 효율성이 낮아진다. 일반적인 대형 연회의 테이블 및 좌석배치 형태는 다음과 같다.

1) 디너 스타일(Dinner Style)

[그림 8-1] Dinner Style(Round Table Style)

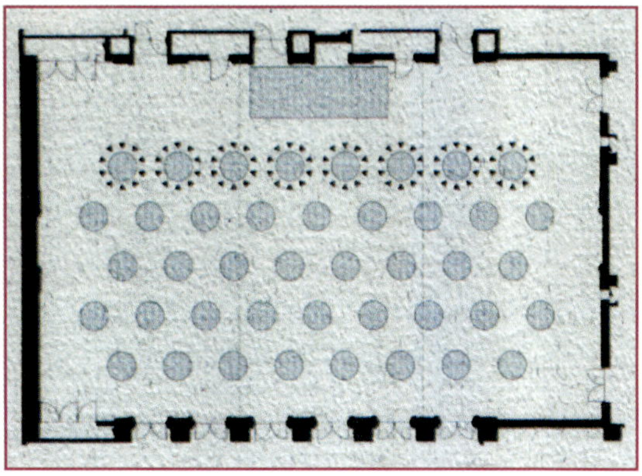

Round Table Style이라고도 하며 연회장에서 가장 많이 사용하는 테이블 배치방법이다. 공간의 효율이 높아 많은 인원을 수용할 수 있고 여러 가지 목적의 행사에도 잘 어울린다. 식탁용 Round Table은 60인치(60″)와 72인치(72″)가 주로 사용된다. 60″테이블은 최대 8명이 앉을 수 있으며 72″테이블은 10명까지 앉을 수 있으나 행사의 성격에 따라 인원수를 조절하여 불편함이 없도록 한다. 테이블 중심 간의 간격은 3.3m로 하고, 다른 테이블 의자와의 간격은 60cm를 유지해야 고객통행과 서비스에 무리가 없다. 각 테이블의 배열은 무대를 중심으로 맨 앞에 기준 테이블을 정해 놓고 앞줄을 정렬한 후 뒷줄은 앞 테이블 사이사이에 배치해 시야를 가리지 않도록 한다.

2) 뷔페 스타일(Buffet Style)

[그림 8-2] Buffet Style(Reception Style)

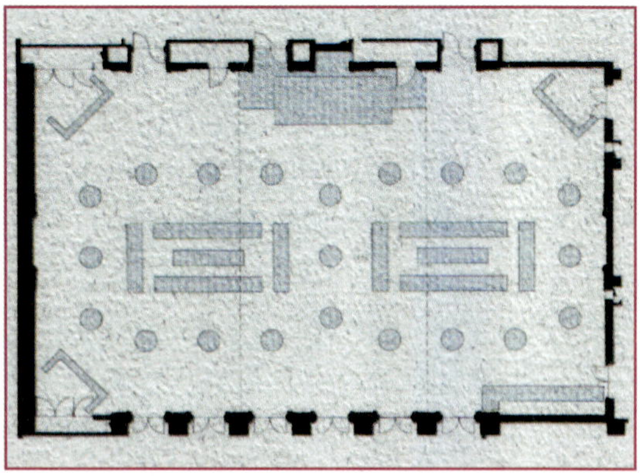

Buffet Style은 Dinner Style과 함께 연회장에서 가장 많이 사용되는 테이블 배치방법이다. Buffet는 음식을 서서 먹는 Standing Buffet와 앉아서 먹는 Sitting Buffet가 있다. Standing Buffet는 의자를 배치하지 않기 때문에 Round Table은 음식 진열대로 사용된다.

창립기념일 등 축하행사는 칵테일 리셉션으로 진행되는 경우가 많다. 이 경우 테이블을 리셉션스타일(Reception Style)로 배치한다. Reception Style은 Buffet Style과 형태가 거의 같으나 연회장의 각 코너에 칵테일 바(Cocktail Bar)가 설치되며 Round Table도 Dinner용 테이블보다 작은 42″나 54″테이블을 사용하여 안주 위주로 음식을 진열한다.

3) 학교 스타일(School Style)

세미나 등 식사를 하지 않는 각종 회의에서 주로 사용하는 테이블 배치방법으로 Seminar Style 이라고도 한다. 학교 교실과 같이 테이블이 배치되므로 School Style, School Type, School Shape 등 다양하게 불린다. 대형 세미나 또는 국제회의는 식사를 동반하는 경우가 많으므로 옆의 그림과 같이 세미나 후 뷔페 또는 만찬을 하는 경우가 많다.

[그림 8-3] School & Buffet Style

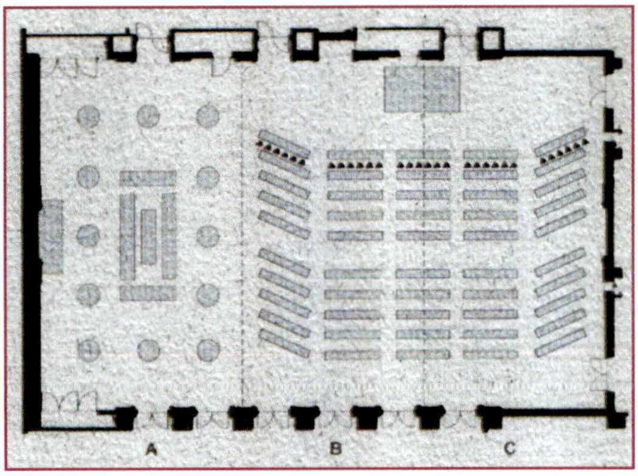

4) 쇼 스타일(Show Style)

패션쇼(Fashion Show)와 콘서트(Concert)에 많이 사용하는 좌석배치이다. 일반적으로 패션쇼와 콘서트는 식사를 하지 않는 경우가 많기 때문에 테이블 없이 좌석만을 무대를 향해 배치한다. 그러나 디너쇼(Dinner Show)의 경우는 식사를 한 후 쇼를 관람하기 때문에 무대를 중심으로 Round Table을 배치한다. 호텔 연회장에서 결혼식을 할 경우 식사를 포함하는 경우가 많은 데, 이럴 경우도 Show Style을 기본으로 하여 주위에 Round Table을 배치하는 형태가 주로 사용된다.

[그림 8-4] 쇼 스타일(Show Style)

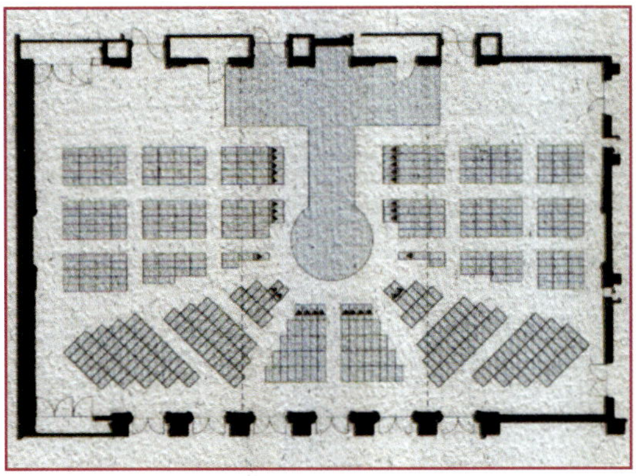

5) 극장 스타일(Theater Style)

극장식 배치는 테이블이 없이 의자만 배치하는 형태이다. 의자는 무대 정면을 향해 똑바로 놓이며 인원이 많을 경우에는 몇 개의 블록(Block)으로 의자를 배치한다. 블록과 블록 사이에는 최소한 1.5m 이상의 통로를 두어 통행에 지장을 주지 않도록 한다. 주로 강연회, 연설회, 영화 시사회 등에 사용하는 방법이다.

[그림 8-5] Theater & Buffet Style

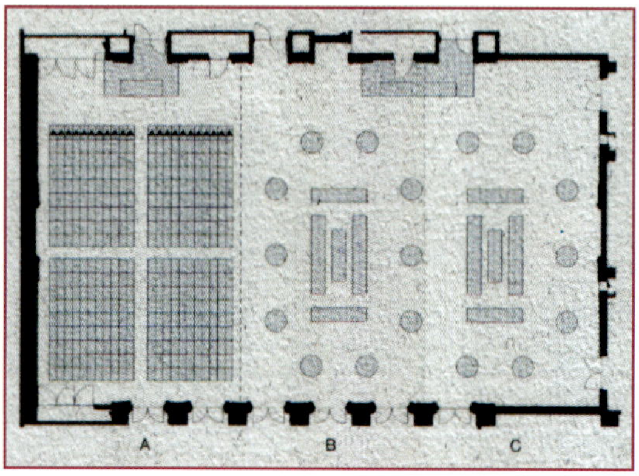

위의 그림은 대연회장을 파티션(Partition)으로 A, B, C의 3개의 연회장으로 분할하여 A연회장에서 강연회를 한 후 B와 C연회장에서는 뷔페를 하는 테이블 배치이다. 행사의 성격상 강연회만 할 수 없는 경우 '강연회 + Buffet', '강연회 + 만찬' 등 다양한 테이블 배치를 한다.

2. 중소형 연회의 테이블 배치

쇼 스타일(Show Style)만 제외하고 모든 대형연회의 테이블 배치방법을 중소형 연회에도 사용할 수 있다. 특히 중소형 연회는 그 목적이 매우 다양하기 때문에 다양한 형태로 테이블 배치를 해야 한다. 연회장 종사원은 각 연회장별 규모와 특징에 어울리는 테이블 배치방법을 평소에 익혀두어 연회장 상품의 가치를 높이도록 해야 한다. 중소형 연회에 자주 사용되는 테이블 배치방법은 다음과 같다.

1) 'I'자형 배치(I Shape)

영어의 아이(I)자 모양으로 테이블을 배치하는 것으로 1(일)자형, 직사각형(Oblong Shape)이라고도 한다. 인원수에 따라 테이블을 늘리기가 편리하며 소규모 단체의 식사, 소규모 회의, 회담 및 발표회에 많이 활용되는 테이블 배치이나 딱딱한 느낌을 주는 것이 단점이다. 테이블은 보통 뷔페용 테이블(30″×72″)을 사용하며 보통 1테이블당 3명이 기준이나 2개의 테이블을 붙여 7명이 앉을 수 있다.

2) 타원형 배치(Oval Shape)

'I'자형 테이블의 양쪽 끝에 반달형 테이블(Half Round Table)을 붙여 둥글게 만든 것으로 'I'자형보다 부드러운 느낌을 주므로 주로 친목을 도모하는 회의나 식사에 많이 사용한다.

3) 'T'자형 배치(T Shape)

헤드테이블(Head Table)에 많은 사람이 앉아야 할 경우 유용한 형태이다. 격식이 필요한 회의나 식사시 많이 사용하며 Head Table은 드레이프(Drapes)를 둘러 헤드테이블에 앉은 사람의 다리가 보이지 않도록 한다. 인원수에 따라 헤드테이블은 그대로 두고 아래쪽으로 테이블을 더 붙일 수 있기 때문에 편리하다.

[그림 8-6] 테이블 배치

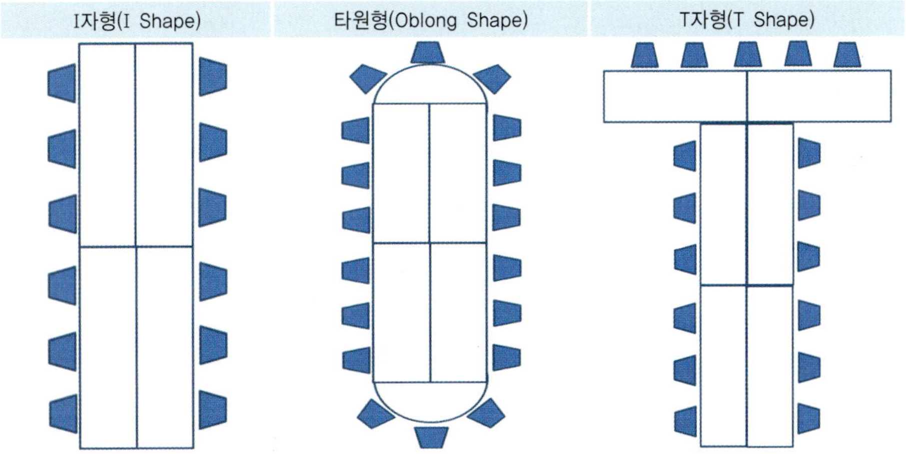

4) 'U'자형 배치(U Shape)

'U'자형은 'ㄷ'자형이라고도 하며, Head Table이 필요한 연회로서 연회장 공간이 넓은 경우에는 'T'자형 보다 'U'자형으로 배치하는 것이 보다 좋은 분위기를 조성할 수 있다. 필요에 따라 Head Table과 일반석의 거리를 넓혀 안쪽에도 좌석을 배치할 수 있는 장점이 있다. 특히 이동식 스테이지(Portable Stage) 위에 6인용 헤드테이블을 만들고 일반석과 약간 떼어놓은 형태는 전형적인 약혼식용 테이블로 많이 사용된다. 안쪽에 좌석을 배치하지 않을 경우에는 안쪽으로 드레이프

(Drapes)를 둘러 맞은편 사람의 다리가 보이지 않도록 한다.

5) 말굽형 배치(Horse Shoe Shape)

'U'자형과 기본적인 모양과 용도는 같으나 Head Table과 일반테이블을 쿼터라운드 테이블(Quarter Round Table)이나 크루아상 테이블(Crescent Table)로 연결하여 모서리를 둥글게 만든 형태이다. 'U'Shape에 비해 부드러운 느낌을 준다. 필요에 따라 안쪽으로도 좌석을 배치할 수 있으며 좌석을 배치하지 않을 경우 테이블의 안쪽에 드레이프(Drapes)를 쳐 맞은편 사람의 다리가 보이지 않게 한다.

6) 공백 사각형 배치(Hollow Square Shape)

'ㅁ'자형 배치라고도 하며 속이 빈 정사각형 또는 직사각형의 테이블 배치로 테이블의 안쪽은 좌석을 배치하지 않는다. 'I'형태보다 인원이 많고 공간도 넓을 경우 유용하다. 테이블의 안쪽은 드레이프(Drapes)를 쳐 상대방의 다리가 보이지 않게 하며 가운데 빈 공간에는 화분이나 장식물을 배치하여 분위기를 조성한다.

[그림 8-7] 테이블 배치

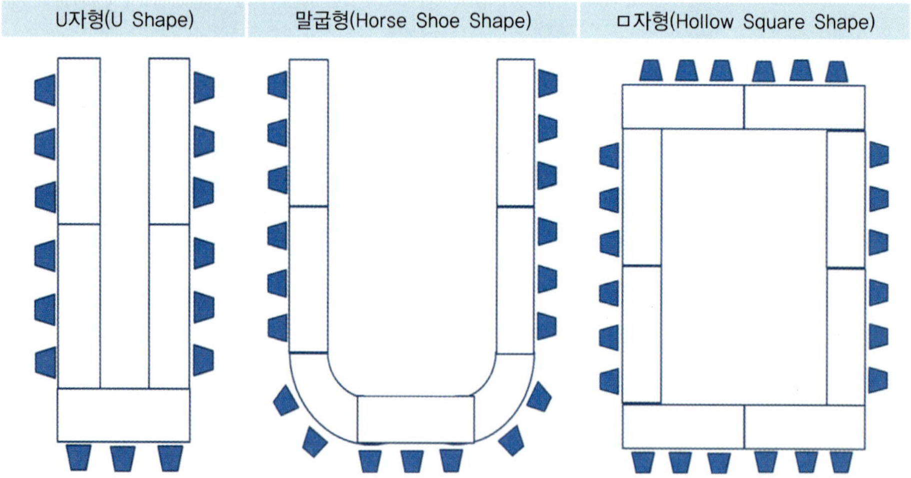

7) 'V'자형 배치(V Shape)

Head Table을 바라보고 V자 형태로 테이블을 배치하는 방법으로 'Shevron Shape'

또는 청어의 뼈를 닮았다고 해서 'Herring bone Shape'라고도 한다. 식사보다는 주제발표나 사회자를 중심으로 집중적인 토론을 할 경우 사용하는 방법이다.

8) 공백 타원형 배치(Hollow Circular Shape)

말굽형(Horse Shoe Shape) 배치에서 맞은쪽도 모두 같은 모양으로 막은 형태이다. 격식을 갖추면서도 친밀한 분위기를 조성할 필요가 있는 VIP 행사에 많이 사용하는 방법이다.

[그림 8-8] 테이블 배치

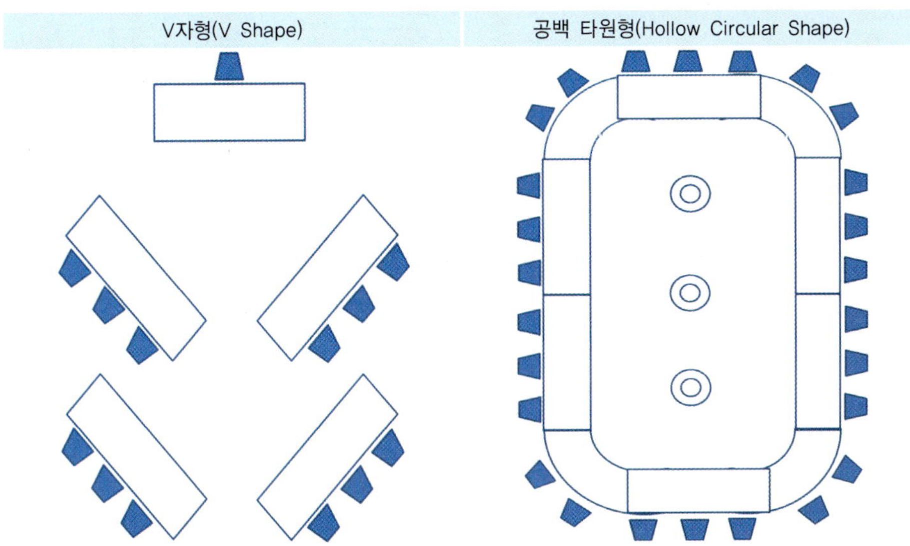

3. 뷔페 및 칵테일 리셉션의 테이블 배치

착석 뷔페(Sitting Buffet)는 음식진열대가 비교적 단순하나 스탠딩 뷔페(Standing Buffet)나 칵테일 리셉션(Cocktail Reception)은 연회장의 분위기가 매우 중요하므로 다양하고 아름답게 테이블 배치를 해야 한다. 따라서 평소에 각 연회장별로 어떤 형태가 어울리는지 연구하여 테이블 배치도를 미리 준비해 두면 효과적으로 테이블 배치를 할 수 있다. 다음 그림은 다양한 형태의 테이블 배치방법으로 한 가지 방법만 사용할 수도 있지만 대연회장에서는 각 구역별로 다양한 방법을 병행하여 사용하면 더욱 효과적이다.

[그림 8-9] Buffet or Cocktail Reception Food Table Layout

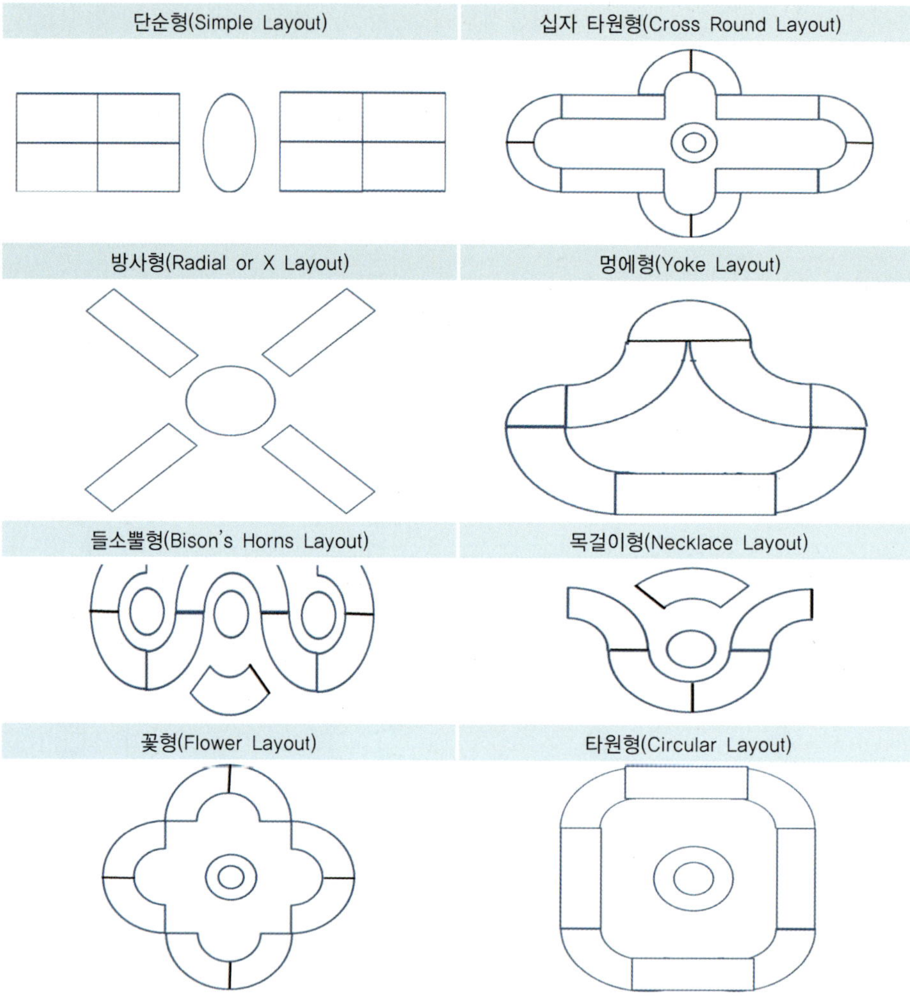

제3절 양식메뉴와 서비스(Table d'hôte Service)

테이블 세팅은 Event Order에 기재되어 있는 메뉴를 고객들이 편리하게 먹을 수 있도록 필요한 기물과 냅킨 및 소스류를 테이블 위에 미리 아름답게 준비하는 것을 말한다. 연회장에서는 한식, 일식, 중식, 뷔페 등 매우 다양한 메뉴가 제공되므로 이에 맞는 테이블 세팅을 하는 것이 중요하다. 또 다양한 메뉴가 제공되더라도 양식 풀코스의 세팅방법을 응용하면 여러 가지 경우에도 무리 없이 세팅을 할 수 있다. 따라서 연회종사원은 양식 풀코스 메뉴는 물론 세팅방법 및 서비스 방법에 대해 숙지하고 능숙해지도록 노력해야 한다.

1. 풀코스 메뉴의 구성

양식의 코스 메뉴는 전채(Appetizer)부터 식후 음료(After Dinner Drink)까지 각 코스별로 하나의 요리를 선택하여 구성한 세트메뉴이다. 따라서 코스 메뉴는 'Set Menu'라고도 하며 불어로는 'Table d'hôte'라고 한다. 우리나라에서는 '정식' 또는 격식 있는 말로 '정찬'이라고 하며 보통 5가지 이상의 코스로 구성된 메뉴를 풀코스 메뉴라고 한다.

코스 메뉴는 주최자가 식사시간, 장소, 초청자, 격식, 비용 등 여러 가지를 고려하여 선택하는데 점차 코스는 짧아지고 메뉴는 고급화되는 경향이 있다. 일반적으로 코스의 길이가 길수록 다양한 요리가 제공되므로 가격이 비싸지나 최근에는 건강과 미식을 중시하는 경향에 따라 코스가 짧은 고급 요리도 많이 제공되고 있다. 아래 표는 18세기 말부터 내려오던 전통 프랑스식 코스메뉴의 변화를 나타낸다.

〈표 8-2〉 Classic French Course Menu의 변화

<table>
<tr><th>코스</th><th>프랑스어</th><th>영어</th><th>현대식1</th><th>현대식2</th></tr>
<tr><td>1</td><td>Horse-d'Oeuvre froid</td><td>Cold Appetizer</td><td>Appetizer</td><td rowspan="4">Appetizer or Soup</td></tr>
<tr><td>2</td><td>Potage</td><td>Soup</td><td rowspan="2">Soup</td></tr>
<tr><td>3</td><td>Horse-d'Oeuvre Chaud</td><td>Hot Appetizer</td></tr>
<tr><td>4</td><td>Poisson</td><td>Fish</td><td rowspan="3">Fish</td></tr>
<tr><td>5</td><td>Releve/Grosse Piece</td><td>Main Course</td><td rowspan="6">Main Course with Salad</td></tr>
<tr><td>6</td><td>Entree</td><td>Intermediate Course</td></tr>
<tr><td>7</td><td>Sorbet</td><td>Sherbet</td><td>Sherbet</td></tr>
<tr><td>8</td><td>Roti, Salade</td><td>Roast With Salad</td><td rowspan="2">Steak</td></tr>
<tr><td>9</td><td>Roti Froid</td><td>Cold Roast</td></tr>
<tr><td>10</td><td>Regume</td><td>Vegetable</td><td>Salad or Cheese</td></tr>
<tr><td>11</td><td>Entremets</td><td>Sweet</td><td rowspan="2">Dessert</td><td rowspan="2">Dessert</td></tr>
<tr><td>12</td><td>Savoury</td><td>Savory</td></tr>
<tr><td>13</td><td>Dessert</td><td>Dessert</td><td>After Dinner Drink</td><td>Coffee or Tea</td></tr>
</table>

2. 각 코스별 주요 메뉴

일반적으로 양식 풀코스의 구성은 전채(Appetizer), 수프(Soup), 생선(Fish), 스테이크(Steak), 샐러드(Salad), 후식(Dessert), 차(Coffee or Tea)의 순으로 구성되어 있다. 연회장에서 제공되는 각 코스별 주요메뉴는 다음과 같다.

1) 전채(Appetizer : Hors d'Oeuvre)

Appetizer는 코스메뉴에서 첫 번째로 제공되는 요리로서 불어로는 'Hors d'Oeuvre'라고 한다. 'Hors'는 '앞'이라는 뜻을 나타내고, 'd'Oeuvre'는 '작업' 즉 식사를 의미한다.

Appetizer는 영어로, 북구에서는 'Smorgasbord', 러시아에서는 'Zakuski', 이탈리아에서는 'Antipasti'라고 한다.

Appetizer는 식욕을 촉진하기 위한 요리이기 때문에 양이 적고 모양이 아름다우며 짠맛이나 신맛을 기본으로 매우 맛이 있는 것이 특징이다.

Appetizer는 찬 전채(Cold Appetizer; Froid)와 더운 전채(Hot Appetizer; Chaud)로 구분된다. 또 주로 코스메뉴에서 제공되는 전채와 칵테일 리셉션에서 안주용으로 제공되는 진채로도 구분한다.

코스메뉴용 Appetizer는 열거할 수 없을 정도로 매우 다양하나 주요한 것으로는 로우햄과 멜론(Raw Ham with Melon), 훈제연어 및 송어(Smoked Salmon/Trout), 절인 연어(Marinated Salmon), 가리비(Scallop), 거위간(Goose Liver; Foie Gras), 달팽이요리(Snail; Escargot), 굴요리(Oyster), 새우요리(Shrimp), 바닷가재(Lobster), 게살요리(Crab Meat), 오리가슴살요리(Duckling Breast) 등이 있다.

(1) 로우햄과 멜론(Raw Ham with Melon)

Raw Ham은 돼지의 뒷다리를 익히지 않고 그늘진 곳에서 말리면서 숙성시킨 것으로 프랑스에서는 장봉크뤼(Jambon Cru)라고 한다. 멜론을 웨지(Wedge) 형태로 잘라 한입에 먹을 수 있도록 칼집을 낸 후 그 위에 로우햄을 얇게 썰어 올린 것이다.

(2) 훈제 연어(Smoked Salmon)

연어를 훈제하여 얇게 잘라 양상추 위에 올린 후 Caper, Horseradish, Onion, Lemon Peel을 곁들여 제공한다.

(3) 절인 연어(Marinated Salmon)

연어를 Oil, Lemon Slice, Thyme, Bayleaves를 혼합한 것에 넣고 2~3일간 절인 것이다. 절일 때 가끔 내용물을 뒤집어 잘 절여지도록 한다. 얇게 썰어 전채로 이용하기도 하고 통째로 구워 주요리로 사용하기도 한다.

(4) 가리비(Scallop)

가리비는 희고 둥근 살이 매우 연해 회, 찜, 구이, 국 등으로 다양하게 이용되는 조개이다. 양식코스에서는 끓는 물에 데치거나 익힌 후 찬 전채를 만들거나 요리를 하여 뜨거운 전채로 많이 사용한다.

Smoked Salmon

Scallop

(5) 거위간(Goose Liver; Foie Gras)

거위간은 거위의 간이 비대해지도록 특별한 방법으로 사육한 후 적출한 것이다. 거위간은 세계 3대 진미로 불리며 생 거위간(Fresh Goose Liver)은 매우 비싸고 유통기간이 짧기 때문에 대부분의 거위간은 거위고기, 닭고기 등과 함께 갈아서 일정한 모양으로 만든 다음 익힌 파테(Pate)로 유통된다. 생 거위간은 뜨겁게 요리하여 전채로 제공하며 파테는 얇게 썰어 찬 전채로 제공한다. 또 맛이 좋기 때문에 스테이크의 소스용으로도 많이 사용한다.

Fresh Goose Liver

Goose Liver Pate

(6) 달팽이요리(Snail; Escargot)

달팽이요리는 프랑스의 포도밭에서 서식하는 달팽이를 요리한 것에서 유래되었으며, 미식가들이 즐기는 뜨거운 전채이다. 달팽이의 종류는 매우 다양하나 식용달팽이는 많지 않고 현재는 대부분 양식한 것을 사용한다. 달팽이는 끓는 물에 삶아 살을 발라낸 다음 소스를 하고 버터와 치즈를 입혀 달팽이요리 전용 그릇이나 팬에 담아 오븐에서 익혀 제공한다. 특히 부르고뉴(Bourgogne) 스타일은 달팽이를 껍질에 넣어 버터를 채운 후 오븐에서 익혀 제공한다.

(7) 굴(Oyster)

굴은 바다의 우유라고 할 만큼 완전식품으로 각광받고 있다. 굴요리는 매우 다양하나 전채는 대부분 생굴을 이용한다. 굴도 다른 조개류와 마찬가지로 껍질이 닫혀 있는 것이 신선한 것이다. 굴의 한쪽 껍질을 벗겨 껍질에 붙어 있는 살을 도려내 포크로 뜨기 쉽게 한 다음 전용 접시에 담아 소스와 함께 제공한다. 굴껍질을 손으로 잡기 때문에 식사 후 핑거볼(Finger Bowl)을 제공한다.

(8) 새우요리(Shrimp)

새우는 민물과 바다에 대단히 많은 종류가 있다. 요리에 사용하는 새우는 바다새우로 그 종류와 크기에 따라 다양한 요리의 재료로 사용된다. 작은 새우는 익혀서 새우칵테일, 전채, 수프, 샐러드에 이용하고 큰 새우는 주요리로 이용한다.

Snail in Stone Pot

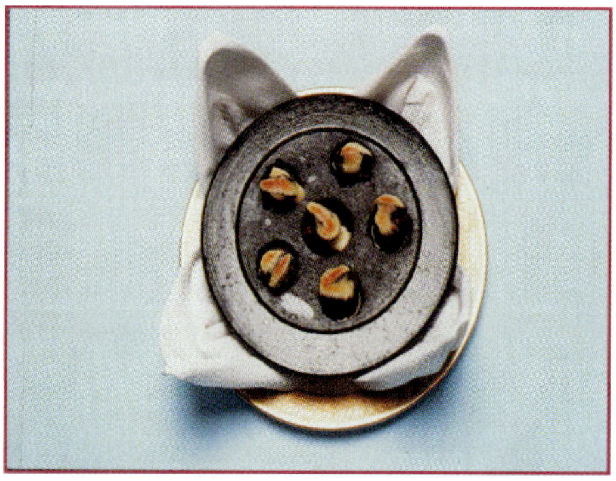

Snail in Shell

Oyster

Shrimp

(9) 바닷가재(Lobster)

바닷가재는 갑각류의 대표적인 종류로 Lobster, Langouste, Scampo Lobster (Langoustine)가 유명하다.

① Lobster(Homard)

북대서양의 차고 깊은 바다에 서식하며 커다란 집게발이 있다. 미국의 메인 주(Maine State)산이 유명하며 육질은 달고 풍미가 있으며 매우 고가이다. 산 채로 유통되며 죽은 로브스터는 맛이 급격히 떨어지므로 수족관 관리에 유의해야 한다. 회로 먹거나 전채, 수프, 샐러드, 주요리 등 다양하게 이용된다.

② Spiny Rock Lobster(Langouste)

집게발이 없고 매우 크고 긴 수염이 달린 로브스터이다. Spiny Lobster, Rock Lobster라고도 하며 지중해 연안과 따뜻한 바다에서 서식한다. 적자색 바탕에 노란 반점이 있으며 로브스터에 비해 살이 많으나 익힐 경우 탄력성이 떨어진다.

③ Scampi(Langoustine)

노르웨이 연안 바다에서 많이 서식하여 Norway Lobster로도 불리며 성체는 25cm 정도로 비교적 작고 가늘며 오렌지핑크빛이 난다. 껍질을 벗겨 통째로 요리하거나 버터를 발라 구워 주요리로 이용하며 전채나 수프, 샐러드용으로도 이용한다.

Lobster

Spiny Rock Lobster

Scampi

(10) 게(Crab)

게는 전 세계에 걸쳐 매우 다양한 종류가 있다. 게의 살은 단맛이 있고 풍미가 좋으나 육질을 정형화하기 어렵기 때문에 살을 발라 성형한 후 요리에 이용하거나 수프, 샐러드에 이용한다.

(11) 칵테일용 전채

칵테일 리셉션에서 안주용으로 많이 제공되는 전채는 캐비아(Caviar), 카나페(Canape), 칵테일 요리, 렐리시(Relish) 등이 있다.

① 캐비아(Caviar)

캐비아(Caviar)는 민물상어인 철갑상어(Sturgeon)의 알젓으로 대표적인 찬 전채이다. 캐비아는 송로버섯(Truffle), 거위간(Fois Gras)과 함께 세계 3대 진미로 불린다. 캐비아는 고단백, 고지방 함유물로 알이 크고 균일하며 윤기가 있고 은회색 빛이 연할수록 품질이 좋다.

철갑상어는 포획 즉시 알을 추출하여 찬물에 씻은 다음 소금을 넣어 절인다. 소금에 절인 알은 공기가 들어가지 않도록 밀봉하여 영하 4~영하 1도의 냉장상태로 일주일 정도 숙성을 시킨다. 캐비아는 절임식품이지만 6개월이 경과되면 품질이 급속히 저하된다.

캐비아의 종류는 매우 다양하나 가장 유명한 것은 아래의 3종류이다.

- Beluga : 철갑상어 중 가장 큰 Beluga 상어에서 15년이 지나야 생산되는 알로서 캐비아 중 가장 크다. 색은 검은 회색이나 은회색으로 3~4%의 염분을 함유하고 있다. 캐비아 중 최고급이다.
- Osetra : 러시아 말로 '철갑상어'라는 뜻으로 7년 이상 지난 철갑상어에서 채집된다. 옅은 녹색 및 갈색으로 견과류 같은 쌉쌀한 맛이 있다. 현재 가장 많이 유통되고 있다.
- Sevruga : 7년 이상 성장한 스텔렛상어에서 얻으며 캐비아 중 가장 고단백 고지방이다. 캐비아는 작고 단단하며 황금색이다.

철갑상어의 Caviar는 매우 귀하고 가격이 비싸 일반식당에서는 각종 생선의 알을 여러 가지 색으로 착색하여 사용하기도 한다. 이러한 대체용 Caviar는 Caviar란 상표를 붙일 때 별도의 표시를 해야 한다. 많이 사용되는 대체용 캐비아는 다음과 같다.

- Herring Caviar : Herring(청어)의 알
- Carp Caviar : Carp(잉어)의 알
- Hon Tarako : 대구에서 추출한 알로 일본에서 적색 물감으로 착색한 것
- Karasumi : 일본에서 제조한 숭어의 알젓
- Lumpfish Caviar : 물미거지의 알
- Paddlefish Caviar : 미시시피강에 사는 철갑상어의 알
- Salmon Caviar : Red Caviar라고도 하며 연어알로 만든다.
- Tarako : 알래스카산 대구알을 착색한 것이다.

철갑상어(Sturgeon)

Caviar

② Canape

카나페는 빵을 여러 가지 모양으로 얇게 잘라 튀기거나 토스트하여 버터를 바른 다음 그 위에 캐비아(Caviar), 새우(Shrimp), 바닷가재(Lobster), 멸치젓(Anchovy), 야채, 치즈, 살라미(Salami), 소시지, 굴, 훈제연어(Smoked Salmon), 거위간(Goose Liver), 가리비(Scallop), 햄(Raw Ham) 등의 재료를 얹어 작게 만든 요리이다. 카나페는 대표적인 핑거푸드(Finger Food)로 손으로 집어 먹기 편리하도록 만들어져 있다. 코스요리의 전채보다 칵테일 리셉션에서 안주용으로 주로 제공된다.

③ Cocktail 요리

칵테일은 새우(Shrimp), 바닷가재(Lobster), 게살(Crabmeat), 조개류(Shellfish)와 과일, 야채 등을 칵테일글라스에 넣어 모양이 산뜻하고 아름답게 만든 전채요리이다. 코스요리의 전채보다 칵테일 리셉션에서 안주용으로 주로 제공된다.

④ Relish

Relish라는 말은 '맛을 즐긴다', '풍미가 있다'는 의미와 함께 Appetizer란 뜻도 포함되어 있다. 약간 깊은 유리 볼(Bowl)이나 실버트레이(Silver Tray)에 분쇄한 얼음을 채우고 그 위에 아스파라거스, 셀러리, 당근, 오이, 무 등 야채를 손으로 먹기 편하게 다듬어 드레싱과 함께 제공한다. 카나페와 같이 칵테일 리셉션에서 안주용으로 주로 제공된다.

Canape

Shrimp Cocktail

2) 빵(Bread)

빵은 곡물의 가루에 소금, 설탕, 효모, 기름 등을 넣어 반죽한 후 부풀려 굽거나 찐 것으로 주로 밀가루를 사용하나 보리, 호밀, 옥수수, 메밀, 쌀가루도 사용된다.

빵의 어원은 정확하지 않으나, 포르투갈어의 PãO에서 유래되었다고 하며 BC 3000년경 바빌로니아에서 맥주를 만들고, BC 2000년경에는 이집트에서 빵을 만드는 벽화가 발견됨으로써 빵의 역사가 그때부터 시작되었다고 추정하고 있다.

빵은 원료와 제조방법에 따라 매우 다양하지만 연회장에서 제공되는 빵은 크게 조식용 빵과 양식 코스메뉴에 제공되는 테이블용 빵의 2가지로 분류된다.

(1) 조식용 빵(Breakfast Bread)

조식용 빵은 American Breakfast와 Continental Breakfast에서 주식과 같다. 따라서 다양한 종류의 빵이 제공되며 아침의 입맛을 돋우기 위해 버터, 각종 잼(Jam), 꿀 등을 제공하고 또 단맛이 많은 빵들을 제공하기도 한다.

① 토스트 브레드(Toast Bread)

보통 식빵으로 불리며 유럽식은 위쪽이 둥근 언덕모양이고 미국식은 네모 기둥형이다. 미국식은 샌드위치 빵이라고도 한다. 밀가루에 물과 함께 설탕, 소금, 계란, 우유를 넣고 반죽한 다음 틀에 넣어 구워낸 것으로 얇게 잘라 토스트용으로 많이 사용한다. 또 고구마, 밤, 호박, 호도, 건포도 등 다양한 재료를 넣어 식사대용으로도 많이 사용하고 여러 가지 재료를 사이에 넣어 샌드위치용으로도 많이 사용한다.

② 호밀빵(Rye Bread)

밀가루에 호밀가루를 20~30% 정도 혼합하여 만든 빵이다. 색깔이 검은 갈색이며 향이 짙고 섬유질이 풍부하여 건강식으로 많이 이용된다. 빵만 먹기도 하며 크림치즈를 바르거나 샌드위치용으로도 많이 이용된다.

③ 크루아상(Croissant)

오스트리아에서 만들어진 초승달 모양의 빵이다. 17세기 말 오스트리아가 터키와의 전쟁 때 터키국기에 그려진 초승달모양의 빵을 만들어 병사들에게 먹게 함으로써 사기를 북돋았다는 유래가 있다. 주재료는 밀가루, 버터, 계란, 설탕, 소금, 우유, 효모이다.

④ 머핀(Muffins)

머핀은 우리나라 호떡 모양의 달지 않은 영국머핀(English Muffins)과 블루베리(Blue Berry)와 설탕을 넣어 컵 모양으로 구워낸 미국식 머핀(American Muffins)이 있다. 영국머핀의 주원료는 강력분, 설탕, 소금, 식초, 계란, 우유, 효모이며 반죽한 후 옥수수가루를 입혀 10cm 정도로 둥글고 납작하게 만들어 머핀 팬에서 구워낸다. 토스트 대신 조식용으로 제공되며 단맛이 적기 때문에 버터, 꿀, 잼 등을 곁들여 먹는다. 또 샌드위치용으로도 이용된다. 이에 비해 미국식 머핀은 블루베리가 들어 있고 단맛이 많기 때문에 그대로 먹는다. 최근에는 옥수수머핀, 초콜릿머핀, 계피(Cinnamon)머핀, 크림치즈머핀 등 다양하게 만들어지고 있다.

⑤ 데니시 패스트리(Denish Pastry)

낙농국가인 덴마크에서 개발된 빵으로 밀가루에 다량의 버터와 우유, 계란을 넣어 반죽한 다음 얇게 펴서 여러 번 접은 다음 냉각하는 과정을 반복하여 성형한 후 굽는다. 모양은 원형, 팔각형, 달팽이형 등 다양하며 그 위에 초콜릿, 설탕, 잼, 커스터드크림 등을 올려 완성한다. 영양분이 높고 단맛이 많기 때문에 조식용 또는 식사대용으로 많이 이용된다.

⑥ 브리오슈(Brioche)

크루아상과 함께 프랑스의 대표적인 빵이다. 모양은 원반형, 타원형, 꽈배기형 등 다양하지만 눈사람 모양이 가장 대표적이다. 다른 빵에 비해 계란과 버터가 많이 들어가 부드럽고 고소하다. 조식용을 많이 이용하고 아주 작게 만들어 오드블로도 이용한다. 또 코스메뉴의 테이블용 빵(Table Bread)으로도 거의 필수적으로 제공된다.

Toast Bread

Croissant

English Muffin

Muffin

Denish Pastry

Brioche

Bagle

Soft Roll

(2) 테이블용 빵(Table Bread)

테이블용 빵(Table Bread)은 양식 코스메뉴에 제공되는 빵이다. 양식 코스메뉴에서 빵은 입가심용으로 제공되기 때문에 단맛이 없거나 적고 양이 많지 않은 것이 특징이다.

① 바게트(Baguette)

바게트는 프랑스를 상징하는 빵으로 프렌치브레드(French Bread)라고도 하며 야구방망이 모양의 긴 빵이다. 설탕, 계란, 유지방 등이 들어가지 않고 밀가루와 소금, 물, 효모만으로 반죽하여 성형한 후 굽기 때문에 숙련도가 높아야만 제대로 된 모양과 맛을 낼 수 있다. 식사시 1.5cm 정도로 얇고 경사지게 잘라 제공하며, 자른 양쪽 면에 마늘버터를 발라 구운 갈릭토스트(Garlic Toast)로 제공하기도 한다. 또 가운데를 갈라 각종 야채와 고기, 치즈, 햄 등을 넣어 샌드위치를 만들기도 한다.

② 하드롤(Hard Roll)

밀가루에 물, 소금, 계란 흰자, 설탕, 쇼트닝 등을 넣어 반죽한 후 공 모양으로 성형하여 겉이 딱딱하도록 구운 빵이다. German Hard Roll 또는 Vienna Roll이라고도 한다. 코스메뉴에 거의 기본적으로 제공되며 작은 조각으로 잘라 먹거나 버터를 발라 먹는다. 또 딱딱한 껍질을 수프에 넣어 먹기도 하며 가운데 여러 가지 재료를 넣어 샌드위치를 만들기도 한다.

③ 어니언 브레드(Onion Bread)

양파를 잘게 다져 빵 반죽 속에 넣거나 반죽 위에 뿌려 성형한 다음 구워낸 빵이다.

Table Bread

Hard Roll & Soft Roll

3) 수프(Soup : Potage)

수프(Soup)는 프랑스어로 Potage라고 하며 일반직으로 육류, 생선, 닭 등의 고기나 뼈에 야채와 향료를 섞어서 장시간 끓여낸 국물, 즉 스톡(Stock)에 각종 재료를 가미하여 만든다.

(1) Stock(Fonds)

Stock의 주재료는 쇠고기, 양고기, 송아지고기, 닭고기, 생선 등으로 여러 가지 야채와 향료를 함께 끓여 찌꺼기를 걸러낸 국물이다. Stock은 수프와 소스를 만드는 데 사용되며, 음식의 맛을 내게 하는 중요한 요소이다. Stock에는 다음과 같은 종류가 있다.

① Beef Stock(Fond de Boeuf)

㉠ White Stock(Fond Blanc)

소나 송아지의 기름기가 없는 무릎뼈나 정강이뼈에 야채(Mire Poix)와 향료다발(Bouquet Garni)을 넣고 소금과 통후추를 가미하여 3~4시간 서서히 끓여 찌꺼기를 걸러낸 국물이다.

ⓛ Brown Stock(Fond Brun)

소뼈나 송아지 뼈를 잘게 썰어 야채(Mire Poix)와 함께 기름에 볶아, 다갈색이 되었을 때, 물을 넣어 3~4시간 정도 서서히 끓여 통후추나 소금을 가미하여 양념한 후 찌꺼기를 걸러낸다.

② Fish Stock(Fumet de Poisson)

생선의 뼈와 머리, 꼬리, 지느러미 같은 상품화할 수 없는 부분에 야채(당근을 제외한 양파, 파슬리, 셀러리, 버섯 등)와 향료를 넣어 다갈색이 되도록 볶은 후, 물을 붓고 1~2시간 정도 끓인 다음 소금과 후추, 레몬껍질을 넣고 서서히 끓여 약 30분 후 찌꺼기를 걸러낸다.

③ Poultry Stock(Fond de Volaille)

가금류나 조류의 뼈, 날개, 목, 다리에 야채다발과 향료를 넣고 2~3시간 끓인 다음 White Wine, 후추, 소금으로 양념하여 걸러낸다.

(2) 수프의 종류

수프는 온도에 따라 뜨거운 수프(Hot Soup; Potage Chaud)와 찬 수프(Cold Soup; Potage Froid)로 분류하며, 농도에 따라서는 진한 수프(Thick Soup; Potage Lie)와 맑은 수프(Clear Soup : Potage Claire)로 분류한다.

대표적인 맑은 수프는 콩소메(Consomme)로 첨가하는 부재료에 따라 그 명칭이 대단히 많다. 콩소메는 재료를 아끼거나 짧은 시간에 만들면 제맛을 낼 수 없기 때문에 콩소메 맛으로 조리사의 기술과 그 식당요리의 맛을 짐작할 수 있다.

진한 수프는 양송이 크림수프와 같은 크림수프, 새우나 게, 바닷가재 등으로 만든 비스큐(Bisque) 등이 있다. 또 찬 수프로는 스페인의 토마토 수프인 가스파초(Gazpacho)가 유명하다.

① Clear Soup(Potage Claire)

㉠ Bouillon

부용(Bouillon)은 White Stock을 기본으로 뼈 대신 고깃덩어리(Rump나 Round

Steak)를 크게 잘라 넣고 고아낸 국물인데, 위에 뜬 기름을 천을 대고 여과시켜 제거(Degreasing)한다. 이때 삶아진 고깃덩어리는 주요리(Main Dish)로 제공되기도 하는데, 대표적인 것으로 오스트리아의 유명한 요리인 Boiled Table Beef (Gekochter Tafelspitz)가 있다.

부용을 보관할 때는 용기(보통 스테인리스 용기)에 담아 찬 곳에 두어야 하며, 뚜껑을 덮으면 변질될 위험이 있다. 또 식은 국물에 뜨거운 국물을 섞어 보관하여도 변질될 수 있다.

ⓛ 콩소메(Consomme)

콩소메는 부용(Bouillon)을 조린 것이 아니라 맑게 한 것이다. 부용이 맑고 풍미를 잃지 않도록 하기 위해 지방분이 제거된 고기를 잘게 썰거나 기계에 갈아서 사용하며, 양파, 당근, 백리향, 파슬리 등과 함께 서서히 끓이면서 계란 흰자를 넣어 빠른 속도로 젓는다. 이때 부용을 아주 펄펄 끓이지(Boiling) 않고 천천히 끓여야 한다. 이렇게 1~2시간 끓인 후 White Wine이나 Sherry Wine을 첨가하여 완성시킨 후 걸러내어 이중용기에 넣어 식지 않게 한다.

조리된 콩소메는 가미한 재료에 따라 명칭을 달리하는데, 그 종류가 400여 가지가 넘으며 대표적인 것은 다음과 같다.

- Consomme Brunoise : 당근, 무, 파, 셀러리를 아주 작은 주사위 모양으로 잘라 버터로 살짝 볶아서 쇠고기 콩소메에 띄운 것이다.
- Consomme Celestine : 타피오카(Tapioka : 식용전분)를 조금 넣은 콩소메이다. 밀가루, 계란, 우유, 소금 및 후추로 만든 크레이프(Crepe : 얇게 부친 케이크)를 살짝 구워 작게 잘라 콩소메에 띄운 것이다.
- Consomme Julienne : 당근, 무, 양파, 파, 셀러리, 양배추 등을 썰어서 버터로 볶은 것을 콩소메에 띄운 것이다.
- Consomme Paysanne : 야채를 은행잎 모양으로 잘라 버터에 볶은 것을 띄운 것으로 Paysanne란 말은 시골처녀티가 난다는 의미이다.
- Consomme Printanier : 콩소메에 신선한 야채 6가지 이상을 작은 주사위 모양으로 만들어 띄운 것이다. 여기에 살짝 익힌 계란을 넣으면 Consomme Printanier Colbert가 되고, 계란과 두부를 넣으면 Consomme Printanier Royale이 된다.
- Consomme a la Royale : 로얄을 다이아몬드형으로 잘라 띄운 것이다.

로얄은 계란의 노른자와 흰자를 3 : 1의 비율로 배합하여 버터를 발라 15~20분 정도 오븐에서 구운 것이다.

- Consomme Vermicelli : 콩소메에 서양국수(Vermicelli)를 넣은 것이다.
- Consomme Noodles : 콩소메에 이탈리아국수(Noodles)를 넣은 것이다.
- Consomme Rice : 콩소메에 Rice를 넣은 것이다.
- Consomme en Tasse : 콩소메를 찻잔에 담아 제공하는 것을 말한다.

㉢ Vegetable Soup

- French Onion Soup : 양파와 마늘을 넣고 끓인 Stock에 Crouton과 치즈를 뿌려 Salamander에 넣어 갈색으로 구워 제공되는 수프이다.
- Minestrone Soup : 베이컨, 양파, 셀러리, 당근, 감자, Tomato Paste를 볶아 Stock에 넣은 후 향료를 첨가하여 끓인 수프이다. Cabbage, Tomato Dice, Peas를 첨가하여 제공한다.

② Thick Soup(Potage Lie)

㉠ Cream Soup(Potage Crème) : 크림수프는 Bechamel이나 Veloute를 기본으로 하여 만든 수프이다.

- Bechamel : Roux에 우유와 Cream을 첨가하여 만든다.
- Veloute : Roux에 Stock을 혼합하여 만든다.

㉡ Puree Soup(Potage Puree) : 야채를 잘게 분쇄한 것을 Puree라 하며, 이것을 Bouillon과 혼합하여 조리한 수프이다.

㉢ Chowder : 조개, 새우, 게, 생선류 등과 감자를 이용하여 만든 수프이다.

㉣ Bisque : 새우, 게, 가재 등으로 만든 어패류 수프이다.

③ Cold Soup(Potage Froid)

㉠ Cold Consomme : Hot Consomme를 가벼운 젤리상태가 될 때까지 식힌 후 Sherry Wine과 Pimento, Tomato Concasser 등으로 장식한 수프이다.

㉡ Vichyssoise(Cold Potato Soup) : 감자, 양파, 부추를 버터로 볶아 스톡에 넣어 Cream을 첨가하여 만든 수프이다.

㉢ Andalusian Gazpacho : 스페인의 안달루시아 지방에서 토마토, 양파, 마늘, 식초, 샐러드유를 이용해 만든 수프이다.

㉣ Cold Pear and Watercress Soup : 배, Chicken Broth, Puree, Lemon Juice, Whipped Cream, Watercress잎을 이용한 수프이다.

④ National Soup : 각 나라별로 독특하고 대표적인 전통 수프

㉠ Bouillabaisse : 불란서 남쪽지방에서부터 시작된 수프로 생선스톡에 여러 가지 생선과 바닷가재, 야채, 올리브유를 넣어 끓인 생선수프이다.

㉡ Olla Podrida : 스페인의 수프로 콩, 양파, 셀러리, 마늘, 쌀 등을 이용한 것이다.

㉢ Ox-Tail Soup : 영국의 수프로 Ox-Tail, Bacon, Tomato Puree 등을 사용한 수프이다.

Consomme

Cream Soup

Onion Soup

4) 생선(Fish; Poisson)

생선은 육류보다 연하고 맛이 담백하며 열량이 적다. 또 지방이 적고 단백질이 풍부하여 건강식으로도 선호되고 있으며 양식당의 주요리로도 많이 이용된다. 생선은 산지에 따라 바다생선(Sea Fish), 민물고기(Fresh Water Fish), 조개류(Shell Fish), 갑각류(Crustacea), 연체류(Mollusca) 등이 있다. 양식당에서 멸치, 청어, 정어리 등은 주로 전채(Appetizer)로 이용되며 조개류는 전채 및 수프로 많이 이용된다. 주요리에는 해수어로 농어, 연어, 적도미, 넙치, 혀가자미 등이 많이 쓰이고 담수어로는 송어가 많이 이용된다. 갑각류인 게는 전채와 수프에 많이 이용되지만 새우와 바닷가재는 전채와 수프 및 주요리에도 많이 이용된다.

(1) 해수어(Sea Fish)

① 대구(Cod; Cabillaud) : 회백색 살, 육식성으로 날카로운 이빨이 있다.

② 해덕(Haddock; Aigrefin) : 대구과의 일종으로 심해에 산다. 육질은 백색이고 지방이 적고 단백질이 많다.

③ 명태(Whiting; Merlan) : 대구과의 일종으로 지방이 적고 살은 부드럽고 조각살로 구성되어 부스러지기 쉽다.

④ 멸치(Anchovy; Anchois) : 청어과의 일종으로 맛이 깨끗하고 신선하며 향긋하다.

⑤ 청어(Herring; Hareng) : 은색비늘, 푸른 등, 은백색의 배로 육질이 희고 맛이 좋다.

⑥ 정어리(Sardine; Sardine) : 청어과의 일종으로 등푸른 생선이다. 단백질이 풍부하고 기름을 많이 함유하고 있다.

⑦ 고등어(Mackerel; Maquereau) : 육식성, 육질은 불그스름한 색으로 살의 조직력이 좋고 맛이 좋다.

⑧ 참치(Tuna; Thon) : 고등어과의 육식성으로 최대 무게 500kg, 불그스름한 색의 살은 맛이 뛰어나다. 생선회, 송아지고기나 어린 소의 조리방법으로 조리한다.

⑨ 붕장어(Conger Eel; Congre) : 바닷장어. 뼈가 많아 양식에서는 별로 사용치 않으나 동양식에는 중요한 생선회 재료이다.

⑩ 회색숭어(Gray Mullet; Meuille) : 연어과에 속하고 Grayling과 비슷하다. 육질은 독특하고 풍미가 있다.

⑪ 적도미(Red Snapper; Surmullet) : '바다의 미녀'로 불리며 육질이 희고 향기가 좋다.

⑫ 핼리벗(Halibut; Fletan) : 넙치과에 속하고 북대서양산으로 매우 크다. 육질이 희고 맛은 부드럽다.

⑬ 혀가자미(Sole; Plymouth Sole) : 혀넙치. 가장 맛이 좋고 최고의 질을 가졌으며, 껍질이 쉽게 벗겨진다. 가장 많은 요리법이 개발되어 있는 생선이다.

⑭ 광어(Turbot; Turbot) : 넙치과에 속하고 해수어 중 가장 선호되는 종류이다. 육질은 희고 단단하여 저장이 용이하고 4~9월 사이의 육질이 제일 좋다.

⑮ 홍어(Skate; Raie) : 가오리과의 연골생선. 날개 모양의 몸통과 가슴지느러미만이 요리에 사용되므로 낭비가 큰 생선. 육질은 매우 맛이 있다.

(2) 담수어(민물고기)

① 뱀장어(Eel; Anguille) : 이주성 어종으로 해수와 담수에서 산다. 고지방을 함유하고 있어 소화가 용이하지 않다. 중간 크기의 뱀장어가 품질이 제일 좋다.

② 농어(Sea bass; Perche) : 육식성, 해수 및 담수성. 비늘이 많고 날카로운 지느러미를 가지고 있다. 육질은 희고 탄력이 있으며 맛이 좋고 부드럽다.

③ 금송어(Golden Trout; Ombre Chevalier) : 연어과에 속하며 호수에 서식하는 금빛 송어. 색깔은 성장기간, 암수, 지역에 따라 다양하다. 육질은 맛이 좋고 인기가 있는 품목의 생선이다.

④ 호수송어(Lake Trout; Truite de Lac) : 연어과에 속하며 알을 낳기 위해 강으로 거슬러 올라가는 이주성 물고기이다. 어린 것이 소화에 용이하다.

⑤ 무지개송어(Rainbow Trout; Truite Arcenciel) : 맑고 서늘한 오염되지 않는 깨끗한 물에 서식한다. 머리부터 꼬리까지 양쪽 면에 붉은 띠가 무지갯빛으로 뻗어 있으며 육질은 최상급이다.

⑥ 강송어(River Trout; Truite de Reviere) : 강이나 냇가에 서식하며, 바다로 이동하면 바다송어가 된다. 서식 환경에 따라 Wood 송어, Mountain 송어, Stone 송어 등의 이름이 붙는다. 육질은 희고 소화가 용이하나 물밑바닥에 사는 송어는 무른 살을 가지고 있다.

⑦ 연어(Salmon; Saumon) : 회유성 어종으로 10~12월에 강 상류에 산란한다. 산란 전은 살이 붉고 중량감이 있으나 산란 후에는 중량감이 줄어든다. 수컷보다 암컷이 좋다.

⑧ 철갑상어(Sturgeon; Esturgeon) : 흑해와 카스피해 및 러시아와 미국 등 여러 강에 서식하는 화석물고기이다. 상어라고 불리지만 민물에서 서식하기 때문에 민물고기이다. 알은 젓갈을 담가 Caviar로 사용한다.

⑨ 잉어(Carp; Carpe) : 강, 호수 등에 서식한다. 육질은 부드럽고 소화가 잘 되며 겨울에 질이 가장 좋다.

⑩ 메기(Sheatfish; Silurus Glanis) : 강, 호수의 바닥에 서식한다. 2개의 긴 수염과 4개의 짧은 수염이 있으며 색깔은 흑갈색이다. 육질은 어린 것이 좋다.

⑪ 개구리다리(Frog Leg; Cuisses de Grenouille) : 개구리다리 요리는 중세부터 발전되어 온 요리로서 육질이 매우 연하여 미식가들로부터 사랑받아

왔다. 개구리는 습지에서 자라며 육질의 탄력과 색깔을 희게 하기 위하여 찬물에 약 12시간 정도 담가 놓는다.

Red Snapper

Halibut

Salmon

Sea bass

5) 셔벗(Sherbet; Sorbet)

셔벗은 과일의 생 즙(Juice)을 기본으로 각종 술이나, 설탕 등을 넣어 얼린 후 곱게 갈아 작은 유리잔이나 컵에 담은 것으로 아이스크림과 함께 디저트로 많이 이용된다. 셔벗은 아이스크림과 달리 계란과 유지방을 사용하지 않으며 저칼로리에 시원하고 상쾌하며 산뜻한 맛을 주기 때문에 양식 코스메뉴에서는 생선요리 후 입안에 있는 생선의 맛을 없애고 미각을 새롭게 하기 위해 주로 제공한다. 또 생선코스가 없더라도 주요리(Main Dish)의 진미를 즐길 수 있도록 제공하기도 한다. 셔벗은 과일주스를 기본으로 하기 때문에 모든 과일로 셔벗을 만들 수 있고 첨가하는 주류나 향료에 따라 그 수가 셀 수 없이 많다. 셔벗의 당도는 18~26도(Brix)이며 과일 자체만으로는 이런 당도를 얻기 어렵기 때문에 리큐르나 설탕, 물엿 등을 혼합하여 만든다. 많이 사용되는 셔벗은 다음과 같다.

① Champagne Sherbet
② Wine Sherbet(Sweet Wine, Red Wine, White Wine)
③ Lemon Sherbet
④ Orange Sherbet
⑤ Kiwi Sherbet
⑥ Peppermint Sherbet
⑦ Melon Sherbet
⑧ Strawberry Sherbet
⑨ Raspberry Sherbet

Orange Sherbet

Lemon Sherbet

6) 육류(Meat; Viande)

육류(Meat)는 높은 칼로리, 단백질, 탄수화물, 지방, 무기질, 비타민 등의 영양분이 많고 칼로리가 높아 코스메뉴의 주요리로 가장 선호되고 있다. 육류는 소, 양, 돼지를 비롯하여 닭, 오리 같은 가금류 및 사냥으로 잡은 각종 들짐승과 조류들이 이용된다.

(1) 쇠고기(Beef; Boeuf)

① 쇠고기의 분류

식육용 소는 새끼를 낳지 않은 암소나 거세한 수소가 좋다. 또 Steak, Roast용으로는 2~3세의 어린 것이 좋으며, 육가공용으로는 5~7세의 늙은 소가 좋다. 좋은 쇠고기는 밝은 선홍색이어야 하며, 고기는 단단하고 미세한 고깃결과 탄력성이 있어야 한다.

㉠ 수송아지(Steers) : 어릴 때 거세하여 곡물로 사육한 후 2년 반이나 3년 정도 되었을 때 판매한다.
㉡ 어린 암소(Heifers) : 2년 반이나 3년 정도 된 송아지를 낳지 않은 어린 암소이다.
㉢ 수소(OX) : 거세한 수소로 나이가 많은 것이다.
㉣ 암소(Cows) : 1~2마리의 송아지를 낳은 암소이다.
㉤ 황소(Bulls) : 거세하지 않은 수컷으로 Sausage나 Drybeef를 만든다.

② 쇠고기의 등급

각 나라에서는 쇠고기 육질의 등급을 기준을 정하여 분류하고 있다. 캐나다에서는 'Canada Prime'을 비롯하여 총 13가지의 등급이 있다. 이 중 상등급인 Prime, AAA, AA, A급이 90% 이상을 점유하고 있다.

호주는 쇠고기를 송아지(Veal)와 Bull(영구치아가 8개까지 발현하고 2차 성징을 보이는 수소) 및 Beef(Veal과 Bull을 제외한 모든 소)의 3가지로 분류하고, 이것을 다시 소의 영구치를 기준으로 한 연령, 성별, 상태 등으로 나누어 등급을 결정하고 있다.

우리나라에서는 쇠고기 육질의 등급을 고기의 지방분포도, 육색, 지방색, 조직감, 성숙도에 따라 1^{++}, 1^{+}, 1, 2, 3의 5개 등급으로 나누고 있다.

미국은 쇠고기 육질의 등급을 소의 종류, 성별, 성숙도, 지방교잡도 등에 의해 8개 등급으로 나누고 있다. 미국의 등급제도는 아래와 같다.

㉠ USDA Prime : 최상급의 등급으로 대부분이 수송아지나 어린 암소에서 얻는데, 그 양이 적게 생산된다. 육질은 맛과 육즙을 더해 주는 좋은 그물조직으로 되어 있고, 단단하고 하얀 크림색의 지방으로 두껍게 덮여 있다.
㉡ USDA Choice : 고품질이고 비교적 생산량이 많아 고급스테이크로 사용된다. 육질이 연하고 육즙이 많으며 Prime급보다 지방질이 적으나 지방질의 구조(마블링)가 치밀하다.
㉢ USDA Select : 경제적인 쇠고기로 고기는 연하지만 Prime과 Choice급에 비해 품질과 맛이 떨어진다.
㉣ USDA Standard : 어린 수송아지, 어린 암소, 암소로부터 얻는다. 살코기의 비율이 높고, 지방량은 적다. 맛이나 부드러움이 다소 떨어진다.

ⓜ USDA Commercial : 늙은 암소에서 생산되는데, 맛은 풍부하지만 질기기 때문에 연해지도록 천천히 요리하거나 오래 익혀야 한다.

ⓑ USDA Utility : 거세한 황소, 황소, 늙은 암소에서 생산된다.

ⓢ USDA Cuter : 황소의 고기는 모두가 이 등급에 속한다. Canner와 함께 경제적, 영양적, 규모적으로 유리하고, 제조 가공하거나 기계에 갈아 사용하기에 적합하다.

ⓞ USDA Canner

③ 쇠고기 스테이크(Steak)의 종류

스테이크는 소의 연령별, 성별, 부위별, 등급별로 대단히 많은 종류가 있다. 각 부위별 명칭도 나라에 따라 이름이 다른 경우도 많다. 또 여러 부위를 함께 자르거나 자른 부분이 다를 경우 이름이 달라지기도 한다.

연회장이나 고급식당에서 사용되는 스테이크는 고기의 품질과 구매의 편의상 몇 가지 종류만 제공되고 있다.

가장 많이 사용하는 스테이크는 안심으로 영어로 텐더로인(Tenderloin)이라고 한다. Tenderloin은 부위별로 샤토브리앙(Chateaubriand), 필레미뇽(Filet Mignon), 토르네도(Tournedos) 등이 있는데, 지방질이 적고 섬유질이 없어 쇠고기 중 가장 연한 부위이다.

[그림 8-10] Full Tenderloin의 부위별 명칭

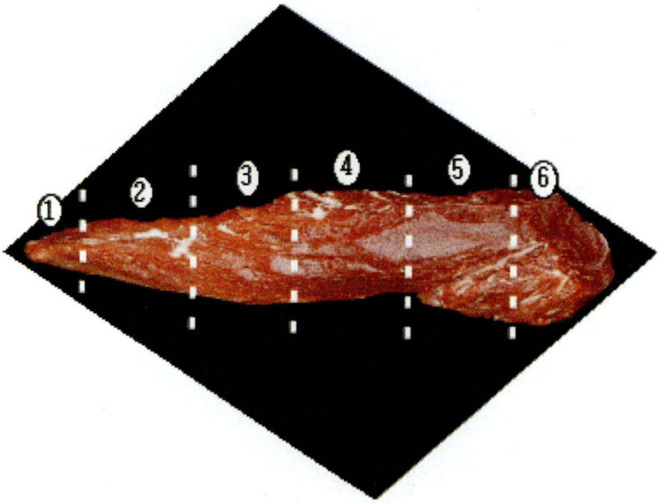

부위별 명칭

① Filet Tip
② Filet Mignon
③ Tournedos
④ Filet Steak
⑤ Chateaubriand
⑥ Head

소의 등심은 갈비등심(Rib Steak), 포터하우스 스테이크(Porter House Steak), 티본스테이크(T-Bone Steak), 스트립로인(Striploin), 설로인 스테이크(Sirloin Steak) 등이 있다. 티본스테이크(T-Bone Steak)는 가운데 'T'자 모양의 뼈를 중심으로 한쪽은 안심이고, 반대쪽은 등심고기가 붙어 있어 한 가지 스테이크로써 두 가지의 쇠고기 맛을 볼 수 있다.

[그림 8-11] 쇠고기 각 부위별 주요 스테이크

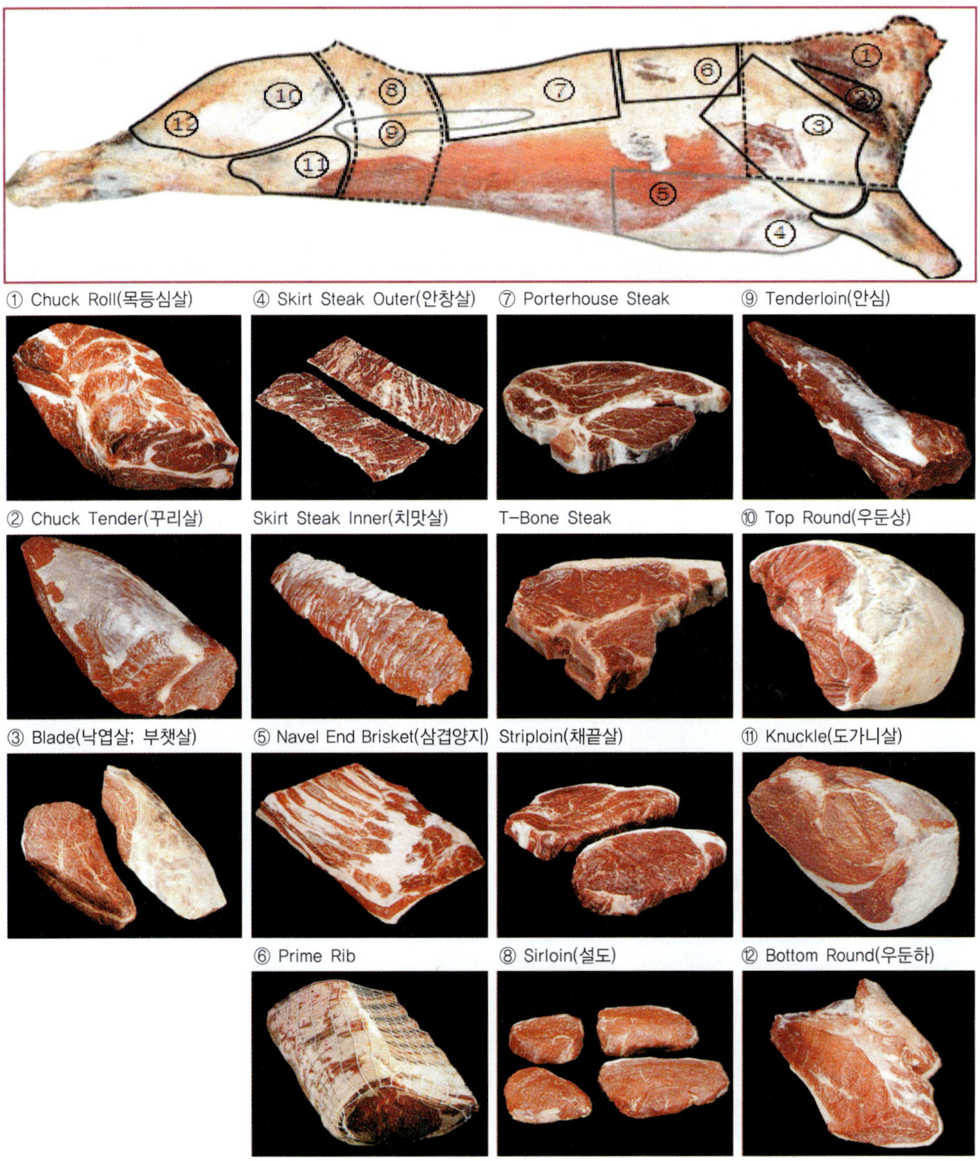

④ 스테이크 굽기 정도

스테이크의 굽기는 Rare, Medium Rare, Medium, Medium Well, Well Done의 5가지가 있다. 스테이크는 마이오글로빈(Myoglobin)이라는 육색소가 들어 있어 붉은색을 띠며 완전히 익히면 붉은색이 사라진다. 송아지고기나 돼지고기는 마이오글로빈의 함유량이 적어 붉은색이 적고 익으면 모두 사라지므로 고기를 구울 때 굽기 정도를 주문받지 않는다.

[그림 8-12] 스테이크의 굽기 정도

상 태	내 용
	Rare Steak 속이 따뜻할 정도로 겉부분만 살짝 익혀 한번만 뒤집고 자르면 육즙이 흐르도록 약 2~3분 정도 굽는다. 고기 내부의 온도는 52도 정도이다.
	Medium Rare 앞 표면에 육즙이 약간 보일 때까지 구운 후 한번만 뒤집어 역시 위에 육즙이 보일 때까지 약 3~4분 정도 굽는다. 자르면 중심부분은 육즙이 보이도록 한다. 고기 내부의 온도는 55도 정도이다.
	Medium 앞 표면에 육즙이 배어나와 고일 때까지 굽고 한번만 뒤집어 같은 방법으로 약 5~6분 정도 굽는다. 자르면 가운데 부분은 붉은색이 되어야 하며 고기 내부의 온도는 60도 정도가 좋다. Medium보다 약간 더 익힌 상태를 Medium Well Done이라고 하며 고기를 누르면 약간 단단한 느낌이 들고 자르면 가운데 부분에만 약간 붉은색이 있도록 약 8~9분 정도 굽는다. 고기 내부의 온도는 65도 정도이다.
	Well Done 속까지 완전히 익혀 육즙이나 붉은색이 보이지 않을 때까지 약 10~12분 정도 굽는다. 고기 내부의 온도는 70도 정도이다.

(2) 송아지고기(Veal : Veau)

Veal은 일반적으로 160kg 이내의 3개월 이하의 송아지고기를 말한다. 보통 우유로 사육하며, 조직이 매우 부드럽고 엷은 Pink색을 띤다. 3~10개월 된 송아지는 Calf라 부르며 조직은 붉은 Pink색을 띤다.

(3) 돼지고기(Pork : Porc)

돼지고기는 소시지, 삼겹살, 햄, 베이컨, 바비큐 등으로 많이 이용되고 스테이크로는 용도가 많지 않다.

(4) 양고기(Lamb : Agneau)

우리나라에서는 아직 양고기가 일반화되지 않고 있다. 따라서 연회장에서 양고기는 코스메뉴보다는 뷔페에 제공되는 경우가 많다. 양고기 중 가장 인기 있는 메뉴는 양갈비구이(Lamb Chop)이다. 가장 좋은 양고기는 Hothouse로 생후 8~15주 된 어린 양이며, 그 다음은 3~5개월 된 Spring Lamb이다. 대부분의 양고기는 생후 1~2년 미만의 것으로 고기의 색깔은 약간 검붉은색이며 조직은 Spring Lamb보다 거칠다. Mutton은 1~5년생의 양고기로 3~4년생의 것이 좋다.

(5) 가금류(Poultry : Volaille)

① 가금류의 분류

가금이란 닭, 오리, 칠면조, 비둘기, 거위 등 집에서 사육하는 날짐승을 말한다. 가금류는 크게 흰색 고기(White Meat)의 가금과 검은색 고기(Black Meat)의 가금으로 분류한다. 일반적으로 흰색 고기는 앞가슴살(Breast), 검은색 고기는 다리 부분의 고기를 의미한다.

- White Meat : 닭, 칠면조
- Black Meat : 오리, 거위, 뿔닭, 비둘기

② 육질로 본 가금류의 특성

- White Meat: 온순하며 가슴뼈에 살이 있다. 강한 발과 날카로운 발톱, 밝고 붉은색의 벼슬 및 매끄러운 다리의 껍질을 가지고 있다.

- Black Meat : 목이 부드럽고 유연하다. 몸통의 하반부는 대체로 딱딱하고 두꺼운 지방층으로 둘러싸여 있다.

③ 가금류의 종류

- 닭(Chicken; Poulet Reine)
- 어린 칠면조(Young Turkey; Dindonneau)
- 칠면조(Turkey; Dinde, Dindon)
- 뿔닭(Guinea-foul; Pintade)
- 새끼 오리(Duckling; Caneton)
- 오리(Duck; Canard)
- 거위(Goose; Oie)
- 새끼 비둘기(Young Pigeon; Pigeonneau)

(6) Game(Gibier)

Game은 사냥으로 잡은 야생의 짐승이나 조류를 일컫는데, 게임은 사슴, 멧돼지와 같은 엽수류와 꿩, 메추라기, 들오리 같은 엽조류로 나눈다. 게임은 가금류에 비해 더 연하고 소화가 용이하며 영양가가 높다. 게임은 가을부터 겨울까지의 고기가 맛과 영양이 가장 좋다. 우리나라에서는 사냥이 제한되기 때문에 연회장에서 기본메뉴로 제공하기가 어려우며 뷔페나 특별행사에 한해 수입된 Game을 일시적으로 제공한다.

① 엽수류(Game Animals; Gibier a Poil)

- 사슴(Deer; Chevreuil)
- 멧돼지(Wind Boar; Sanglier)
- 토끼(Hare; Lievre)

② 엽조류(Game Birds; Gibier a Plume)

- 메추라기(Quail; Caille)
- 꿩(Pheasant; Faisan)
- 자고새(Partridge; Perdrix)
- 들오리(Wild-duck; Canard Sauvage)

7) 샐러드(Salad; Salade)

샐러드의 어원은 소금을 뿌린 Herb(향초)라는 뜻의 라틴어인 'Herba Salate'이다. 신선한 야채와 향초류에 소금으로 간을 맞추어 먹다 이것이 발전하여 기름과 식초(Oil & Vinegar) 등을 첨가하게 되었고, 이것이 발전하여 다양한 Dressing이 되었으며 야채도 여러 가지를 혼합하거나 과일 또는 육류까지 곁들이게 되었다.

샐러드는 향초, 새싹, 엽채류, 근채류, 과채류 같은 식물성 재료에 계란, 고기, 해산물 같은 동물성 재료 등을 넣은 후 기름, 식초, 마요네즈(Mayonnaise) 등으로 만든 각종 드레싱(Dressing)을 곁들여 제공된다. 샐러드는 지방분이 많은 주요리(Main Dish)의 소화를 돕고, 비타민 A, C와 여러 가지 미네랄이 함유되어 있어 영양의 균형을 유지시켜 준다.

샐러드는 코스메뉴에서 스테이크의 앞 코스, 스테이크와 함께, 또는 스테이크의 다음 코스에 제공된다.

우리나라의 연회서비스는 아메리칸 서비스로 샐러드를 스테이크 전이나 스테이크와 함께 제공하는데 대개 생선코스가 없을 경우에 스테이크에 앞 코스에 샐러드가 제공된다. 그러나 프렌치서비스에서는 샐러드를 반드시 스테이크 코스의 다음 코스에 제공한다.

샐러드는 크게 순수 샐러드(Simple Salad)와 혼성 샐러드(Compound Salad)로 구분된다.

순수 샐러드는 여러 가지 야채를 섞어 맛과 영양 및 색이 조화되게 만든 것으로 양식에서 제공되는 샐러드는 대부분 이 순수 샐러드로 여러 가지 Dressing을 기호에 맞게 선택해 가미해 먹는다.

혼성 샐러드는 여러 가지 야채에 향료와 소금, 후추 등을 넣어 바로 먹을 수 있도록 완성한 샐러드로 시저 샐러드(Caesar Salad)가 대표적이다.

(1) 순수 샐러드(Simple Salad)

고전적인 순수 샐러드는 한 가지의 야채로만 만들었으나 현재는 여러 가지 야채를 적당히 배합하여 영양, 맛, 색이 조화되게 만들고 있으며 각종 향신료는 드레싱에 가미되어 샐러드에 곁들여지고 있다. 순수 샐러드로는 다음과 같은 것들이 있다.

① Green Salad : Lettuce, Chicory, Endive, Romaine을 한입 크기(Bite Size)

로 잘라 만든 샐러드이다.

② Garden Salad : Lettuce Head, Chicory, Escarole, Cucumber, Carrot, Celery, Tomato Wedge, Red Onion, Radish를 재료로 한 샐러드이다.

③ Spinach & Mushroom Salad : Mushroom, Spinach, Tomato Wedge, Chopped Boiled Egg, Spring Onion, Chopped Bacon, Black Olive, Green Olive, Turnip Sprout를 이용한 샐러드이다.

④ Palm Salad : Palm, Lettuce Head, Tomato, Sliced Green Olive, Sliced Black Olive, Turnip Sprout를 이용한 샐러드로서 드레싱은 French Dressing이 적합하다.

⑤ Chef's Salad : Lettuce Head, Cucumber Julienne, Boiled Egg Wedge, Carrot Julienne, Radish, Celery Julienne, Chicory, Tomato Wedge or Sliced, Cooked Turkey Meat Julienne, Pimento Ring, Ham Julienne, Swiss Cheese Julienne를 사용해 만든 샐러드로 코스요리보다는 식사용 일품요리로 이용된다.

(2) 혼성 샐러드(Compound Salad)

혼성 샐러드란 각종 재료에 향료, 소금, 후추 등이 혼합되어 양념, 조미료 등을 더 이상 첨가하지 않고 그대로 고객에게 제공할 수 있게 만들어진 샐러드이다. 일반적으로 Oil & Vinegar를 많이 사용하며, 경우에 따라 각종 드레싱과 마요네즈도 사용한다.

① Caesar Salad : 나무로 만든 볼(Wooden Mixing Bowl)에 Anchovy와 Garlic, Egg Yolk을 넣어 비비면서 Lemon Juice와 식초를 넣어 섞은 후 Salt, Pepper, Tabasco, Worcestershire Sauce, Mustard를 넣어 드레싱을 만든 후 양상추를 넣고 Onion Chopped, Bacon Chopped, Parmesan Cheese를 뿌리고 Crouton을 얹어 제공한다.

② Artichoke Salad : Artichoke Heat, Small Diced Green Pimento, Red Pimento, Onion, Sliced Stuffed Olive, Black Olive, Lettuce, Parsley를 Oil과 Vinegar(French Dressing)로 버무린 샐러드이다.

③ Seafood Salad : Halibut Fillet, Mussel, Clam, Shrimp, Squid Crab Meat, Lettuce, Tomato Dice, Sliced Black Olive, Green Olive, Spring Onion, Oil & Vinegar(French Dressing)로 버무린 샐러드이다.

(3) Combined Salad

여러 가지 야채와 함께 과일, 생선, 육류, 조류 등이 혼합된 Salad이다.

① Fruit Salad : 야채에 과실을 넣어 만든 샐러드이다.
② Fish Salad : 야채에 생선을 넣어 만든 샐러드로 Tuna Salad, Lobster Salad, Crab Meat Salad 등이 있다.
③ Poultry Salad : 야채에 조류고기를 넣어 만든 샐러드로 Chicken Salad, Turkey Salad 등이 있다.

(4) Dressing의 종류

드레싱은 샐러드의 맛을 증진시키는 역할을 하고 샐러드의 맛을 부드럽게 하며 영양적인 조화를 이루는 작용을 한다.

고급 레스토랑에서는 몇 가지의 드레싱을 준비하여 고객에게 보여드리고 선택하도록 하나 연회장에서는 모든 고객의 샐러드에 같은 드레싱을 올려 제공한다.

드레싱의 종류는 매우 다양하며 기본적인 드레싱은 다음과 같다.

① French Dressing : Vinaigrette라고도 하며 Vinegar 1, Oil 3, Salt, Pepper, Mustard, Hard Boiled Chopped Egg(or Herb)를 섞어서 만드는 것이 원칙이나 Worcestershire 또는 Chilly Sauce, Tomato Ketchup, Chopped Capers 등을 섞어 만들기도 한다.
② American French Dressing : Vinegar, Paprika, Salt & Pepper, Sugar, Garlic Powder, Egg Yolk, English Mustard, Oil을 섞어 만든다.
③ 1,000 Island Dressing : Mayonnaise, Chilly Sauce, Chopped(Red or Green) Pepper를 섞어 만든다.
④ Roquefort Dressing : Blue Cheese Dressing의 대표적인 드레싱이며 Original French Dressing에 Roquefort Cheese를 첨가하여 만든다.
⑤ Mustard Cream Dressing : Heavy Cream Mustard에 Lemon Juice를 넣어 만든다.
⑥ Mayonnaise Dressing : Cream과 Mayonnaise를 섞어 만든다.

Fresh Garden Salad

Caesar Salad

Dressing

(5) 야채의 종류

① Artichoke(Artichaut; 아티초크)

지중해 일대에서 자라며 엉겅퀴와 비슷한 모양이다. 꽃이 피기 전에 꽃봉우리를 수확하여 식용으로 이용한다. 붉거나 청갈색 종류가 녹색 종류보다 품질이 우수하다.

② Asparagus(Asperge; 아스파라거스)

아스파라거스의 새 순이 약 20cm 정도가 될 때 수확한 것이다. 수프, 샐러드, 주요리의 Hot Vegetable로 많이 사용된다.

③ Beans(Haricots; 콩)

콩은 전 세계에 걸쳐 대단히 많은 종류가 생산된다. 특히 콩깍지째 요리하여 야채로 사용하는 것도 대단히 많다.

- String Bean : 씨가 없는 어린 콩깍지로 샐러드나 야채용으로 사용한다.
- French Bean : Green Been이라고도 하며 익지 않은 콩을 가진 청색의 콩꼬투리이다. 영국에서는 Runner Bean이라고도 한다.

④ Broccoli(Broccoli; 모란채)

브로콜리는 청색의 꽃봉우리를 살짝 데쳐 요리와 샐러드에 이용하거나 갈아서 수프를 만드는 데 이용한다. 또 잘게 다져 고명으로도 많이 사용한다. 비타민 C가 매우 풍부하다.

⑤ Cauliflower(Chou-Fleur; 꽃양배추)

콜리플라워는 브로콜리와 모양이 매우 흡사하나 꽃봉우리가 유백색이다. 브로

콜리와 같이 여러 가지 요리에 다양하게 사용된다.

⑥ Celery(Celeri; 셀러리)

셀러리는 잎과 줄기에 독특한 맛과 향이 있어 널리 사용된다. 녹색, 황색, 중간색의 3종류가 있으나 녹색종이 많이 사용되며 부드러운 줄기와 안쪽의 노란 순은 생야채로도 이용하고 잎과 줄기를 수프나 각종 요리의 향신료로 많이 사용한다.

⑦ Chicory(Chicoree; 치커리)

치커리는 50~150cm에 이르는 줄기에 붙어 있는 잎을 이용한다. Celery와 유사한 용도로 쓰이며 주로 샐러드에 사용된다.

⑧ Endive

엔다이브는 꽃상추로 불리며 잎의 가장자리에 톱니모양의 깊은 주름이 있다. 상추처럼 주로 샐러드에 사용된다.

⑨ Garlic(Ail; 마늘)

마늘은 주로 뿌리가 이용되나 잎과 마늘 총도 요리에 많이 이용된다. 탁월한 건강식 재료로 알려져 있다.

⑩ Lettuce(Laitue; 양상추)

양상추는 모든 샐러드의 기본이 되는 야채로 속으로 들어갈수록 초록색이 연해지고 노란색에 가까워진다. 양상추는 잘게 잘라 생야채나 샐러드용으로 많이 이용한다.

⑪ Leek(Poireau; 부추)

잎이 파와 비슷하나 얇고 속이 차 있다. 야채나 향신료로 널리 사용된다.

⑫ Beets(Betterave; 홍채두)

사탕무와 비슷하게 생겼으며 잎은 근대와 비슷하나 더 작고 가운데 줄기에 붉은색이 있다. 뿌리가 길고 둥글며 진한 붉은색이다.

⑬ Red Cabbage(Chou Rouge; 적채)

양배추의 일종으로 붉거나 자주색으로 되어 있다. 색깔이 아름다워 각종 샐러드에 섞어 장식용으로 사용하고 익혀서 Hot Vegetable로도 많이 사용한다.

⑭ Onion(Oignon; 양파)

양파는 서양요리에 기본재로로 널리 사용하는 야채이다. 생야채로 샐러드에 이용하거나 수프 및 고기요리에 많이 사용한다.

⑮ Spinach(Epinard; 시금치)

시금치는 철분의 함유량이 높아 건강식품으로 널리 알려져 있다. 시금치는 줄기가 생기기 전의 부드러운 잎을 데치거나 삶아서 요리에 사용한다.

⑯ Carrot(Carotte; 당근)

아프가니스탄이 원산지로 홍당무라고도 한다. 요리에 색과 맛을 더해주며 단맛이 많고 비타민 A와 C가 많아 다양한 용도로 사용된다.

⑰ Egg Plant(Aubergine; 가지)

가지는 공 모양, 계란 모양, 긴 모양 등이 있으며 우리나라에서는 주로 긴 모양을 사용한다. 주로 찌거나 익혀 사용한다.

⑱ Cucumber(Concomore; 오이)

양식에서 오이는 주로 생으로 이용한다. 각종 샐러드에 많이 이용하고 길게 잘라 Relish용으로 많이 이용한다. 또 피클(Pickle)의 재료로도 널리 사용된다. 우리나라와 일본에서는 김치와 장아찌로도 많이 사용된다.

⑲ Truffle(Truffe; 송로버섯)

Truffle

트러플은 떡갈나무 등 낙엽수림의 땅속에서 자라는 버섯으로 세계 3대 진미의 하나이다. 호두 정도의 크기에서 주먹만한 크기까지 자라며 사람이 찾기 어려워 개나 돼지를 훈련시켜 채취하며 독특한 송진

향이 난다. 가격이 매우 비싸며 미식가들에게 인기가 높다. 테린(Terrine), 스테이크 소스 등 각종 요리의 부재료로 사용된다.

⑳ Watercress(Cresson; 물냉이)

서양 물냉이로 물에서 자라며 잎은 매콤한 맛이 난다. 생잎을 샐러드나 요리의 고명(Garnish)으로 이용한다.

(6) Herbs(향초)의 종류

① Chives(실파)

양파과에 속하는 것 중 가장 맛있는 향신료로 마늘냄새가 약간 나는 순한 맛이 있다. 긴 잎을 음식의 Garnish로 사용한다.

② Garlic(마늘)

백합과에 속하며 여러 가지 음식맛을 돋우는 데 매우 좋다. 향이 강하므로 사용량을 잘 조절해야 한다.

③ Horseradish(서양고추냉이)

매운맛과 후추 같은 맛으로 아주 매운맛을 내기 위해서는 금방 갈아서 쓰는 것이 좋다.

④ Parsley(파슬리)

파슬리는 잎이 곱슬곱슬한 것과 매끈하고 납작한 것이 있다. 건강에 좋아 매우 많이 사용되며 잘게 다져 향미료로 사용하거나 요리의 데커레이션으로도 사용된다.

(7) 주요 야채 자르는 방법

① Allumette(알뤼메트) : 성냥개비 모양으로 자르는 방법
② Battonne(바토네) : 성냥개비보다 굵게 재목처럼 자르는 방법
③ Brunoise(브뤼누아) : 네모 반듯하게 3mm 정도의 주사위 모양으로 자르는 것
④ Chateau(샤토) : 6cm 정도의 타원형으로 자른 것
⑤ Cheveux(쉬브) : 머리카락형으로 자르는 것

⑥ Chiffonade(쉬포나드) : 가는 실처럼 가늘게 써는 것
⑦ Collerette(콜레드트) : 둥근 문고리 모양으로 자르는 것
⑧ Concasse(콩카세) : 가로 세로 1.5cm씩 정사각형으로 얇게 써는 것
⑨ Cornet(코흐네) : 나팔형으로 둥글게 말린 모양으로 자르는 것
⑩ Cube(쿼브) : 가로×세로 1.5cm의 주사위형으로 자르는 것
⑪ Domino(도미노) : 얇은 직사각형으로 약 1~2cm 두께로 자르는 것
⑫ Emincer(에멍세) : 0.2~0.3cm 정도로 얇게 저미는 것
⑬ Hacher(아세) : 잘게 다지는 것(Chop)
⑭ Julienne(쥘리엔느) : 5cm 길이로 가늘고 길게 자르는 방법
⑮ Macedoine(마세두안) : 과일 등을 1~1.5cm 크기의 주사위 모양으로 자르는 것
⑯ Noisette(누아제트) : 지름 3cm 정도의 둥근 모양으로 자르는 것
⑰ Olivette(올리베트) : 올리브형으로 자르는 것
⑱ Parisienne(파리지엔) : 둥근 구슬형으로 자르는 것
⑲ Paysanne(페이잔느) : Domino보다 작은 장방형으로 가로 세로 1cm로 얇게 자르는 것
⑳ Printanier(프랭타니에) : 가로×세로 3.5mm의 주사위형, 1cm의 다이아몬드형으로 자르는 것
㉑ Pont-Neuf(퐁네프) : 가로×세로 6mm, 길이 6cm로 길쭉하게 자르는 것. French Fried Potatoes를 자르는 방법
㉒ Rondelle(롱델) : 둥글게 자르는 방법
㉓ Ruban(뤼방) : 리본 모양으로 자르는 것
㉔ Russe(뤼스) : 가로×세로 5mm, 길이 3cm로 자르는 것
㉕ Salpicon(살피콘) : 작은 정사각형으로 자르는 것
㉖ Tourner(투르네) : 돌리면서 모양을 내는 것. Boiled Potatoes, Champignon Tourne
㉗ Tranche(트랑쉬) : 고기 등을 넓은 조각으로 자르는 것
㉘ Troncon(트랑숑) : 토막으로 자르는 방법

6) 치즈(Cheese)

(1) 치즈의 정의

치즈(Cheese)란 우유, 양유, 염소젖 등 동물의 젖 속에 들어 있는 단백질(Casein)

과 지방이 함께 응고된 식품이다. 치즈를 만드는 기본 방법으로는 원료유를 응고시킨 다음 젖산균(Starter)과 응유효소(Rennet)로 응유(Curd)시킨 것을 유장(Whey)과 분리하여 숙성시키지 않고 완성하는 방법과 응유(Curd)에 가온, 가압, 가염처리한 후 박테리아, 곰팡이 등을 이용하여 일정한 온도와 습도를 갖춘 장소에서 숙성시켜 만드는 방법이 있다.

(2) 치즈의 종류

치즈는 산지, 원료유, 제조공정, 제조기술, 숙성조건 등 일정한 기준에 따라 다양하게 분류함으로써 소비자들이 편리하게 이용할 수 있다. 오늘날 가장 많이 이용되고 있는 분류기준은 치즈의 물리적 특성에 따른 구분방법으로 치즈의 경도에 따라 Hard Cheese와 Soft Cheese, 맛에 따라 Strong Cheese와 Mild Cheese, 원료유에 따라 소치즈, 양치즈, 염소치즈, 낙타치즈, 물소치즈 등으로 구분한다. 또 숙성여부에 따라 생지스(Fresh Cheese or Green Cheese)와 숙성치즈(Ripening or Aging Cheese)로 구분한다.

또 순수치즈(Natural Cheese)와 여러 가지 재료를 넣어 맛을 낸 조미치즈(Spiced Cheese)로도 구분한다.

치즈는 주요리와 디저트코스 사이에 제공되는데, 우리나라에서는 생략되는 경우가 많으나 양식에서의 치즈는 매우 기본적이며 프랑스식 메뉴에는 대부분 치즈가 포함된다. 특히 치즈가 생활화된 유럽에서는 향이 강하고 자극이 센 Strong Cheese를 즐기나 우리나라 사람들은 입에 부드럽고 향도 강하지 않은 Mild Cheese가 어울린다.

〈표 8-3〉 치즈의 분류

구분기준	종 류
경도	Very Hard Cheese, Hard Cheese, Semi-Hard Cheese, :Soft Cheese
맛	Strong Cheese, Mild Cheese
원료유	소치즈, 양치즈, 염소치즈, 낙타치즈, 물소치즈
숙성	Fresh Cheese or Green Cheese, Ripening or Aging Cheese
부원료 첨가	Natural Cheese, Spiced Cheese

① 초경질치즈(Very Hard Cheese)

초경질치즈는 수분함량이 13~34%로 가장 낮다. 딱딱하여 잘게 부수어 사용하기 때문에 분쇄치즈(Grating Type)라고도 한다.

㉠ 페코리노(Pecorino Cheese)
이탈리아에서 양의 젖으로 생산되는 치즈이다. 로마시가 있는 Lazio주에서 생산된 것은 Pecorino Romano, Tuscana주에서 생산된 것은 Pecorino Toscano, Sicilia주에서 생산된 것은 Pecorino Siciliano라고 한다. 젖산균으로 5~8개월간 숙성시키며 1년 이상 숙성시킨 것은 분말로 만든다.

㉡ 파머산(Parmesan Cheese)
이탈리아의 에밀리아로마냐(Emilia-Romagna)주에 있는 파르마(Parma)시 일대에서 생산되는 치즈이다. 원래 이름은 Parmigiano Reggiano이다. 일정기간 숙성시킨 후 갈아서 가루로 많이 사용한다.

㉢ 샵치거(Schabziger Cheese)
스위스에서 약 500년 이상 내려오는 우수 치즈로 현재는 독일과 미국에서도 생산되며 Sap Sago Cheese, 또는 Swiss Green Cheese라고 한다. 윗부분이 잘린 원추형으로 엷은 연두색이 난다. 분말상태로 갈아 Butter와 섞은 후 빵에 발라 먹는다.

② 경질치즈(Hard Cheese)

수분함량이 35~45%이고 조직이 단단하다. 젖산균으로 숙성시키며 가장 많이 이용되는 종류이다.

㉠ 체다(Cheddar Cheese)
원산지는 영국 남서부의 Somerset지방에 있는 Cheddar마을이나 현재는 세계 각국에서 만들어지고 있다. 미국에서 그냥 Cheese라고 말할 때에는 Cheddar Cheese를 가리킨다. 살균한 우유로 네모 벽돌 형태로 제조하여 6개월 정도 숙성시키며 옅은 다갈색 및 상아색, 크림색 등이 있다. 얇은 슬라이스로 가공한 것은 샌드위치용으로 많이 이용된다.

㉡ 고다(Gouda Cheese)
네덜란드에서 6세기경부터 내려오는 전통치즈로 네덜란드 전체 치즈생산량의 60% 정도를 차지하는 대표 치즈이다. 정식명칭은 'Noord-Hollandse

Gouda'이며 겉모양은 빨간색의 원반형과 블록형이 있다. 원반형은 잘랐을 때의 모양이 네덜란드산 Edam Cheese와 유사하다. Gouda Cheese는 강렬한 맛과 함께 풍미도 진하며 보통 4~5개월 숙성시킨다.

ⓒ 에담(Edam Cheese)

네덜란드 북부의 항구도시인 Edam지역에서 생산된다. 보통 빨간 공 모양이나 검은색이 더 오래 숙성된 것이다. 보통 2~5개월 숙성시키는데 향이 강하지 않고 호두 맛이 난다. Dutch Red Ball이라고도 한다.

ⓔ 에멘탈(Emmental Cheese)

스위스의 Berne주에 있는 Emmental 계곡에서 생산되는 대표적인 스위스치즈로 지름이 70~100cm에 달하는 원반형의 대형치즈이다. 스위스 치즈라고 하면 보통 이 치즈를 일컫는다. 현재는 스위스 이외에도 많은 나라에서 생산되고 있으며, 미국에서는 Cheddar Cheese 다음으로 생산량이 많고 이탈리아에서는 Fromaggio Fontina라고 한다. 탄력성이 풍부하고 달콤한 풍미를 내는데 치즈 내부에 커다란 구멍(Eyes)들이 많이 있는 것이 특징이다. 식사시에 Table Cheese로 쓰이며 그 외에 Salad, Canape, Soup, Vegetable 등의 조리용으로도 사용한다.

ⓜ 그뤼에르(Gruyere Cheese)

스위스의 Gruyere 지방에서 생산되는 원반형 대형치즈로 Emmental 치즈와 함께 대표적인 스위스치즈이다. 생우유를 가열 압착하여 숙성해 만들며 황갈색으로 견과류의 향이 강하다. 겉은 딱딱하고 아몬드껍질처럼 주름이 나 있다. 속에 에멘탈보다 작은 가스구멍이 나 있고 녹이면 점성이 있어 그라탱의 재료나 퐁듀에 많이 사용하며 테이블치즈나 조리용으로 이용된다.

[그림 8-13] 경질치즈

Pecorino Romano

Pecorino Siciliano

Parmigiano Reggiano

Cheddar Cheese

Gouda Cheese

Gouda Cheese

Edam Cheese

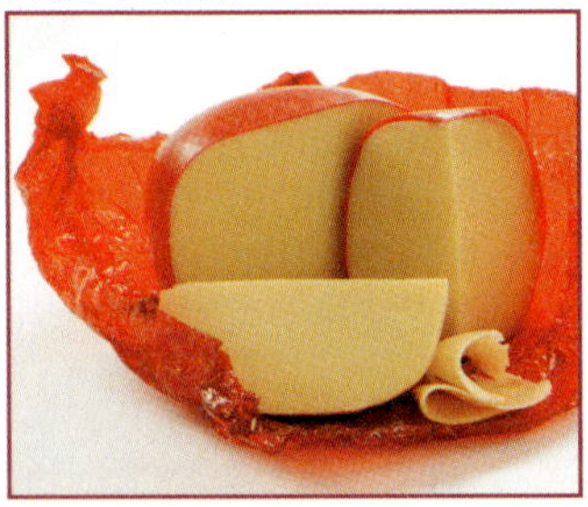

Emmental Cheese

Gruyere Cheese

③ 반경질치즈(Semi-Hard Cheese)

Hard Cheese와 Soft Cheese의 중간인 것으로 수분함량이 45~55%를 나타내고 있다. 숙성시 Bacteria로 숙성한 것과 푸른곰팡이로 숙성한 것이 있다.

㉠ 브릭(Brick Cheese)

미국에서 생산되는 벽돌모양의 치즈로 위스콘신주에서 많이 생산된다. Brick Cheese는 전지우유를 사용해서 제조한 것으로 25×12.5×7.5(cm)의 벽돌모양에 2.5kg의 중량을 갖는다. 숙성은 습도가 높은 15.5°C의 숙성실에서 행하는데, 숙성 중에 미생물들이 치즈 표면에 적갈색을 내면서 자라게 된다. 약 2주일 뒤에 치즈표면이 건조되면, Paraffin액에 담근 다음 Parchment Paper로 싸서 2개월간 숙성시킨다. 표면층은 숙성 중에 단백질 가수분해로 특유의 조직과 방향을 낸다.

㉡ 림부르거(Limburger Cheese)

벨기에의 Limburg 마을에서 만드는 우유치즈로 중세 수도승들에 의해 처음 제조되었다. 현재는 독일, 네덜란드, 오스트리아, 미국 등에서도 제조하며 500g~1kg까지로 크기가 다양하다. 약 2개월간 숙성시키며 겉은 적갈색이 난다.

㉢ 로크포르(Roquefort Cheese)

프랑스 남서부 피레네산맥 지역의 Roquefort 마을에서 시작된 Blue Cheese의 원조이다. Charlemagne를 비롯한 역대 제왕과 교황들이 애용한 양유치즈이다. 강한 자극성 냄새가 나고 치즈 속은 유백색으로 푸른공팡이가 대리석무늬로 퍼져 있다. 중형의 원주형으로 석회암의 동굴 안에서 2~10개월 동안 숙성된다. 프랑스의 디저트와인인 소테른(Sauternes) 와인과 매우 잘 어울린다.

㉣ 스틸턴(Stilton Cheese)

영국의 Stilton 마을에서 시작된 Blue Cheese로 Roquefort가 프랑스치즈의 왕이라면 Stilton Cheese는 영국치즈의 왕이라고 할 만큼 유명하다. 중간 크기의 원주형이고, 딱딱하고 하얀 표면에 푸른곰팡이들이 피어 있고 속은 아이보리색이다. Roquefort나 Gorgonzola보다 맛이 부드러우며 4~6개월긴 숙성히여 만든다.

㉤ 묑스테르(Muenster Cheese)

프랑스의 알자스주에 있는 Muenster 인근의 수도원에서 중세부터 만들어진 우유치즈이다. 직경 20cm, 두께 5cm의 살구빛 원반형으로 강한 향이 나며 껍질은 두꺼우나 속은 부드럽다. 소금물로 겉을 닦아 피막에 분말이 거의 없다.

㉥ 고르곤촐라(Gorgonzola Cheese)

이탈리아 북부 알프스산맥 기슭에 위치한 Gorgonzola 마을에서 시작된 Blue Cheese로 현재는 이탈리아 북부의 여러 지역에서 생산되고 있다. 우유로 만든 중형의 원반형으로 겉은 황갈색으로 딱딱하고 속은 아이보리색에 푸른곰팡이가 중심까지 번식해 있다. Roquefort Cheese에 비해 푸른곰팡이가 적고 맛도 약간 덜 자극적이다. 테이블치즈 및 파스타요리에 많이 사용하며 풀바디(Full Body) 레드와인과 잘 어울린다.

㉦ 톰므 드 사브와(Tomme De Savoie Cheese)

톰므(Tomme)치즈는 프랑스 동부의 Savoie 지역에서 생산되는 치즈로 우유, 양유, 염소젖 등으로 만들어지는 부드럽고 연한 치즈이다. 이 중 대표적인 치즈가 Tomme De Savoie로 지방을 제거하지 않은 생유로 Mimosa와 붉은 염료로 착색되어 회적색을 띠고 있으며, 무게가 2~3kg 정도의 둥근 원반형이다. Tomme De Savoie의 껍질은 부서지기 쉬운 단단한 껍질로 되어 있고 내부는 부드러운 연고체이다.

ⓞ 만체고(Manchego)

돈키호테로 잘 알려진 스페인의 라만차(La Mancha)지역에서 생산되는 스페인의 가장 인기 있는 양유치즈이다. 돈키호테 치즈라고도 하며 겉에 밧줄무늬가 찍혀 있는 원통형 치즈로 맛이 강하다.

[그림 8-14] 반경질치즈

Roquefort Cheese

Stilton Cheese

Muenster Cheese

Gorgonzola Cheese

Tomme De Savoie Cheese

Manchego

④ 연질치즈(Soft Cheese)

아주 연질의 Cheese로 수분함량이 55~80%를 차지한다. 숙성을 전혀 하지 않은 것과 1주일 이내의 짧은 기간 동안 Bacteria나 곰팡이(Mold)로 숙성시킨 것이 있다. 저장성이 낮아 보관에 유의해야 한다.

㉠ 카망베르 치즈(Camembert Cheese)

1791년 프랑스 오른(Orne)주의 Camembert마을에서 시작되었으며, 이 마을을 방문한 Napoleon에 의해 명명되었다고 한다. 우유치즈로 현재는 Orne주와 칼바도스(Calvados)주에서 주로 생산되고 있으며, 같은 이름으로 여러 나라에서도 생산되고 있다. 하얀 밀가루 같은 곰팡이가 겉에 피어 있는 것이 특징이며 속은 옅은 노란색의 크림형태이다. 숙성기간은 3~4주로 짧다.

㉡ 브리 치즈(Brie Cheese)

프랑스 파리 동쪽 La Brie 지방에서 8세기경부터 제조된 치즈로 샤를마뉴(Charlmagne)대제가 왕궁의 공식치즈로 사용했다고 한다. 현재는 파리 남부 Seine-et-Marne주에서 생산되는 Cheese에 대해서만 Brie라는 이름을 붙일 수 있도록 원산지통제명칭(A.O.C)의 보호를 받고 있다. 모양은 둥근 원반형으로 크기는 소형에서 대형까지 매우 다양하다. Brie 중 Brie de Meaux는 품질이 가장 좋아 '치즈의 여왕'으로 불린다. 표면은 희고 속은 엷은 황색의 크림형태로 카망베르와 비슷하며 상온에 그대로 두면 속이 흘러내린다.

㉢ 모차렐라 치즈(Mozzarella Cheese)

이탈리아 중부의 캄파니아(Campania)주에서 물소의 젖으로 만든 치즈이다. 현재는 우유로도 만들며 공 모양으로 성형한 이탈리아의 대표적 연질 치즈이다. 숙성기간이 1주일 이내인 비숙성치즈로 겉과 속이 모두 부드럽고 우유의 빛과 맛이 살아 있다. 모차렐라는 수프나 피자의 토핑용으로 주로 쓰이며 모차렐라 토마토 샐러드는 유명하다.

㉣ 크림 치즈(Cream Cheese)

우유와 크림을 넣어 만든 치즈이다. 여러 나라에서 생산되며 45% 이상의 유지방을 함유하여야 하고 수분함량은 55%를 넘어서는 안된다. 약한 신맛과 고소한 맛이 난다. 주로 빵이나 케이크 및 음식에 발라 먹으며 저장성이 약해 보존에 유의해야 한다.

[그림 8-15] 연질치즈

Camembert Cheese

Brie de Meaux

Brie de Melun

Coulommiers

Neufchatel Cheese

Mozzarella Cheese

Ricotta Cheese

Feta Cheese

Cottage Cheese

7) 후식(Dessert)

디저트는 식사의 마지막을 장식하는 감미요리로서 화려하고 양이 적으며 달고 산뜻한 맛을 주는 것이 특징이다. 디저트는 푸딩, 무스, 과일, 케이크 등의 찬 후식(Cold Dessert)과 수플레, 팬케이크, 크레페수제와 같은 더운 후식(Hot Dessert) 및 아이스크림, 셔벗과 같은 빙과 후식(Ice Dessert)이 있다. 찬 후식은 대량으로 미리 만들어 냉장고에 보관할 수 있으므로 연회장에서의 디저트는 거의 찬 디저트이다. 이에 비해 빙과 디저트는 녹기 쉽고, 더운 디저트는 즉시 만들어야 하기 때문에 연회장에서는 거의 제공되지 않는다.

8) 커피(Coffee)와 차(Tea)

(1) 커피

① 커피의 3대 원종 및 특성

커피는 크게 아라비카, 로브스타, 리베리카의 3대 원종으로 분류된다. 그러나 리베리카는 거의 생산되지 않아, 일반적으로 아라비카에서 분류된 마일드(Mild)와 브라질(Brazil), 그리고 로브스타(Robusta)가 세계 커피의 3대 원종으로 불리고 있다.

[그림 8-16] Coffee Bean

㉠ 마일드(Mild)

에티오피아의 고산지대가 원산지로, 맛과 향이 뛰어나고 산출량도 많다. 모카를 비롯하여 콜롬비아, 코스타리카, 멕시코, 과테말라, 온두라스, 엘살바도르, 에콰도르, 에티오피아, 베네수엘라 등에서 재배되고 있다.

- 모카(Mocha)

  아라비아 반도의 예멘에서 생산되며, 원두는 황록색이다. 신맛과 단맛이 좋으며 뛰어난 향기를 지니고 있어 '커피의 귀족'이라 불린다.

- 콜롬비아(Colombia)

  브라질 다음으로 산출량이 많으며, 청록색 원두로써 알맹이가 크고 일정하다. 풍미와 신맛, 단맛 등이 뛰어나며, 향기와 맛이 진하고 추출량도 브라질보다 20% 이상 더 나온다.

- 과테말라(Guatemala)

  긴 타원형 또는 둥근 모양의 청록색 원두로, 신맛과 단맛이 있고 향과 맛이 진하다.

- 에티오피아(Ethiopia)

  아라비카종을 탄생시킨 커피의 발상지로, 원두의 모양이 길고, 색깔은 청록, 황록으로 모카와 비슷한 맛을 내며, 특히 신맛이 강하다.

- 엘살바도르(El Salvador)

  대체로 원두의 크기가 굵고 고르며 아름다운 녹색을 띠고 맛과 향이 진하다. 산지의 고도에 따라 등급을 나눈다.

- 멕시코(Mexico)

  중미의 대표적인 커피로서 신맛이 강한 편이다. 좋은 제품으로는 코코도바, 베라쿠르스, 오리자바 등이 있으며, 배합용으로 많이 사용되고 있다.

ⓛ 브라질(Brazil)

세계 제일의 산출량(세계 총 생산량의 약 1/3)을 자랑하는 품종으로, 원두의 모양은 원형 또는 타원형으로 부드럽고 신맛이 강하다. 주로 배합의 기초로 많이 사용되고 있으며, 특히 브라질 산토르는 브라질커피 가운데 가장 좋은 품질로 평가되고 있다. 브라질 커피는 No.2를 표준으로 No.2에서 No.8까지 등급에 따라 번호를 붙여 출하되며 미나스, 리오, 빅토리아 등도 유명하다.

- 블루 마운틴(Blue Mountain)

  서인도 제도의 카리브 연안에 위치한 자메이카섬 동부의 2,500m 고지대에서 생산되는 커피로 생산량은 극히 적으나 세계에서 맛이 가장 좋다. 향기가 뛰어나서 세계 제1급 커피로 알려져 있으며 No. 1, 2, 3으로 구분된다.

- 탄자니아(Tanzania)

  쓴맛과 신맛이 잘 조화되어 있는 커피로 특히 탄자니아의 킬리만자로 산록에서 생산되는 킬리만자로는 신맛이 대단히 강하다. 향기가 높은 커피로서 모카와 콜롬비아를 배합한 것 같은 맛을 지니고 있어 스트레이트용으로 많이 사용된다.

ⓒ 로브스타(Robusta)

중앙아프리카의 콩고가 원산지로 아프리카, 인도, 인도네시아, 자바 등지에서 재배되고 있다. 쓴맛이 강한 것이 특징이다.

② 커피의 조리

일반적으로 커피 맛은 수질과 원두의 배합비, 그리고 끓이는 온도와 추출시간 등에 의해 좌우된다.

㉠ 물

광물질이 섞인 경수보다는 연수가 적당하다.

ⓛ 온도

섭씨 85~95°C가 최적이다. 100°C가 넘으면 카페인이 변질돼 이상한 쓴맛이 발생되며, 70°C 이하에서는 타닌의 떫은맛이 남게 되기 때문이다. 일단 끓여서 추출된 커피를 잔에 따랐을 때의 적정온도는 80~83°C이며, 설탕과 크림을 넣어 마시기에 최적온도는 66°C 내외이다.

㉢ 배합비

레귤러커피의 경우 10g 내외의 커피를 130~150cc의 물을 사용하여 100cc를 추출하는 것이 적당하다. 3인분이면 400cc의 물에 커피 30g을 넣어 300cc를 추출한다. 인스턴트커피는 1인분에 커피 1.5~2g 정도가 적당하다.

㉣ 크림

커피에 크림을 넣는 경우, 액상 또는 분말 어느 경우에도 설탕을 먼저 넣고 저은 다음에 넣는다. 커피의 온도가 85°C 이하로 떨어진 후에 크림을 넣어야 고온의 커피 즙에 함유된 산과 크림의 단백질이 걸쭉한 형태로 응고되는 것(Feathering 현상)을 방지할 수 있기 때문이다.

㉤ 시간

커피맛과 향의 완벽한 추출을 위해서는 충분한 시간이 필요하다. 맛과 향이 담긴 섬유조직이 팽창되고 와해되어야만 하기 때문이다.

③ 커피추출 기구

㉠ 퍼컬레이터(Percolator)

일명 '포트'라고도 한다. 포트 안에는 여과장치가 있는데, 일정분량의 물을 붓고 열을 가하면 물이 비등점에 달했을 때 포트의 중앙에 있는 관을 통하여 윗부분에 장치된 여과반에 쏟아진다. 여과반의 커피가루가 끓는 물에 추출되어 여과반 밑에 뚫린 미세한 구멍을 통하여 아래로 흘러내린다. 이 과정이 몇 번 반복되어 진한 커피가 된다.

㉡ 사이폰(Syphon)

사이폰은 커피의 침출 여과과정이 잘 이해되고, 커피가 완성되는 것을 지켜보는 즐거움이 있으며, 커피 본래의 향이 그대로 우러나 좋은 커피를 만들 수 있다. 플라스크(하부 부품)와 로드(상부 부품)를 상하로 연결하여 사용한다. 먼저 아래쪽 플라스크에 적당량의 물을 붓고 로드에 커피를 넣어 상하로 연결한 후 플라스크의 물을 끓이면 물이 중앙의 관을 통하여 위에 얹힌 로드로 올라간다. 이 끓는 물이 로드 안에 있는 커피 분말에 침투되어 커피를 추출하게 된다.

㉢ 드리퍼(Dripper)

드리퍼의 기원은 터키 커피의 전성시대인 1711년에 프랑스에서 아마로 짠 직물을 가공해서 만든 좁고 긴 자루에 커피의 가루를 넣어서 뜨거운 물이

든 포트 속에 담가 커피의 액을 뽑아내던 방법에서 비롯되었다. 드리퍼는 필터와 포트, 또는 필터와 컵이 조합된 형태로 취급이 간단하고 경제적이다. 필터 안에 여과지를 깔고 필요한 양의 커피 분말을 담은 후 끓인 물을 중심에서 주위로 조금씩 주입하면, 분말에서 기포가 발생하고 추출된 커피는 필터 밑에 뚫린 구멍을 통하여 포트로 내려간다.

㉣ 전자동 커피기구(Bunn Automatic)

전열기에서 순간적으로 끓는 물을 중앙관을 통하여 드리퍼에 있는 커피에 분출시켜 커피를 추출하는 기구이다.

㉤ 에스프레소(Espresso) 머신

1817년 이탈리아인이 발명한 커피기구로서, 원두의 분쇄로부터 추출까지 One-touch로 이루어지는 최첨단 컴퓨터제어 방식의 기계이다. 원두를 즉석에서 분쇄하여 압축된 증기로 추출하기 때문에 맛이 신선하고 순하다.

④ 커피 메뉴

㉠ 카페오레(Cafe au lait)

프랑스식 모닝커피로, 카페오레는 우유커피라는 의미이다. 영국에서는 밀크커피(Milk Coffee), 독일에서는 밀히카페(Milch Kaffee), 그리고 이탈리아에서는 카페라떼(cafe Latte)로 불린다. 여름에는 차게, 겨울에는 뜨겁게 마시기도 한다.

㉡ 카페 카푸치노(Cafe Cappuccino)

우유를 섞은 커피에 계핏가루를 뿌린 이탈리아 타입의 짙은 커피로, '카프치노'라는 말은 이탈리아 프란체스코 교회의 한 종파인 카프친 수도사들의 모자모양에서 유래되었다. 기호에 따라 초콜릿이나 레몬 또는 오렌지의 껍질을 갈아 섞어 다양한 맛을 낼 수 있는 '신사의 커피'이다.

㉢ 카페 로얄(Cafe Royal)

커피컵 위에 걸쳐놓은 스푼 위에 각설탕을 넣고 코냑으로 적신 다음 불을 붙여 제공하는 커피이다. 카페 로얄은 푸른 불빛의 환상적인 분위기를 연출해 내는 '커피의 황제'로 프랑스 나폴레옹 황제가 좋아했다는 커피이다.

㉣ 아이리시 커피(Irish Coffee)

유리잔에 들어 있는 뜨거운 커피에 Irish Whisky를 넣고 휘핑크림을 얹은 후 계핏가루를 뿌려 제공하는 커피이다. 설탕 1티스푼을 유리잔에 넣고 Irish Whisky를 1~2온스 넣은 다음 전용 워머(Warmer)에 올려 불을 붙여 쇼잉(Showing)하며 만들므로 분위기를 고조시키는 데 매우 효과적이다. Irish Coffee 대신 Scotch Whisky를 넣으면 Gaelic Coffee라고 한다.

ⓜ 카페 칼루아(Cafe Kahlua)

'칼루아'란 멕시코산 증류주인 테킬라(Tequila)에 커피를 넣어 만든 리큐르이다. 커피에 칼루아를 적당량 붓고 휘핑크림을 얹어 제공한다.

ⓑ 아이스커피(Iced Coffee)

얼음 잔에 에스프레소 커피, 설탕, 크림을 부어 차게 제공하는 커피이다. 다양한 종류의 아이스커피가 제공된다.

ⓢ 카페 에스프레소(Cafe Espresso)

진한 이탈리아식 커피로 고압의 수증기를 커피가루에 분사시켜 단시간에 추출해 낸 진하고 양이 적은 커피이다. 주로 식후에 Demi Tasse라는 작은 잔으로 마시는데, 기호에 따라 설탕을 넣기도 하나 크림은 넣지 않는다.

Regular Coffee & Espresso Coffee

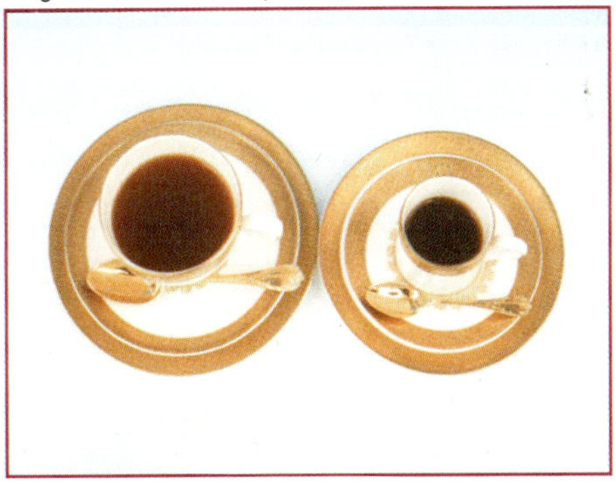

Irish Coffee

(2) 차(Tea)

① 차의 종류 및 특성

차의 종류는 분류하는 기준에 따라 여러 가지로 분류된다. 많이 사용되는 분류기준으로는 찻잎의 발효 정도에 따른 분류, 찻잎의 수확시기에 따른 분류, 차의 제조방법에 따른 분류, 산지에 따른 분류 등이 있다.

㉠ 발효 정도에 따른 분류

차는 찻잎의 발효 정도에 따라 비발효차, 반발효차, 발효차, 후발효차로 구분된다.

- 비발효차 : 찻잎에 있는 발효효소를 덖거나 쪄서 파괴시킨 차로 '녹차'가 대표적이다.
- 반발효차 : 찻잎을 10~65% 정도 발효시킨 차로 발효 정도에 따라 갈색이 짙어진다. 대개 황록색이나 황적색을 띠며 중국차의 대명사라 할 수 있는 오룡차, 철관음차, 청차, 자스민차 등이 이에 해당한다.
- 발효차 : 찻잎에 있는 발효효소를 파괴시키지 않아 찻잎이 85% 이상 발효된 차로 홍차류가 이에 해당한다. 인도네시아, 스리랑카, 인도, 중국남부, 케냐 등 더운 지역에서 주로 생산되며 영국인의 기호음료로 유명하다. 차의 색은 붉은 오렌지색, 적갈색, 흑적색 등 다양하며 일반적으로 붉은 오렌지색이 나는 차일수록 품질이 좋다.
- 후발효차 : 보이차가 대표적으로 차를 만들어 완전히 건조되기 전에 곰팡이를 번식시켜 후발효가 일어나도록 만든 차이다. 대개 둥근 덩어리로 만들어 장기 숙성시키며 저장기간이 오래될수록 품질이 좋아진다. 차의 색이 진한 흑갈색이어서 흑차라고도 한다.

㉡ 찻잎의 채엽 시기에 따른 분류

찻잎의 채엽 시기에 따른 분류는 주로 우리나라에서 녹차를 찻잎의 채엽 시기에 따라 분류하는 방법으로 우전, 세작, 중작, 대작으로 나눈다. 채엽 횟수에 따라

첫물차부터 네물차로 나눈다. 첫물차는 대개 세작과 채엽 시기가 비슷하기 때문에 맛과 향이 뛰어나 품질이 제일 우수하다. 두물차와 세물차는 무더운 여름철에 채엽하는 차로 떫은맛이 강해 품질이 떨어지며, 네물차는 찻잎에 섬유질이 많고 모양이 거칠어 번차 또는 가루모양의 말차용으로 사용한다.

〈표 8-4〉 녹차의 분류

분류기준	명 칭	내 용
채엽 시기	우전(雨前)	곡우(매년 4월 20일) 전에 채엽한 어린 차의 순으로 만든 차
	세작(細雀)	곡우에서 5월 초까지 채엽한 가늘고 고운 찻잎으로 만든 차
	중작(中雀)	5월 초순에서 중순 사이에 채엽한 잎이 조금 자란 찻잎으로 만든 차
	대작(大雀)	5월 중순에서 6월 초에 채엽한 두껍고 큰 찻잎으로 만든 차로 상품성이 낮아 현재는 거의 생산되지 않음
채엽 횟수	첫물차	4월 중순부터 5월 초순까지 채엽한 차
	두물차	6월 중순부터 하순까지 채엽한 차
	세물차	8월 초순에서 중순까지 채엽한 차
	네물차	9월 하순부터 10월 초순에 채엽한 차

ⓒ 차의 제조방법에 따른 분류

비발효차인 녹차의 제조방법에 따른 분류방법이다. 녹차는 제조방법에 따라 크게 덖음차와 증제차로 구분된다.

- 덖음차 : 덖음차는 채엽한 찻잎을 그늘에서 시들게 하여 수분함량을 줄인 후 덖음솥에 넣어 덖은 후 건조한 차이다. 덖는 도중 열에 의해 찻잎의 효소가 파괴되어 발효되지 않으며 차를 우려냈을 경우 엷은 녹갈색이 된다. 차의 모양은 덖는 과정에서 구부러져 곡형이 되며 구수한 맛과 향이 뛰어나 예로부터 우리나라에서 즐겨 마시던 대표적인 차이다.

찻잎의 수확

수분 감소시키기

덖기

건조하기

- 증제차 : 찻잎을 100도 정도의 고압 수증기로 30~40초 찐 차로 찻잎의 색이 그대로 살아 있어 색상이 아름답다. 차의 모양은 거의 침상(針狀)이며 맛이 담백하고 부드러운 것이 특징이다.

② 다기

차를 마시기 위해 사용되는 도구를 다기라고 한다. 다기의 종류는 나라와 차의 종류에 따라 다양하다. 한식당, 중식당, 일식당에서는 각 나라의 차에 어울리는 전통적인 다기를 사용하는 것이 일반적이지만 연회장에서는 각 나라별 전통적인 방법으로 차를 제공하기가 어렵다. 따라서 연회장에서는 개량형 다기나 스테인리스 또는 은기로 만든 포트(Pot)를 주로 사용한다.

한국 전통 다기세트

다관

- 차를 우려내는 도구. 손잡이의 위치에 따라 윗손잡이형, 손잡이형, 옆손잡이형이 있음

숙우

- 끓인 찻물을 식힐 때, 재탕의 차를 낼 때, 많을 차를 낼 때 사용함

퇴숙우

- 예열했던 물이나 남은 차를 버리는 그릇. 개수그릇이라고도 함

찻잔

- 잔, 구, 종, 완 등 다양한 형태가 있음

차호

- 차를 덜어놓는 작은 종지. 뚜껑모양에 따라 차호와 차합으로 불림

개반

- 다관의 뚜껑, 차호의 뚜껑을 올려놓는 받침

③ 차의 서비스

㉠ 양식요리와 차

서양에서는 영국을 중심으로 주로 홍차를 마시기 때문에 연회장에서 양식메뉴가 제공될 경우 대부분 홍차를 제공한다. 차는 양식에서 식사의 마지막 코스에 제

공된다. VIP연회는 서양식 다기세트로 홍차를 제공하기도 하나 대부분 찻주전자로 찻잔에 따르거나 티백(Tea Bag)을 찻잔에 넣은 후 뜨거운 물을 부어 서비스하는 것이 일반적이다. 홍차는 레몬과도 잘 어울리므로 얇게 자른 반원모양의 레몬조각을 곁들여 서브하기도 한다. 다만 고급차에 레몬을 넣으면 차의 고유한 맛과 향이 사라지므로 사용하지 않는 것이 좋다.

아이스티는 홍차를 우려내 차게 식힌 후 하이볼에 얼음과 레몬조각을 함께 넣어 제공하며 설탕시럽을 곁들여 제공한다. 더운 여름철에는 소규모 연회에서 아이스티(Iced Tea)를 제공하기도 하나 아이스티는 주로 커피숍이나 바(Bar)에서 제공하고 연회장에서는 거의 제공하지 않는다.

ⓛ 중국요리와 차

중국요리에서 차는 식전부터 식사가 끝날 때까지 계속 제공해야 한다. 식탁에는 개인별로 찻산을 세팅해 놓아야 하며 양식과 달리 상당한 양이 차가 필요하다. 따라서 맛과 향 및 구입가격을 고려해 차를 선정해야 한다. 중국요리에는 우롱차, 자스민차를 많이 제공하나 연회행사의 품격과 메뉴가격을 고려하여 제공하는 차를 몇 가지로 차별화하기도 한다.

ⓒ 일본요리와 차

일본요리도 중국요리와 마찬가지로 식사 시작부터 끝날 때까지 차를 제공한다. 일본요리에 제공되는 차는 대부분 센차(煎茶; Sencha), 반차(番茶; Bancha), 호지차(Houjicha)이다. 센차는 봄에서 초여름에 걸쳐 수확한 어린 잎으로 만든 차로 일본 녹차의 대부분(80% 정도)을 차지하며 물 대신 사용하는 차이다. 반차는 잎이 완전히 핀 큰 잎을 따서 고온의 증기로 찐 다음 건조시켜 살짝 볶은 것이다. 중저가 차를 의미하는 말로도 사용된다. 호지차는 반차를 만드는 것과 같은 방법으로 만드나 볶을 때 색깔이 밤색이 나도록 더 볶은 것으로 카페인이나 폴리페놀 등 자극물질이 적고 맛이 구수하며 향이 좋아 기름진 음식을 먹은 후 입맛을 개운하게 하며 병자나 어린이들이 마셔도 무난한 차이다.

ⓡ 한국요리와 차

한국요리도 식사 시작부터 끝날 때까지 차를 제공한다. 한국요리 제공시 차는 입가심의 의미가 많기 때문에 일반적인 차보다는 보리차나 생수를 제공하는 경우가 많다. 또 식후에도 식혜, 수정과, 화채 등의 음료가 거의 제공되기 때문에 차를 제공하지 않는 경우도 있다. 한식요리에서 차를 제공할 경우 물 대신 제공하기 때문에 맛과 향이 너무 강하지 않은 것이 좋다.

3. 테이블 세팅

1) 테이블 세팅(Table Setting)을 위한 준비

① 청소 및 환경정리 : 테이블 세팅 전에 청소기로 연회장 바닥의 먼지와 이물질을 제거한 후 불필요한 가구나 장비를 옮겨 연회장의 분위기를 정비한다.

② 테이블 위치의 고정 : 테이블 레이아웃에 의해 테이블을 배치한다. 테이블의 높이는 70~75cm, 의자의 높이는 40~45cm가 표준이나 대부분의 호텔 연회장은 테이블의 높이 75cm, 의자의 높이 45cm를 사용한다.

③ 테이블클로스(Table Cloth)의 준비 : 테이블 규격과 수량에 맞는 테이블클로스를 준비한다. 테이블클로스의 길이는 보통 위에서 30cm를 늘어뜨리나 VIP 세팅의 경우 45cm 정도를 늘인다. 또 언더 클로스(Under Cloth or Silence Cloth)를 사용할 경우 톱 클로스(Top Cloth)와 언더 클로스의 길이는 15cm 이상 차이가 나도록 하는 것이 좋다.

④ 클로스 냅킨(Cloth Napkin) : 냅킨의 크기는 50cm×50cm 또는 55cm×55cm를 많이 사용한다. 냅킨은 행사의 성격과 잘 어울리도록 미리 접어두고 행사시작 전에 테이블에 올려놓는다.

⑤ 테이블 톱(Table Top) : 테이블 위에 올려놓은 각종 소품 및 양념류로 테이블 중앙에 놓는 것은 센터피스(Center Pieces)라고도 한다. 소금, 후추 외에도 꽃병, 촛대 등이 놓이며 VIP 행사에서는 고객별로 테이블 톱을 세팅한다. 세팅 전에 소금이나 후추가 들어 있는가, 구멍이 막히지 않았는가를 점검한다.

⑥ 기물류(Ware) : 각종 은기물류(Flatware), 도자기류(Chinaware), 글라스류(Glassware)의 청결상태를 확인한다.

2) 풀코스 테이블 세팅의 순서

테이블 세팅의 순서는 프랑스식 서비스와 미국식 서비스가 다르다. 또 제공되는 메뉴에 따라서도 달라진다. 연회장에서는 대규모 인원을 세팅해야 하기 때문에 일단 모든 기물을 테이블 위에 올려놓은 다음 기물세팅을 하나 양식당이나 소규모 VIP 세팅에서는 아래 그림과 같이 B/B Plate를 나중에 세팅하기도 한다. 일반적인 풀코스 테이블세팅의 순서는 다음과 같다.

① 테이블과 의자의 흔들림, 의자의 청결상태를 점검한 후 Table Cloth를 편다.
② 쇼 플레이트(Show Plate)를 놓아 세팅의 중심을 잡고 고객의 거리를 조절한다.
③ Bread & Butter Dish를 Show Plate의 좌상단에 놓는다.
④ Dinner Knife & Fork를 Show Plate의 좌우측에 11자 모양으로 바르게 놓는다. 이때 손잡이의 끝은 테이블 끝으로부터 약 1cm 안쪽으로 놓으며 Show Plate 밑으로 칼날이나 포크가 들어가지 않도록 한다.
⑤ Salad Fork를 Dinner Fork의 좌측에 포크의 날 부분만큼 올려서 놓는다.
⑥ Fish Knife를 Dinner Knife 우측에, Fish Fork를 Salad Fork 좌측에 놓는다.
⑦ Soup Spoon을 Fish Knife의 우측에 놓는다.
⑧ Appetizer Knife를 Soup Spoon의 우측에 Appetizer Fork를 Fish Fork의 좌측에 놓는다.
⑨ Butter Spreader를 B/B Plate 위에 올려놓는다.
⑩ 메뉴에 따라 Dessert Spoon, Fork, Knife를 Show Plate 위쪽에 놓는다.
⑪ 소금과 후추 등 센터피스를 놓는다.
⑫ Water Glass를 Dinner Knife의 1cm 위쪽에 놓는다.
⑬ White Wine Glass를 물잔의 우하단에, Red Wine Glass를 물잔의 우측에 수평으로, Champagne Glass를 물잔의 우상단에 놓아 마름모꼴로 정돈한다.
⑭ 꽃병(Single Vase) 또는 수반을 올려놓는다. 꽃병이나 수반은 테이블세팅이 종료된 후 행사 시작 전에 놓아도 무방하다.
⑮ 냅킨을 Show Plate의 위에 펴고 세팅된 기물의 전체적인 조화와 균형을 점검한다.

[그림 8-17] 풀코스 테이블 세팅순서

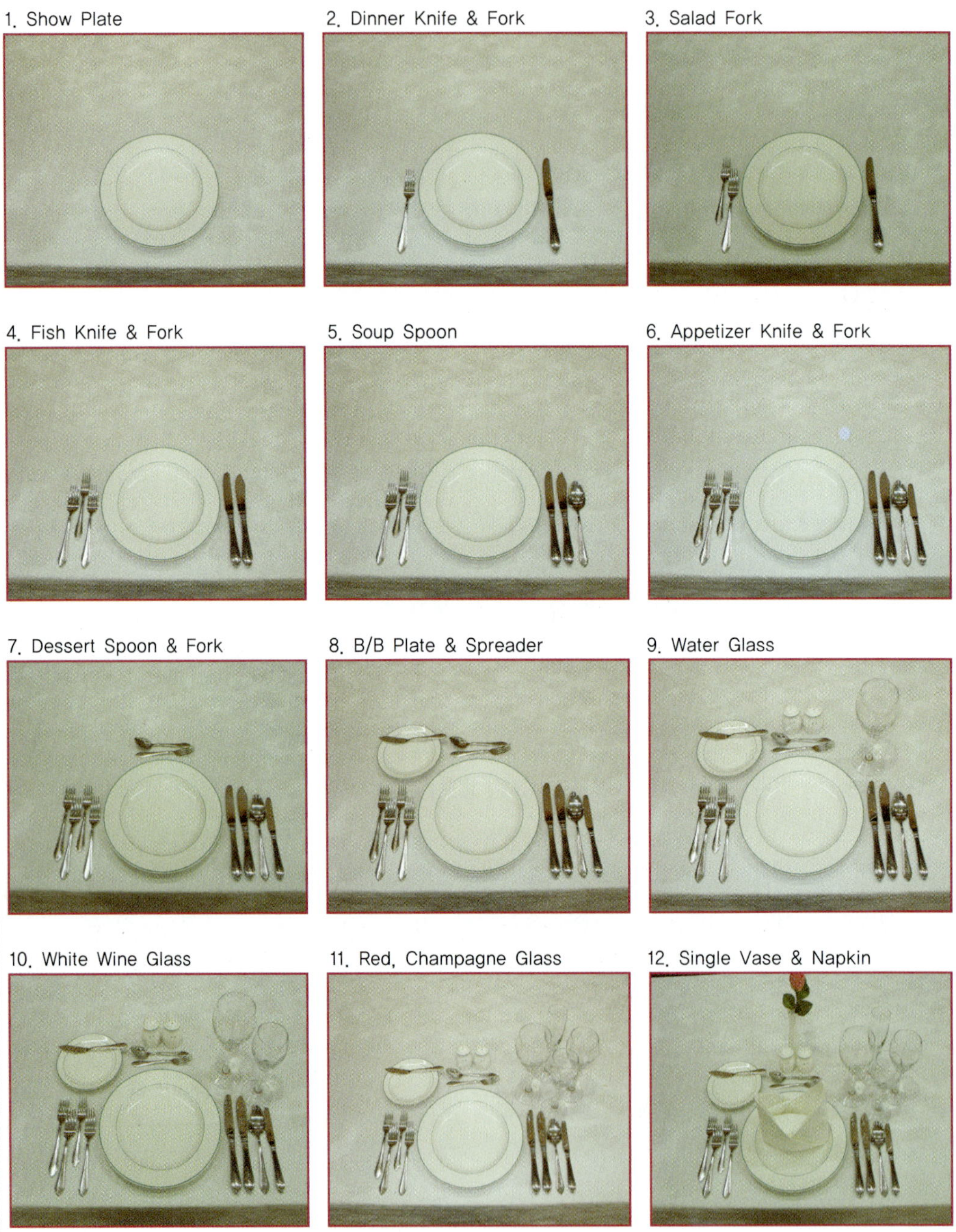

4. 서비스 순서

1) 일반 연회(Normal Party)의 서비스 순서(Service Sequence)

양식에서 생선코스를 생략하고 한 가지 와인만 마시는 보통수준의 메뉴를 서비스할 경우의 방법이다. 생선요리가 없어 셔벗(Sherbet)이 제공되지 않으며, 빵은 개인별로 2~3가지를 제공하거나 바스켓에 담아 테이블 가운데 올려놓는다. 디저트용 나이프 & 포크, 커피잔도 테이블에 미리 세팅해 두는 것이 일반적이다.

〈표 8-5〉 Normal Party Service Sequence

순서	메뉴	서비스	서비스 내용	사용기물
1	-	고객입장	고객 입장시 정중한 인사와 착석 안내	
2	Wine	Wine Serve	Host Taste 후 Head Waiter의 신호에 의해 서브. 이후 와인은 담당자가 수시로 서브	Hand Towel 착용
3	Appetizer	Appetizer Serve	Head Table과 보조를 맞추어 Serve	Tray
4	Bread	Bread Serve	Bread Basket & Tray로 고객 왼쪽에서 Serve	Bread Basket
5	-	Appetizer Plate Pick-up	고객의 왼쪽에서 Plate와 사용기물 철수	Tray
6	Soup	Soup Bowl or Cup Set-up	뜨거운 Soup Bowl or Cup을 고객의 오른쪽에서 Set-up	Tray
7	-	Soup Serve	Soup Tureen, Soup Ladle로 고객의 왼쪽에서 Serve	Soup Tureen & Ladle
8	Salad	Salad Serve Soup	고객의 테이블 왼쪽에 샐러드 Serve	Tray
9	-	Soup Bowl or Cup Pick-up	Salad Serve 후 Soup Bowl or Cup Pick-up 및 사용기물 철수	Tray
10	Main Dish	Main Dish Serve	고객의 오른쪽에서 Serve. "맛있게 드십시오"라고 인사	Hand
11	-	Main Dish Salad Bowl Pick-up	고객의 오른쪽에서 Tray를 이용하여 소리가 나지 않게 사용한 기물과 함께 철수	Tray
12	Dessert	Dessert Serve	고객의 오른쪽에서 Serve	Tray
13	Coffee or Tea	Coffee or Tea Serve	Speech가 없을 때는 Dessert Serve 후 가급적 빨리 Coffee를 Serve	Coffee Pot

2) VIP 연회(Table d'hôte Service)의 서비스 순서

정찬(Table d'hôte)인 풀코스메뉴를 서브하는 방법이다. 생선코스가 추가되기 때문에 입가심을 위한 셔벗(Sherbet)이 제공된다. 와인도 White, Red, Champagne의 3종류가 제공된다. 편의상 디저트나 커피용 기물까지 모두 세팅하나 VIP 연회에서는 Steak코스까지만 기물을 세팅하고 디저트와 커피용 기물은 메뉴가 제공되기 직전에 세팅하기도 한다.

빵(Bread)은 Appetizer를 서브한 후 제공하기도 하고 Soup를 제공한 후에 제공하기도 한다. 대개 Hard Roll, Soft Roll, Onion Bread 또는 French Bread가 기본적으로 제공되며 소규모 VIP 연회에서는 뜨거운 Garlic Toast가 제공되기도 한다.

Salad는 미국식 서비스에서는 Main Dish 전에 서브하거나 Main Dish와 함께 서브하나 프랑스식 서비스에서는 반드시 Main Dish가 끝난 다음 코스에 제공하며 샐러드코스 대신 치즈코스를 넣는 것이 대부분이다. 따라서 연회의 메뉴에 따라 세팅 및 서비스 방법을 달리해야 한다.

〈표 8-6〉 Table d'hôte Service Sequence

순서	메뉴	서비스	서비스 내용	사용기물
1	-	예행연습	테이블 두 개를 1개조로 편성하여 각조의 서비스 동선 확인 및 예행연습	-
2	-	고객입장	담당테이블 Place Card를 확인하여 고객의 착석을 도움	-
3	White Wine	Wine Serve	Host Tasting 후 Head Warter 신호에 따라 일제히 Serve	Hand Towel 착용
4	Appetizer	Appetizer Serve	H/Waiter 신호에 의해 동시에 입장하여 Serve한 후 W/Wine을 추가 Serve	Plate Serve
5	Bread	Bread Serve	준비한 Bread를 고객의 취향에 맞게 B/B Plate 위나 바스켓으로 Serve	Bread Basket
6	-	Appetizer Plate Pick-up	Plate, Knife, Fork를 고객 오른쪽으로 철수	Tray
7	Soup	Soup Cup or Bowl	메뉴에 따라 Soup Cup 또는 Bowl을 고객의 오른쪽에서 Set-up	Cup : Tray Bowl : Hand
8	-	Soup Serve	고객의 왼쪽에서 Soup Tureen과 Ladle을 사용하여 Serve. 뜨거운 Soup에 주의	Soup Tureen & Ladle

순서	메뉴	서비스	서비스 내용	사용기물
9	–	Soup Cup or Bowl Pick-up	Soup Cup or Bowl을 고객의 오른쪽에서 스푼과 함께 철수	Tray
10	Fish	Fish Serve	Fish Plate를 고객의 오른쪽에서 Serve	Hand
11	–	Fish Plate Pick-up	고객 오른쪽에서 나이프, 포크와 함께 철수	Tray
12	Sherbet	Sherbet Serving	Dry ice, Artichoke를 준비하여 더운물을 Dry Ice Bowl에 부어서 김을 낸 후 Serve	Tray
13	–	Sherbet Bowl Pick-up	고객의 오른쪽에서 셔벗스푼과 함께 철수	Tray
14	Red Wine	Red Wine Serve	Host Tasting 후 Head Waiter 신호에 의해 일제히 Serve	Hand Towel 착용
15	Steak	Steak Serve	고객의 오른쪽에서 Plate를 Serve VIP는 Choice of Steak Sauce	Hand
16	Salad	Salad & Dressing Serve	A소 고객의 왼쪽에서 Salad Serve B조 고객의 왼쪽에서 Dressing Serve	Tray
17	–	Main Plate Salad Bowl B/B Plate Butter Bowl Pick-Up	"맛있게 드셨습니까"라고 인사하고 오른쪽으로 철수. 물잔과 와인잔을 제외한 모든 기물을 전부 철수	Tray
18	–	Table Cleaning	Crumb Sweeper를 사용하여 Table 위의 빵가루, 기타 오물 등을 제거	Crumb Sweeper
19	Dessert	Dessert Serve	고객의 오른쪽에서 Dessert Serve	Tray
20	Champagne	Champagne Serve	Champagne은 Host의 Tasting을 하지 않으므로 H/W의 신호에 따라 동시에 Serve	Hand Towel 착용
21	–	Speech	Host의 Speech가 시작되면 H/W, Captain을 제외한 전 직원은 Back-Side에서 대기	–
22	Coffee or Tea	Coffee cup Set-up 및 Serve	A조 : Cup을 고객에게 Set-up B조 : Pot로 Coffee or Tea를 Serve	Tray Pot
23	–	대기	Head Waiter, Captain을 제외하고는 Back Side 정리 정돈	–
24	–	환송	전직원 연회장 입구에 도열하여 환송인사	–

[그림 8-18] Full Course Service Sequence

1. Full Course Setting

2. Water Serve

3. Show Plate Pick-Up,
White Wine Serve

4. Appetizer Serve

5. Bread Serve

6. Appetizer Plate Pick-Up,
Soup Cup or Plate Setting

7. Soup Serve

8. Soup Plate Pick-Up, Fish Serve

9. Fish Plate Pick-Up, Sherbet Serve

10. Sherbet Glass Pick-Up,
Red Wine Serve

11. Steak Serve,
Choice of Steak Sauce

12. Salad Serve
Choice of Salad Dressing

13. Steak Plate Pick-Up
Salad Bowl Pick-Up

14. Dessert Serve
Champagne Serve

15. Coffee or Tea Serve

제4절 한식 메뉴와 서비스(Korean Menu & Service)

1. 메뉴의 종류

1) 한국요리의 특징

한국요리는 우리 민족의 유구한 역사를 통해 우리의 삶에 가장 알맞게 형성된 음식문화이다. 우리나라는 삼면이 바다이고 평야와 산간지역이 골고루 분포되어 있을 뿐만 아니라 사철 다양한 식재료가 생산되는 것을 바탕으로 각 지역별로 다양하고 고유한 음식문화가 발달하였다. 따라서 각 지역별로 독특한 향토음식이 있으며 계절별로도 음식의 차이가 난다. 또 긴 역사를 통해 중국과 일본에서 전파된 음식, 불교의 번성에 따른 사찰음식, 유교의 번성에 따른 관혼상제 음식 등 특징 있는 음식들도 많다. 이 중 궁중요리는 한국을 대표하는 요리가 되어 호텔이나 고급 한식당의 한식요리는 궁중요리를 의미하게 되었다.

한식요리는 식재료, 조리도구, 조리방법이 매우 다양한 것이 특징이며 요리를 제공하는 상차림도 다양하게 발전하였다. 한식은 주식인 밥과 부식인 반찬으로 구별된 것이 특징이고 숟가락과 젓가락을 동시에 사용하는 정갈한 음식문화를 발전시켜 왔으며 특히 고려청자, 이조백자 등 독창적인 식기문화를 최고 예술의 경지로 승화시켰다. 한국요리의 특징을 정리하면 다음과 같다.

① 쌀을 주식으로, 반찬을 부식으로 하는 주·부식 분리의 음식문화 발달

② 각 지방의 다양한 농수산물 및 사냥과 가축을 이용한 향토성 음식문화 발달
③ 시대별로 전파된 종교, 외세의 침입, 새로운 문물도입에 의해 음식이 영향을 받음
④ 부식의 종류가 다양함
⑤ 된장, 고추장, 간장 등 곡물의 발효식품이 발달함
⑥ 고추, 마늘, 파, 겨자 등 자극성이 강한 양념을 많이 사용함
⑦ 한 상에 모든 요리를 한 번에 차리기 때문에 상차림이 복잡함
⑧ 식사의 분량이 그릇의 크기를 기준으로 발달함
⑨ 향토음식, 궁중음식, 민간신앙음식, 관혼상제음식, 사찰음식, 계절음식, 떡, 과자 등 각 분야별로 독특한 요리문화를 형성함
⑩ 보양 강장요리가 발달함
⑪ 계절변화에 의한 김치 등 저장요리가 발달함
⑫ 쌀 이외의 재료는 반찬용으로 사용되어 서양과 같이 다양한 주요리가 발달하지 못함

2) 한식 메뉴의 종류

한국요리는 그 종류가 대단히 방대하다. 여기에서는 연회장에서 주로 제공되는 기본적인 메뉴를 중심으로 해설하였다.

① 진지(Boiled Rice)

진지는 밥의 높임말이다. 밥은 쌀(멥쌀)로 만든 흰밥이 가장 일반적이다. 또 백미와 잡곡을 섞은 잡곡밥도 널리 이용되며, 찹쌀과 검은콩, 붉은팥, 차조, 찰수수의 5가지 곡식을 섞은 오곡밥은 정월대보름날 먹는 대표적인 절기음식이다. 또 쌀에 채소, 밤, 호박, 감자, 고구마 등을 넣어 밥을 만들기도 하고 굴이나 생선의 알을 넣어 밥을 만들기도 하나 연회장에서 사용하는 밥은 백미로 만든 흰밥을 기본으로 한다.

② 탕(湯; Korean Soup)

탕은 국의 높임말로 쓰인다. 탕은 채소, 해조류, 산채, 어패류, 생선, 육류 등에 물을 많이 넣어 끓인 국물 요리로 고형의 밥과 아주 잘 조화를 이루기 때문에 부식의 가장 기본이 되는 음식이다. 국은 건더기가 되는 각종 재료와 사용되는 간

장, 고추장, 된장과 같은 장류에 따라 매우 다양하나 크게 3종류로 구분한다.

- 맑은 장국 : 국물이 탁하지 않게 끓인 국으로 간장이나 소금으로 간을 맞춘다. 쇠고기 무국, 생선 맑은 국, 어알탕 등이 있다.
- 토장국 : 육수나 멸치장국에 야채, 산채 등을 넣고 고추장이나 된장을 풀어 끓인 국이다.
- 곰국 : 뼈가 있고 질긴 고기를 푹 고아 우러난 국물에 소금이나 간장으로 간을 맞추고 파, 후추, 고춧가루 등의 양념을 곁들여 먹는 국이다. 갈비탕, 곰탕, 설렁탕 등이 대표적이다.

③ 조치(Stew)와 전골(Beef & Vegetables Hot Pot)

조치는 찌개의 높임말로 쓰인다. 찌개는 국과 거의 같은 재료가 사용된다. 국보다는 물의 양이 적고 짠맛과 매운맛이 강하며 여러 가지 재료를 넣으므로 오래 끓일수록 여러 재료의 맛이 우러나와 복합적이고 깊은 맛을 낸다. 찌개는 2인 이상 식사시 일반적으로 한 용기에 담겨 제공된다.

전골은 식탁 옆 또는 식탁 위에 전골냄비나 전골틀을 올려놓고 각종 육류나 해산물, 야채 등을 양념하여 국물을 부어가며 즉석에서 걸쭉하게 끓여 먹는 음식이다. 재료는 주로 생것을 사용하나 익히는 데 시간이 많이 걸리거나 국물이 탁해지는 재료는 미리 삶거나 우려낸 것을 사용한다. 전골은 식탁에서 즉석으로 끓여 먹으므로 각자의 기호를 충족시킬 수 있는 장점이 있으나 고객들이 직접 조리를 해야 하는 경우가 대부분이므로 연회장에서는 거의 사용하지 않는다.

④ 조림(Hard Boiled Food in Seasonings)

조림은 고형의 각종 재료를 국물과 양념을 함께 넣어 졸인 것이다. 조림은 물기가 흐르면 안되며 너무 바싹 졸여 딱딱해져도 안된다. 주로 반찬류로 사용된다.

초는 조림의 일종으로 조림을 달게 만들어 녹말풀을 입혀 국물이 없고 윤기 있게 조린 것으로 전복초, 소라초, 홍합초 등이 있다.

⑤ 생채(Seasoned Fresh Vegetables)와 숙채(熟菜) 및 숙회

생채는 생야채를 작게 자르거나 채 썰어 갖은 양념과 식초로 산뜻하게 무쳐낸 요리이다. 서양의 샐러드와 같은 요리로 오이생채, 무생채, 도라지생채 등이 있다. 이에 비해 숙채는 끓는 물에 데치거나 기름에 볶아 무친 나물을 말한다. 시금

치, 숙주, 콩나물 등 생야채는 끓는 물에 살짝 데치고 말린 호박과 고사리, 더덕, 도라지 등은 물에 불린 다음 꼭 짜내 볶은 다음 양념으로 무친다. 숙회는 살짝 데친 고기를 썬 것을 말한다. 숙회는 오징어나 대합과 게, 새우, 문어, 전복 등을 뜨거운 물에 살짝 데친 것으로 얇게 썰어 초장 또는 간장과 함께 제공한다.

⑥ 신선로(Royal Casserole)

신선로는 숯불을 피우는 화로가 가운데 달려 있는 냄비에 여러 가지 고기와 생선 및 야채를 담고 장국을 부어 끓여 먹는 한국 전통음식이다. 열구자탕(悅口子湯), 탕구자(湯口子), 구자탕(口子湯)이라고도 하며 모양이 아름답고 식탁의 분위기를 고조시키는 효과가 커 고급 한식에 많이 사용된다. 현재는 숯불 대신 알코올을 사용하여 불꽃을 피게 함으로써 시각적인 효과를 극대화하고 있다.

신선로는 쇠고기, 쇠고기 완자, 전복, 해삼, 생선전, 미나리, 무, 파, 표고버섯, 고추, 호두, 은행 등 매우 다양한 재료가 사용되며 건강식으로도 인기가 높다. 연회장에서는 신선로코스의 유무에 따라 고급 한정식과 일반 한정식을 구분하는 기준이 되기도 한다.

⑦ 전유어(煎油魚; Pan-fried Fish Fillet)

전(煎)의 높임말로 쓰인다. 전은 육류, 어패류, 야채류 등 각종 재료를 얇게 썰거나 다져 달걀물과 밀가루를 묻혀서 양쪽을 지져낸 요리로 보통 지짐개라고 한다. 재료의 종류가 다양하고 모양이 아름다워 전유화라고도 하며 반상, 주안상, 잔칫상에 널리 사용되는 요리이다. 따라서 연회장에서도 거의 필수적으로 사용된다. 전은 약한 불에서 서서히 익혀야 겉이 타지 않으면서도 속까지 익는다. 또 익힌 후 채반에 겹치지 않게 놓아 기름기를 빼야 한다.

⑧ 산적(散炙; Meat & Vegetables Broiled on a Skewer)

여러 가지 재료를 일정한 규격으로 썰어 양념을 한 후 색깔을 맞추어 꼬챙이에 가지런히 꿰어 석쇠로 구워낸 요리로 간단히 적이라고도 한다. 연회장에서 제공할 때 꼬챙이는 빼고 식기에 담아 제공하거나 작게 만들어 제공한다. 육산적, 어산적, 잡산적으로 구분하며 육산적은 주로 쇠고기와 돼지고기 및 닭고기를 사용한다. 서양의 케밥(Kebab)은 육산적과 모양이 비슷하다.

⑨ 편육(片肉; Pressed & Sliced Meat)

쇠고기나 돼지고기를 큰 덩어리로 삶은 것을 수육이라고 하며 이 수육을 얇게 썰어낸 요리를 편육이라고 한다. 편육은 수육을 얇게 썬 것도 있고 소머리편육처럼 수육을 눌러 수분을 빼고 살이 단단해지도록 한 후 얇게 썰어낸 것도 있다. 편육은 고기 자체로는 양념이 되어 있지 않기 때문에 된장, 새우젓, 겨자, 배추, 마늘, 고추 등과 함께 제공하며 많은 양을 손쉽게 만들 수 있는 장점이 있다.

⑩ 갈비구이(Grilled Beef Ribs)와 갈비찜(Braised Beef Ribs)

소나 돼지의 갈빗살을 잘라 양념한 후 숯불에 구워낸 요리로 한국의 대표적인 요리이다. 대개 갈비뼈에 붙어 있는 살을 얇게 펼쳐 양념을 하며 참나무 숯불의 직열로 구워 제공한다. 한식당에서는 테이블 중앙에 화로를 놓고 고객들이 직접 구워 먹으나 연회장에서는 요리된 갈비구이를 접시에 담아 각 고객에게 제공한다.

갈비찜은 소의 갈비를 푹 삶아 건져낸 후 양념장을 발라 찜기에 넣고 대추, 밤, 당근, 표고버섯 등을 함께 넣어 푹 쪄낸 요리이다. 한 번에 많은 양을 쪄 고객별로 덜어서 제공한다. 일반적으로 갈비찜은 소갈비찜을 의미하며 돼지를 사용할 경우 돼지갈비찜이라고 한다.

⑪ 불고기(Bulgogi)

주로 쇠고기의 등심이나 안심을 사용하며 두께는 0.5cm, 직경이 약 5cm 정도로 작고 넓적하게 썰어 칼집을 낸 후 양념장에 재운 후 숯불에 굽거나 철판에 구워 제공하는 요리이다. 고기를 너붓너붓 썰어 낸 모양 때문에 너비아니구이라고도 한다. 갈비구이와 함께 대표적인 한국 전통 육요리이다. 돼지고기를 사용하면 돼지불고기라고 한다.

⑫ 묵(Jellied Food)

묵은 전분을 함유한 도토리, 녹두, 메밀 등을 곱게 갈아 앙금을 낸 후 이 앙금을 물에 부어 주걱으로 저으면서 쑤어 되게 한 다음 식힌 것이다. 상기 재료 이외에도 율무, 감자, 고구마 등도 사용된다. 묵은 맛이 담백하기 때문에 양념간장을 곁들여 제공한다.

⑬ 김치(Kimchi)

김치는 한국을 대표하는 반찬이다. 모든 한식요리에는 기본 찬으로 김치를 제공한다. 김치는 배추와 무를 기본으로 하나 갓, 오이 등도 김치에 사용된다. 김치는 원료와 담그는 방법 등에 따라 매우 다양한 종류가 있다. 일반적으로 호텔연회장에서는 배추포기김치를 기본으로 제공하며 메뉴에 따라 동치미도 제공된다.

- 배추김치 : 한국의 대표적인 김치로 배추포기를 절여 각종 양념을 버무려 숙성시킨 김치이다. 흔히 김치, 또는 김장김치라고 하면 이 배추김치를 의미한다.
- 백김치 : 배추김치를 고춧가루를 사용하지 않고 담근 것으로 매운 것에 익숙하지 않은 어린이나 환자, 외국인에게도 잘 어울리는 김치이다.
- 보쌈김치 : 배추를 일정한 크기로 썰고 무는 깍두기처럼 썬 다음 배, 밤, 잣, 파, 마늘, 버섯 등으로 갖은 양념을 하여 절인 배추 잎으로 싸서 숙성시킨 김치이다. 개성지방의 향토음식이나 현재는 전국적으로 널리 이용된다.
- 총각김치 : 총각무로 만든 김치이다. 총각(總角)은 상투를 틀지 않고 머리를 땋아 묶은 미혼 남성을 말하며 무의 생김새가 머리를 묶은 총각과 같은 데서 유래된 말이다. 총각무는 알타리무 또는 달랑무라고도 한다. 고춧가루를 넣어 만든 붉은 총각김치가 가장 많이 이용된다.
- 열무김치 : 열무김치는 어린 무의 잎과 줄기를 절여 김치를 담근 것으로 비빔밥, 열무냉면, 열무국수에 널리 이용된다.
- 동치미 : 동치미는 무를 통째로 또는 반으로 잘라 배, 생강, 파 삭힌 고추 등을 넣어 삭힌 물김치이다. 제공할 때는 무를 얇은 조각으로 잘라 제공하며 주로 겨울철에 먹었으나 시원한 맛으로 인해 현재는 사철 사용되고 있다.
- 나박김치 : 나박은 한자로 무를 의미하며 나박김치는 무를 얇고 네모지게 썰어 미나리, 대파, 마늘, 고춧가루 등을 넣어 만든 물김치의 대표이다. 노란 속배추와 오이, 당근 등의 야채를 함께 넣어 만들기도 한다. 맵지 않고 시원하며 모양도 좋아 연회장에서도 많이 사용한다.
- 겉절이 : 무, 배추, 상추 등의 야채를 살짝 절여 갖은 양념으로 버무려 먹는 날김치이다. 겉절이는 마늘, 파, 생강, 고추, 식초 등 향이 강한 양념류로 버무리므로 강한 향과 맛이 나기 때문에 외국인에게는 잘 어울리지 않는다.

⑭ 젓갈(Salted Fish)

젓갈은 어패류를 소금으로 절여 숙성시킨 것이다. 소금으로만 숙성시키기도 하고 고춧가루를 섞어 숙성시키기도 한다. 조개류 젓갈, 어란 젓갈, 생선내장 젓갈 등은 반찬용으로 주로 이용되며 생선 젓갈은 김치의 부재료로 많이 이용된다.

⑮ 음청

음청에서 음은 음료를 말하고, 청은 과실을 얇게 잘라 꿀이나 설탕에 재워두었다가 물에 타 마시는 것을 말한다. 따라서 한식에서 음청이라고 하면 식후에 마시는 각종 전통음료를 말한다. 음청의 종류는 대단히 많으나 연회장에서 제공되는 음청은 제조와 보관상 몇 가지로 한정되어 있다. 대표적인 음청으로는 식혜, 수정과, 오미자화채 등이 있다.

- 식혜 : 식혜는 밥알을 엿기름물로 삭힌 것이다. 엿기름은 보리를 싹을 틔워 말린 것으로 보리를 싹 틔우면 보리에 당화효소가 생성되고 보리의 전분이 맥아당 등 당분으로 분해되어 단맛이 나게 된다. 이 엿기름을 가루로 만들어 우려낸 물에 밥알을 넣고 삭힌 다음 달여서 만든 것이 식혜이다.
- 수정과 : 수정과는 생강을 얇게 저며 계피와 통후추를 넣어 끓인 다음 식히고 여기에 곶감을 넣어 맛을 낸 것이다.
- 오미자화채 : 오미자는 다섯 가지 맛(신맛, 쓴맛, 매운맛, 단맛, 짠맛)을 가진 선홍색의 열매로 강장, 진해의 약효가 있어 그 색과 맛을 우려낸 즙은 건강음료로서 많이 이용되어 왔다. 오미자를 끓여 우려낸 물에 꿀을 넣고 여러 가지 과일이나 꽃을 띄운 것이 오미자화채이다. 녹두녹말을 입혀 지져낸 진달래꽃을 띄운 오미자 진달래화채, 연꽃을 띄운 오미자 가련화채와 꿀에 잰 배, 복숭아, 밀감 등의 과일을 띄운 각종 오미자 과일화채가 있다.

2. 코스메뉴의 구성

한식의 상차림은 행사의 성격, 식사시간, 주재료, 반찬의 수 등 여러 요인에 따라 다양한 명칭이 있다. 연회장에서는 아침에 해장국, 설렁탕 등 일품요리를 판매하기도 하나 기본적인 메뉴는 반상이며 반찬의 수와 종류 및 가격대별로 다양한 메뉴를 구비하고 있다.

반상은 밥상의 높임말로 사용되며 윗사람께는 진지상, 임금님께는 수라상이라고 높여 부른다. 첩은 쟁첩이라고도 하며 반찬이 담기는 접시를 말한다. 따라서 첩이라고 하면 반상에 올려지는 반찬의 가짓수를 의미하며 첩의 수에 따라 3첩, 5첩, 7첩, 9첩, 12첩 반상으로 구분된다.

밥, 탕, 김치, 양념장, 찌개류는 첩에 해당하지 않으며 숙채, 생채, 구이, 조림, 전, 마른 반찬, 회 등이 첩에 해당한다. 3첩 반상은 가장 기초적인 반상이며 5첩은 평상시의 상이다. 연회장에서의 반상은 주로 7첩과 9첩이며 VIP행사의 경우 수라상으로 불리는 12첩상이 제공되기도 한다.

한식당에서는 대부분 7첩까지 한 상에 차리고 9첩과 12첩은 곁상을 차려 제공하지만 연회장에서는 9첩과 12첩의 경우 코스를 길게 하여 코스별로 제공한다.

첩수에 따라 전통 반상을 구분하면 다음과 같다.

〈표 8-7〉 반상의 구성

구분		3첩	5첩	7첩	9첩	12첩
첩수에 포함되지 않는 것	밥	1	1	1	1	1
	탕	1	1	1	1	1
	김치	2	2	2	2	2
	종지	간장	간장 초간장	간장 초간장 초고추장	간장 초간장 초고추장	간장 초간장 초고추장
	조치	0	찌개류	찌개1, 찜1	찌개1, 찜1	찌개1, 찜1
첩수에 포함되는 것	숙채	0	1	1	1	2
	생채	1	1	1	2	2
	구이	1	1	1	2	2
	조림	0	0	1	2	2
	전	0	1	1	1	전1 편육1
	마른 반찬	1	1	1	1	1
	회	0	0	1	1	2
비고		구이와 조림, 생채와 숙채 변경 가능	구이 대신 조림이나 적, 마른 반찬 대신 젓갈 가능		생채와 구이를 1가지로 하고, 다른 것으로 2가지 가능	구이1은 생선이나 고기, 구이2는 더덕이나 김

3. 한식 테이블 세팅

한식당과 달리 연회장에서 한식 메뉴를 위한 테이블 세팅은 그리 복잡하지 않다. 연회장에서는 테이블 위에 수저와 냅킨 및 기본 찬만 미리 세팅해 놓고 각종 요리는 양식과 마찬가지로 코스별로 제공하는 것이 보편화되어 있다. 따라서 아무리 코스가 많더라도 테이블을 많이 차지하지 않으며 서비스도 큰 불편이 없다.

상 위에 음식그릇을 배열하는 것을 배선이라고 하며 한식 메뉴를 서비스할 경우 배선의 기본 원칙을 잘 지켜야 한다.

배선의 기본 원리는 음식물을 먹기 편하게 배열하는 것이다.

① 밥과 국은 고객의 바로 앞 정중앙에 놓는다.
② 국은 밥의 오른쪽에 놓는다.
③ 수저는 국의 오른쪽에 숟가락을 안쪽, 젓가락을 바깥쪽으로 하여 세로로 놓으며 가능한 수저받침을 사용한다.
④ 함께 먹는 것이 미관상이나 위생상 좋지 않은 간장, 초고추장, 물김치, 신선로 등은 각 개인별로 제공한다.
⑤ 간장, 초간장, 초고추장 등 장류는 밥과 국의 바로 위에 놓는다.
⑥ 간장, 초간장 등 장류에 찍어 먹는 음식은 장류의 바로 위나 옆에 놓는다.
⑦ 물김치와 찌개 등 국물이 있는 것은 숟가락으로 떠먹기 편리하게 우측 앞쪽에 놓는다.
⑧ 더운 요리 중 국물이 없는 요리는 우측 윗부분에 놓는다.
⑨ 젓가락으로 먹는 음식은 좌측 윗부분에 놓는다.
⑩ 회는 좌측 앞쪽에 놓는다.
⑪ 마른 반찬은 가장 위쪽에 놓는다.
⑫ 뼈나 가시를 담는 토구는 좌측 끝에 놓는다.

4. 서비스 순서

연회장에서 한식 코스메뉴를 서브하는 순서는 기본 찬을 세팅한 후 코스에 따라 제공하면 된다. 연회장의 한식 코스메뉴는 다양하게 구성되어 있으므로 사전에 메뉴를 점검하여 필요한 기물이나 서비스 용품을 준비해 두어야 한다. 또 제공되는 기본 찬과 장은 모든 직원이 테이블의 같은 위치에 세팅하도록 세팅도를 그려 세팅의 통일성을 기하는 것이 좋다. 한식 코스메뉴의 서비스 순서를 사례로 살펴보면 다음과 같다.

① 기본 찬은 고객이 착석하기 전에 테이블에 세팅한다.
② 죽 종류는 코스의 전채를 제공한 후 제공한다.
③ 코스메뉴로 제공할 경우 찬 요리, 마른 요리, 국물이 없는 더운 요리, 국물이 있는 더운 요리 순으로 제공한다.
④ 반찬은 같은 조리법을 사용한 것이나 같은 재료로 만든 것이 중복되지 않도록 한다.
⑤ 차와 후식은 식사 후 식기를 모두 치운 다음 제공한다.

〈표 8-8〉 연회장의 한식 코스메뉴 서비스 순서

순서	메뉴	서비스	서비스 내용	사용기물
1	기본찬	기본찬 Set-up	간장, 초간장, 초장, 물김치, 깍두기, 백김치, 김, 이색나물 등을 배선원칙에 따라 Set-up	Tray
2	수삼과 꿀	수삼과 꿀 Serve	수삼은 왼쪽, 꿀을 오른쪽에 Serve	Tray
3	구절판	구절판 Serve	수삼과 꿀접시 Pick-Up 구절판을 Serve	Tray
4	잣죽	잣죽 Serve	잣죽과 Spoon을 Serve 구절판 Pick-Up	Tray
5	전복초와 대하찜	전복초와 대하찜 Serve	식기 전에 즉시 Serve	Tray
		Bonedish Set-Up	전복초와 대하찜 Dish Pick-Up 신선로 Side Dish와 Spoon Set-Up	Tray
6	신선로	신선로 Serve	신선로 이동시 Service Cart 사용 서브시 장갑착용으로 화상에 주의 서브시 조명을 낮추어 분위기 고조	Service Cart
		신선로 Pick-up	Head Waiter의 신호에 의해 Pick-Up	Cart
7	갈비찜	갈비찜 Serve	갈비를 찜기에 담아 Serve	Tray
8	너비아니(불고기)	너비아니 Serve	너비아니 Serve 갈비찜기 Pick-Up	Tray
		너비아니 Pick-up	너비아니 Dish Pick-up	Tray
9	진지와 탕	진지와 탕 Serve	진지와 탕을 동시에 Serve	Tray
		All Dish Pick-up	물잔 이외의 모든 접시 Pick-up	Tray
10	Dessert	Dessert Serve	Dessert에 맞는 Fork, Spoon Serve	Tray
11	인삼차	인삼차 Serve	꿀과 함께 Serve	Tray

제5절 일식메뉴와 서비스(Japanese Menu & Service)

1. 메뉴의 종류

1) 일본요리의 특징

일본은 북동에서 남서로 길게 뻗어 있고 바다로 둘러싸여 있어 지형과 기후의 변화가 많다. 따라서 사계절 생산되는 식재료가 다양하고 계절에 따라 맛도 달라지며 해산물이 매우 풍부하다. 일본의 식사문화도 우리나라와 같이 쌀을 주식으로, 농산물과 해산물을 부식으로 형성되었는데, 일반적으로 맛이 담백하고 색채와 모양이 아름다우며 향미(향기, 혀끝 감촉, 씹는 맛)가 뛰어난 것이 특징이다. 또 계절의 맛을 강조하는 것이 특징이며 양식과 중식에 비해 강한 향신료의 사용이 비교적 적은 편이다. 일본요리의 주요한 특징은 아래와 같다.

〈표 8-9〉 일본요리의 특징

- 어류, 패류, 갑각류 등 해산물요리가 발달함
- 생선회를 비롯한 생식요리가 발달함
- 재료의 색과 맛, 향을 살린 요리가 발달함
- 계절요리가 발달함
- 요리의 양이 적고 섬세하며 요리와 식기의 조화를 강조함
- 식기의 모양과 색깔이 매우 다양함
- 강한 향신료를 많이 사용하지 않음
- 대부분의 요리는 젓가락만 사용하여 먹을 수 있도록 제공됨

2) 관동요리(간토우요리)

일본요리는 각 지역에 따라서도 매우 다양하며 크게 관동요리와 관서요리로 구분된다.

관동지역은 도쿄(동경)를 중심으로 요코하마, 하코네 일대의 요리로 에도막부시대가 열리면서 무가 및 사회적 지위가 높은 사람들에게 제공하기 위한 의례 요리로 발전되어 왔으며 맛이 진하고 달고 짠 것이 특징이다. 에도요리라고도 하며 동경만 일대에서 잡은 어패류로 만드는 초밥(스시), 튀김, 장어 등의 요리와 메밀

등이 대표적인 음식이다. 진간장을 사용하여 간이 강하고 색이 진하며 국물이 적은 요리가 많다. 설탕을 사용한 단맛의 요리가 많은 것도 특징인데 옛날에는 설탕이 매우 귀하였으므로 이것을 많이 사용했다는 것은 관동요리가 그만큼 고급요리였다는 것을 의미한다.

3) 관서요리(간사이요리)

관서지역은 교토, 오사카, 고베 일대의 지역으로 관동요리와 구별해 관서요리로 불린다. 과거에는 가미가타 요리라고 하여 매우 오랜 역사를 지니고 있다. 관서요리는 내륙인 교토의 야채와 건어물요리, 바닷가인 오사카의 해물요리로 대별된다. 연간장을 주로 사용하여 간토우요리에 비해 짜지 않고 국물요리들이 많으며 맛이 엷고 부드럽다. 비교적 설탕을 사용하지 않고 재료 자체의 맛과 색깔 및 형태를 그대로 살려 요리의 모양이 아름다운 것이 특징이다.

4) 일식메뉴의 종류

일본요리는 조리방법과 재료에 따라 매우 다양하다. 조리방법에 따른 주요 요리는 다음과 같다.

① 생선회

생선회는 사시미(さしみ) 또는 쓰쿠리(造り; つくり)라고 하는 일본을 대표하는 음식이다. 사시미의 재료는 거의 모든 어류가 사용되며 각각의 어류는 계절별, 부위별로 다양하고 아름다운 전용 식기에 담겨 제공된다. 사시미로 제공되는 대표적인 어류는 붉은살 생선인 참치, 방어, 숭어, 고등어, 전갱이가 있고 흰살생선인 농어, 도미, 가자미, 광어, 가오리, 우럭 등이 있다. 이외에도 전복, 바닷가재, 새우, 오징어, 한치, 상어 등도 많이 이용된다. 우리나라 사람들은 주로 쫄깃하고 차진 생선회의 맛을 즐기지만 일본사람들은 숙성되어 감칠맛이 나는 생선회를 즐긴다. 따라서 우리나라에서는 흰살 생선회를 즐기는 반면 일본에서는 기름기가 많은 등푸른 생선의 회를 즐긴다. 어류는 암수, 연령, 어획시기, 어획장소, 부위별로 맛의 차이가 매우 크므로 선별을 잘 해야 한다. 또 살이 단단한 복어나 도미류는 얇게 썰고 방어나 참치와 같이 기름기가 많고 살이 무른 생선은 굵게 썰어야 제 맛을 즐길 수 있다. 특히 패류는 산란기에 독이 있고 잘 상하므로 주의해야 한다.

〈표 8-10〉 우리나라의 계절생선

생선	제철(월)	생선	제철(월)	생선	제철(월)	생선	제철(월)
숭어	2~4	돌돔	6~8	삼치	10~12	학공치	12~2
도다리	3~5	전어	9~10	감성돔	10~2	전복	8~10
조기	3~5	광어	9~12	명태	11~1	굴, 홍합	10~12
참돔	4~8	고등어	9~11	방어	11~1	영덕대게	11~5
장어	5~7	갈치	10~11	부시리	11~1	가자미	12~2
농어	6~8	꽁치	10~11	복어	11~2	대구	12~2

② 맑은 장국(吸物; すいもの)

일본의 국(汁)은 맑은 국과 진한 국으로 대별된다. 맑은 국은 흰살생선 맑은 국, 계란 맑은 국, 맑은 조개국 등이 대표적이며 진한 국으로는 미소시루라고 불리는 된장국이 대표적이다.

③ 구이요리(燒物; やきもの)

구이요리는 굽는 기물과 형태 및 조미료에 따라 분류된다.

굽는 기물에 따른 분류는 석쇠나 꼬치를 사용하여 직접 굽는 방법과 팬이나 오븐을 사용하는 간접구이가 있다.

형태에 따른 분류로는 통째로 굽는 통구이 방식과 오징어와 같이 칼로 솔방울 형태를 만들어 굽는 방법이 있다.

또 구울 때 사용하는 조미료에 따라 소금구이(시오야키), 데리야키소스(간장+술+설탕)를 발라 굽는 데리야키, 된장을 바르는 된장구이 등이 있다.

④ 조림요리(煮物; にもの)

식재료를 장국에 넣고 조미료에 첨가해 조린 요리를 총칭한다. 관동지방은 수분이 적고 맛이 진하며 관서지방은 수분이 많고 맛이 담백하다. 도미머리조림, 생선 아라다키, 자리돔 조림, 쇠고기 조림, 야채조림 등이 있다.

⑤ 초회(酢物; すのもの)

초회란 식재료를 날것 또는 삶거나 데쳐 초를 기본으로 한 양념에 버무리거나 찍어 먹는 요리이다. 오징어, 해삼, 굴 등은 생것을 사용하며, 전복, 새우, 문어,

게 등은 삶아서 사용한다.

⑥ 냄비요리(鍋物; なべもの)

다양한 재료를 냄비에 넣어 끓여 먹는 요리이다. 냄비요리는 즉석에서 끓여 먹기 때문에 연회장에서는 제공하기가 어렵다. 우리나라의 전골보다 물이 많아 또 다른 풍미를 즐길 수 있다. 대표적인 냄비요리로는 우리나라의 쇠고기 전골과 비슷한 스키야키, 육수에 얇게 썬 고기와 야채를 살짝 익혀먹는 샤부샤부, 가쓰오부시와 다시마 및 야채를 우려낸 물에 재료를 넣어 맑게 끓이는 지리가 있다.

⑦ 튀김요리(揚物; あけもの)

튀김요리는 고소한 맛과 다양하고 아름다운 모양을 낼 수 있어 식탁의 분위기를 고조시켜 주므로 연회장에서도 많이 제공한다. 튀김은 수분이 많은 재료를 사용하거나 만든 지 오래되면 바삭한 맛을 잃어버리므로 즉시 제공하는 것이 좋다.

⑧ 찜요리(蒸物; むしもの)

찜요리는 주재료를 쪄 양념에 찍어먹는 요리와 식재료에 양념을 발라 쪄먹는 요리가 있다. 증기로 찌기 때문에 원래료의 맛과 향 및 영양분의 손실이 적다. 사케무시는 생선술찜으로 도미찜, 은대구찜, 농어찜, 광어찜 등이 있으며 이외에도 계란찜인 자완무시가 있다.

⑨ 초밥(壽司; すし)

초밥은 사시미와 함께 일본을 대표하는 요리이다. 만드는 방법과 재료에 따라 매우 다양한 초밥이 있으며 고급 일식요리에서는 거의 빠짐없이 제공되고 있다.

생선초밥은 가장 일반적인 초밥으로 식초로 간을 한 흰 쌀밥에 고추냉이(와사비; わさび)를 조금 얹고 그 위에 얇게 썬 생선을 올린 초밥으로 니기리스시(にぎりすし)라고도 한다. 니기리스시는 각종 생선과 조개류, 갑각류 등이 사용된다. 이외에도 우리나라의 김밥과 형태가 유사한 김초밥인 노리마키스시(のりまきすし), 유부초밥인 이나리스시(いなりすし)가 있다.

⑩ 면류

일본 면류의 대표적인 것으로는 메밀국수인 소바, 우동, 따뜻한 국수인 온소면이 있다. 메밀국수는 우리나라에서도 비빔면이나 냉면, 또는 온면으로 많이 먹는 국수이나 일본의 소바와는 양념과 국물 및 먹는 방식에 많은 차이가 있다.

2. 일식 코스메뉴의 구성

양식 코스메뉴와 같이 일정한 순서에 따라 요리를 제공하는 일식요리를 회석요리라고 한다. 회석요리는 만드는 방법과 시간이 대규모 인원을 위한 연회용으로는 적당하지 않기 때문에 대형 연회에서는 회석요리를 제공하기 어렵다. 따라서 연회장에서 제공되는 일식요리는 간단한 코스요리나 일식 도시락이 주로 제공되고 있다. 일식당에서의 회석요리는 가격과 계절에 따라 다양하게 구성하는 것이 좋다.

〈표 8-11〉 일식 회석요리 코스의 구성

코스	요리	Course A	Course B	Course C
진미	해삼창젓, 산마즙, 연어알…	◎		
전채	도미알, 피조개스시, 산마찜…	◎	◎	◎
맑은 국	도미, 대합, 조개, 계란, 닭고기…	◎	◎	◎
초밥	모듬초밥, 광어, 도미, 연어, 게살, 문어…	◎	◎	
생선회	모듬회, 전복, 흰살생선, 참치, 도로…	◎	◎	◎
구이요리	장어양념구이, 연어소금구이, 도미머리 산초양념구이, 전복버터구이, 삼치구이, 메로구이…	◎		
조림요리	도미머리, 자리돔, 쇠고기, 야채…	◎	◎	
찜요리	도미, 은대구, 농어, 광어, 전복, 자완무시…	◎		◎
초회	새우, 문어, 해삼, 게…	◎		
튀김요리	모듬튀김, 새우, 두부, 전복, 야채…	◎	◎	
식사	밥, 밤밥, 죽순밥, 자연송이밥, 굴밥, 생선알밥	◎	◎	◎
과일	계절 과일	◎	◎	◎
감미	맛차 아이스크림	◎		

3. 일본요리의 서비스

일식당에서는 홀(Hall), 스시카운터, 개실(다다미 방)의 3개 장소에서 음식이 제공되나 연회장에서는 테이블서비스만 가능하므로 서비스방법은 일반적인 양식 서비스방법과 그리 다르지 않다. 다만 요리에 따라 다양한 부재료와 소스 및 기물이 필요하므로 제때 제공하도록 준비해야 한다.

① 물수건(시보리)은 받침에 받쳐 고객의 오른쪽에 제공한다.
② 사시미, 스시, 냄비요리같이 모듬으로 제공되는 요리는 덜어 먹을 수 있도록 각 고객에게 개인접시를 제공한다.
③ 간장, 와사비, 초장은 각 개인별로 제공한다.
④ 뚜껑이 있는 음식은 고객이 뚜껑을 열도록 뚜껑을 닫은 채 제공한다.
⑤ 빈 그릇을 치울 때는 쟁반을 이용하며 냄비나 큰 접시에 작은 기물들을 넣어 치우지 않는다.
⑥ 찻잔에 차가 떨어지지 않도록 자주 채운다.

4. 주요 식재료의 명칭

일본요리는 그 이름을 일본어로 사용하는 경우가 많다. 따라서 일식요리를 서비스하기 위해서는 주요 식재료의 일본 명칭을 알아야만 한다. 일식요리에 사용되는 주요 식재료의 명칭은 다음과 같다.

① 어패류의 명칭

일본명	발음	한국명	영어명	일본명	발음	한국명	영어명
さけ	사케	연어	Salmon	えび	에비	새우	Shrimp
ひらめ	히라메	광어	Halibut	おとり	오도리	생새우	Prawn Alive
ます	마스	송어	Trout	こはた	고하타	전어	Gizzard Shad
さより	사요리	학공치	Saury	ぼら	보라	숭어	Gray Mullet
さば	사바	고등어	Mackerel	くじら	구지라	고래	Whale
にしん	니싱	청어	Herring	たちうお	다치우오	갈치	Hairtail Fish
いわし	이와시	정어리	Sardine	すずき	스즈키	농어	Sea Bass
たら	다라	대구	Cod	さわら	사와라	삼치	Spanish Mackerel
かれい	카레이	가자미	Flatfish	こい	고이	잉어	Carp
たい	다이	도미	Snapper	あなご	아나고	붕장어	Sea Eel
くろたい	구로다이	흑도미	Sea Bream	うなぎ	우나기	뱀장어	Eel
さめ	사메	상어	Shark	いか	이카	오징어	Cuttle Fish

일본명	발음	한국명	영어명	일본명	발음	한국명	영어명
ふぐ	후구	복어	Puffer Fish	たこ	다코	문어	Octopus
ひらす	히라스	여름방어	Yellowtail	なまこ	나마코	해삼	Sea Cucumber
あわび	아와비	전복	Abalone	このわた	고노와타	해삼창젓	–
まぐろ	마구로	참치	Tuna	かき	가키	굴	Oyster
かつお	가쓰오	줄참치	–	あかがい	아카가이	피조개	Ark Shell
とろ	도로	참치뱃살	–	はまくり	하마쿠리	대합	Calm

② 야채 및 과실류 명칭

일본명	발음	한국명	영어명	일본명	발음	한국명	영어명
だいこん	다이콘	무	Radish	にんにく	닌니쿠	마늘	Garlic
にんじん	닌징	당근	Carrot	ねぎ	네기	파	Green Onion
はくさい	하쿠사이	배추	Cabbage	おおねぎ	오오네기	대파	Green Onion
ちしゃのは	치샤노하	상추	Lettuce	たまねぎ	다마네기	양파	Onion
せり	세리	미나리	Drop Wort	しょうが	쇼우가	생강	Ginger
きくな	기쿠나	쑥갓	–	こしょう	고쇼우	후추	Pepper
ほうれそう	호우렌소우	시금치	Spinach	わさび	와사비	고추냉이	Mustard
もやし	모야시	콩나물	Bean Sprout	からし	가라시	겨자	Mustard
たけのこ	다케노코	죽순	Bamboo Shoot	とうがらし	도우가라시	고추	Red Pepper
きゅうり	규우리	오이	Cucumber	こま	고마	깨	Sesame
かばちゃ	가보챠	호박	Pumpkin	まくわうり	마쿠와우리	참외	Melon
なす	나스	가지	Eggplant	りんご	링고	사과	Apple
じゃがいも	쟈가이모	감자	Potato	なし	나시	배	Pear
さつまいも	사쓰마이모	고구마	Sweet Potato	すいか	스이카	수박	Water Melon
やまいも	야마이모	산마	Yam	もも	모모	복숭아	Peach
こいも	고이모	토란	Taro	いちご	이치고	딸기	Strawberry
こぼう	고보우	우엉	Burdock	ぶとう	부도우	포도	Grape
れんこん	렌콘	연근	Lotus Root	かき	가키	감	Persimmon
まつたけ	마쓰타케	송이	Pine Mushroom	みかん	미캉	귤	Mandarin
しいたけ	시이타케	표고	Shiitake Mushroom	ゆず	유즈	유자	Citron
こんぶ	곤부	다시마	Tangle	うめ	우메	매실	Plum
のり	노리	김	Sea Weed	くり	구리	밤	Chestnut
わかめ	와카메	생미역	Brown Seaweed	きんこう	긴고우	은행	Ginkgo Nut

제6절 중식 메뉴와 서비스(Chinese Menu & Service)

1. 메뉴의 종류

1) 중국요리의 특징

중국요리는 청요리(淸料理)라고도 하며 광대한 중국에서 생산되는 요리를 총칭한다. 중국은 전체면적이 남한의 95배 정도에 달하는 광대한 영토와 한족을 비롯한 55개의 민족으로 구성된 국가이다. 따라서 지역적, 민족적, 기후적으로 매우 다양하고 특색 있는 음식문화가 발발되었다. 또한 수천 년에 걸친 유교, 불교문화 및 세계 각국과의 교류를 통해 다양한 음식문화를 받아들여 발전시켜 왔다. 중국요리는 워낙 광대해서 그 특징을 간단하게 말하기가 어려우나 주요한 특징은 다음과 같다.

〈표 8-12〉 중국요리의 특징

- 넓은 영토에서 다양한 식재료가 생산되어 식재료가 풍부함
- 한국과 달리 주식과 부식의 구별이 없음
- 오미(五味; 단맛, 짠맛, 신맛, 쓴맛, 매운맛)의 배합으로 맛의 다양성을 추구함
- 조리방법은 다양하나 조리기구는 간단하고 사용이 용이함
- 기름을 많이 사용하는 요리가 발달함
- 조미료와 향신료(오향; 회향, 팔각(귤껍질), 계피, 정향, 산초)를 이용한 요리가 발달함
- 말린 재료를 많이 사용함
- 외양이 화려하고 풍성함
- 산해진미와 불로장생을 추구하는 요리가 발달함

(1) 북경요리(北京料理)

중국의 북동부는 대륙성 기후지대로 냉대기후가 나타난다. 북경(베이징)은 중국 북동부의 중심도시로서, 또 중국의 수도로서 역사적으로 정치, 경제, 문화의 중심지이다. 북경은 이런 요인에 의해 일찍부터 고급 요리문화가 발달하였다. 지리적으로 추운 북방에 위치해 있기 때문에 육류를 중심으로 강한 화력을 이용한 튀김요리와 볶음요리 등 열량이 높은 음식이 발달하였다. 또 화북평야에서 대량 생산되는 밀을 원료로 면류와 만두도 발달하였다. 대표적 요리로는 북경오리, 딤

섬(만두) 등이 있다.

(2) 남경요리(南京料理)

중국의 중부지역은 양쯔강을 중심으로 한 광대한 평야지대로 기후적으로는 온대 습윤지역에 속한다. 이 지역은 양쯔강과 바다에 접해 있어 각종 해산물과 미곡을 중심으로 한 요리가 발달하였다. 남경(난징)은 중부의 중심도시로 남경요리는 난징으로부터 양조우(揚州), 쑤조우(蘇州), 양쯔강 입구 상하이(上海)까지의 요리를 총칭한다.

(3) 상해요리(上海料理)

상해(상하이)는 양쯔강 입구에 위치한 항구도시로 일찍부터 세계 각국과의 교류가 왕성했다. 이에 따라 서양식 조리기법과 식재료를 이용한 요리가 발달하였다. 상해요리는 남경요리 중 상해를 중심으로 서양식으로 발전된 요리를 총칭한다. 상해요리는 이 지역의 특산물인 장유(醬油)를 사용한 요리와 간장이나 설탕을 사용한 달콤하고 기름기가 많은 요리가 특징이다. 남경요리와 재료의 차이가 많지 않아 남경요리와 상해요리를 따로 분리하지 않는 경우도 많다.

(4) 광동요리(廣東料理)

중국의 남부지역은 열대 습윤기후가 나타난다. 광동(광뚱)성은 중국 남부에 위치한 성으로 광주(廣州)시가 중심도시이다. 광동요리는 중국남부의 요리를 대표하며 여기에는 복건(푸젠)성 요리도 포함된다. 광주는 홍콩과 마카오와 인접해 있어 일찍부터 스페인, 포르투갈과 같은 나라와의 문물교류가 활발하였다. 이에 따라 쇠고기, 서양채소, 토마토케첩, 우스터소스 등 서양의 식재료와 조미료를 사용한 서구식 요리가 많이 개발되었다. 광동요리는 식재료 본래의 맛과 향을 자연스럽게 살려내고 담백한 맛의 요리가 많은 것이 특징이다. 대표적 요리로는 상어지느러미 수프와 찜, 제비집 수프 등이 있다.

(5) 사천요리(四川料理)

중국의 서부지역은 건조한 스텝기후와 사막기후가 나타난다. 특히 사천(쓰촨)성은 양쯔강 서쪽 상류의 산악지역에 위치하고 있다. 이 지역은 매우 높은 산맥으로 둘러싸인 고원분지로 바다가 멀고 더위와 추위가 심한 지방이다. 사천요리는 사천성을 중심으로 귀주(꾸이조우)성, 운남(윈난)성 일대의 요리로 식품의 장기 보관을 위한 염장식품, 건장식품 등 등 저장요리와 우리나라와 같이 마늘, 파, 고추 등의 향신료를 많이 사용한 요리가 발달하였다. 따라서 신맛, 매운맛, 톡 쏘는 맛과 같은 자극적인 맛과 강한 향이 특징이다. 짜차이, 마파두부는 이 지역 특산 요리이다.

2) 중국요리의 조리방법

중국요리는 매우 다양한 조리방법과 조미방법에 의해 만들어진다. 주요 조리방법과 요리는 다음과 같다.

(1) 냉분(盆分)

냉채(冷菜), 냉반(冷盤)이라고도 하며 서양의 찬 전채(Cold Appetizer)와 같은 것이다. 냉분은 식욕촉진을 위해 모양이 아름답고 맛이 좋으며 양이 적다. 주재료는 전복, 새우, 해파리, 쇠고기, 오리알, 오리고기 등이 있다.

(2) 열분(熱盆)

열분은 더운 전채(Hot Appetizer)로 양과 질 및 맛이 매우 강조된다. 삼선어취(해삼, 새우, 전복, 상어지느러미), 전가복(해삼, 새우, 전복), 해삼주스(해삼, 삼겹살)가 대표적이다.

(3) 증채(蒸菜)

증채는 고온의 증기로 쪄서 만드는 방법으로 닭찜, 삼겹살찜, 조기찜 등이 있다.

(4) 작채(炸菜)

작채는 팬에 많은 양의 기름을 넣고 가열하여 만드는 방법으로 주로 튀김요리에 사용한다. 닭고기튀김, 갈비튀김 등이 있다.

(5) 초채(炒菜)

강한 화력을 이용하여 빠르게 볶아내는 방법으로 새우칠리소스, 돼지고기 고추볶음 등이 있다.

(6) 문채(燜菜)

재료를 살짝 튀긴 후 많은 육수를 부어 오랜 시간 조리하는 방법으로 마파두부, 홍소쌍동 등이 있다.

(7) 소채(炒菜)

강한 화력으로 단시간에 볶는 방법으로 야채, 새우칠리소스, 돼지 고추볶음 등이 있다.

(8) 고채(高菜)

재료에 양념을 한 후 불에 굽는 방법으로 오리껍질 요리, 새우튀김, 훈제돼지고기 등이 있다.

(9) 류채(溜菜)

물에 각종 향신료와 조미료를 넣은 후 재료를 넣고 삶아내는 방법으로 류산슬, 탕수어 등이 있다.

(10) 탕(湯)

① 주탕 : 한식의 육수와 서양의 Stock과 같이 중국요리의 기본이 되는 국물이다. 국물요리, 볶음요리, 조림요리, 찜요리에 사용된다.
② 상탕 : 맑고 진한 국물로 국, 조림, 찜, 볶음요리의 기본원료로 사용된다.
③ 청탕 : 맑은 육수에 소금으로 간을 한 뜨거운 장국으로 반드시 그릇에 요리를 먼저 담은 후 부어준다.

3) 주요 요리재료

(1) 제비집

제비집은 동남아시아지역 해안에 서식하는 바다제비의 둥지를 수집해 말린 것이다. 바다제비는 동굴 속 높은 절벽 위에 타액을 발라 둥지를 만들어 채취가 어렵다. 제비집은 크기가 작고 맛이 대단히 뛰어나 가격이 매우 비싸다. 제비집은 주로 수프로 제공되며 제비집 자체의 맛보다 조리할 때 사용하는 육수와 조미료에 의하여 맛이 좌우되며, 품질에 따라 3가지 등급으로 나누어진다.

① 관옌(官燕) : 색이 희고 투명하며 이물질이 전혀 섞이지 않은 최고품이다.
② 마오옌(毛燕) : 회연(灰燕)이라고도 하며, 회색빛을 띠고 제비털과 이물질이 섞인 중급품이다.
③ 옌쓰(燕絲) : 형태가 흐트러지고 이물질이 많이 섞인 붉은빛을 띠는 하급품이다.

(2) 상어지느러미

상어의 지느러미를 말린 것으로 중국요리에서 매우 소중하게 취급된다. 전 세계의 난류바다에서 생산되며 상어의 종류와 부위에 따라 특징과 품질이 다르다.

① 췐츠-지느러미를 원형상태로 말린 것.
② 싼츠-껍질을 벗기고 지느러미의 섬유질을 찢어 말린 것.
③ 뻬이츠-등지느러미로 맛이 가장 좋은 최고급품이다.
④ 웨이츠-꼬리지느러미로 사용할 수 있는 부분이 많으나 품질은 떨어진다.
⑤ 쓩츠-가슴지느러미로 품질이 좋지 않으며 형태가 흐트러져 있다.

(3) **해삼(海蔘)** : 바다의 인삼이라고 하며 빛깔이 검고 흠 없이 돌기가 고루 퍼진 것이 상품이다.

(4) **건패(乾貝)** : 패주(조개기둥)를 말린 것이다.

(5) **대해미(大海米)** : 껍질을 벗겨서 말린 새우이다.

(6) **건포(乾鮑)** : 전복을 말린 것으로 표면에 흰 가루가 솟아난 것이 상품이다.

(7) **해철피(海蜇皮)** : 해파리를 소금과 백반에 절인 것이다.

(8) **하병(蝦餅)** : 으깬 새우의 살을 쌀가루와 섞어 막대기 모양으로 만들어서 찐 다음 얄팍하게 썰어 말린 것으로, 기름에 튀겨 먹는다.

(9) 팔진미(八珍味) : 중국에서 가장 희귀한 8가지 요리재료를 말한다.

① 용간(龍肝) : 용의 간
② 봉수(鳳髓) : 봉황새의 골
③ 호태(虎胎) : 호랑이 태
④ 이미(鯉尾) : 잉어꼬리
⑤ 악적(鶚炙) : 솔개구이
⑥ 성순(猩脣) : 성성이의 입술
⑦ 웅장(熊掌) : 곰 발바닥
⑧ 녹미(鹿尾) : 사슴꼬리

2. 중식 코스메뉴의 구성

연회장에서 중국요리는 서양식 코스메뉴로 제공된다. 코스메뉴의 구성은 다양한 중국요리를 가격, 선호도 및 식재료 조달 등을 고려하여 미리 작성해 둔다.

〈표 8-13〉 중식 코스메뉴의 구성

요리 종류	메 뉴	코스 A	코스 B	코스 C
냉채류	특품 냉채, 네 가지 냉채, 해파리냉채, 오향장 우육	◎	◎	◎
제비집요리	죽생제비집 수프, 제비집과 게살수프, 해물제비집 수프	◎		
상어지느러미류	십전대보 상어지느러미찜, 특품상어지느러미찜, 상어지느러미와 해산물, X.O소스 상어지느러미찜	◎	◎	◎
해삼류	O.X소스의 해삼, 해삼전복, 해삼송이, 해삼 삼겹살	◎	◎	◎
패류	전복과 굴소스, 전복과 송이, 전복과 브로콜리, X.O소스의 죽생과 전복, 관자와 송이	◎		
갑각류	바닷가재 칠리소스, 새우 칠리소스, 새우 굴소스, 새우 마늘소스, 새우 토마토소스	◎	◎	◎
생선류	탕수도미, 도미 굴소스, 생선탕수육, 매운맛 게살생선			
가금류	북경오리, 라조기, 깐풍기, 닭고기와 캐슈너트	◎	◎	
돼지고기류	돼지고기 삼겹살찜, 돼지고기와 매운 고추, 돼지고기 탕수육, 십전대보곤약 삼겹살			
쇠고기류	쇠고기 송이볶음, 쇠고기 피망볶음, 쇠고기 부추잡채, 쇠고기 탕수육, 난자완스, 사장소스의 금침우육편	◎	◎	
야채류	은행과 모듬야채, 동고버섯 청채볶음			

요리 종류	메 뉴	코스 A	코스 B	코스 C
두부류	게살두부, 마파두부, 사장소스의 청채두부			
잡품류	모듬해물과 야채, 류산슬, 양장피, 팔보채			
밥류	류산슬밥, 잡탕밥, 잡채밥, 새우볶음밥, 게살볶음밥			
수프류	죽생탕, 삼선탕, 옥수수탕, 산라탕, 상어지느러미와 게살수프, 상어지느러미와 전복수프	◎		◎
만두류	군만두, 찐만두, 화권, 각종 딤섬			
면류	볶음면, 삼선짬뽕, 야채탕면, 팔진탕면, 삼선자장면, 기스면	◎	◎	◎
후식류	찹살떡 튀김, 생과일, 리치, 행인두부 리치	◎	◎	◎

3. 중국요리의 서비스

연회장에서 중국요리를 제공하는 방법은 주방에서 각 고객의 접시에 담아 제공하는 아메리칸 서비스와 대형 접시(Platter)나 은쟁반(Silver Tray)에 담긴 요리를 웨이터가 테이블에서 각 고객에게 나누어 제공하는 러시안 서비스가 있다. 러시안 서비스는 연회의 분위기를 고조시킬 뿐만 아니라 음식이 빨리 식지 않는 장점이 있어 널리 이용되고 있다.

1) 주문받는 방법

연회장에서는 미리 예약된 메뉴를 제공하므로 별도의 주문을 받을 필요가 없다. 중식당에서의 주문받는 요령은 다음과 같다.

① 중국요리는 요리의 양에 따라 보통 대・중・소로 나누어 주문받는다(대 : 7~8인분, 중 : 4~5인분, 소 : 2~3인분).
② 조리법이 같은 요리가 중복되지 않도록 주문을 받는다.
③ 술을 즐기는 고객에게는 튀김요리, 구운 요리, 절임요리 등을 추천한다.
④ 주문받는 시간이 지체될 경우 전채만 먼저 주문을 받아 주방에 넘기고 다음 요리의 주문을 받아 서비스시간 및 고객의 시간을 절약한다.
⑤ 요리와 주문에 익숙하지 않은 고객은 기호를 물어 알맞은 요리를 추천한다.
⑥ 시간이 없는 고객에게는 조리시간이 짧은 볶음요리를 추천한다.
⑦ 시간이 많이 걸리는 탕류, 찜류 등의 요리는 주문시 고객에게 알려야 하며, 한번에 많이 주문받지 않는다.

⑧ 요리의 양은 고객수를 고려해 너무 많지 않도록 주의한다.

2) 중국요리의 서비스 방법

① 러시안 서비스를 한 후 Platter에 음식이 남아 있으면 중앙의 회전테이블(Turntable)에 올려놓는다.

② 러시안 서비스를 할 때 장소가 비좁거나 테이블이 복잡하면 안전하게 보조테이블(Side Table)을 사용하여 접시에 덜어 서브한다.

③ 새 요리를 서브할 때는 사용한 접시를 치우고 반드시 새 접시에 제공한다.

④ 생선요리는 머리 부분이 왼쪽, 배 부분이 손님을 향하도록 서브한다(회전판이 있을 때는 올려놓아 한 바퀴 돌려 손님에게 보여드린 다음 서브한다).

⑤ 중식코스에서 맑은 수프는 일반적으로 요리의 마지막 Course나 식사와 함께 제공한다.

⑥ Tea Pot의 차가 식었을 때는 항상 뜨거운 것으로 바꿔주어야 한다.

⑦ 요리를 서브할 때 불필요한 말은 삼간다.

3) 서비스 순서(Service Sequence)

중국요리는 주로 Russian Service 형태로 이루어지며, 뜨거운 불에 많은 기름을 사용하여 음식을 조리하기 때문에 요리 만드는 시간과 Serve 시간을 잘 파악하여 신속히 Serve하여야 한다. 코스메뉴의 서비스 순서를 사례로 살펴보면 다음과 같다.

〈표 8-14〉 Chinese Course Menu Service Sequence

순서	MENU	항목	서비스 실시 계획	사용기물
1	냉채	요리 Serve	Normal 행사 : 러시안 서비스 Deluxe 행사 : 아메리칸 서비스	Platter, Dish
		Plate Pick-up	냉채접시를 빼고 Soup Cup을 당겨 놓음	
2	제비집 수프	수프 Serve	Soup Tureen으로 고객의 왼쪽에서 Serve	Soup Tureen
		Soup Bowl Pick-up	고객의 오른쪽에서 Soup Bowl Pick-up	Tray

순서	MENU	항목	서비스 실시 계획	사용기물
3	상어지느러미 찜	요리 Serve	Sauce가 흐르지 않도록 천천히 Serve	Tray
		Bonedish Set-up	상어지느러미 접시를 빼면서 Bonedish를 고객의 오른쪽에서 Set-up	Tray
4	바닷가재와 고추소스	요리 Passing	Normal 행사시 Bonedish 위에 2가지 코스 정도를 담아드리고 Deluxe 행사시 1코스에 1번씩 Passing	Serving Gear
		Bonedish Set-up & Pick-up	사용한 접시를 빼고 새 접시 Set-up	Tray
5	쇠고기 해삼찜	요리 Passing	1인분씩 Passing	Serving Gear
		Bonedish Set-up & pick-up	사용한 접시를 빼고 새 접시 Set-up	Tray
6	북경오리	요리 Passing Dish Pick-up	내용물이 흩어지지 않게 천천히 Passing 빈 접시 픽업	Serving Gear
7	기스면	요리 Serve	국물이 많은 큰 그릇으로 안전하게 Serve	Tray
8	리찌두부	Dessert Serve	기스면 Bowl을 치운 후 Serve	Tray

제7절 음료서비스(Beverages Service)

1. 메뉴의 종류

연회장에서 음료는 일반적인 바(Open Bar)처럼 다양한 종류의 칵테일과 음료를 제공할 수 없다. 따라서 하이볼 등 간단한 칵테일과 여러 종류의 주스 및 탄산음료가 제공된다.

(1) 음료의 준비

연회행사에 제공되는 음료는 예약시 결정된다. 음료가 결정되면 연회행사지시서(Event Order)의 다음과 같은 음료관련 지시란에 표시하며 이에 따라 연회장 바에서 음료를 준비한다.

F	S	C	L
◎		◎	

① Full Bar

F는 Full Bar의 약자로 이 난에 마크가 되어 있으면 모든 주류와 음료를 제공하라는 뜻이다. Full Bar의 경우 C나 L난에 반드시 마크가 찍히게 된다. C는 Consumption(소비)의 약자이며, L은 Limit(제한)의 약자이다. F와 C난에 마크가 있으면 Full Bar로 손님들이 원할 경우 무제한으로 제공하라는 뜻이며, F와 L에 마크가 있으면 Full Bar로 제공하되 제공에 한도가 있다는 뜻으로 이 경우 양을 제한하거나 금액을 제한하는 내용이 기재되어 있다. 양의 제한은 1gls/p와 같이 표시되며 이는 1인당 1잔만 제공하라는 표시이다. 또 '1,000,000원'과 같이 금액이 적힌 경우에는 그 금액만큼만 제공하라는 의미이다.

② Soft Bar

S는 Soft Bar, Soft Drink의 약자로 주류를 제외한 주스 및 탄산음료만 제공한다. Soft Bar도 S+C, S+L 형태로 표시되며 제공하는 방법은 Full Bar와 같다.

③ 음료 메뉴

Full Bar의 경우 준비해야 할 주류의 종류는 각 호텔별로 기준이 다르나 보통 6대 증류주와 인기 있는 리큐르가 제공된다. 또 최근에는 국산 주류의 인기를 반영하여 막걸리나 전통주도 많이 제공되고 있다. 연회장에서 제공되는 주류는 주최측의 특별한 요구가 없을 경우 가격이 높은 프리미엄 브랜드는 제공하지 않고 일반적인 브랜드(Normal Brand, Standard Brand, House Brand)를 제공하는 것을 기본으로 한다. 음료는 오렌지주스를 기본으로 몇 종류의 주스와 탄산음료가 제공된다.

④ 음료제공 기준(Drink Formular)

대규모 칵테일 리셉션시 소요되는 음료의 양은 통계적인 결과를 활용하면 편리하다. 칵테일 리셉션에서 음료를 마시는 데 소요되는 시간은 1잔 15분, 2잔 30분, 3잔 1시간을 기준으로 한다. Cocktail Reception은 1~1시간 30분가량 진행되므로 참석인원수의 3배에 해당하는 음료를 준비해야 한다. 이 경우 2잔은 칵테일,

1잔은 음료로 구성하여 준비하면 편리하다. 특히 외국인이 참석하는 행사는 이보다 많은 시간당 3~5잔을 기준으로 하는 것이 좋다.

또 증류주는 1병(750ml)당 25잔을 기준으로 하며 와인은 1병당 6잔을 기준으로 한다. Sherry Wine과 Port Wine 및 Vermouth와 같이 알코올도수가 높은 와인은 1병당 12잔을 기준으로 한다.

〈표 8-15〉 연회장 Drink Formular

구분	용기 규격 (Bottle)	용기 용량 (ml)	제공기준 잔 (GLS)/BTL	제공기준 양 (ml)/GLS
Whisky, Gin, Vodka, Rum, Tequila, Brandy	1	1,000	32	30
	1	750	25	30
	1	700	23	30
	1	500	16	30
Table Wine	1	1,000	8	120
	1	750	6	120
Sparkling Wine	1	750	BTL로만 판매	
Fortiried Wine	1	750	12	60
Dessert Wine	1	750	8	90
Beer	1	330	BTL로만 판매	
Soft Drink(Coke, Cider)	1 Can	250	BTL로만 판매	
Juice(O/J, P/J, T/J)	1 PET	1,500	7	200

2. 칵테일 리셉션의 준비(Cocktail Reception Setting)

연회장은 고정된 Bar가 없으므로 각 행사마다 음료를 제공할 이동식 바를 설치해야 한다. 이때 사용되는 것이 바 트롤리(Bar Trolley)이다. 바 트롤리만 사용할 경우 100명까지 칵테일을 제공할 수 있으며, 옆에 사이드테이블(Side Table)을 붙이면 250명까지 칵테일을 제공할 수 있다. 따라서 연회장 바텐더는 행사의 성격과 예약된 음료 및 고객수를 고려하여 음료 및 글라스, 얼음 등을 준비해야 한다.

Banquet Bar Trolley

Ice Bin Cart

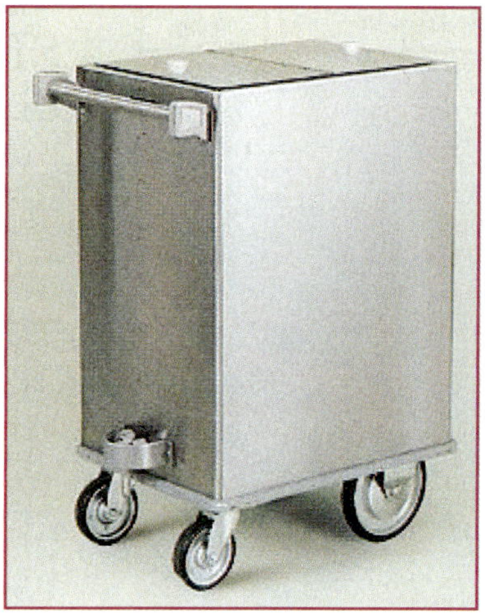

제8절 공연 및 전시행사 서비스

호텔의 연회장에서는 각종 음악회, 전시회 등의 행사가 수시로 개최된다. 이러한 행사에는 외부로부터 각종 방송장비, 음향 및 조명기기, 무대설비 등 각종 시설과 장비가 반입되어 설치되는 경우가 많다. 외부반입 시설과 장비를 마음대로 설치하도록 하면 연회장의 인테리어는 물론 시설의 노후화 및 파손을 일으키므로 일정한 지침을 준수하도록 해야 한다.

1. 행사장비의 반입 반출

콘서트나 대형 전시행사의 경우 각종 장비가 반입된다. 이러한 장비는 그 종류도 다양하고 설치도 전문가가 필요하며 상당한 시간을 요하는 경우가 많다. 따라서 행사 전날에 반입되어 설치되는 경우도 많으므로 예약시 이에 대한 확인이 필요하다.

연회장에서는 행사장비가 반입되기 전 행사담당자를 지정하여 행사의 반입에서 철수까지 모든 업무협조를 지원하도록 한다. 행사담당자의 주요업무는 다음과 같다.

① 행사의 시간, 내용 등을 사전에 파악
② 행사에 필요한 장비의 반입시간, 화물엘리베이터 지원 등 지원업무 점검
③ 반입된 장비의 보관장소 안내
④ 특수한 장비(고전압 조명기, 불꽃 연출기, 폭죽 등)는 해당부서에 연락하여 설치 및 사용상 안전여부를 확인하도록 조치
⑤ 전기, 전화, 조명 등 전문 장비의 설치는 관련부서에서 협조하도록 조치
⑥ 행사장 무대의 설치, 조명 및 방송장비 등을 설치하는 경우 임의로 벽에 못을 박거나 고정 부착물을 파손하지 않도록 감독
⑦ 유명연예인이나 연주인이 출연할 경우 주최측과 협의하여 별도의 동선을 확보
⑧ 각종 출연자 대기실의 옷걸이, 거울, 음료수대, 기본 분장시설 점검
⑨ 행사도중 공연인들의 요구사항을 파악하여 협조
⑩ 행사 후 장비의 반출을 위한 화물엘리베이터의 사용시간을 확인하고 준비
⑪ 반입장비를 반출할 경우 호텔장비가 섞여 반출되지 않도록 일일이 점검
⑫ 행사 후 시설과 기물의 파손여부를 확인하여 보고하고 필요시 주최자와 공동 확인
⑬ 외부장비의 반출이 종료되면 행사장과 부속시설을 최종 점검하고 정리정돈

2. 행사진행시 유의사항

콘서트나 각종 전시회는 유료든 무료든 많은 관람객이 동시 입장하는 경우가 많으므로 행사의 원활한 진행과 사고방지에 주의해야 한다. 특히 행사장 입구에서 일정한 기준에 의해 입장객을 통제하지 않을 경우 상당한 문제가 야기될 수 있으므로 각 업무별로 담당자를 정하여 행사진행에 차질이 없도록 한다.

① 입장고객은 도착순서에 의해 정렬시킨다. 이때 로프(Stantion & Rope)를 사용하여 대기줄을 정리하면 효과적이다.
② 특별한 경우가 아니면 공연장에는 음식물의 반입을 금지한다.
③ 디너쇼(Dinner Show)에는 외투를 입은 채 입장할 수 없으므로 입구에서 번호표를 교부하고 외투를 보관한다. 고객의 외투는 대단히 고가인 경우가 많으므로 번호표의 관리에 매우 주의해야 한다.
④ 입장시 동시에 많은 인원이 입장하지 않도록 한다.

⑤ 지정석이 있는 경우 입구에 좌석배치도를 준비하여 입장객들의 좌석확인을 돕는다.
⑥ 행사장 내에는 적정 안전요원을 배치하여 안전사고를 예방한다.
⑦ 공연도중 흥분한 관객들이 무대에 오르거나 무대 앞으로 몰려나오지 않도록 조치한다.
⑧ 공연도중 관객들이 의자에 올라가면 뒤에 앉은 관람객의 시야를 가리고 매우 위험할 뿐만 아니라 의자의 청결에도 문제가 발생하므로 적극 주의시킨다.
⑨ 공연종료 후 한꺼번에 관람객이 퇴장하지 않도록 각 구역을 정해 순차적으로 퇴장시킨다.
⑩ 일부 관람객이 출연자에게 사인을 받기 위해 무질서하게 접근하지 않도록 한다.
⑪ 퇴장시 맡겨둔 외투나 소지품은 번호표를 확인하고 정확히 인계한다. 특히 비슷한 외투끼리 바뀌지 않도록 주의한다.

제9절 결혼식 서비스

1. 호텔 결혼식의 종류

호텔 연회장에서의 결혼식은 호텔이 자체적으로 운영하는 결혼식과 연회장을 결혼식장으로 임대해 외부 용역업체가 운영하는 결혼식으로 구분한다. 또 결혼식의 형식에 따라 서양식, 전통혼례식, 기독교식, 불교식, 천주교식 등으로 구분하기도 한다. 호텔에서는 다양한 형식의 결혼식이 진행되나 가장 많은 형식은 서양식 및 기독교식 결혼이다.

1) 운영주체에 의한 분류

(1) 호텔직영 결혼식

① 호텔에서 직접 운영하는 결혼식으로 예식 및 피로연을 모두 호텔에서 한다.
② 양가 하객수를 합쳐 200명 이상인 결혼식에 적당하며 하객수가 500명 이

상인 경우가 대부분이다.

③ 호텔에서 결혼식과 피로연을 모두 하므로 격조 높은 결혼식을 할 수 있다.

④ 결혼식에 다양한 이벤트를 실시하여 일반 결혼식장과 차별화된 서비스를 제공한다.

⑤ 시간이 많이 소요되므로 각 예식장별로 점심과 저녁에 각 1회만 결혼식이 가능하다.

⑥ 신랑신부 화장, 드레스, 사진 및 비디오 촬영, 폐백 등 각종 결혼식 준비를 한 곳에서 할 수 있고 호텔 부대시설을 최대한 활용할 수 있어 편리하다.

⑦ 혼주와 하객 모두 시간에 구애받지 않아 편안하고 품위 있는 결혼식을 할 수 있다.

⑧ 결혼식 비용이 많이 들기 때문에 하객의 수를 잘 예측해야 한다.

(2) 임대운영 결혼식

① 호텔의 용역업체가 연회장의 일부를 결혼식장으로 운영하는 방법이다.

② 결혼식장의 임대는 효율성을 위해 중연회장 정도의 크기가 적당하다.

③ 일반적으로 하객의 총 수가 200명 이하인 경우에 적합하다.

④ 호텔직영 결혼식과 달리 각 예식장별로 2시간의 결혼식 시간을 두어 효율성을 높인다.

⑤ 호텔 주위의 식당에서 피로연을 하는 경우가 많으므로 인근에 피로연을 할 수 있는 식당들이 있는 호텔이 편리하다.

⑥ 2개 이상의 결혼식장에서 결혼식을 할 경우 시작시간을 30분 이상 시차를 두는 것이 운영상 효과적이다.

⑦ 결혼식장 이외의 다양한 호텔 부대시설을 활용할 수 있어 서비스를 향상시킬 수 있다.

2) 형식에 의한 분류

호텔에서의 결혼식은 서양식 결혼식을 기준으로 다양하게 변형되고 있으나 그 기본 식순은 크게 차이가 없다. 특히 호텔결혼식은 1부는 결혼식, 2부는 피로연으로 구성하여 화려하게 진행하며 여러 가지 이벤트를 함께 진행하므로 신랑신부는 물론 하객들에게도 잊지 못할 추억을 제공하고 있다. 호텔에서의 한국 전통혼례와 불교식 혼례는 장소와 예식진행상의 어려움 때문에 거의 실시되지 않고 있다.

(1) 서양식 결혼식

기독교식에서 변형된 형태로 현재 우리나라에서 가장 많은 결혼식 형태이다. 기독교식과 달리 종교의식이 없고 사회자가 결혼식을 진행하는 것이 특징이다. 기본적인 식순은 아래와 같으나 약간씩 변경되기도 한다.

개식사시 사회자가 주례에 대한 약력을 소개하며 신랑신부에 대한 소개는 주례가 하는 경우가 많다. 또 신랑신부와 양가 부모가 함께 하객에게 인사를 하기도 하며, 이때 양가의 대표가 인사말을 하기도 한다.

(2) 기독교식

서양의 기독교식 결혼식에서 유래되어 우리나라 기독교계에서 진행되고 있는 결혼식 형태이다. 교회별로 식순에 다소 차이가 있는데 기독교식의 가장 큰 특징은 예배순서가 있고 사회와 주례를 모두 목사가 담당하는 것이다. 교회에서 진행할 경우 일요일에는 결혼식을 개최하지 않는다.

〈표 8-16〉 기본적인 서양식과 기독교식 결혼식순

순서	서양식 결혼식순	기독교식 결혼식순
1	개식사(사회자)	개식사(목사)
2	화촉(양가부모)	화촉(양가부모)
3	신랑 입장	신랑 입장
4	신부 입장	신부 입장
5	신랑신부 맞절	신랑신부 맞절
6	혼인서약(주례)	예배(찬송, 기도, 성경봉독, 찬양, 설교)
7	예물(반지)교환	혼인서약(목사)
8	성혼선언(주례)	성혼선언(목사)
9	주례사	축가
10	축가	인사 및 광고(양가 대표)
11	인사 및 광고(양가 대표)	축도(목사)
12	양가 부모님께 인사	양가 부모님께 인사
13	신랑신부 내빈께 인사	신랑신부 내빈께 인사
14	신랑신부 행진	신랑신부 행진
15	기념촬영	기념촬영

(3) 호텔직영 결혼식

호텔직영 결혼식은 서양식 결혼식을 기본으로 다양한 순서를 추가하여 보다 더 다채롭고 격조 높게 진행되고 있다. 결혼식은 크게 1부와 2부로 구성되며, 1부는 기본적인 결혼식순에 따라 진행되고, 2부는 피로연으로 진행되는데 이때 다양한 이벤트를 진행하여 뜻 깊은 결혼식이 되도록 하고 있다.

〈표 8-17〉 호텔 직영 결혼식순

순서	1부 결혼식	2부 피로연
1	사회자 입장	사회자 입장
2	개식선언	신랑신부 웨딩종 타종
3	양가 모친 입장	신랑신부 재입장
4	양가모친 촛불 점화 후 착석	신랑신부 기념촛불 점화
5	주례 등단 및 주례 소개	신랑신부 케이크 촛불 점화
6	신랑 입장	신랑신부 케이크 절단
7	신부 입장	신랑신부 샴페인샤워 잔 채우기
8	맞절	축배
9	혼인서약	식사시작
10	예물(반지)교환	축하공연 시작
11	성혼선언문 낭독	신랑신부 하객테이블을 돌며 인사
12	주례사	–
13	축가 또는 축주 연주	–
14	양가 부모님께 인사	–
15	내빈께 인사	–
16	행진	–
17	안내(피로연장 및 2부 프로그램)	–

2. 호텔 결혼식 서비스

1) 메뉴계획

결혼식 메뉴는 일반 연회용 메뉴보다는 결혼식을 축하하는 데커레이션을 한 결혼식메뉴를 제공하는 것이 좋다. 메뉴는 양식, 한식, 도시락 등을 다양한 가격대로 구성한다.

2) 서비스 인원계획

결혼식 서비스 인원계획은 크게 결혼식과 피로연으로 구분하여 인원계획을 작성한다. 특히 결혼식은 순서와 절차가 다양하고 의례적인 내용이 많아 각 순서별로 진행요원을 배치해야 한다. 일반적으로 호텔의 결혼식에서는 숙련된 진행요원을 2명 이상 배치하며, 폐백실도 2명을 배치하여 결혼식 시작부터 끝까지 각종 의례적인 사항을 도와야 한다. 피로연에 소요되는 서비스 인원은 일반 연회와 같이 하객수와 제공되는 메뉴를 고려해 배치한다.

〈표 8-18〉 호텔직영 예식장 운영시 인원계획(L호텔)

직책	인원수	담당업무	비고
과장	1	예식장 총괄	정직원
지배인	1	예식업무 진행	정직원
사원(남)	1	행정업무	정직원
사원(여)	1	행정업무	정직원
Receptionist(여)	1	예식장 및 결혼식 안내	임시직(아르바이트)
예약(여)	2	예약업무	정직원
사진사	2	사진 및 비디오 촬영	정직원
예식장 Hall관리(여)	4	예식 진행 보조	정직원+아르바이트
폐백실(여)	3	폐백진행 및 폐백실 관리	정직원+아르바이트
Dress Shop(여)	2	드레스 대여업무	정직원=아르바이트
계	18		

3) 결혼식 협력사 운영계획

결혼식을 잘 진행하기 위해서는 연주인 공급업체, 사진관, 폐백업체, 미용실, 이용실, 드레스업체, 이벤트사 등 결혼식과 관련된 외부 협력사와 사전에 용역계약을 체결해야 한다. 또 결혼식 진행요원은 이 용역회사들이 결혼식의 각 순서마다 차질 없이 약속된 서비스를 제공하도록 점검해야 한다.

특히 결혼식은 다시 진행할 수 없기 때문에 외부 용역회사의 급작스런 사고에 대비해 예비 주례, 예비 연주인, 예비 사진 및 비디오촬영 등에 대한 비상조치 계획도 세워두어야 한다.

제10절 연회장 안전관리

연회장은 연중 다양한 행사가 계속되고 많은 인원이 이용하기 때문에 여러 가지 안전관리상의 문제가 발생된다. 따라서 연회장에서는 모든 종사원들에게 주기적이고 체계적인 안전관리 교육을 실시하여 각종 사고를 방지하여야 한다.

1. 개인 안전관리

① 연회장의 각종 장비를 다룰 때에는 면장갑을 착용하여 다치지 않도록 한다.
② 장비는 아무리 무겁더라도 다루는 수칙을 준수하면 큰 어려움이 없으므로 장비이용 수칙을 숙지하도록 한다.
③ 장비의 이동시 장애물 여부를 확인하고 항상 천천히 이동한다.
④ 장비를 사용할 경우 무리한 힘을 가하여 파손되지 않도록 한다.
⑤ Portable Stage, 유압사다리 등 극히 무거운 장비는 이상유무를 확인한 후 사용한다.
⑥ 깨진 접시나 유리잔을 치울 경우 절대 맨손으로 잡지 않는다.
⑦ Cart류를 이동시킬 때 턱이 있는 경우는 반드시 앞에서 잡아끌어야 한다.
⑧ 연회행사 도중 아무리 바빠도 뛰어다니지 않는다.
⑨ 테이블 세팅 또는 서비스시 기물을 너무 무겁게 들고 다니지 않는다.

2. 연회장 안전관리

① 장비류를 연회장에 비치할 경우 벽과 30cm 이상 띄워 벽이 긁히지 않도록 한다.
② 양면테이프, 스카치테이프, 압핀 등을 벽에 사용하여 흠이나 얼룩이 지지 않도록 한다.
③ 화환, 화분, 장식물을 연회장 문 앞에 세워서는 안된다.
④ 테이블과 의자는 전용 Cart를 사용하거나 들어서 옮긴다. 절대 바닥에 끌지 않는다.
⑤ 무거운 장비 또는 화분을 옮길 경우 전용 Cart를 사용하여 카펫이 손상되

지 않도록 한다.

⑥ 카펫의 오염이 우려되는 시설물의 설치, 페인트나 물감을 사용하는 작업에는 바닥에 비닐 또는 보호천을 깔고 작업한다.

⑦ 무대바닥은 광택처리가 되어 있기 때문에 무대에서 작업을 할 경우 반드시 바닥보호천을 깔고 작업한다.

⑧ 천장의 바텐(Batten)라인에 조명기구를 설치할 경우 부착되어 있는 조명기구를 임의로 이동하지 않는다.

⑨ 조명기구 부착용 바텐을 임의로 철거 또는 변형시키지 않는다.

3. 화재예방

① 알코올, 성냥, 양초, 부탄가스 등 인화성 물질은 반드시 별도의 지정된 보관함에만 보관한다.

② 알코올을 사용하는 뷔페는 행사장에 반드시 소화기, 석면포를 비치한다.

③ 담배꽁초는 꺼진 것이라도 반드시 분리수거한다.

④ 외부에서 반입한 조명기구, 방송기기 등 전기를 사용하는 장비는 사전에 담당부서에서 안전여부를 확인받아 사용한다.

⑤ 전기장비는 장기계획 및 예산을 편성하여 주기적으로 점검, 보완, 보수, 교체한다.

⑥ 단전시 안내방송, 비상대피 등 예상되는 상황별로 대책을 수립하고 훈련을 실시한다.

⑦ 단전에 대비해 손전등 같은 비상용품을 확보하고 비치장소를 숙지시킨다.

⑧ 장기 단전시 도난 등에 대비한 자체 경비팀을 조직하고 훈련을 한다.

⑨ 불을 이용한 연출 행사는 반드시 방화담당자의 입회하에 행사를 한다.

⑩ 화재발생에 대비해 소화전과 소화기의 위치를 숙지시키고 평소 주기적인 연습으로 사용방법을 숙달시킨다.

⑪ 평소 화재, 안전사고 발생에 대비한 비상연락망과 고객의 안전한 대피, 환자발생시 응급조치 및 병원으로의 긴급 후송체계를 확립한다.

부록

1. 냅킨(Napkin) 접기

2. 호텔연회 전문용어

부록 1. 냅킨(Napkin) 접기

1. 고깔모자(Cone Hat)

① 냅킨을 반으로 접는다.
② 위에서 아래로 대각선 방향으로 접어 내린다.
③ 접은 면을 좌측으로 한 번 더 접는다.
④ 왼쪽부분을 대각선부분으로 접어 내린다.
⑤ 냅킨의 중심을 기준으로 좌 하단부분을 뒤집어서 접어 올린다.
⑥ 보관시에는 ⑤와 같이 접어 쌓아 보관하고 사용시 고깔모자가 되도록 편다.

①
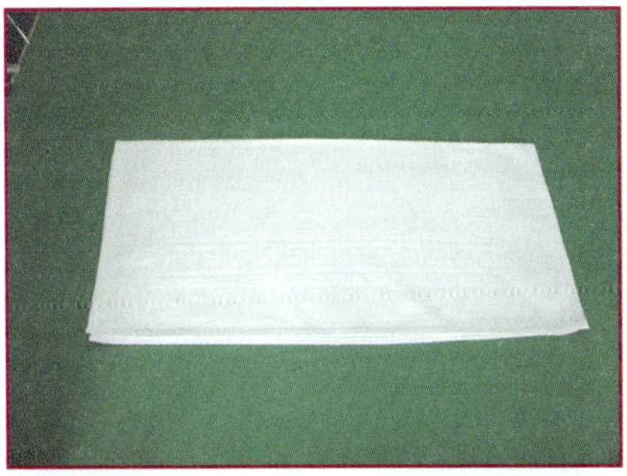

②
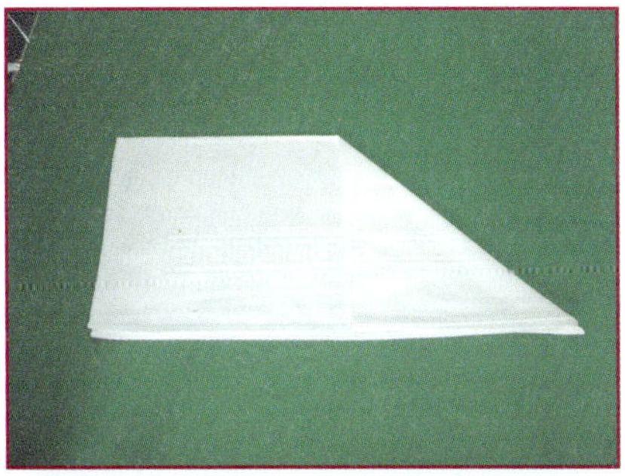

③

④

⑤

⑥

2. 닭 벼슬(Cock's Comb)

1) 냅킨을 위에서 아래로 반을 접은 후 ②와 같이 왼쪽에서 오른쪽으로 또 반을 접는다.
2) ③과 같이 대각선 방향으로 접어 올린다.
3) ④와 같이 삼각형 모양으로 놓은 후 가운데를 중심으로 양쪽을 안쪽으로 접는다.
4) ⑤와 같이 삼각형 밑부분은 뒤쪽으로 접어 넣고 ⑥과 같이 가운데가 올라오도록 접는다.
5) ⑦과 같이 닭 벼슬 모양으로 잘 펴고 ⑧과 같이 Show Plate에 올려놓는다.

①

②

③

④

⑤
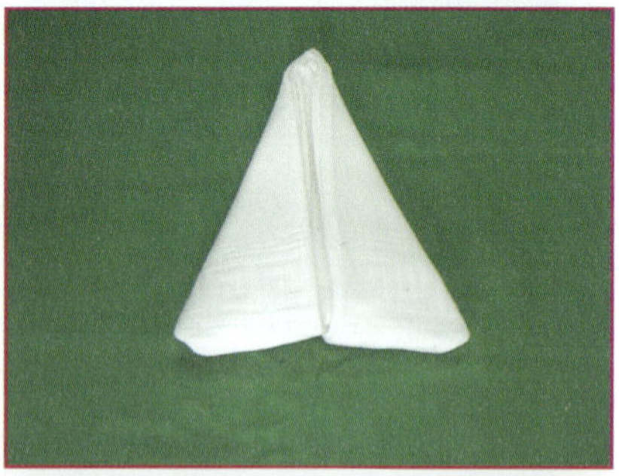

⑥
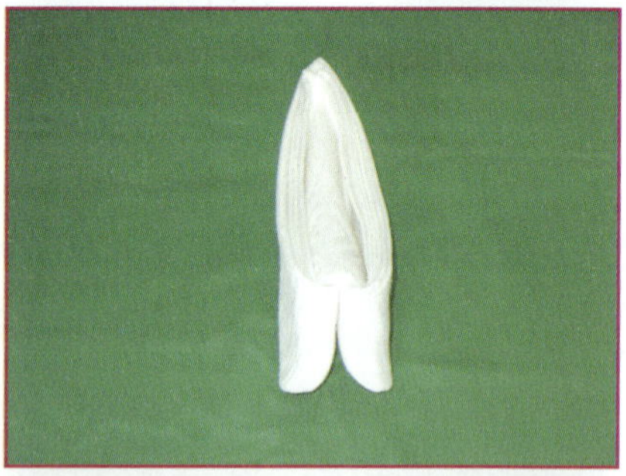

⑦

⑧

3. 바이킹 모자(Viking Hat)

1) 냅킨을 위에서 아래로 역삼각형으로 반을 접은 후 ②와 같이 아래로 또 반을 접는다.
2) ③과 같이 위쪽 냅킨을 반을 접어 올린 후 ④와 같이 끝을 좌우로 접는다.
3) ⑤와 같이 아래쪽 부분을 접어 올린 후 ⑥과 같이 밑부분에 테두리가 생기도록 접는다.
4) ⑦과 같이 둥글게 말아 양쪽 모서리를 냅킨 사이에 넣고 Show Plate에 올려놓는다.

①

②

③

④

⑤
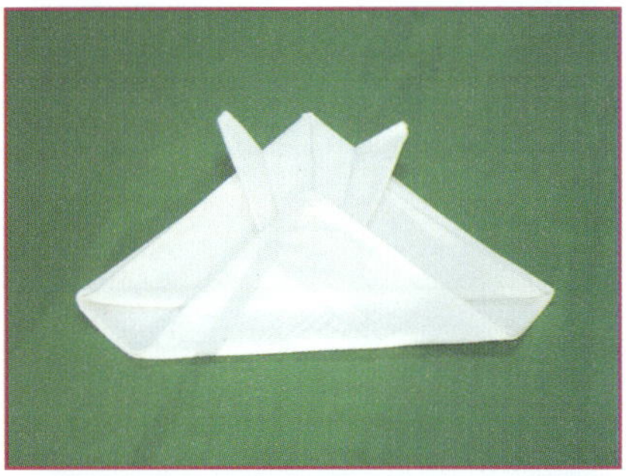

⑥
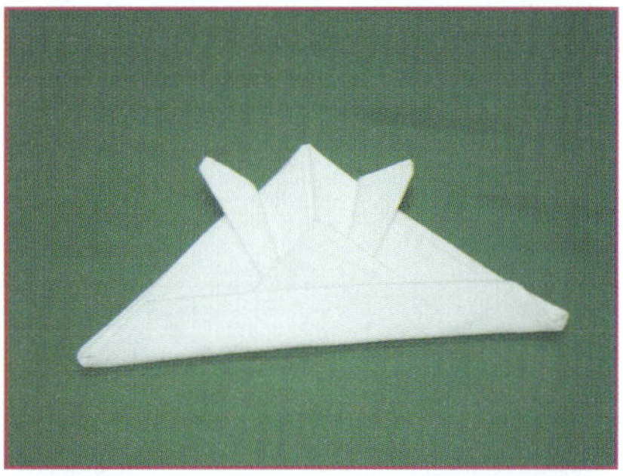

⑦
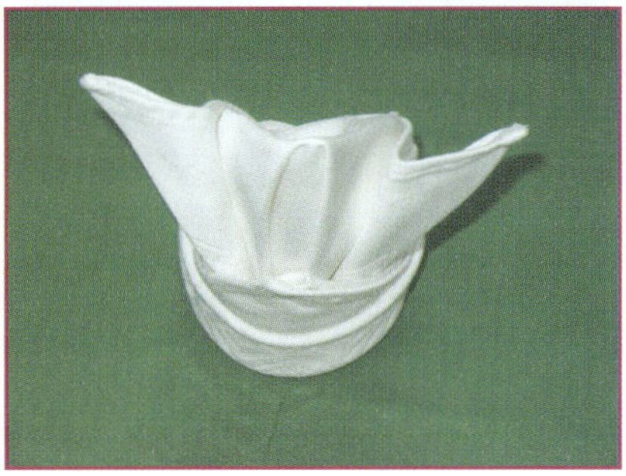

⑧

4. 방패(Shield)

1) 냅킨을 위에서 아래로 반을 접은 후 ②와 같이 왼쪽으로 또 반을 접는다.
2) ③과 같이 마름모꼴로 놓고 맨 위쪽 면의 반을 접어올린 후 뒤집는다.
3) ④, ⑤같이 좌우측 1/3 부분을 안으로 접고 ⑥과 같이 끝부분을 냅킨 사이에 넣는다.
4) ⑦과 같이 뒤집어 보관하고 사용시 기물꽂이로 사용한다.

①

②

③

④

⑤

⑥

⑦

⑧

5. 별(Star)

1) 냅킨을 4등분하여 위에서 아래로 반을 접고 또 아래서 위로 반을 접어 올린다.
2) ②와 같이 위에서 아래로 한 번 더 반을 접는다.
3) ③과 같이 가운데를 중심으로 규격을 맞추어 ④와 같이 지그재그로 접는다.
4) ⑤와 같이 각 모서리를 꺾어 내린 후 ⑥과 같이 접어 보관한다.
5) ⑦, ⑧과 같이 펼쳐서 사용한다.

①

②

③
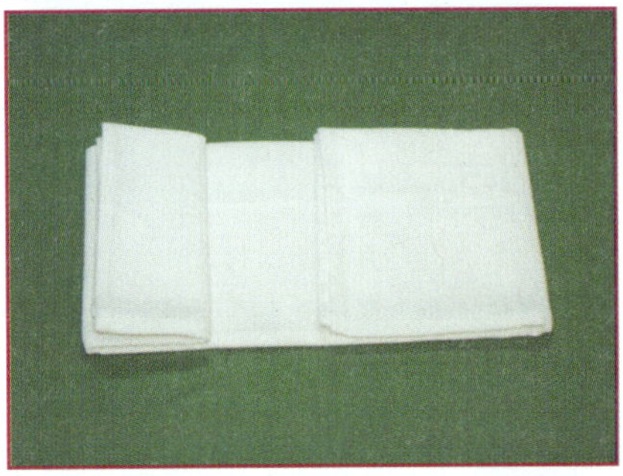
④

⑤

⑥

⑦

⑧

6. 부채(Folding Fan)

1) 기본적으로 별(Star)을 접는 방법과 같은 방법으로 만든다.
2) 냅킨을 4등분하여 위에서 아래로 반을 접고 또 아래서 위로 반을 접어 올린다.
3) ②와 같이 위에서 아래로 한 번 더 반을 접는다.
4) ③과 같이 가운데를 중심으로 규격을 맞추어 ④와 같이 지그재그로 접어 보관한다.
5) ⑤, ⑥과 같이 펼쳐서 Show Plate에 올려놓는다.
6) ②번을 접을 때 윗면과 아랫면에 차이를 두면 2겹 부채를 만들 수 있다.

①

②

③

④

⑤
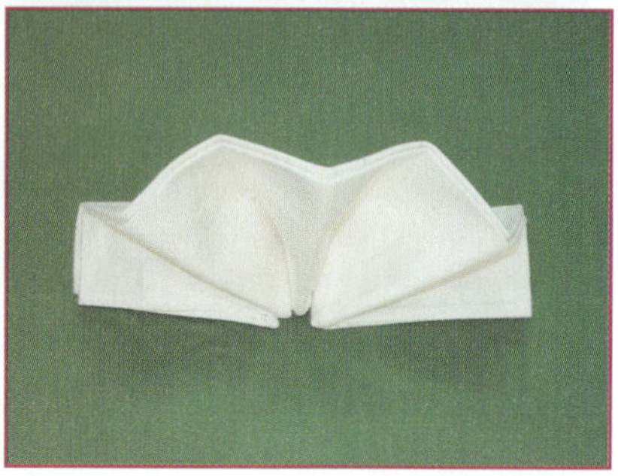

⑥

7. 왕관(Crown)

1) 냅킨을 ②와 같이 삼각형으로 반을 접어 올린 후 양쪽 모서리도 ③과 같이 접어 올린다.
2) ④와 같이 마름모의 아랫부분을 위로 접어 올리고 ⑤같이 모서리를 꺾어 내린다.
3) 양손으로 ⑥과 같이 받쳐 들고 뒤쪽으로 둥그렇게 말아 냅킨의 사이에 끼워 넣는다.
4) ⑦과 같이 펴서 ⑧과 같이 Show Plate에 올려놓는다.

①

②

③

④

⑤

⑥
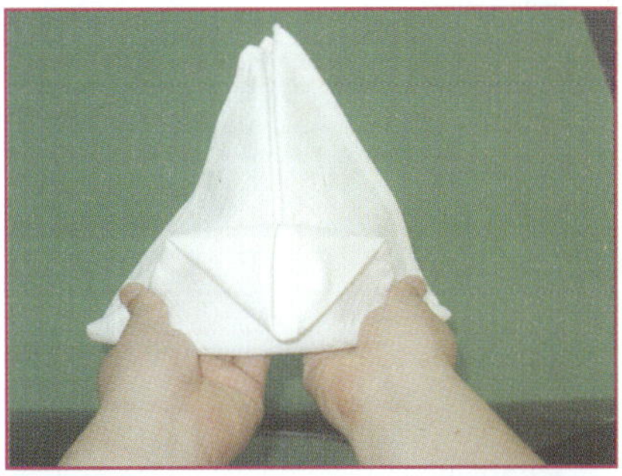

⑦
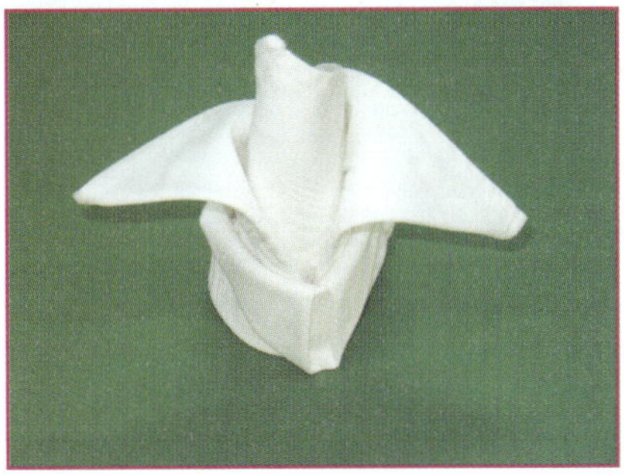

⑧

8. 원통(Roll)

1) 냅킨을 3등분하여 ②와 같이 1/3 지점을 위에서 아래로 접는다.
2) ③과 같이 아래쪽 냅킨을 위쪽으로 접어 올린다.
3) ④와 같이 왼쪽이 3~5cm가 남도록 오른쪽 부분을 왼쪽으로 접는다.
4) ⑤와 같이 왼쪽의 남은 부분을 먼저 접은 후 오른쪽으로 둥글게 말아 감는다.
5) ⑥과 같이 리본으로 묶거나 냅킨 링(Napkin Ring)에 끼워 사용한다.
6) 냅킨 링(Napkin Ring) 대신, 호텔의 로고(Logo)나 신랑신부의 사진 등 행사관련 이미지를 인쇄한 종이 링을 사용하면 행사의 품격을 높이는 데 매우 효과적이다.

①

②

③

④

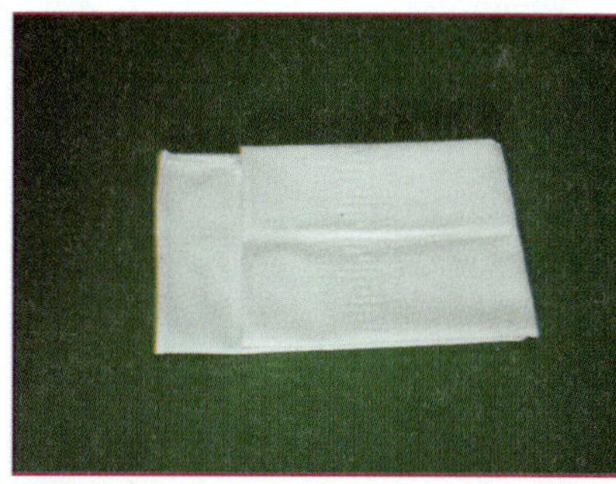

⑤

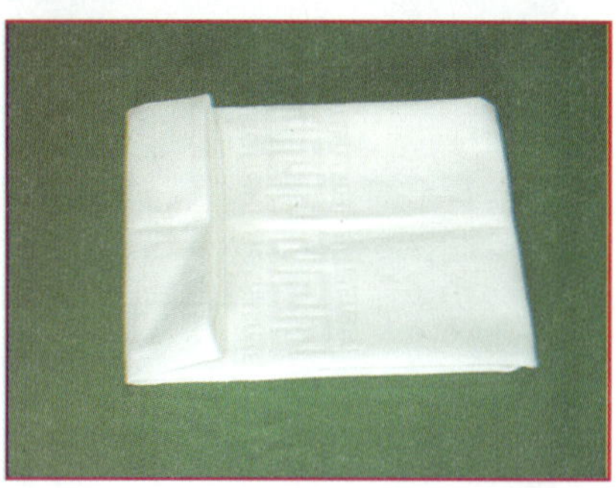

⑥

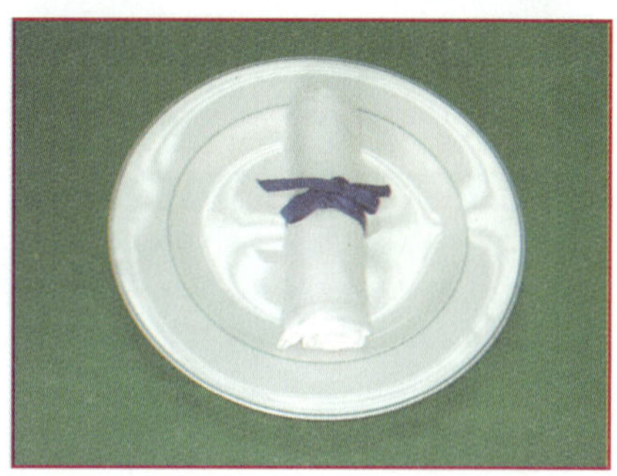

9. 주교 모자(Bishop's Hat)

1) 냅킨을 아래에서 위로 반을 접어 올린 후 ②와 같이 가운데를 기준으로 양쪽을 접는다.
2) ③과 같이 뒤집어 가로방향으로 놓은 후 ④와 같이 아래 반쪽을 위로 접어 올린다.
3) ⑤와 같이 오른쪽 밑에 있는 삼각형 부분을 빼낸 후 ⑥과 같이 왼쪽 삼각형 부분의 정중앙을 수직으로 접어 오른쪽 냅킨의 접힌 사이에 끼운다.
4) ⑥번을 뒤집어 놓은 후 ⑦번처럼 다시 한 번 접어 끼운 후 ⑧과 같이 펴서 사용한다.

①

②

③

④

⑤

⑥

⑦

⑧

10. 주머니(Pocket)

1) 냅킨을 아래에서 위로 반을 접어 올린 후 왼쪽에서 오른쪽으로 다시 반을 접는다.
2) ②와 같이 맨 위쪽 냅킨의 1/3 부분을 대각선으로 접은 후 ③과 같이 끝에서 3cm 정도 떨어지게 한 번 더 접는다.
3) ④와 같이 둘째 냅킨을 접은 다음 ⑤와 같이 한 번 더 접어 층이 생기도록 밑에 끼운다.
4) ⑥과 ⑦같이 좌우 1/3 부분을 뒤로 접어 보관하고 ⑧과 같이 기물을 넣어 사용한다.

①

②

③

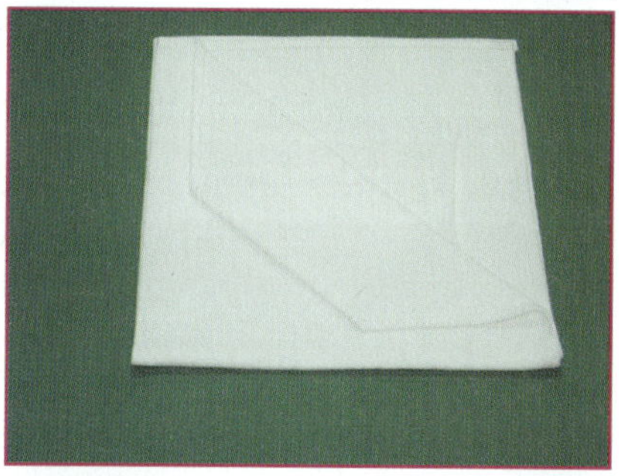

④

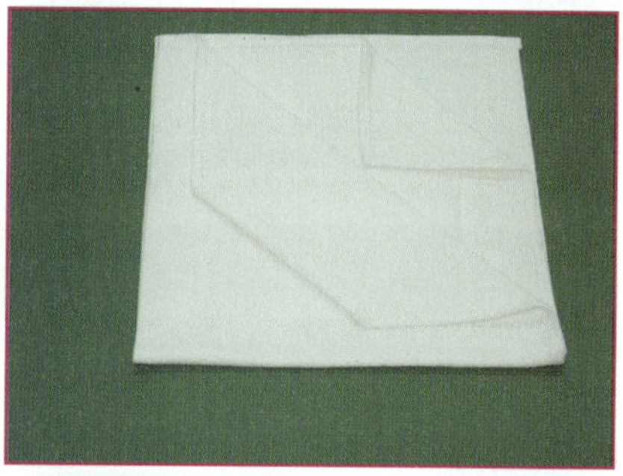

⑤

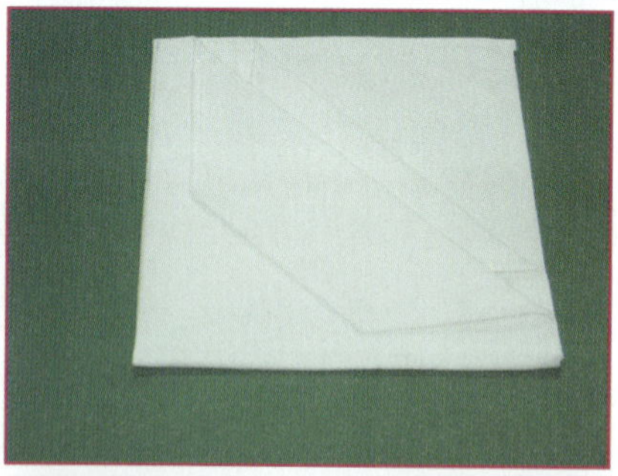

⑥

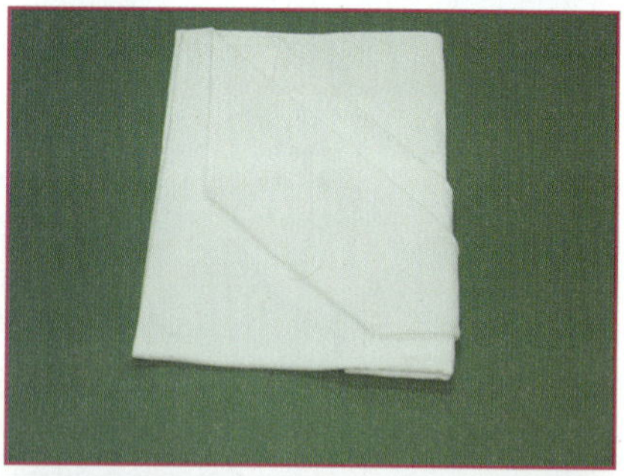

⑦

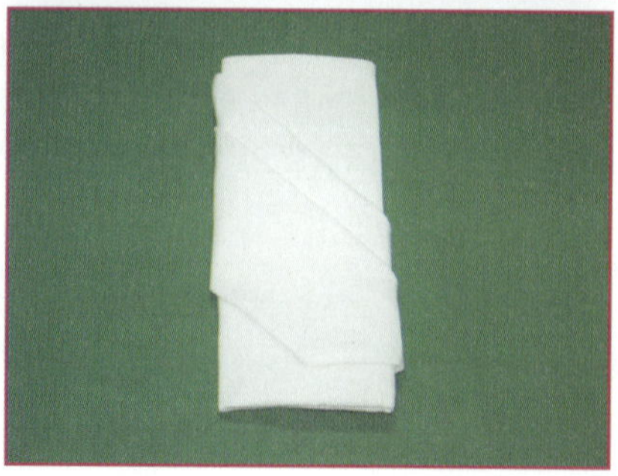

⑧

11. 청지기 모자(Butler's Hat)

1) 냅킨의 1/3 부분을 위에서 아래로 접어 내린 후 ②와 같이 아랫부분을 위로 접어 올린다.
2) ③과 ④와 같이 가운데를 중심으로 양쪽을 안으로 접는다.
3) ⑤와 같이 아랫부분을 접어 올린다.
4) ⑥과 같이 양손으로 잡고 뒤로 둥그렇게 말아 양쪽 끝을 냅킨 사이에 끼운다.
5) ⑦과 같이 테이블에 그대로 놓거나 ⑧과 같이 Show Plate에 올려놓는다.

①

②

③

④

⑤

⑥
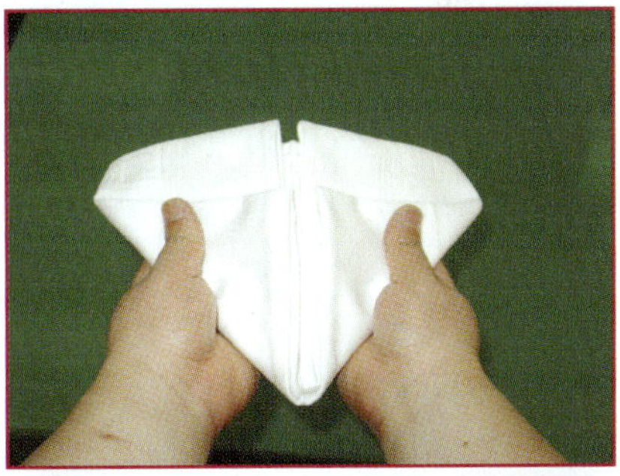

⑦

⑧

12. 추기경 모자(Cardinal's Hat)

1) 냅킨을 삼각형 모양으로 반을 접어 올린다.
2) ②와 같이 가운데를 중심으로 양쪽 모서리를 다시 한 번 위쪽으로 접어 올린다.
3) ③과 같이 마름모꼴의 가운데를 뒤로 접는다.
4) ④와 같이 양손으로 받쳐 잡고 ⑤와 같이 둥글게 말아 양쪽 모서리를 냅킨의 접힌 사이에 끼운다.
5) ⑥과 같이 접시에 올려놓거나 그대로 테이블 위에 올려 사용한다.

①

②

③

④
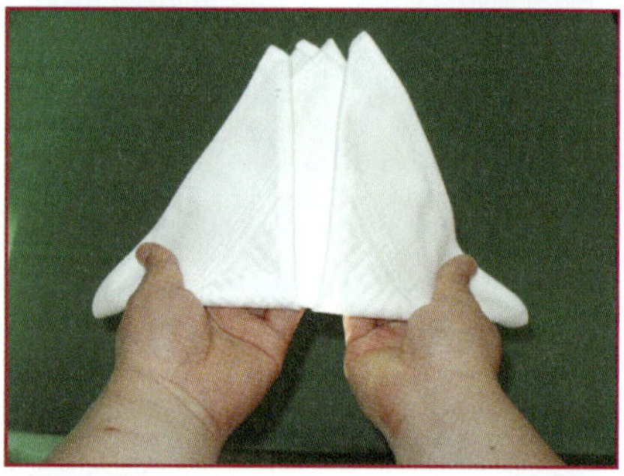

⑤
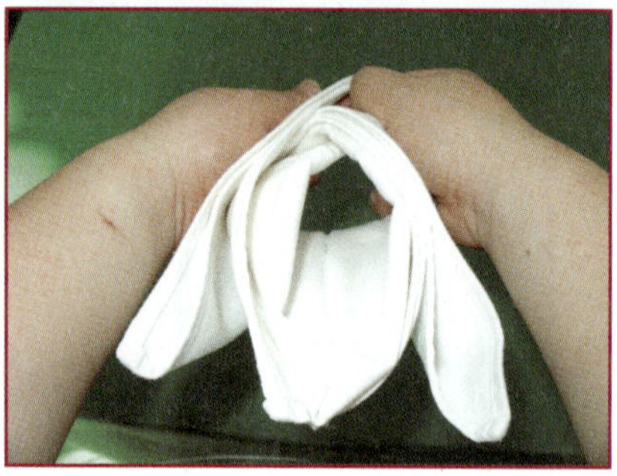

⑥

13. 엉겅퀴(Artichoke)

1) 냅킨의 네 모서리를 ②와 같이 가운데를 중심으로 안쪽으로 접는다.
2) ③과 같이 다시 한 번 더 접는다.
3) ③을 뒤집어서 ④와 같이 한 번 더 접어 보관한다.
4) 사용시 ⑤와 같이 접시에 올려놓고 모서리 부분에 접혀 있는 냅킨을 위로 펴 올린다.
5) ⑥과 같이 뜨거운 Soup Plate나 촛대의 밑받침(Under liner)으로 사용한다.

①

②

③

④

⑤

⑥

14. 턱시도(Tuxedo)

1) 냅킨을 역삼각형으로 반을 접어 내린다.
2) ②와 같이 가운데를 중심으로 둥글게 아래로 접은 후 뒤집어 놓는다.
3) ③과 같이 가운데를 기준으로 턱시도 모양으로 양쪽을 접어 내린다.
4) ③을 뒤집어서 ④와 같이 양쪽 모서리를 안쪽으로 한 번 더 접는다.
5) ⑤와 같이 밑부분을 접어 올린 후 뒤집어서 ⑥과 같이 사용한다.

①

②

③

④

⑤

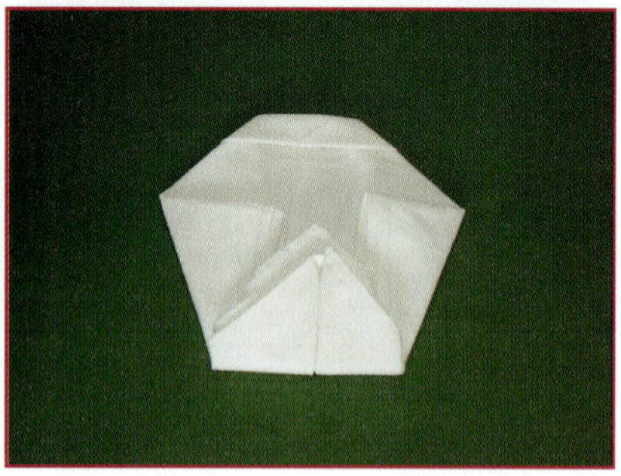

⑥

15. 패널(Panel)

1) 냅킨의 아래, 위쪽 1/4부분을 가운데까지 접는다.
2) 접은 냅킨을 ②와 같이 세로로 놓고 위, 아래를 가운데까지 다시 접는다.
3) ③과 같이 아래쪽을 위쪽 1/2부분까지 올려 접는다. 이때 어디까지 올리는가에 따라 냅킨의 크기가 결정된다.
4) ④와 같이 Show Plate 위에 올려놓는다. 필요에 따라 3겹으로 만들어 사용한다.

①

②

③

④
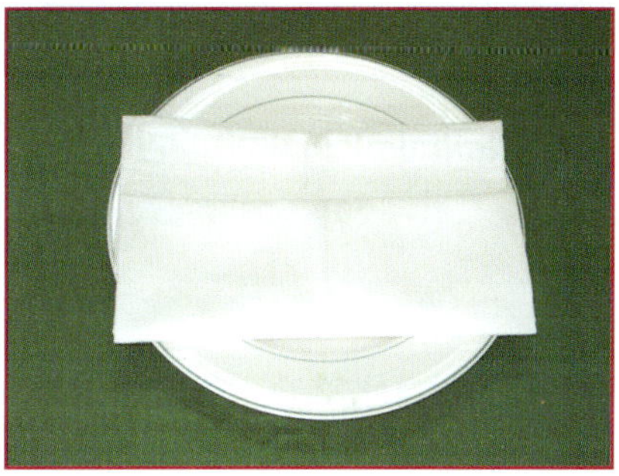

16. 기타 다양한 냅킨 모양

좌측부터 신발, 촛대, 촛불, 장미

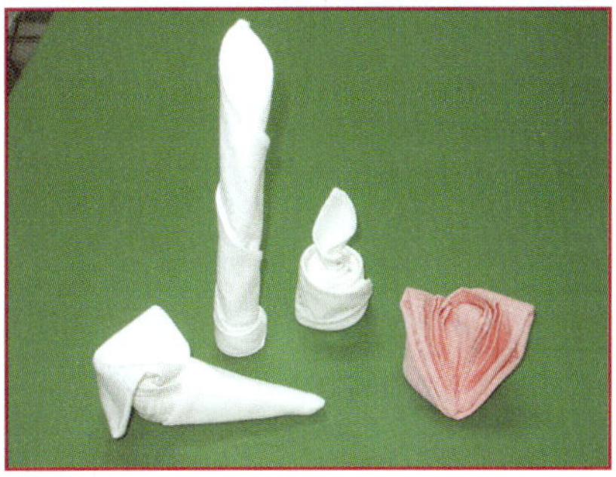

부록 2. 호텔연회 전문용어

※ (불) : 프랑스어, (독) : 독일어, (이) : 이탈리아어

1. A La
   (불) 방법이나 형태에 있어서 '…가지고, …에 따라서'의 의미.

2. A La Carte
   (불) 일품요리. 메뉴(식단)를 보고 한 가지씩 주문하는 방식의 메뉴. 반대말은 Table d'hôte (정찬).

3. A La Mode
   (불) 파이(Pie)나 케이크 위에 아이스크림을 올려 만든 디저트.

4. Abbreviation
   약자. 단어의 Full Spelling을 통일된 방법으로 줄여 간편하고 알아보기 쉽게 만든 약어.

5. Account
   호텔과 거래를 맺고 있는 기업체나 여행사 등의 거래선.

6. Additional Charge
   추가요금.

7. Admission Fee
   입장료. 관광지나 극장식당 등의 입장료.

8. Advance Payment
   선불. 객실료나 식음료 요금을 미리 지불하는 것. Advance Pay.

9. After dinner Cart
   고급식당이나 VIP객실에서 여러 종류의 Brandy 및 Liqueur를 진열하여 고객이 마실 수 있도록 만든 전시용 수레.

10. After dinner Drink
    식후주. 식후에 마시는 술로 Cognac, Liqueur 등이 주로 이용됨.

11. Afternoon Tea
영국의 전통적인 식사습관으로 점심과 저녁식사 사이에 Milk, Tea와 Toast를 함께 먹는 간식.

12. Agent
여행업자. 또는 항공사나 여행사의 대리점.

13. Air Duct
공기 통풍구.

14. Alcoholic Coffee
각종 술을 넣어 마시는 커피의 총칭. Irish Coffee 등.

15. Allowance
① 수납 담당자가 할인을 해주어야 할 경우 할인 사유, 근거 등을 기재해 올리는 할인허가 결재.
② 항공기 탑승시 무료수하물 허용량.
③ 외국으로 갈 때 신고 없이 소지할 수 있는 돈의 허용 금액.

16. American Breakfast
계란요리에 주스, 토스트, 커피가 제공되는 미국식 아침식사. 베이컨, 햄, 소시지 등이 추가되기도 함.

17. American Coffee
보통의 커피보다 묽게 추출한 커피.

18. American Service
식탁에 미리 기물을 세팅(Setting)해 두고 모든 음식을 주방에서 접시(Plate)에 담아 손이나 트레이로 서브하는 방법. 이 서비스는 식당에서 일반적으로 이루어지는 서비스 형식으로 가장 신속하고 능률적이므로 고객 회전이 빠른 커피숍이나 연회장 등에 적합한 방식임.

19. Aperitif
식사 전에 식욕을 촉진시키기 위해 마시는 식전 음료.

20. Aperitif Wine
식사 전에 식욕을 촉진시키기 위해 마시는 와인. Dry Sherry, Vermouth, Dry White Wine 등이 대표적임.

21. Appetizer

식사를 시작하면서 식욕을 촉진하기 위해 먹는 전채요리. 전채는 찬 전채(Cold Appetizer)와 더운 전채(Hot Appetizer)가 있음.

22. Appetizer Plate

양식 Full Course Menu의 첫 코스인 Appetizer를 제공하는 접시. 지름이 25~27cm로 Main Plate보다는 작고 Dessert Plate보다는 큼.

23. Arm Chair

팔걸이가 부착되어 있는 의자.

24. Arm Towel

식사 서비스시 종업원이 팔에 걸쳐 사용하는 Cloth Napkin의 일종으로 주로 백색이며 서비스타월(Service Towel)이라고도 함.

25. Art Room

장식담당실. 호텔의 연회행사, 간판, 각종 데커레이션 등 호텔 자체의 장식을 담당하는 부서.

26. Aspic

육류, 생선, 가금류 등의 단백질을 이용하여 만든 빨간 젤리.

27. Atrium

건물 내부의 정원 또는 휴식공간.

28. Attendance

회의나 컨벤션에 참가한 참가자수.

29. Au Jus

(불) 스테이크를 구울 때 흘러나오는 육즙.

30. Au Lait

(불) '우유로', '우유로 만든'의 뜻.

31. Average Check

객단가. 고객 1인당 매상고. Check Average라고도 표시.

32. Back of the House
호텔고객에게 노출되지 않는 장소 및 부서(사무실, 주방 등).

33. Backdrop
연회장이나 회의장의 사진이나 촬영을 위해 장식한 무대 뒤 배경.

34. Backside
연회장이나 식당의 서비스 준비장소. 대기실.

35. Bacon and Eggs
미국식 조식(American Breakfast)의 주요리로 제공되는 베이컨과 계란. 베이컨은 기름이 빠지도록 굽고 계란은 한쪽만 프라이를 하여 제공함.

36. Bagel
이스라엘의 대표적인 빵으로 물에 한 번 삶았다가 오븐에 구워내는 독특한 방법으로 만듦. 반으로 잘라 구워서 제공하며 훈제된 연어와 크림치즈를 곁들여 먹기도 함.

37. Baggage Tag
고객이 짐을 맡겨두는 경우 짐에 붙여놓는 꼬리표. 보관표.

38. Baked Alaska
케이크 위에 아이스크림을 올리고 머랭(Meringue)으로 씌운 다음 오븐에서 구워낸 알래스카식 디저트.

39. Ballroom
대형 연회장.

40. Banner
현수막.

41. Banquet
연회 또는 연회장. Function이라고도 하며 각종 회의 및 식음료를 판매하기 위한 제반 시설을 완비한 장소 또는 그 장소에서 단체 고객의 행사를 도와주고 식음료의 판매와 기타 부수적인 이용료를 수수하는 행위를 말함.

42. Bar
일반적으로 주류 및 음료를 전문적으로 판매하는 주장을 의미하나 술을 제외한 식음료를 판매하는 Bar를 말할 때도 쓰이며 이에는 샐러드 바(Salad Bar), 케이크 바(Cake Bar), 패스트리 바(Pastry Bar), 커피 바(Coffee Bar) 등이 있음.

43. Bar Trolley

연회장 등에서 칵테일 제조시 사용하는 바퀴가 달린 간이 바 왜건.

44. Barbecue

육류나 가금류 등에 소스를 바르면서 불에 직접 닿게 하여 통째로 굽는 방법.

45. Barista

(이) 바(Bar)의 종업원을 의미하였으나 현재는 전 세계적으로 수제커피 제조 전문가를 지칭함. 좋은 커피원두를 감별하고 배합하여 고객의 입맛에 최대한의 만족을 주는 커피를 만들어내는 수제커피 전문가임.

46. Bartender

조주사로 칵테일의 조주 및 주류 전반에 대한 서비스를 담당하는 사람.

47. Base

기주. 칵테일 제조시 기본이 되는 술. 진토닉의 경우 기주(Base)는 Gin임.

48. Batten

연회장의 천장에 있는 조명등이나 현수막, 깃발을 다는 긴 철봉.

49. B&B

Brandy와 Benedictine D.O.M을 반씩 섞은 칵테일.

50. B&B

Bed & Breakfast의 약자로 아침이 제공되는 유럽의 저렴한 여관.

51. B.B Plate

Bread and Butter Plate의 약자로 양식당에서 빵을 올려놓는 접시.

52. Beam Projector

레이저를 이용한 영상 투사기.

53. B.G.M

Back Ground Music의 약자. CD, Tape 등으로 방송하는 배경음악, 효과음악.

54. Bill
요금계산서.

55. Bill of Fare
메뉴(Menu)의 별칭.

56. Bin Card
품목별 입출고 현황표. 물건이 저장된 창고에 비치함.

57. Bin Number
재고관리를 위한 주류나 제품 품목의 번호.

58. Bisque
조개류와 새우, 게, 가재 등의 갑각류를 주로 사용하여 만든 진한 크림수프.

59. Black List
영업에 해를 끼치거나 신용이 불량한 고객 명단. 요주의 고객 명단.

60. Black Meat
가금류 중 고기의 색깔이 검은 오리, 거위, 뿔닭, 비둘기 등을 말함. 블랙미트의 특징은 목이 부드럽고 유연하며 몸통의 하부는 대체로 딱딱하고 두꺼운 지방층으로 둘러싸여 있음.

61. Blocking Room
국제행사나 VIP를 위해 객실, 또는 연회장의 일정구획을 한꺼번에 예약하는 것.

62. Boiled Egg
삶은 계란. Soft Boiled(3분), Hard Boiled(8분) 등이 있음.

63. Bon Appetite
(불) 식사 제공시 '즐겁게 드십시오'라는 말.

64. Bouillabaisse
(불) 여러 가지 생선과 바닷가재, 야채, 올리브유를 넣어 끓인 프랑스의 지중해식 생선수프.

65. Bouillon
(불) 쇠고기를 주재료로 우려낸 국물.

66. Bouquet

숙성된 와인에서 나는 복합적인 향. 이에 비해 아로마(Aroma)는 숙성되지 않은 와인에서 나는 포도의 향을 말함.

67. Bow Tie

턱시도나 연미복 착용시 매는 나비모양의 넥타이.

68. Brandy Snifter

브랜디용 글라스. Snifter 참조.

69. Break Down

장부에 판매수량과 재고를 체크하는 것.

70. Breakage

손망실. 기물이나 도구가 깨어지거나 망가져 사용할 수 없는 것.

71. Breath

와인을 부드럽게 하고 향이 더 잘 나도록 코르크 마개를 뽑아 공기와 접촉시키는 것.

72. Brioche Toast

둥근 비스킷 모양으로 작고 얇으며 부드럽게 만든 빵으로 캐비아를 먹을 때 이 빵에 올려 얇게 펴서 먹음.

73. Brochure

광고 또는 안내용 소책자.

74. Business Card

일반적인 명함. 사업용 명함.

75. Business Center

호텔 고객의 팩스, 복사, 전화, 전보, 컴퓨터 등의 업무를 도와주고 간단한 회의실을 제공해 주는 고객서비스용 사무실.

76. Butter Knife

버터를 빵에 바르는 나이프로 Butter Spreader라고도 함.

77. Caesar Salad

목제 그릇에 서양멸치젓(Anchovy), 마늘, 겨자, 계란 노른자 등을 넣고 식초와 식용유, 후추 등을 넣고 잘 비벼 드레싱을 만든 후 양상추를 넣고 다진 양파, 크루통, 치즈파우더 등으로 버무려 제공하는 즉석 샐러드. 율리우스 시저가 즐겨 먹었다고 한 데서 유래됨.

78. Café au Lait

(불) 카페오레. 커피와 우유를 반씩 섞어 큰 잔으로 아침에 마시는 커피. 영국과 미국은 Milk Coffee, 이탈리아에서는 Cafe Latte라고 함.

79. Call Brand

House Brand의 반대말로 주류의 주문시 고객이 특정 브랜드를 지정하여 주문하는 것.

80. Canapé

식욕 촉진을 위해 식전 음료에 제공되는 작은 안주로 작은 빵조각이나 토스트 또는 크래커 위에 바닷가재, 치즈, 연어, 청어, 가리비, 새우, 거위간, 캐비아, 안초비(멸치젓) 등을 얹어서 만듦.

81. Cancellation Charge

예약을 취소할 경우 지불해야 하는 예약취소 수수료.

82. Candelabra

나뭇가지 모양의 초꽂이가 여러 개 달려 있는 장식용 촛대.

83. Candle Touch

초에 불을 붙이는 길이가 긴 가스라이터.

84. Canteen

회사의 구내식당, 학교식당. Staff Canteen, Feeding이라고도 함.

85. Capacity(Capa)

① Capacity Room. 보유객실 총 수.
② 엘리베이터 등의 탑승허용 최대 중량. 최대 허용량.
③ 연회장의 수용가능 인원수.

86. Captain

Head Waiter. 식당 웨이터의 조장.

87. Carafe
와인을 잔에 따를 때 쓰는 손잡이가 달린 주전자 모양의 도기 또는 유리병. 보통 와인을 담아 서브할 때 사용.

88. Carbonated Drink
탄산음료. 천연 광천수와 같이 향이 없는 무향 탄산음료와 콜라, 사이다, 진저에일 같은 착향 탄산음료가 있음.

89. Cart
물건을 실어 나를 수 있는 바퀴 달린 모든 운반기구의 총칭.

90. Carver
뷔페식당의 음식 진열대에서 Roasted Beef나 Smoked Salmon 등을 썰어주는 요리사 또는 웨이터.

91. Cash Bar
호텔 연회장이나 행사장 내에 설치한 임시 Bar로 주최자가 아닌 고객이 요금을 지불하고 음료를 사서 마시는 바(Bar).

92. Cashier
수납원. 회계원.

93. Casserole
냄비. 도기나 금속으로 만든 내열성이 강한 냄비로 불에 직접 올려놓는 음식을 만들거나 담을 때 사용.

94. Caster Set
소금, 후추, 간장 등의 양념류를 한군데 담아놓는 기구.

95. Catering
출장연회. 지불능력이 있는 고객에게 요리되어 있는 음식을 제공하는 것을 뜻하거나 사사로운 파티나 음식서비스를 위하여 식료, 테이블, 의자, 기물 등을 고객의 가정이나 특정 장소로 출장서비스를 하는 것. Outside Catering 참조.

96. Cat Walk
조명기구나 음향기기를 달기 위해 임시로 설치하는 철골구조물.

97. Caviar

철갑상어의 알을 소금에 절인 것으로 빛깔이 연하고 알이 굵을수록 고급임.

98. Central Kitchen

여러 개의 식당을 경영할 때 경영합리화를 위해 각 식당에서 사용하는 요리를 한곳에서 생산하여 배급하는 주방을 Central Kitchen이라고 함. 미국에서는 Commissary라고도 함.

99. Cereal

곡물류. 주로 아침식사 때 우유에 넣어 먹는 곡물류.

100. Chafing Dish

연회 행사시나 뷔페식당에서 음식이 식지 않도록 알코올이나 전기로 열을 가하면서 뜨거운 음식을 담아 제공하는 금속제 용기.

101. Change

거스름돈. 잔돈.

102. Chaser

위스키 등 독한 증류주를 마실 때 희석을 위해 사용하는 물, 소다수, 콜라 등의 비알코올성 청량음료.

103. Chateaubriand

소의 안심 전체 덩어리(Tenderloin) 중 가운데 부분을 말하며 대개 1인분은 판매하지 않고 2인분씩 판매함.

104. Check

계산. 계산서.

105. Check Room

Cloak Room. 화물 보관소. 1일 이내 단기 보관소임.

106. Cheers!

건배! 건배를 하자는 제의. Toast!라고도 함.

107. Chef

식당의 주방장. (불) Chief라고 표시함.

108. Chef de Cuisine
(불) 식당의 주방장.

109. Chef de Rang
(불) 식당서비스 조직에 있어서 Captain. 수장. 조장. Captain.

110. Chilled Water
식당에서 고객의 Water Glass에 따라 주는 냉수. Cold Water.

111. Chinaware
도자기로 만든 식기류.

112. Chit Tray
거스름돈이나 영수증을 드릴 때 사용하는 작은 쟁반.

113. Chop
작은 고깃덩어리.

114. Cigar Box
Cigar를 담아 보관하는 전용상자. 습도 조절장치가 내부에 들어 있음.

115. Clerk
호텔 각 부문의 각종 업무관련 책임자.

116. Cloak Room
객실, 식당, 연회장 등에서 고객의 코트 또는 휴대품을 보관하는 임시보관소. Check Room이라고도 함.

117. Coaster
음료를 서비스할 때 잔 밑에 까는 두꺼운 종이나 천으로 만든 깔개.

118. Coffee Break
아침과 점심 사이에 커피를 마시는 휴식시간. 업무시간 중의 휴식시간을 의미하기도 하며 영국에서는 Tea Time이라고도 함.

119. Coffee Gory Decanter
커피를 추출하여 담아놓는 유리주전자.

120. Coffee Urn
커피를 추출하여 담아놓고 언제든지 따라 마실 수 있도록 꼭지가 붙은 대형 용기. 보통 화려한 모양의 은기물로 전기나 알코올버너로 커피가 식지 않게 계속 데워줌.

121. Commis de Rang
(불) Waiter를 말함.

122. Complaint
고객의 불평이나 항의. 고객의 불만족한 지적사항.

123. Complimentary
보통 Comp라고 하며 호텔의 홍보선전, 판매촉진 및 특별한 환대 등을 목적으로 호텔 상품을 무료로 제공하는 것.

124. Concentrated Juice
농축주스로 보통 냉동상태로 유통되며 사용시 희석하여 마심.

125. Condiments
각종 양념류의 총칭.

126. Conference
계획, 사실발견, 문제해결 등을 위하여 자문, 토론 및 의견교환 등으로 진행되는 회의. 보통 총회와 분과별 회의로 구성됨.

127. Confirm
호텔의 객실, 식당, 연회장 이용 등에 관해 예약이나 약속을 한 후 재확인하는 것.

128. Congress
특정 목적을 가진 대표자나 회원들의 주기적인 대규모 모임. 컨벤션과 거의 같은 의미로 사용되나 국제규모의 회의를 의미함.

129. Consommé
(불) Stock을 정제하여 만든 맑은 수프.

130. Continental Breakfast
대륙식(유럽식) 아침식사로 Juice, Bread, Coffee or Tea가 제공되는 간단한 아침식사.

131. Convention

특정 목적을 가진 대표자나 회원들의 주기적인 대규모 모임.

132. Convention Hotel

회의가 잘 열리는 도시에 위치하며 회의에 참가하는 사람들이 주로 투숙하는 호텔. 대규모 회의 개최시 많은 사람이 같은 날에 숙박하기 때문에 대규모 호텔인 경우가 많음.

133. Cook

조리사. 요리사.

134. Cooler

음식이나 음료를 차게 하기 위한 용기. Wine Cooler, Champagne Cooler 등.

135. Corkage Charge

Corkage Fee라고도 하며 연회장이나 식당에서 고객이 호텔 외부로부터 음료를 가지고 와서 마실 경우 그 서비스의 대가로 지불해야 하는 요금.

136. Corkscrew

와인의 코르크 마개를 뽑는 나사못 형태의 도구.

137. Corridor

복도. 통로.

138. Corsage

행사시 가슴에 다는 작은 장식용 꽃송이.

139. Cost Control

원가관리. 원가관리 부서.

140. Courtesy

VIP나 특정 고객에게 환대차원에서 꽃, 과일 등을 무료로 제공하는 것.

141. Covers

이용 고객수.

142. C.P

Contact Personnel. 고객과 처음 접촉하게 되는 현장접객요원. 서비스산업의 특성상 C.P

의 중요성이 매우 증대하고 있음.

143. Cradle
와인을 서브할 때 사용하는 와인 바구니. 요람같이 생겼으며 갈대 또는 은도금한 철사로 엮어 만듦.

144. Creamer
커피 서브시 액상크림을 담는 도자기나 금속제 기물.

145. Credit Manager
여신담당 지배인. 호텔직원 중 신용외상매출 계정의 취급을 전문으로 하는 지배인.

146. Crepe Suzette
(불) 밀가루, 계란, 우유 등을 넣어 얇게 구운 팬케이크 디저트.

147. Crescents Table
초승달 모양으로 둥글게 휘어진 테이블로 테이블 세팅을 아름답게 하기 위해 여러 개를 붙이거나 다른 모양의 테이블에 붙여 사용.

148. Crouton
(불) Toast Bread를 주사위 모양(Dice)으로 아주 작게 썰어 기름에 튀긴 것. 수프 또는 시저 샐러드 등 요리의 가니쉬(Garnish)로 많이 사용.

149. Crumb Sweeper
테이블보 위의 빵 부스러기 등을 쓸어 담는 은제 청소도구.

150. C.S
Customer Satisfaction. 고객만족. 고객의 욕구(Needs)와 필요(Wants)를 알아내 충족시켜 주는 것으로 현재는 C.S보다 더 적극적인 개념인 고객감동(Customer Emotion-C.E)이 서비스산업에서 강조되고 있음.

151. Cubed Ice
칵테일에 가장 많이 사용되는 주사위 모양의 얼음덩어리.

152. Cuisine
(불) '요리', '주방'의 뜻.

153. Cummerbund

턱시도(Tuxedo)를 입을 때 착용하는 천으로 폭이 넓은 장식용 허리띠.

154. Cutlery

포크, 나이프, 스푼과 같은 식탁용 칼붙이. 대개 은기나 스테인리스로 만들며 Flatware 라고도 함.

155. Cutlet

작고 얇게 만든 뼈가 없는 고기나 생선에 밀가루와 빵가루 계란 등을 입혀 Fry한 요리.

156. D.N.P

Do Not Post의 약자. 행사표(Event Sheet)에서 흔히 찾아볼 수 있는 것으로 게시판에 부착하지 말라는 의미.

157. Danish Pastry

설탕크림을 발라 놓은 패스트리.

158. Day Off

휴무일. 비번일.

159. Decaffeinated Coffee

카페인을 제거한 커피. Cafein Free Coffee라고도 함. 대표적 브랜드로 미국의 Sanka Coffee가 유명함.

160. Decanter

와인을 마실 때 또는 디캔팅할 때 와인을 담아놓는 도기 또는 유리제의 용기. 와인 한 병(750ml)보다는 용량이 커야 함.

161. Dejeuner

(불) 점심식사(Lunch)를 말함.

162. Delicatessen

조리된 고기, 소시지, 치즈 등 각종 조제식품을 판매하는 판매점.

163. Demitasse(Coffee)

(불) 보통 커피잔의 반만한 용량의 커피잔. 식후에 양을 작게 마실 때나 에스프레소 (Espresso) 커피를 마실 때 사용함.

164. Deposit
외화나 현금, 수표 등을 보증용으로 맡기는 예치금.

165. Dessert
'메뉴의 꽃'이라고 하며 식사의 마지막을 장식하는 감미요리로 시각적으로 화려하며 양이 적고 산뜻한 맛을 주는 것이 특징임. 디저트는 푸딩, 무스, 아이스크림, 셔벗, 과일, 케이크 등의 찬 디저트와 수플레, 팬케이크, 크레페수제와 같은 더운 디저트가 있음.

166. Deuce Table
2인용의 작은 식탁.

167. Diagram
연회장이나 회의장의 각종 배치를 나타내는 배치도.

168. Dimmer
전기 조광기. 조명의 세기를 조절하는 장치.

169. Dining Car
기차를 이용하는 여행객들을 위하여 식당차를 여객차와 연결하여 그곳에서 음식을 판매하는 식당.

170. Dinner Show
연회장이나 극장에서 음악회 등 특별 쇼를 관람하면서 먹는 저녁식사.

171. Direct Mail
호텔의 판촉 담당직원이 고객유치를 위해서 고객의 가정이나 거래처, 여행사, 각종 사회단체 등에 발송하는 다양한 형식의 우편물.

172. Discount Group Rate
여행 알선업자와의 계약을 통해 단체고객에게 제공하는 할인요금.

173. Dish Dolly
접시를 쌓아 나를 수 있게 만든 운반용 Cart.

174. Dish Warmer
접시를 뜨겁게 데우기 위해 만들어진 전열기구이며 이동하기 쉽도록 바퀴가 부착되어 있고 온도가 조절되며 주로 프랑스식 식당이나 뷔페식당에서 이용됨.

175. Dish Washer

접시나 각종 식기를 세척하는 자동세척기.

176. Doily

Doily라고도 표기하며 커피잔, 찻잔, 수프 컵 등을 놓을 때 소리가 나지 않도록 받침접시 위에 까는 원형의 작은 냅킨, 종이 또는 비닐.

177. Donation

기부금, 기부물품.

178. Drapes

연회장에서 사용하는 테이블에 커튼처럼 둘러치는 주름진 천.

179. Dressing

소스의 일종으로 생 야채로 만든 샐러드에 곁들이거나 혼합해서 고객에게 제공함.

180. Drink Formular

한 병에서 얻어지는 잔의 수와 한 잔의 분량을 cc로 규정한 표준분량 규정.

181. Drink Show

쇼를 관람할 때 음료만 제공되는 쇼.

182. Dumbwaiter

음식을 나르는 음식물 전용 엘리베이터로 사람은 타지 못함.

183. Duo

2인조 연주인. 보통 악기를 연주하며 노래하는 2인조 연주인을 말함.

184. Duty Manager

호텔의 당직 지배인. Duty Assist Manager라고도 함.

185. Easel

포스터, 안내문 등을 붙이는 이동식 안내판.

186. Easy Chair

안락의자. 주로 커피숍이나 라운지 등 휴식을 취하는 장소에 놓이며 식탁용 의자보다 높이가 낮고 넓으며 푹신함.

187. Emergency Exit

비상구. 화재 따위의 긴급한 사고에 대비하여 피해 나갈 수 있게 특별히 만들어 두는 문.

188. English Breakfast

American Breakfast에 생선요리가 추가된 조식. 조식으로는 양이 많아 잘 이용하지 않음.

189. English Muffin

계란과 Blue Berry를 넣어 만든 영국식 아침 빵.

190. Entrée

(불) 전채. 첫 요리를 말하나 미국에서는 주요리 또는 Main Course를 말함.

191. Espresso Coffee

에스프레소는 문자 그대로 빠르게 만드는 이탈리아식 커피로 원두를 즉석 분해한 다음 뜨거운 압축증기로 뽑아낸 진한 커피임. 30초 안에 커피의 모든 맛을 추출하기 위해 일반커피보다 3배 정도 더 곱게 원두를 분쇄하며 증기압도 130파운드의 고압력이 필요함. 색깔이 매우 짙으나 순간적으로 추출하기 때문에 보통 커피보다 카페인의 양이 적게 우러나오며 진한 맛을 냄.

192. Event Order

연회행사 지시서. 특정 연회행사에 관련된 각 부서의 준비사항을 지시한 지시서.

193. Exhibition

전시회.

194. Extension Phone

구내전화. Food & Beverage의 약자로 식음료, 또는 식음료부서를 말함.

195. Fair

주로 정기적으로 개최되는 축제, 품평회, 박람회, 바자회 등.

196. Farewell Service

연회행사 종료 후의 직원의 고객 환송인사 서비스.

197. Felts

식탁에 까는 테이블 펠트와 침대에 까는 매트리스의 덮개.

198. FF & ES

Furniture Fixture & Equipments Supply. 가구집기 비품 소모품의 약자로 각종 영업용 기자재 일체를 의미함.

199. Filet

(불) 뼈를 제거한 육류나 생선류의 살코기를 말함. 영어로는 Fillet로 표기함.

200. Filet Mignon

(불) '아주 예쁜 소형의 안심 스테이크'라는 의미로 안심 부위의 뒷부분으로 만든 스테이크.

201. Finger Bowl

식탁에서 손가락을 씻도록 내주는 작은 물대접. 과일이나 생굴 등 손가락으로 음식을 먹은 후 제공하는데 음료수로 착각하지 않도록 계절꽃잎 또는 레몬조각 등을 띄움.

202. Fire Alarm

화재시 벨을 울려주는 기기.

203. Fire Shutter(F.S)

천장에 달린 방화문. 화재시 자동으로 밑으로 떨어져 불이 더 이상 번지지 않도록 차단함.

204. Flambee

(불) 식탁 옆의 게리동에서 브랜디나 향기 좋은 리큐르에 불을 붙여 음식을 요리하는 것. 프랑스식 서비스의 정수로 최고급 식당에서 서비스할 때 사용.

205. Flambee Cart

고객 앞에서 웨이터가 직접 불을 붙여 요리할 때 사용하는 알코올 또는 가스버너를 갖춘 이동식 조리대.

206. Flatware

포크, 나이프, 스푼같이 식당에서 손님이 사용하는 납작한 기물류를 총칭함. Cutlery라고도 함.

207. Floor Plan

건물의 각 층이나 객실, 연회장 등의 평면도.

208. Flower Vase

식탁 위에 놓는 작은 꽃병.

209. Flute Glass
깊고 폭이 좁으며 입구가 나팔꽃 모양으로 벌어진 샴페인용 글라스.

210. Flyer
홍보용 낱장 인쇄물.

211. Flyer Stand
홍보용 낱장인쇄물 비치대.

212. Foie Gras
지방성 거위나 오리의 간. Goose Liver.

213. Folding Screen
병풍.

214. Food Cover
음식이 식는 것을 방지하기 위해 접시에 덮는 종 모양의 덮개. 대부분 금속제로 되어 있으나 플라스틱제도 사용됨. Cloche라고도 함.

215. Footed Glass
유리 글라스의 밑부분에 받침이 달린 잔. Brandy Snifter가 대표적임. 와인 잔같이 스템이 달려 있는 잔은 별도로 Stemmed Glass로 분류함.

216. Forum
포럼. 제시된 한 가지의 주제를 가지고 상반된 견해를 가진 동일분야의 전문가들이 사회자의 주관 아래 청중 앞에서 벌이는 공개토론회.

217. Foyer
식당이나 연회장 입구 밖의 복도 또는 대기장소.

218. French Onion Soup
진하게 양파를 썰어 볶아넣고, 파머산 치즈(Parmesan Cheese)를 넣어 끓인 후 크루통과 같이 제공하는 양파수프.

219. French Toast
계란과 우유를 섞어 바닐라 향을 넣은 혼합액에다 약간 두껍게 자른 식빵을 살짝 담갔다 꺼내 익힌 것으로 꿀이나 메이플시럽(Maple Syrup)과 함께 제공함.

220. Fried Eggs

버터를 프라이팬에 두르고 계란을 깨어 넣어 노른자까지 익도록 익힌 것. 이것에 프라이드 햄(Fried Ham), 토스트(Toast), 베이컨(Bacon), 삶은 토마토와 튀긴 감자 등을 곁들임. 튀기는 시간이 2분이면 소프트, 3~3.5분이면 미디엄프라이라고 함.

221. Fromage

(불) 치즈(Cheese)를 말함.

222. Full Course

일반적으로 양식 풀코스의 메뉴 구성은 전채(Appetizer), 수프(Soup), 생선(Fish), 스테이크(Steak), 샐러드(Salad), 후식(Dessert), 차(Coffee or Tea)의 순으로 구성되어 있음. 미국식은 샐러드를 스테이크 전에 먹거나 함께 먹고 프랑스식은 샐러드를 반드시 스테이크 다음에 먹는데 특히 프랑스에서는 주요리 다음에 반드시 치즈코스가 포함됨.

223. Full Dress

남성의 연회 정장으로 연미복이라고도 함. 정장은 제비꼬리 모양의 깃이 길게 달린 복장으로 국가의 의전행사나 공식만찬시 착용함.

224. Function

각각의 연회행사. Banquet 참조.

225. Function Room

연회장의 개실. 연회실. 연회장.

226. Gala Dinner

축제형식의 만찬. 칵테일, 풀코스 요리가 제공되며 음악연주 및 참가자들을 위한 무도회가 있음.

227. Game

사냥하여 잡은 야생짐승. 게임은 사슴, 멧돼지와 같은 엽수류와 꿩, 메추라기, 들오리 같은 엽조류로 나누는데, 가금류에 비해 연하고 담백하며 가을부터 겨울까지 가장 맛이 좋음. 집에서 기른 날짐승은 Poultry라고 함.

228. Garden Party

호텔의 레스토랑에서 개최하는 각종 축하연회를 호텔 또는 가정의 정원에서 개최하는 연회임. 입식형식의 파티로서 연회장 중앙이나 한쪽 편에 테이블을 놓고 그 위에 요리를 놓아 돌아다니면서 음식을 먹음.

229. Garniture
요리의 주위에 장식으로 따라 나오는 먹을 수 있는 고명. 장식물. Decoration은 Garniture보다 넓은 장식의 개념으로 먹는 것과 못 먹는 것을 모두 포함하는 의미임.

230. Giveaway Item
고객에게 무료로 제공하는 기념품이나 선물.

231. Glass Rack
Glass의 세척과 보관을 위해 글라스를 꽂아 넣는 케이스.

232. Glassware
음식용 유리그릇을 제외한 모든 유리잔류.

233. Goblet
짧은 손잡이(Stem)가 달린 유리 물잔.

234. Gong
징. 호텔의 대형 연회시 연회의 시작을 알리는 데 주로 쓰임.

235. Gourmet
(불) 미식가. 식도락가.

236. Greetress
호텔, 식당, 연회장 등의 입구에서 고객의 환영과 환송 및 안내 등을 담당하는 여직원. Receptionist, Hostess라고도 함.

237. G.R.O
Guest Relation Officer. VIP 영접 및 환송, 고객에게 호텔에 관한 제반 정보를 제공하는 직원.

238. Guarantee
지불보증 인원수. 연회행사 전에 행사 주최자가 서비스받게 될 사람의 수를 알려주는 것으로 이 인원수보다 적게 행사에 참석했어도 요금은 지불보증 인원수만큼 계산해야 함.

239. Guaranteed Payment Reservation
지불보증 예약. 고객이 도착하기 전에 고객의 요청에 따라 호텔에서 판매를 유보하는 객실. 고객이 투숙하지 않더라도 지불을 보장받는 예약임.

240. Gueridon

(불) 식당에서 쓰이는 서비스용 Wagon, Cart. French Service를 할 경우 또는 서비스 보조용 테이블로 이용함. 대개 2단 또는 3단으로 되어 있으며 아름답게 디자인되어 있음.

241. Hall

연회장. 커다란 집회장을 뜻하지만 호텔의 경우 의자나 테이블이 별로 놓여 있지 않은 통로 중심의 넓은 장소로서 회의장과 같이 모임과 연회를 할 수 있는 큰 방을 말함.

242. Head Chef

주방장. 단위업장의 주방 책임자로 단위영업장의 주방업무를 총괄하며 그 책임을 지는 요리사.

243. Head Waiter

레스토랑 내의 서비스를 효율 있게 계획하고 전체를 총괄하는 책임자인 웨이터의 수장.

244. High Ball

칵테일의 일종으로 8온스 이상의 하이볼 글라스에 얼음을 넣고 기주 1온스와 청량음료나 물로 잔을 채운 칵테일.

245. Highball Glass

손잡이가 없는 둥근 유리잔. 보통 7~10온스의 용량이며 11온스 이상은 Tall Highball로 부름. Tumbler라고도 함.

246. Hollowware

Tray, Wine Cooler 등 식당에서 사용되는 각종 서비스용 은기물류. Fork, Knife 등의 고객용 Cutlery종류와 주방에서 사용하는 조리용 기구는 포함되지 않음.

247. Hors d'oeuvre

(불) 음료에 곁들이는 안주, 양식 Full Course의 첫 번째 전채코스(Appetizer).

248. Horseradish Sauce

Horseradish(서양고추냉이)와 식초, 빵가루를 혼합한 뒤 설탕, 소금, 후추로 양념하여 휘핑크림과 잘 섞어서 만드는 유백색 소스.

249. Host

연회를 주최하는 남성의 주최자. 손님들을 초청한 남자주인.

250. Hostess

연회를 주최하는 주최자의 부인. 손님들을 초청한 여주인.

251. House Brand(Bar Brand)

주장(Bar)에서 주류의 판매시 고객이 특정상표를 지정하지 않을 경우 사용하는 기준 주류. 보통 원가가 비싸지 않음.

252. House Dressing

Home Made Dressing이라고도 하며 그 식당에서 개발하여 만든 샐러드용 Dressing.

253. House Person

House Man, Housekeeper라고도 하며 객실과 연회장 등에서 객실용품 또는 연회용 장비 및 비품 등을 관리하는 사람.

254. Ice Bin

얼음을 담아두거나 옮길 때 쓰이는 바퀴 달린 사각형의 통. 주로 연회장에서 칵테일 바(Bar)를 만들거나 출장연회시 얼음을 운반하는 데 쓰임.

255. Ice Carving

연회장이나 식당에 설치하는 장식용 얼음조각품.

256. Ice Pail

Ice Bucket이라고도 하며 Bar에서 고객에게 얼음을 제공할 때 쓰이는 소형 얼음통. 금속제도 있으나 단열을 위해 단열재가 들어간 플라스틱제가 많음.

257. Ice Scooper

얼음통에서 얼음을 뜰 때 사용하는 작은 삽.

258. Ice Tongs

칵테일용 얼음 집게.

259. In Charge

담당자. 주관자.

260. Inclusive(Price)

세금 및 봉사료 포함 가격. 반대는 Net Price, 또는 Exclusive.

261. Individual Menu

연회 행사시 미리 메뉴를 확정한 후 이 메뉴를 인쇄해서 참석자에게 제공하는 개별 메뉴판으로 참석자가 기념으로 가져가도 좋음.

262. Indoor Flag

실내용 국기.

263. Inventory

재고조사(표/품목). 일일 재고조사(Dairy Inventory)와 월 재고조사(Monthly Inventory) 등.

264. Jigger

술의 양을 측정하기 위한 삼각 깔때기 모양의 도구. Measure Cup이라고도 하며 도량형 단위를 나타낼 때 1Jigger는 1.5온스(45ml)임.

265. Ladle

Soup나 Punch 등 액상 식음료를 뜨는 데 사용하는 국자.

266. Lager Beer

병입하여 저온 살균처리한 맥주.

267. Lamb

1년 이하의 어린 양(고기).

268. Layout

시설물이나 테이블, 집기 등의 배치도.

269. Leaflet

낱장으로 인쇄된 광고용 전단.

270. Lectern

연단이나 테이블 위에 놓아 연설문이나 소책자 등을 받치는 받침대.

271. Lecture

강연. 강연회.

272. Leftover

사용하다 남은 와인 또는 식음재료.

273. Lemonade

레몬즙에 설탕과 물을 혼합한 음료.

274. Lemon Squash

레몬즙에 설탕을 넣고 소다수로 채운 음료.

275. Linen

각종 직물류. Table Cloth류, Napkin류, Bed Sheet류, Towel류 등.

276. Linen Room

호텔의 리넨류를 저장하고 불출하는 리넨 창고.

277. Liqueur

리큐르는 양조주나 증류주 등의 기주(Base)에 각종 과실, 향초 등의 원료를 넣고 설탕 또는 다른 감미료로 단맛이 나게 만든 혼성주임. 쓴맛이 나는 혼성주는 Bitters라고 함.

278. Liquor

증류주. Spirits라고도 함.

279. Log Book

영업일지. 영업부문에서 사용하는 업무활동 기록대장.

280. Logo

Logotype의 준말로 회사명, 상표, 표식 등의 디자인.

281. Long Drinks

7온스(210ml) 이상의 Highball잔에 제공되는 양이 많은 칵테일. 빨리 마셔야 하는 양이 적은 칵테일은 Short Drink라고 함.

282. Lost & Damage

손망실.

283. Lost & Found

호텔 안에 있는 고객 분실물 신고센터 또는 고객의 분실물 및 습득물.

284. Lottery Box

행운권 추첨시 사용되는 추첨용 Box.

285. Luncheon

Lunch의 동의어이나 보다 정중한 표현임.

286. Magnum

1.5리터를 담는 와인병. 표준 와인병(750ml) 두 개의 크기임.

287. Main Dish

주요리(Main Course). 식사코스 중 중심이 되는 요리.

288. Maitre d'hotel

(불) 지배인을 일컫는 말.

289. Manager

지배인. 약어로 MGR로 표시.

290. Manual

지침서.

291. Maple Syrup

단풍나무의 수액을 추출하여 농축시킨 시럽으로 와플(Waffles) 등을 먹을 때 설탕 대용으로 사용.

292. MD

Managing Director. 영업총괄이사. GM(General Manager)이라고 하며 호텔의 영업에 관한 전반적인 업무를 책임지고 수행함.

293. Meal Coupon

식권. 식사용 표.

294. Measure Cup

Jigger라고도 하며 칵테일 만들 때 술이나 주스의 분량을 측정하는 금속제 컵. 30ml와 45ml, 30ml와 60ml컵이 양쪽으로 붙어 있음.

295. Meat Sauce
토마토소스의 일종으로 고기를 Saute하여 기름을 제거해 놓고 양파, 당근, 셀러리, 마늘, 버섯을 Saute한 후 Tomato Paste와 Tomato Concasser를 넣고 Saute한 고기를 섞어서 만듦. 주로 파스타요리에 사용됨.

296. Medium
스테이크를 5~6분간 구워 절반 정도만 익히는 방법으로 스테이크를 자르면 육즙은 흐르지 않으나 속이 붉어야 함.

297. Medium Rare
스테이크를 3~4분간 구워 Rare보다는 좀 더 익히고 Medium보다는 좀 덜 익힌 것으로 고기를 자르면 붉은 육색소가 보여야 함.

298. Medium Well-done
스테이크를 자르면 가운데 부분에만 약간 붉은색이 보이도록 거의 익히는 것으로 조리시간은 약 8~9분 정도임.

299. Melba Toast
Melba는 호주출신의 세계적인 소프라노 성악가인데 그녀가 즐겨 먹었던 흰 식빵을 추잉껌 모양으로 엷게 썰어 오븐에 갈색이 나도록 바삭바삭하게 구워낸 토스트빵에 그녀의 이름을 붙여 멜바토스트라고 함.

300. Menu
식당에서 판매하는 음식의 차림표. 프랑스에서는 Carte, 영국에서는 Bill of Fair라고도 함.

301. Mirror Tray
칵테일 파티시 Canape 등의 안주를 올려놓는 은기물. 표면이 거울 또는 거울처럼 반짝이는 재질로 만들어져 있어 음식의 모양을 돋우어줌.

302. Mis-en-Place
(불) 영업준비. 식당에서 식사서비스를 하기 위하여 소요되는 모든 준비물을 충분히 확보하여 정위치에 비치하고 청소, 환경정리, 시설물 등을 완벽하게 정리정돈하는 것.

303. Monthly Leave
월차 휴가.

304. M.T.D

Month to Date. 매출, 비용, 판매량 등의 월 누계실적.

305. Muddler

칵테일을 젓거나 잔 속의 레몬, 박하 등을 으깰 수 있도록 잔에 꽂아주는 막대모양의 젓개(Swizzle Stick). 재질은 주로 플라스틱임.

306. Mug

생맥주 또는 용량이 많은 음료를 마시는 데 사용하는 손잡이가 달린 도자기나 유리로 만든 잔.

307. Multi Cube

사각형 화면이 여러 개 연결되어 동시에 작동되는 대형 화면.

308. Mustard

겨자. 겨자소스. Dijon Mustard는 프랑스의 디종에서 생산되는 검은색 겨자로 고급품임.

309. Mutton

1년 이상 5년 이내의 양고기로 3~4년생의 것이 좋음.

310. Name Card

Table 위에 올려놓는 이름표. 주로 Nameplate라고 함. 상의에 다는 이름표는 'Name Tag' 또는 'Name Holder'라고 함.

311. Net Price

호텔에서 세금, 봉사료 등이 포함되어 있지 않은 가격. 객실은 Rack Rate로 표시.

312. Numbering Stand

대형 연회시 좌석을 알아보기 쉽게 하기 위해 각 테이블 위에 올려놓는 테이블 번호판.

313. Oblong Table

한쪽이 다른 한쪽보다 2배 이상 긴 타원형의 테이블.

314. Official's Check

내부비용 사용전표. 임직원이 사내 영업장을 이용할 때 발행되는 내부 계산서. 매출액에 포함되지 않으나 비용에서는 차감됨.

315. O.H.P

Over Head Projector.

316. OJT

On the Job Training. 사내 직무훈련.

317. Old Fashioned Glass

On the Rock Glass라고도 하며 얼음만 넣어 술을 따라 마시는 잔. 둥근 잔의 폭이 넓고 높이가 낮음.

318. On Season

성수기. 반대말은 비수기(Off Season).

319. On the Rocks

얼음덩어리 위에 술을 부어 차게 해서 마시는 방법.

320. Order Pad

식당이나 바(Bar)에서 고객의 주문을 기록하는 종이. 일련번호가 매겨져 있으며 3장으로 구성되어 있음. 고객의 주문을 기록하여 1매는 수납담당자에게, 1매는 주방에 보내고 1매는 웨이터가 서비스용으로 사용함. 현재는 컴퓨터의 보급으로 많이 사용하지 않음.

321. Organizer

연회행사 주최자로 행사요금을 지불하는 자.

322. Ounce

용량의 단위로 1온스는 29.57ml이나 일반적으로 30ml를 기준으로 함.

1Ounce = 1Pony = 1Shot = 1Finger.

323. Out of Order

고장이나 수리 등의 이유로 판매가 불가능한 객실.

324. Outside Catering

출장연회. 요리, 음료, 필요한 집기들을 준비하여 고객이 원하는 시간과 장소에서 서비스하는 외부 연회행사.

325. Oval

계란 모양의 타원형. 긴 쪽의 지름이 작은 쪽 지름의 2배가 넘으면 Oblong이라고 함.

326. Over Time

호텔의 종사원이 정상 근무시간보다 더 많은 시간을 근무한 경우를 말하며 오버타임 근무수당은 통상임금의 1.5배 정도임.

327. Overage

판매를 하여 계산이 되었으나 고객이 소비하지 않고 남긴 주류, 음료 등 과잉재고상품. 회사의 수입으로 처리됨.

328. Paging Service

호텔의 고객이나 외부 고객의 전화 요청에 의하여 필요한 고객을 찾아주거나 메시지를 전달하는 서비스.

329. Panel

2명 이상의 서로 다른 의견 대표자가 사회자의 입회하에 서로의 관점을 토론하는 것.

330. Pantry

식당영업을 위한 식기 준비실(Service Room) 또는 기물세척장소.

331. Par Stock(Par)

적정 재고량. 회전율을 감안하여 기본적으로 준비해야 하는 영업에 필요한 품목의 재고수량.

332. Parmesan Cheese

이탈리아 북부 파르마(Parma) 지방의 딱딱한 치즈로 일반적으로 가루로 만들어져 판매되며 스파게티에 많이 사용됨.

333. Partition

이동식 칸막이.

334. Pastry

밀가루 반죽으로 만든 과자류와 만두, 파이 따위의 껍질 또는 과자. 생크림이나 과일을 이용하여 장식한 것은 Fresh Pastry라고 함.

335. Pepper Mill

식탁에서 통후추를 가루로 만들 때 사용하는 즉석 후추분쇄기.

336. Petit

(불) '작은', '조그만'이라는 뜻의 단어.

337. Petit Four

(불) 프티 푸르. 한입에 먹을 수 있는 작은 과자를 아이싱 초콜릿 등으로 데커레이션한 것. 식후에 입가심용으로 제공함.

338. Pin Light

일정한 부분만 조명하기 위해 사용되는 초점 조절형 조명기.

339. Placard

간판. 현판.

340. Place Card

테이블 위에 놓는 이름표. Name Card, Tent Card라고도 함.

341. Plate Room

식기 및 은기물 등을 보관하는 곳으로 팬트리(Pantry)라고도 함.

342. Plate Service

식당서비스 중 가장 간단하고 빠른 서비스 방법으로 주방에서 음식을 미리 접시(Plate)에 담아놓은 것을 웨이터가 날라 서브하는 형식으로 비교적 숙련된 종사원을 필요로 하지 않기 때문에 대중식당에서 많이 이용됨.

343. Podium

강연대. 연설대.

344. Pointer

지시봉. 현재는 주로 Laser Pointer가 쓰임.

345. P.O.P

Point of Purchase. 구매시점광고. 호텔 영업장의 특별행사시 행사를 알리기 위한 이미지 연출물.

346. POS System

Point of Sales. 판매시점에서의 종합 회계정보처리시스템.

347. Pot

손잡이가 달린 주전자.

348. Potable Screen

슬라이드 등 영상물을 비추기 위해 사용되는 이동식 화면.

349. Potage

(불) 포타주. 수프의 총칭임. 진한 수프는 포타주 리에(Potage Lie)라 하고 맑은 수프는 포타주 클레(Potage Claire)라고 함.

350. Potage Chaud

(불) 뜨거운 수프(Hot Soup).

351. Potage Claire

(불) 맑은 수프(Clear Soup).

352. Potage Froid

(불) 차가운 수프(Cold Soup).

353. Potage Lie

(불) 진한 수프(Thick Soup).

354. Porter House Steak

T-Bone Steak의 일종으로 T자 모양의 뼈에 안심과 등심부분이 함께 붙어 있는 상질의 스테이크.

355. Poultry

가금류. 닭, 오리, 칠면조, 거위 등과 같이 집에서 사육하는 날짐승을 말한다. 날짐승이라도 사냥해서 잡은 야생의 것은 'Game'에 속함.

356. Pourer

술을 따르기 편리하게 구멍을 좁게 만들어 병의 입구에 끼우는 기구.

357. Powder Room

분장실. 사우나 후 물기를 닦거나 간단한 화장을 할 수 있게 만든 장소. 화장실을 지칭하기도 함.

358. Prime Rib Cart
로스트한 갈비등심(Prime Rib) 덩어리를 고객의 Table 앞에서 직접 Carving하여 서브할 때 사용되는 이동식 왜건.

359. Prime Rib of Beef
갈비 등심스테이크. 총 13개의 갈비 중 6번째부터 12번째까지의 갈비 스테이크 덩어리를 통째로 로스트한 것.

360. Protocol
의전. 의전업무.

361. Punch Bowl
펀치 또는 화채용 그릇.

362. Quotation
견적서. 연회행사견적서, 여행견적서 등.

363. Rare
스테이크를 3분 정도 겉만 살짝 굽는 방법. 스테이크를 자르면 속에서 붉은 육즙이 흘러나옴.
① Rare : 표면이 갈색이고 속은 붉게 조금 구운 것(3분)
② Medium Rare : 중심부가 붉은색이 돌도록 조금 더 구운 것(6분)
③ Medium : 중심부에 핑크색이 약간 남을 정도로 구운 것(8분)
④ Well-Done : 표면과 중심부 모두 갈색으로 완전히 구운 것(10분)

364. Ratio
비율(Food : Beverage Ratio-식료 : 음료의 비율)

365. Ravioli
(이) 라비올리. 이탈리아식 만두.

366. Receipt
영수증. 계산서.

367. Reception
테이블 위에 음식과 음료를 준비하여 놓고 자유로이 왕래하며 식사와 대화를 즐기는 사교목적의 연회.

368. Reception Desk

일반적으로 고급식당의 입구에 놓여 있는 접객용 데스크. 고객의 예약을 받거나 식당에 오는 예약손님의 안내를 위해서 예약장부, 전화기, 고객명부 등을 비치하여 사용함.

369. Receptionist

호텔이나 레스토랑, 연회장 등에서 고객을 영접하고 예약 및 등록을 하며 환송을 담당하는 자. 주로 여직원이 담당하므로 Reception Hostess라고도 함.

370. Reception Line

대형 연회행사시 주최자 일행이 손님을 영접하기 위해 행사장 입구에 도열한 줄. Receiving Line이라고도 함.

371. Recipe

요리나 칵테일의 내용물과 만드는 방법을 세밀하게 기록한 지침서로 요리나 칵테일을 만드는 기준이 됨.

372. Recommend

추천. Order Taking시 특정품목을 고객에게 추천, 권유하는 것.

373. Rectangular Table

연회용 직사각형 테이블.

374. Refund

환불금. 판매된 상품을 반납받거나 예약금, 선수금 등을 돌려주는 것.

375. Relish

칵테일에 곁들여 먹는 작은 크기의 신선한 야채, 오이, 당근, 셀러리, 무, 피클(Pickles) 등이며 손으로 집어 먹을 수 있게 만듦.

376. Renovation

호텔, 식당 등 시설물의 개보수.

377. Rental Charge

임차료. 식사 없이 연회장만 사용할 경우 지불하는 연회장 임차료.

378. Repeat Guest

단골고객.

379. Reservation
예약. 숙박, 식사, 연회 등의 예약으로 연회는 최소한 3일 전에 예약을 해야 행사가 가능함.

380. Revenue
수입. 총수입. 매출액.

381. Revise Order
연회행사 정정지시서. 변경지시서.

382. Rib-Eye Steak
갈비 등심스테이크. 스테이크 중심에 지방이 있음.

383. Rim
접시나 유리잔 입구의 테두리.

384. Roast Beef
크게 자른 쇠고기 덩어리를 로스트 방법으로 익힌 것.

385. Roasting
요리방법의 하나로 직접 불에 닿지 않게 직열로 조리하는 방법. 고기를 오븐에 넣어 처음에는 210~250°C에서 시작하여 150~200°C에서 끝내며 굽는 동안 계속해서 기름을 칠함. 이 방법은 고기의 맛을 가장 완전히 보존시킬 수 있는 방법임.

386. Role
빵의 일종으로 무게가 60g 이하인 것을 말하며 German Hard Roll, Soft Roll, Breakfast Roll 등이 있음.

387. Roll-In Refrigerator
식음료 자재를 실은 카트(Cart)를 통째로 굴려 넣을 수 있는 영업용 대형 냉장고.

388. Runner
① 저장실에서 식음료를 식당에 운반하는 사람.
② 또는 객실복도에 까는 좁고 기다란 카펫.
③ Table 위에 까는 좁고 기다란 띠.

389. Rye Bread

호밀빵. 호밀가루, 밀가루, 이스트, 소금, 설탕 등으로 만든 검은 빵.

390. Salamander

음식물의 위에서 열이 공급되는 구이용 요리기구. 주로 요리의 상부를 구울 때 사용함.

391. Salami

(이) 돼지고기나 쇠고기를 원료로 레드 와인과 진한 양념을 넣어 만든 이탈리아식 훈제 소시지의 일종.

392. Salmon Caviar

연어알 젓갈.

393. Sauce Boat

각종 소스를 담는 보트 모양의 그릇.

394. Saucer

커피 컵이나 수프 컵 등을 받치는 받침용 접시.

395. Savory

디저트 코스에 입가심용으로 나오는 짜거나 매콤한 요리를 따끈한 카나페(Canape) 위에 놓아 서브하는 것으로 치즈 종류가 주종임.

396. School Style Invert

연회장에서 테이블 배치를 School Style로 하되 무대를 향하여 30도 정도 경사지게 배열하는 방법.

397. Scraper

테이블에 떨어진 빵부스러기 등을 치울 때 쓰이는 쓰레받기 모양의 기물.

398. Seminar

전문가가 토론의 사회자 또는 리더가 되어 주어진 주제에 대해 참가자들이 서로의 의견 및 경험을 교환하는 소규모 회의.

399. Sequence

순서. 절차(Service Sequence : 식사의 코스별 서비스 순서, 방법).

400. Service Bar
직원들만 이용하는 음료서비스용 카운터 또는 창고.

401. Service Charge
봉사료. 구미의 호텔이나 레스토랑에서는 고객이 종업원의 서비스에 대하여 팁(TIP)을 지불하는 것이 일반적이나 우리나라와 일부 국가의 관광사업체에서는 봉사료제도를 두어 숙박이나 식사요금에 대해 일괄적으로 10% 이내의 봉사료를 부과함.

402. Service Elevator
호텔직원 전용 엘리베이터. 고객용은 Guest Elevator로 부름.

403. Service Plate
주요리용 접시로 Dinner Plate라고도 하며 보통 직경이 28~32cm임.

404. Service Station
식당에서 일정구역(Area)을 서비스하기 편리하게 각종 기물, 리넨, 소모품 등을 비치해 둔 가구 또는 장소.

405. Serving Gear
Platter Service를 하거나 빵 등을 서브할 때 웨이터가 사용하는 커다란 Spoon과 Fork.

406. Serving Spoon
음식을 덜어서 제공할 때 쓰는 커다란 Spoon. 주로 뷔페식당에서 사용.

407. Serving Tongs
음식을 덜거나 잡을 때 쓰는 큰 집게. 주로 뷔페식당에서 사용.

408. Session
대규모 회의시 개최되는 분임토의.

409. Shaker
잘 섞이지 않는 재료를 혼합할 때 쓰이는 칵테일 조주도구로 Cap, Strainer, Body의 세 부분으로 구성되어 있음.

410. Shaved Ice
칵테일에 사용하는 곱게 간 얼음.

411. Sheer Rim

유리잔 입구의 두께가 잔의 두께와 똑같이 만들어진 잔. 주로 가공이 어려운 크리스탈잔에 많으며 일반 소다석회 유리잔은 입구를 약간 두껍게 하여 Safedge Rim 파손을 방지함.

412. Shift

근무조 또는 근무시간을 나타내는 것으로 Night Shift라고 할 때는 야간근무조를 뜻함.

413. Shoes Horn

긴 구둣주걱.

414. Short Drink

셰이커로 차게 해 마시는 3온스(90ml) 이하의 양이 작은 칵테일. 스템이 달린 작은 잔에 제공되며 짧은 시간에 마심.

415. Show Plate

식당에서 테이블 위에 놓는 장식용 접시로 보통 그 식당의 로고가 새겨져 있으며 고객 테이블의 중심에 놓으며 보통 주석이나 구리, 놋쇠, 도자기로 만듦.

416. Side Board

더미 웨이터(Dummy Waiter)라고도 불리며 식당 고객의 서비스를 위하여 그 식사시간에 필요한 예비기물(식탁기물, 리넨, 메뉴, 접시 등)들을 준비해 두는 곳.

417. Side Dish

바(Bar)에서 판매하는 각종 안주류. Hospitality라고도 함.

418. Signage

영업장의 간판 및 벽이나 천장에 붙어 있는 특정장소의 방향안내 또는 시설물의 사용안내에 쓰이는 안내표지 또는 안내판이며 장기적인 수명을 요하므로 금속제나 석유화합물 재료(Acryl, F.R.P 등)를 사용함.

419. Signboard

행사안내용 게시판, 안내판. 행사명과 장소시간 등을 종이에 적어 Signboard에 붙임.

420. Sign Book

방명록.

421. Single Service
소모품. 단 한 번 사용하고 버리는 서비스용 종이나 냅킨 등. Supply라고도 함.

422. Sirloin Steak
소의 허리등심 스테이크로 영국의 Charles 2세가 이 스테이크(Loin)를 매우 좋아하여 남작(Sir) 칭호를 붙여 'Sirloin'이 되었다고 함.

423. Sitting Arrangement
행사장 좌석배치도.

424. Skipper
숙박요금 또는 식음료 요금을 지불하지 않고 몰래 도망가는 고객.

425. Skirting
Drapes. 테이블의 가장자리에 두르는 장식용의 주름진 천.

426. Snifter
보통 Cognac Glass, Brandy Snifter라고 하며 브랜디나 향이 좋은 술을 마실 때 쓰이는 잔으로 손잡이가 짧고 볼이 둥글며 입구가 오므라진 잔.

427. Soft Drink
청량음료. Hard Drink의 반대말로 비알코올성 음료를 나타낼 때도 쓰임.

428. Sommelier
소믈리에. 와인담당 웨이터로 손님들에게 음식과 어울리는 와인을 추천해 주고 와인의 맛을 시음·평가하며 서비스해 주는 와인서비스 전문가. 와인리스트를 작성하고 와인의 구매와 저장도 담당함.

429. Soup Bowl
Soup Plate라고도 하며 수프를 제공할 때 사용하는 가운데 부분이 약간 깊게 들어간 접시. 주로 크림수프와 같은 진한 수프를 제공할 때 사용.

430. Soup Cup
수프를 담아 제공하는 손잡이가 달린 컵. 콩소메와 같이 맑은 수프를 제공할 때 사용하며 손잡이를 잡고 컵을 들어 마셔도 좋음.

431. Soup Ladle

수프를 서비스할 때 사용하는 국자.

432. Soup Tureen

수프를 담는 큰 용기로 여러 명 분량을 함께 담아 웨이터가 국자로 고객에게 덜어서 서브함. 파손의 위험이 높아 보통 은기제품이 많이 사용되나 VIP 서브시에는 도자기도 이용됨.

433. Soup Warmer

수프가 식지 않게 전기나 알코올램프로 덥히는 용기.

434. Specialty

특별요리. 특제품.

435. Spice

양념류, 향미료. 씨, 줄기, 껍질 등 비교적 딱딱한 부분의 향신료.

436. Spirits

위스키, 진, 보드카, 럼, 테킬라, 브랜디와 같이 증류하여 만든 증류주를 말함. Liquor 라고도 표시함.

437. Spot Light

특정인물이나 장소만을 비출 때 쓰이는 초점 조절식 조명기구.

438. Spreader

음식물을 넓게 펴는 나이프 모양의 기물. Butter Spreader, Caviar Spreader 등이 있음.

439. Square Table

연회용 정사각형 테이블.

440. Stacking Chair

층층이 쌓을 수 있게 만들어진 의자. 주로 연회장에서 사용됨.

441. Staff Canteen

종업원용 구내식당으로 대개 셀프서비스 식당으로 운영됨.

442. Stanchions & Rope

칸막이용 소형 금속제 기둥과 굵은 줄.

443. Stand-by
대기. 서비스 대기자세.

444. Standing Buffet
테이블과 앉는 좌석이 없이 서서 음식을 먹는 뷔페. 칵테일 리셉션과 형태가 비슷하나 칵테일 리셉션은 칵테일을 위한 안주류가 주가 되며 스탠딩 뷔페는 식사용 음식이 주가 됨.

445. Stemmed Glass
손잡이용 목(Stem)이 달린 유리 글라스. 글라스에 담긴 용액의 열기나 냉기가 손에 전달되지 않도록 하기 위해서 사용함.

446. Steward
① 항공기나 여객선상에서는 승무원을 뜻하며 Chief Steward는 승객들의 모든 식사서비스와 승객 보살핌의 총책임자를 말함.
② 호텔의 주방에서 접시, 유리잔, 식기 등을 운반, 세척하는 일을 담당하는 종사원.

447. Stewardess
항공기나 여객선에서 고객 서비스를 담당하는 여성승무원.

448. Straight
증류주에 아무것도 섞지 않고 색, 향, 맛을 음미하면서 그대로 마시는 방법.

449. Straight Glass
위스키 등 증류주를 마실 때 쓰이는 1온스짜리 작은 원통형 글라스. Shot Glass라고도 함.

450. Strip loin
소의 등심스테이크의 일종.

451. Sugar Bowl
커피를 서브할 때 설탕을 담는 용기.

452. Supervisor
감독. 감독자. 대개 호텔에서 지배인 바로 아래 직급의 관리자.

453. Supper
본래 격식 높은 정식인 정찬을 의미하였으나 현재는 저녁의 밤참을 의미함. 저녁행사(음악회, 오페라, 기타 회의) 후에 먹는 가벼운 식사로서 2~3코스의 메뉴로 구성됨.

454. Supply
호텔의 1회용 소모품류.

455. Table d'hôte
(불) 정찬. 정찬메뉴. 격식을 갖춘 Full Course의 식사.

456. Table Fork
식사용 포크로 Main Fork, Meat Fork라고도 함.

457. Table Knife
식사용 나이프로 Main Knife, Meat Knife라고도 함.

458. Table Plan
좌석배치도. 연회에 참석하는 사람들의 좌석을 배정해 놓은 좌석배치도. 주로 공식석상이나 대형 행사시 회의장이나 연회장 입구에 붙여 놓음.

459. Table Runner
식탁 테이블클로스(Table Cloth) 위나 테이블 위의 가운데쯤에 길게 까는 천이나 종이 또는 비닐로 만든 띠. 장식품, 꽃, 센터파스 또는 함께 먹는 음식을 올려놓음.

460. Table Sauce
테이블 위에 상시 비치해 두는 소스류. A-1 Steak Sauce, Hot Sauce, 겨자소스 등.

461. Table Setting
테이블 세팅이란 고객의 식사에 필요한 일절의 기구인 테이블, 의자, 테이블보, 냅킨, 포크와 나이프, 접시, 글라스 및 각종 Table용 기물을 바르게 갖추어 놓는 것을 말함.

462. Tableware
식탁에서 사용되는 각종 기물류. 접시류(Chinaware), 포크 및 나이프류(Flatware), 잔(Glassware), 은기류(Hollowware) 등이 있음.

463. Table Wine
식사를 하면서 마시는 와인으로 보통의 화이트와인과 레드와인 및 로제와인이 모두 해당됨. (불) Vin de Table, (독) Tafelwein, (이) Vino da Tavola.

464. Tankard
손잡이가 달려 있는 두꺼운 생맥주용 잔으로 도자기나 주석, 유리로 만듦.

465. Tax Free(Shop)

면세. 면세점.

466. T-Bone Steak

안심과 등심이 'T'자 모양의 뼈에 붙어 있는 Short Loin 스테이크. Porter House Steak 보다 안심부분이 작게 붙어 있음.

467. Tent Card

고객용 테이블 위에 세워놓는 판촉 또는 광고용 안내판.

468. Theme Party

단순한 식사를 위한 파티가 아니고 어떤 주제를 가지고 진행되는 식사파티.

469. TIP

Tip은 'To Insure Promptness', 'To Insure Prompt Service'라는 말에서 유래한 것으로 고객이 정규요금 이외에 별도로 종업원에게 제공하는 돈.

470. Toast!

건배! 건배를 하자는 제의. Cheers!라고도 함.

471. Tongs

집게.

472. Top Cloth

식탁보를 보호하거나 테이블의 모양을 내기 위해 식탁보(Table Cloth)의 위에 까는 천.

473. Tour Desk

호텔의 로비에서 손님들의 문제를 해결해 주고 정보를 제공해 주는 목적으로 호텔 종업원이 상주해 있는 Desk, Table 또는 Counter Space를 총칭함.

474. Trainee

호텔의 각 영업장에서 직무훈련을 받는 훈련생, 실습생.

475. Tray

트레이. 음식을 나를 때 사용하는 사각형 또는 원형의 쟁반. 주로 플라스틱으로 만드나 은기, 나무로도 만듦.

476. Tray Service
음식접시를 넓은 쟁반에 여러 개 담아 들고 다니면서 서브하는 방법. 주로 연회서비스 시 사용함.

477. Trench
주방 바닥에 청소용 물이 흘러가도록 파놓은 배수용 도랑.

478. Trolley
음식이나 음료를 운반할 때 쓰는 바퀴 달린 Wagon.

479. Tumbler
손잡이가 달리지 않은 원통형 글라스.

480. Tureen
수프 따위를 담는 뚜껑이 달린 바닥이 깊은 식기.

481. Turnover
① 아침, 점심, 저녁시간별로 식당좌석이 몇 번 사용되었는가에 대한 좌석 회전율.
② 일정기간 동안에 재고량이 몇 번 회전되었는가 하는 재고 회전율.

482. Tuxedo
남성의 저녁 연회시 착용하는 약장. 저녁에 정장 대신 입는데 주로 파티에 입으며 흰색 윙 칼라 셔츠에 검정색 나비넥타이를 착용함. 초청장에 'Black Tie'라고 표시되어 있으면 턱시도 차림을 하여야 함.

483. Under Cloth
식탁용 Table Cloth를 보호하고 소리를 줄이며 테이블의 모양을 내기 위해 Table Cloth의 밑에 까는 천. 보통 털로 만든 천이나 면 종류의 천으로 만듦. Silence Cloth라고도 함.

484. Underliner
유리잔이나 그릇을 받치는 접시. Saucer는 커피 컵이나 Soup Cup의 받침으로 컵과 받침이 Set로 구성된 것만을 말함.

485. Uniformed Service
직원들이 유니폼을 입고 접객서비스를 하는 것으로 호텔서비스의 특징임. 특별히 현관서비스를 말하기도 함.

486. Utensil
주방이나 Bar에서 사용하는 조리 및 칵테일용 기물의 총칭.

487. Utility
① 도구. 연장.
② 호텔의 공공장소를 청소하고 관리하는 부서.

488. Valet Parking Service
호텔에서의 주차대행 서비스. 보통 Valet Service라고도 함.

489. Valet Service
호텔 투숙객의 세탁물 세탁서비스.

490. Vanilla Sugar
설탕에 바닐라 향을 넣은 것.

491. Varietal (Wine)
포도품종. 포도품종 명칭의 와인. 미국의 경우 한 품종을 75% 이상 사용했을 때만 포도품종 명칭을 사용할 수 있는데 이 기준은 나라마다 차이가 있음.

492. V.A.T
부가가치세. Value Added Tax.

493. Veal
일반적으로 우유로 키운 3개월 미만의 송아지 고기로서 조직이 매우 부드럽고 핑크빛을 띠며 익히면 흰색이 됨.

494. Vegetarian
채식주의자. 고기를 먹지 않는 사람.

495. Ventilation
통풍. 환기(Ventilator : 통풍설비, 환기장치).

496. Viking Restaurant
일본에서 부르는 뷔페식당(Buffet Restaurant)의 별칭.

497. Vin

(불) 뱅. 와인(Wine). Vin Blanc-White Wine, Vin Rouge-Red Wine, Vin Mousseux -Sparkling Wine.

498. Vino

(이) 비노. 와인(Wine). Vino Bianco-White Wine, Vino Rosso-Red Wine,

499. Vintage

와인을 만들기 위해 포도를 수확한 해. 와인병에 표시되어 있는 연도로 그 와인을 만든 포도를 수확한 연도를 말함. (불) Millesium, (스페인) Vendimia or Cosecha, (이) Annata, (포르투갈) Colheita라고 함.

500. VIP

Very Important Person의 약자로 중요한 고객 또는 지명도가 높은 고객, 특별한 배려 및 관심을 요하는 고객 또는 그 예약을 뜻하기도 함.

501. VIT

Very Important Treatment. 준 VIP로 VIP에 해당하는 예우를 함.

502. Voucher

후불 약정계약에 의해 발행한 후불 약정서.

503. Wagon

바퀴가 달린 운반용 손수레.

504. Waiter Knife

와인의 코르크 마개를 뽑기 위해 만든 칼로 한쪽에는 칼이 한쪽에는 Cork Screw가 달려 있음.

505. Walk-in Refrigerator

사람이 걸어 들어가 작업을 할 수 있는 대형 냉장고.

506. Well-done

고기를 구울 때 속까지 완전히 익히는 것을 말하며 약 10~12분 정도 익혀야 함.

507. Water Pitcher

물주전자. 대형 물통.

508. Wedge

레몬, 라임, 오렌지 등의 과실을 한쪽이 약간 두껍게 반달모양으로 썰어 놓은 것.

509. Wein

(독) 와인(Wine). Weisswein : White Wine, Rotwein : Red Wine, Eiswein : Ice Wine.

510. Well done

고기를 완전히 익도록 굽는 것.

511. White Meat

송아지, 새끼양, 새끼염소, 새끼돼지, 토끼고기, 계란 등과 흰 생선, 가금류의 가슴고기 등 흰 살코기를 말하는데, Dark Meat에 비해 연하며 맛과 향이 가벼움.

512. White Sauce

흰색 ~~육수~~ 소스로 대표적인 것으로는 Sauce Bechamel임.

513. White Spirits

색깔이 없는 무색의 증류주로 Gin, Vodka, White Rum, Silver Tequila 등을 말함.

514. Wine Cellar

와인 저장고. 보통 냉장시설이 갖추어진 와인 저장소를 말함.

515. Wine Cooler

와인병을 차게 냉각시키기 위해 사용하는 쇠붙이로 만든 통. 고객 테이블 옆에 세워두고 얼음 속에 와인병을 담아 차게 하여 서브함.

516. Wine Steward

와인담당 웨이터. 현재는 전 세계적으로 Sommelier로 호칭함.

517. Y.T.D

Year to Date. 연간 누계실적.

518. Zuppa

(이) 'Soup'를 말함.

저자소개

김 의 겸

세종대학교 경영대학원 호텔경영학 전공(석사)
동아대학교 대학원 관광경영학과 관광산업경영 전공(박사)
서울롯데호텔 지배인, 부산롯데호텔 식음료팀 과장(호텔경영사)
2002년 아시안게임 선수촌프로젝트 식음료담당 과장
한국소믈리에협회 창립회원 및 부회장 역임
프랑스 B & G Wine School 연수
현) 한국와인교육협회 명예회장
부산 경남지역 조주사 실기시험 평가위원
경남정보대학 관광서비스아카데미 원장 겸
소믈리에과정 지도교수
경남정보대학 호텔관광경영계열 학과장

❂ 저서 및 논문

저서 : 와인소믈리에 실무(백산출판사) 외 다수
논문 : 소믈리에 서비스품질, 와인마케팅믹스가 고객만족 및 애호도에 미치는 영향 외 다수

호텔 · 외식산업 **연회실무**

2010년 7월 20일 초판 1쇄 발행
2012년 8월 15일 초판 2쇄 발행

저 자 김 의 겸
발행인 寅製 진 욱 상
발행처 백산출판사
서울시 성북구 정릉3동 653-40
등록 : 1974. 1. 9. 제 1-72호
전화 : 914-1621, 917-6240
FAX : 912-4438
http://www.ibaeksan.kr
editbsp@naver.com

값 28,000원
ISBN 978-89-6183-335-6